学問的知見を
英語教育に活かす

野村忠央　*Tadao Nomura*
女鹿喜治　*Kiji Mega*
鴇﨑敏彦　*Toshihiko Tokizaki*
川﨑修一　*Shuichi Kawasaki*
奥井　裕　*Yutaka Okui*
編

金星堂

はしがき

　修辞法 (rhetoric) の一つに撞着語法 (oxymoron) というものがあります。研究社の『新英和大辞典』(第六版) によると《両立しない言葉を組み合わせて修辞的効果を上げようとする語法》とあり、さらに『ジーニアス英和大辞典』(大修館書店) では《イディオム化して日常それと気づかずに使っている場合が多い》と説明されています。「公然の秘密」(open secret) や「生き地獄」(living death) などがこれの典型例で、これらは誰でも一度は耳にしたことがあるでしょう。

　さて、本書のタイトルは『学問的知見を英語教育に活かす——理論と実践』ですが、ここでの「学問的知見」は「研究」を指しています。つまり「研究」の成果を「教育」に応用するということです。一般の人たちの感覚では「何をあたりまえのことを」と改めて強調するまでもないようなことをわざわざ謳っているわけです。例えば、がん研究などの医学の世界では、原理を解明するための基礎研究の先には実際の治療への応用があり、両者は密接に関連していることは皆さんご存知のことでしょう。他方、大学での英語研究・英語教育の実情に目を向けると、特に英語学・英米文学の「研究」と「教育」の間には、研究成果の教育への応用といった相互交流を許さない程の大きな乖離が今なお厳然として存在しているように思います。そして両者は《両立しない言葉》となり「研究を教育に活かす」やこれに類する表現も《日常それと気づかずに使っている》撞着語法の典型例になってしまうのではという懸念は、学生時代から研究者になった後も脳裏から離れることはありませんでした。

　幸いなことに、特に大学における英語研究・英語教育の内実に関する上記の懸念は、一部の関係者に留まらず、多くの学会や出版社の間でも共有される懸案事項となってきているように思えます。特にここ数年、英語系学会のシンポジウム企画や英語教師・学習者向け書籍のタイトルで、研究の成果を教育に活かすことをテーマにしているものが少なくないことが何よりの証左として挙げられます。もちろん、実用を前提としない研究も多くありますし、その意義も十分に承知しています。また、研究成果の安易な応用も控えるべきであるとも自戒しています。例えば、大津由紀雄氏の「英語教育の側でも、『実践的行為を遂行する能力というものは科学的知識よりもずっと進んでいることが普通』

[＝チョムスキー (1988: 180)『マナグア講義録』からの引用]であることを忘れたかのように，そうした試み[＝言語心理学の成果をあまりにもお手軽に英語教育に『応用』しようという試み]に迎合しているようにも見受けられる」（大津由紀雄 (2002: 56)「英語教育者のための言語心理学 (1)」『英語教育』2002 年 4 月号）という言説は傾聴に値します。ただ，社会貢献を学術研究および学会の意義の一つと考えるならば，その研究成果を教育に還元することが最も明確でかつ健全な社会貢献であるという認識に異論はないでしょう。

　本書の出版企画の母体となっている欧米言語文化学会においても，この認識を共有する研究者が集い，2011 年の第 3 回年次大会で〈シンポジウム〉「教室で生かす英語学」が開催され，その後，鴇崎敏彦氏が発起人，奥井裕氏がコーディネーターとなって始まった〈連続シンポジウム〉「学問的知見を英語教育に活かす」に引き継がれました。そして，これらのシンポジウムで中心的役割を担っていた野村忠央氏を編集委員長として，女鹿喜治氏と川崎を含めた 5 名が編者となり，本書の出版企画がスタートする運びとなったわけです。両シンポジウムの詳細については，巻末の参考資料「本シンポジウムの歩み」をご参照頂きたいですが，本シンポジウムの継続や本書がこのような形で日の目を見ることとなったのは，英文学者の立場から英語学や英語教育学の重要性を認識している奥井氏の多大なる努力によることを付言します。

　研究と教育の橋渡しをテーマにしてこの出版企画は船出したのですが，すぐに大きな問題に直面することになります。それは「どのような学問的知見を扱い，どのような読者を想定した論考集にするか」という問題です。そこで本企画と同趣旨の学会企画や書籍で取り扱われている知見を概観すると，言語研究を生業とする言語学徒にとってはどれも大変興味深い現象ばかりでした。ただその一方で，理解のためには専門的知識を必要とし，言語研究を専門としない者にとっては難解でとっつきにくいだけでなく，一般の英語教員や学習者にとっては身近な問題というよりもむしろ，かなり周辺的なテーマを扱っているものが少なくないという印象を持ちました。そこで本書では他の企画との弁別化を図るべく，研究者だけでなく中高の英語の先生などの一般的な英語教員，英語学習者，また一般読者までを対象とした内容や構成にし，文体も形式張らずできる限り柔らかい表現にするという方針を掲げました。そしてこれらの方針を執筆者の先生方に周知しご理解頂いた上でご投稿頂きました。

　結果的に，特別寄稿を頂いた 6 名の先生方以外に，欧米言語文化学会会員の

中の 16 名の先生方からご投稿頂き，その多くは上記シンポジウムでご発表された方々でしたので，この出版企画実現の経緯からも編集委員として大変喜ばしく思った次第です。しかしその喜びも束の間，「査読」という大仕事によって，我々編集委員は容赦無く現実へと引き戻されることになります。意図した読者対象の性格上，本書は一般書に分類されると思いますが，あくまでも内容は学術的な論考集です。そこで編集委員で協議した結果，学術的厳格さと昨今特に注目されている研究倫理を担保するという観点から，編集委員だけでなく専門家による外部査読も依頼し，原稿1本あたり2名態勢の厳格な査読を実施することになったのです。想像していたこととは言え，査読は困難を極めました。実際，再投稿・再査読の原稿がかなりの数に上ったため，文字通り筆舌に尽くしがたいほどの膨大な時間と労力を費やすことになりました。残念ながら1件の取り下げはありましたが，時に厳しい査読結果に対しても真摯に対応して頂いた投稿者の方々に対しては，感謝の念に堪えません。

このようなプロセスを経て本書に掲載された論考は，英語学，英語教育学，英米文学，実践研究など多岐に渡っています。また内容的にも（最終的には読者諸氏の判断に委ねられることは言うまでもありませんが）読者にとって身近なテーマで溢れていると思います。そこでまずこれらをバランスよく配置するために，大きく「英語学」(10本)と「英語教育・英米文学・実践研究」(10本)の二部に分類しました。また上述したように，おそらく本書の読者の大半がお名前をご存知の著名な研究者の先生方に特別寄稿（6本）をご執筆頂く幸運に恵まれました。先生方の玉稿はどれも期待に違わず，本書の趣旨を見事に具現化されていましたので，文字通り本書の「売り」として巻頭部分に配置させて頂いています。その結果，全体の構成は，第Ⅰ部特別寄稿，第Ⅱ部英語学，第Ⅲ部英語教育学・英米文学・実践研究となりました。

本書が無事に出版の日を迎えるまでには，数多くの方々に多大なご尽力を頂きましたことをここに記します。中でも，大変ご多忙にもかかわらず特別寄稿をご執筆頂いた大津由紀雄先生，末岡敏明先生，高見健一先生，千葉修司先生，外池滋生先生，遊佐典昭先生にはこの場をお借りして深く感謝いたします。そして，本連続シンポジウム及び本学会を日頃より陰に陽に支えて下さっている植月惠一郎会長（2019年4月より顧問に就任予定）にご寄稿頂けたことも記して感謝申し上げます。

また，外部査読者としてご尽力頂いた岩本典子先生（東洋大学），植月惠一郎

先生（日本大学），宇佐美文雄先生（明治学院大学非常勤），遠藤花子先生（日本赤十字看護大学），大森夕夏先生（城西国際大学），渋谷和郎先生（千葉工業大学），関田誠先生（東海大学非常勤），藤原愛先生（明星大学），安田利典先生（早稲田大学），横山孝一先生（群馬工業高等専門学校）にも心より感謝いたします。先生方の丁寧かつ的確なコメントは，投稿者だけでなく編集委員にとっても何物にも代えがたい貴重な勉強の機会となりました。

加えて，本出版企画を快く受け入れて頂いた欧米言語文化学会賛助会員の金星堂代表取締役社長福岡正人氏，また本企画をご担当下さった金星堂出版部の倉林勇雄氏にも厚く御礼申し上げます。

末筆になりましたが，本書の刊行に際し，書籍出版助成金の拠出を決定頂いた欧米言語文化学会に最後の，しかし最小ならぬ (Last but not least) 感謝の意を表します。本学会は昨年 2018 年に 30 周年を迎えましたが，そのような記念すべき時期に本学会の連続シンポジウムから生まれた出版企画を世に問えることは我々編者全員の喜びとするところです。

本書で紹介されている内容をそのまま英語教育に活かすことも可能かもしれませんが，実際にはこれに「一手間」を加えることが必要になると思います。本書の知見にこの一手間が加えられ，より良い英語教育や英語学習のための一助とされることを願い，はしがきの結びといたします。

2019 年 3 月吉日

　　　　　　　　　　　　　　　　　編集委員を代表して　川　﨑　修　一

目　次

はしがき ………………………………………………川﨑　修一　i

第 I 部　特別寄稿

第 1 章　認知科学者と英語教師のやりとり
　　　　──「学問的知見を英語教育に活かす」ということについて──
　　　　　……………………………………大津由紀雄・末岡　敏明　2

第 2 章　英語の動詞句削除と副詞の修飾ターゲット
　　　　　………………………………………………高見　健一　17

第 3 章　文法研究から学習英文法へ ………………千葉　修司　31

第 4 章　英文解釈と生成文法 ………………………外池　滋生　57

第 5 章　伝統的な 5 文型から 9 文型への拡大，
　　　　そして 1 文型への還元 ………………………外池　滋生　64

第 6 章　目的語関係節の指導案
　　　　──言語理論・言語獲得・文処理研究の観点から──
　　　　　…………………………………………………遊佐　典昭　79

第 II 部　英語学

第 7 章　複数主語＋単数補語 ………………………川﨑　修一　96

第 8 章　数量詞の遊離現象について ………………小堂　俊孝　109

第 9 章　名詞用法の不定詞節について ……………佐藤　亮輔　121

第 10 章　英語史の知見を活かした効果的な発問例 ……鴇﨑　敏彦　132

第 11 章 混乱の多い英語学の専門用語，
　　　　知っておくべき英語学の専門用語 (1) .... 野村　忠央　145

第 12 章 混乱の多い英語学の専門用語，
　　　　知っておくべき英語学の専門用語 (2) .... 野村　忠央　163

第 13 章 語順が表す含意 (1)
　　　　──不定詞節における否定語順について .... 野村　忠央　184

第 14 章 語順が表す含意 (2)
　　　　──仮定法現在節における否定語順について .... 野村　忠央　197

第 15 章 Were to が前提節に現れる条件文の特徴と
　　　　その帰結節が直説法現在となる場合 .... 女鹿　喜治　212

第 16 章 日英語の音韻論／音声学的比較に基づいた音声指導
　　　　... 森景　真紀　229

第 III 部　英語教育学・英米文学・実践研究

第 17 章 言語学習とモチベーション：
　　　　英語授業における英文履歴書作成活動 .... 岩本　典子　244

第 18 章 語学教育で文学を
　　　　──引用句辞典の活用を中心に .... 植月惠一郎　253

第 19 章 一般教養英語の教材としての文学
　　　　──『ドラキュラ』を使用して .... 江藤あさじ　269

第 20 章 英語教員の役割について .... 江幡(山田)真貴子　283

第 21 章 シェイクスピアの講読で英語・文化・人間を教える
　　　　... 遠藤　花子　300

第 22 章　語学の授業で英文学作品（小説）をどう教えるか（総論）
　　　　　　　　　　　　　　　　　　　　　　　　　　　　　奥井　　裕　315

第 23 章　語学の授業で英文学作品（小説）をどう教えるか（実践編）
　　　　　　　　　　　　　　　　　　　　　　　　　　　　　奥井　　裕　335

第 24 章　英語でひらく他言語への扉 ･･････････････････藤原　　愛　362

第 25 章　グレイディッド・リーダーを授業の +α に ･･････横山　孝一　377

第 26 章　英語講読授業の指導例
　　　　　──ヴァージニア・ウルフの「遺贈品」"Legacy" を通じて
　　　　　話法を学ぶ ･･････････････････････････････吉田えりか　394

（参考資料）本シンポジウムの歩み ･･････････････････野村　忠央　411
本書のルーツ──故山田七恵さんを偲ぶ ･･････････････奥井　　裕　421
あとがき ･･･鴇﨑　敏彦　425
索引　･･　427
執筆者一覧　･･　439
編者紹介　･･　440

第 I 部

特別寄稿

第1章

認知科学者と英語教師のやりとり
―「学問的知見を英語教育に活かす」
ということについて―

大津 由紀雄
末岡 敏明

「学問的知見を英語教育に活かす」ということが大切であることに異論はないが，研究者がどの学問的知見をどのように英語教師に提供するかが問題である。研究者がどれだけ重要な学問的知見と考えてもそれが英語教師にとっても同様に重要であるとは限らない。また，その学問的知見が英語教師にも重要なものであったとしてもその内容が英語教師に理解可能な形で提供されなくてはなんの意味もない。

これまでの「学問的知見を英語教育に活かす」という試みには上記の二点に問題があるものが多いというのが著者らの率直な印象である。本論では認知科学者である大津と英語教師である末岡の往復書簡という形で，この問題を取り上げ，行き違いの起きない相互交流の道を探ることとしたい。なお，大津と末岡は長年にわたる研究・教育実践に関する交流があり，本論においてもできるだけ普段のことばでそれぞれの思いを率直に語るよう努めた。

〈質問1（末岡→大津）〉
　生成文法 (generative grammar) は，英語教育 (English education) にどのような貢献ができると思われますか。現在の生成文法はあまりに抽象化されてしまい，英語教育にはまったく「手の届かない」ものとなっているように感じられます。「生成文法」よりも視野を広げて「言語学」(linguistics)，また，「英語教育」よりも視野を広げて「言語教育」(language education) とすると見えてくるものがあるかとも思うのですが。

〈回答1（大津→末岡）〉
　ノーム・チョムスキー (Noam Chomsky, 1928–) が繰り返し述べているとお

り，生成文法はヒトに固有な**言語機能 (Faculty of Language)** の解明を目指すものです。その研究過程で，自然言語（赤ちゃんが母語として身につけることができる言語）の一つである英語や日本語の性質について研究努力を集中していた時期があります。60年代，70年代がその時期です。そのころは英語教育との距離が短く，月刊誌などでも，「変形文法と英語教育」（当時の生成文法は**「変形／変換」(transformation)** と呼ばれる規則が注目されていたので，「変形文法」とか，「変形生成文法」とか呼ばれることが普通でした）といった特集が組まれたり，関連する単行本もかなりの数，出版されました。しかし，さきほど述べたように，生成文法は英語や日本語という個別言語の性質自体に関心があるのではなく，もっと一般的に，ヒトに固有な言語機能の解明を目指しているのですから，個別言語の性質の解明がある程度進んだところで，その成果をもとに言語機能の解明へと進んでいくことになります。当然，その抽象度（個別言語との距離）は上がっていきます。また，個別言語の研究も，60年代から70年代前半までのような，英語とか，日本語とか，比較的少数の個別言語を対象としたものから，もっと多様な個別言語を対象としたものへと変化していき，この点でも英語は遠のいていくことになりました。

　そんな状況を受けて，英語教育の関係者の多くは《生成文法は遠くに行ってしまった！》と嘆いたものです。しかし，抽象化が進んだいまの生成文法からも英語教育が学び取れるところはあると考える研究者もおり，両者の橋渡しの試みも少なくありません。ただ，そうした試みがうまくいっているかというと，かなり心もとないというのがわたくしの受け止め方です。このやりとりもそうした状況を少しでも改善したいという気持ちから生まれたものです。

　本題に入りましょう。生成文法に代表される理論言語学の成果が言語教育とかかわりを持てる可能性は2つあります。

[A] 理論言語学の成果が教えてくれる，ことばの構造と機能に関する知見
[B] 理論言語学の成果が教えてくれる，言語獲得／学習観，言語運用観

　具体的な説明に入る前に一つだけ注釈を加えておきます。理論言語学では（一般）言語理論と個別言語の理論である**個別文法 (particular grammar)** を区別することを説明しておきたいと思います。なお，生成文法では言語理論のことを生物学的意味合いを込めて**「普遍文法」(Universal Grammar)** と呼ぶこと

もあります。「生物学的意味合いを込めて」というのは、「なぜ個別言語の枠を超えて一般的な属性が存在するのかという問いに対して、なぜならそれはヒトに遺伝的に与えられた属性であるから」と答える立場からという意味です。

　日本語、英語、スワヒリ語、日本手話などを一つ一つの言語を「個別言語」と呼び、個別言語が持つ性質に関する理論を「個別文法」、あるいは、簡便に**「文法」**(grammar) と呼びます。個別言語はそれぞれの個別性を持っています（だから、日本語を母語とする人が英語を身につけようとすると英語の個別性を学ばなくてはならないのです）が、それぞれ質的に異なったものではなく、一定の制約に従って作られたシステムです。この制約の性質を「普遍性」と呼び、その普遍性の理論を「（一般）言語理論」ないしは「普遍文法」と呼びます。以下、「一般的」という語はどの個別言語にも共通したという意味で用います。「普遍的」という語が同じ意味で使われることもあります。

　[A] 理論言語学の成果が教えてくれる、ことばの構造と機能に関する知見は2つに分かれて、一つはことばの構造や機能に関する一般的知見であり、もう一つは個別言語の、個別の文の構造や機能に関する知見です。両者は有機的に関連しているので、以下では関連づけて説明しましょう。

　「ことばの構造や機能に関する一般的知見」について、構造に焦点を当ててお話ししましょう。文は単語の列（連なり）と認識できますが、それで文の構造のすべてを捉えきれないことは言語理論が教えてくれる、文構造に関する一般的な知見です。例を挙げれば、

(1) John is looking at a girl with binoculars.

は8つの語が一定の順（**語順 (word order)**）に並んでできた文ですが、**あいまい (ambiguous)** です。一方の解釈では女の子が双眼鏡を持ち、もう一方の解釈ではジョンが持っています。「女の子」解釈は with binoculars が a girl とともに**まとまり (constituent)** を成す（名詞句）と考えることによって得られます。それに対し、「ジョン」解釈は with binoculars が a girl とまとまりを成すのではなく、その外にあると考えることによって得られます。実際、この場合は、a girl というまとまり（名詞句）と with binoculars というまとまり（前置詞句）は is looking at とともにより大きなまとまり（動詞句）を形成します。

　この例から、文は単に語が一列に並んでできたものではなく、いくつか（場

合によっては，一つだけ）の語が集まってまとまり（**句 (phrase)**）を形成し，そのようなまとまりが重なっていくことによって形成される構造であるということがわかります。

「文は単に語が一列に並んでできたものではなく，いくつか（場合によっては，一つだけ）の語が集まってまとまり（句）を形成し，そのようなまとまりが重なっていくことによって形成される構造である」ということは日本語にもあてはまります。(2) を見てください。

(2) さっき，若い男と女を見かけた。

この文は「さっき」「若い」「男」「と」「女」「を」「見かけた」という 7 つの語が一定の順（語順）に並んでできた文ですが，あいまいです。一方の解釈では，さっき見かけたのは若い男と若い女，もう一方の解釈ではさっき見かけたのは若い男と（年齢については触れていない）女という解釈です。前者の解釈はまず，「男」「と」「女」がまとまりを成し，それに「若い」が付け加えられると考えることによって得られます。それに対し，後者の解釈はまず，「若い」と「男」がまとまりを作り，それと「女」が「と」によって結びつけられたと考えることによって得られます。

言語感覚の優れた人なら，(2) にはもう 1 つの解釈がありうると気がついたかもしれません。それは，だれかが若い男と一緒にいるときに女を見かけたという解釈です。この解釈は，「女」と「を」が一緒になってできたまとまりと「見かけた」が加わってより大きなまとまり「女を見かけた」を作ると考えることによって得られます。その場合，「若い」と「男」で作られるまとまりに「と」が付け加えられることによって「若い男と」というより大きなまとまりが作られ，それが「女を見かけた」と一緒になって，《若い男と一緒にいるときに，女を見かけた》という解釈が得られます。

この例から，日本語でも，文は単に語が一列に並んでできたものではなく，いくつか（場合によっては，一つだけ）の語が集まってまとまり（句）を形成し，そのようなまとまりが重なっていくことによって形成される構造であるということがわかります。

ただ，(2) だけを見ても，英語とは違った文の構成法が見られ，それが日本語の個別性となって現れます。(2) の述語（動詞）は「見かけた」ですから，

「見かける人」が主語になります。英語では，それがだれであるかを明示する必要があり，たとえ，それがだれであるかを聞き手も承知していると話し手が考えていたとしても，代名詞を使う必要があります。しかし，日本語では (2) のように主語を音形を持った語で明示する必要はありません。これが上で述べた「個別言語の，個別の文の構造や機能に関する知見」の一例です。

　英語についても，例を挙げておきましょう。(1) に少し工夫を加えて，(3) を考えます。

　　(3) John is looking at a girl with red binoculars.

(3) は (1) と同様，あいまいです。しかし，with red binoculars の red の部分の情報を問う **wh 疑問文 (*wh*-question)** (3) を作るとそのあいまい性が消えます。

　　(4) What color binoculars is John looking at a girl with?

(4) は「ジョンが何色の双眼鏡を使って女の子を見ているのか」を問う疑問文であって，決して，「ジョンが何色の双眼鏡を持っている女の子を見ているのか」を問う疑問文ではありえません。

　学校教育においては，小学校から中学校にかけて，子どもたちの母語である日本語を使って「文は単に語が一列に並んでできたものではなく，いくつか（場合によっては，一つだけ）の語が集まってまとまり（句）を形成し，そのようなまとまりが重なっていくことによって形成される構造である」ことを実感させます。その上で，英語にも同じことがあてはまること，しかし日本語の場合とは違った面もあるということに気づくことを促す教育が望ましいというのがわたくしの年来の主張です。

　[B] 理論言語学の成果が教えてくれる，言語獲得／学習観，言語運用観についてですが，一番わかりやすいのは**「言語運用（使用）の創造性」(creative aspect of language use)** の話かと思います。わたくしたちの言語運用（理解と産出など）には定型表現もしばしば用いられ，言語運用をスムーズに行うために重要な役割を果たします。しかし，言語運用を支える屋台骨はその創造性にあります。それまでに触れたことがない表現であっても，必要に応じて産出することもできるし，理解することもできます。そして，それを支えているのが

個別文法です。この言語運用観に則って考えれば，外国語学習で学習者が身につけなくてはならないのは個別文法であって，定型表現のリストではないということになります。当たり前のように聞こえるかもしれませんが，大学に入っている学生の中には定型表現と（きちんとした分析を伴わない）暗記用の文例しか知らないという者も少なくありません。

　末岡さんはよくご存じのことなのですが，さっき，個別言語の例として日本手話を出したことに驚く読者もいるかと思うので，簡単に解説をしておきますね。

　まず，**手話 (sign language)** はジェスチャーやパントマイムとは違います。日本語，英語，スワヒリ語などの音声を持った個別言語同様，[A]で述べた，構造と機能に関する普遍的な制約に従った体系です。ですから，「この箱の中にペットボトルが入っている」と現在の事実を描写するだけでなく，「この箱の中にペットボトルが入っているかもしれない」「この箱の中にペットボトルが入っているに違いない」「この箱の中にペットボトルが入っていたら（あなたにあげる）」「この箱の中にはペットボトルが入っていない」「この箱の中にペットボトルが入っていた」など，さまざまなことを表現できます。

　手話に関連してあと2つほど触れておきたいことがあります。手話にも個別手話があります。日本手話はその1つです。ほかにも，アメリカ手話，イギリス手話，ニカラグア手話など，たくさんの個別手話があります。

　もう1つ，日本手話はいまわたくしが使っている日本語とは異なった独自の体系です。文法も違います。じつは，日本で使われている手話にはもう1つ別の体系が存在します。「日本語対応手話」と呼ばれるもので，こちらの文法は日本語と同じです。たとえば，語順も日本語と同じです。ただ，手話ですので，手話単語を用いて表現することは言うまでもありません。

〈質問2（末岡→大津）〉

　中学や高校の授業では時間毎に異なる教師が教室に来て授業をするので，生徒の立場から見るとときどき「おかしなこと」が起こります。たとえば，1時間目の国語の授業で「速く走る」の「速く」は「形容詞」だと習い，2時間目の英語の授業では run fast の fast は「副詞」だと習う。中高の教員は他の教科で何がどのように教えられているかを知らないことが多いのでこういうことが起こるのですが，生徒にとっては混乱のもとです。生徒の立場からすれば「お

かしなこと」などと暢気なことを言っていられる状況ではないでしょう。これは，「文法なんてやっても無駄」「文法のための文法」などというような批判が生まれる原因の1つかもしれません。このような状況を放っておいてよいわけがありませんが，具体的な解決策を考えるのはなかなか難しいと思います。もしかすると，中高の教育現場の外にいる言語学者の方が広い視野から良い解決方法が思いつくということがあるのではないでしょうか。

〈回答2（大津→末岡）〉

　ご指摘の点はもっともです。末岡さんの例にしても，もっと事態は複雑で，「速く走る」の「速く」は形容詞であっても，「ゆっくり走る」（「ゆっくり走る」というのが不自然だと感じるのであれば，「もっとゆっくり走ってください」とでもすればいいでしょう）の「ゆっくり」は（形容詞ではなく）副詞になる。

　これらの問題が起きるのは，学校国文法と学校英文法の体系を支えている考え方が違うからです。そして，そのことが子どもたちに不要な負担をかけていることも事実です。そうなれば，なんらかの「調整」が必要になってくるのですが，国語の先生で英語の仕組みに関心がある人，英語の先生で日本語の仕組みに関心がある人があまり多くないというのが現状で，なかなかことが進みません。

　そこで末岡さんのおっしゃるとおり，言語学者の出番となるのですが，言語教育に関心を寄せる言語学者も残念ながらさほど多くないようで，この問題に取り組もうとする言語学者は（皆無ではありませんが）あまりいません。わたくしは，主として英語の仕組みを研究している言語学者と主として日本語の仕組みを研究している言語学者のなかで言語教育に少なからぬ関心を持っている人たちを集めて検討する機会を作る必要があると考えています。その際，ぜひその検討に加わってほしいのが外国人に日本語を教える**日本語教育 (teaching Japanese as a foreign language)** の関係者です。日本語教育で用いられている文法は学校国文法よりも学校英文法との親和性が高いからです。

　上記の検討チームができてもすぐに理想的な学校国文法と学校英文法が出来上がるわけではありませんが，なによりも大切なことは最初の一歩だと考えます。じつは，今年度（2018年度）から3年間の期間で科学研究費の基盤研究(B)「学校英文法と学校国文法の連携に関する理論的・実証的研究」（研究代表者 大津由紀雄）が採択されました。日本語教育に詳しい研究者も研究分担者

として加わっていますし，末岡さんをはじめ，小中高で英語や国語を教えている先生方にも研究協力者として参加してもらっています。そこで大いに議論しましょう。

　最後にもう1つ付け加えると，現状にあっては，英語の先生も日本語に関心を持ってほしいし，国語の先生にも英語に関心を持ってほしい。

〈質問3（大津→末岡）〉
　個別言語の個別文の分析についてはけっこういろいろな本が出ていますが，その内容が小中高の先生にどれだけ伝わっているのか不安です。どの程度，伝わっているのでしょうね。もしあまり伝わっていないのであれば，どうしたらよいのか，意見を聞かせてください。

〈回答3（末岡→大津）〉
　英語の様々な文法事項を扱った本は無数に存在します。その中から**学校文法 (school grammar)** にとって有益で，かつ総合的・体系的な本を選ぶとすれば，日本で出版されたものだけでも，江川 (1991)，安井 (1992)，中村 (2009)，安藤 (2005)，太田・梶田（編）(1985–1990) などが挙げられます。これらの本には，一生かけても学びきれないほどの情報量が含まれています。では，これらの情報が中高の英語教師にどれだけ伝わっているかと言えば，残念ながら「ほとんど伝わっていない」というのが現状だと思います。

　なぜほとんど伝わっていないのかという理由に関しては，いろいろな側面から考えないといけません。最初に否定しておかなければいけないのは「教師たちが不勉強だから」という理由です。教師たちは大変な勉強家です。忙しい時間をやり繰りして英語の勉強をしています。そうでなければ英語の授業ができないからです。教師たちが教科指導以外に膨大な時間を奪われているというのはもはや有名な事実ですが，教科指導の準備に限ってもやらなければならないことがたくさんあり，教師が文法を学ぶ時間はほとんどないというのが実情でしょう。

　時間の問題以外にもさまざまな理由があるとは思いますが，意外に指摘されることが少ない単純な理由としては，あらためて文法を勉強する必要がないから，ということがあるのではないでしょうか。つまり，文法に関しては，かつて自分が中学生・高校生だったころに学んだ知識だけで，授業ができてしまう

ということです（自分が中学生・高校生だったころに学んだ知識だけで授業をするのは，本当は非常に問題があるのですが…）。学習指導要領の内容は，文法に関しては昔から変わってない（たとえば「**仮定法**」(subjunctive mood) が中学から高校に移ったり，また中学に戻ったりしても，「仮定法」の記述内容自体は同じ）ですし，教科書は学習指導要領に基づいて作られているので，教科書を使って授業をしている限り，新たな知識は必要がないのです。

ですから，言語学者たちが長年にわたって築き上げてきた文法に関する知見を英語教育に活かすためには，「学習指導要領を変えること」が効果的です。しかし言うまでもなく，それがどんなに効果的であっても，実現は困難であると言わざるを得ません。

学習指導要領の記述を変えるのは遠い先になるにしても，まずやるべきことは，授業の役に立つ文法書を作ることでしょう。「授業の役に立つ英文法」「英語教師のための英文法」というような文法書はこれまでにも存在しました。しかし，ここであらためて，授業の役に立つ文法書というのはどのようなものなのかを考えてみたいと思います。

江川 (1961a, b) の「はしがき」に「「教室英文法」においては，文法の術語や理屈を教えることよりも，具体的な英語の言語現象について，非英語国民たる日本人がいかにしたらこれを効果的に身につけられるかを考えることが一番大事」と書かれています。ここには，学習文法の核心が端的に述べられています。そして，ここに述べられていることが実際に本の形で実現している例としては，長崎 (1976) を挙げることができます。

では，新しく授業に役に立つ文法書を作るとしたら，どのような内容が求められるのでしょうか。

第一に求められるのは，現在の学習文法書で扱われていないが，本来なら扱うべき内容が書かれている，という点です。現在の学習文法書にはごく基本的なことが載っていないことがあります。たとえば，not A or B という単純な表現が，「**否定**」(negation) の項目にも「**接続詞**」(conjunction) or の項目にも載っていない学習文法書が多いのです。生徒は,

(5) He doesn't have brothers or sisters.

という文を「彼には兄弟か姉妹がいない」と訳すことがあるのですが，これは

or を「か」と訳したことによる誤訳です。その訳では兄弟か姉妹のどちらかはいることになってしまいます。英語では not (A or B) は (not A) and (not B) です（数学の時間に習ったド・モルガンの法則どおり）が，日本語では (not A) or (not B) になる（ド・モルガンの法則の法則に従わない）。つまり，日本語の特徴に引っ張られてしまったことによる誤訳というわけです。つまり，(5) は「彼には兄弟も姉妹もいない」と訳すべきなのです。

　第二に求められるのは，現在の学習文法書で説明が間違っていることが正しい説明に修正してある，あるいは，他により良い説明があればそちらに変えてある，という点です。**関係代名詞 (relative pronoun)** の省略を例に考えてみましょう。従来，関係代名詞の省略は「目的格のとき」に可能と説明されてきましたが，梶田 (1984) は，

　　(6) I talked to the doctor (who) many of us believe is a spy.
　　(7) I talked to the doctor *(who), probably, you met at the party.

(6) の who は主格でありながら省略できるのに，(7) の who は目的格でも省略できないことから，関係代名詞は「直後に名詞句が来るとき」に省略できると説明しています。この説明が正しいのは明らかなので，学習文法でもこの説明を採用すべきだと考えられます（第 3 章も参照）。

　実際，多少の文言の違いはあっても「直後に名詞句が来るとき」というような内容の説明のしかたをする学習文法書も出てきているようですが，学習文法という視点で考えると，少し注意深くならなければいけない点があります。それは，中学生や高校生が英語を学習するときに，本当に (6) や (7) のような特殊な例を考慮しなくてはいけないのか，という点です。私は，関係代名詞の省略については「直後に名詞句が来るとき」という説明の方が良いと思っていますが，それは (6) や (7) の例を考慮してではありません。「目的格かどうか」よりも「直後に名詞句が来ているかどうか」の方が判断が簡単だからです。学習文法を考えるときには，「より正確な説明」と「より学習しやすい説明」とのバランスが重要になります。場合によっては，正確さを犠牲にしてでも学習しやすい説明を選ぶということが，学校教育の場で，あるいは，学習一般において，しばしば行われているのは否定のしようがない事実です。

　「**存在文**」(existential construction) や「**there 構文**」(*there*-construction) な

どと呼ばれている構文を例に考えてみましょう。久野・高見 (2004) は，中学や高校で存在文が教えられるときに「意味上の主語」には「不特定の名詞句」しか用いられないと教えられるがそれは間違いである，と述べています。事実から言えばその通りで，有名な例としては

(8) A: I guess everybody is here now.
　　B: No, there's still John and Mary.

のような，いわゆる「リスト文」を挙げることができます。だからと言って，「学校では間違いを教えている」という結論を出していいのでしょうか。存在文は中学校で教えられますが，これを習うと生徒は，

(9) A:　Where is your mother?
　　B:*There is my mother in the kitchen.

というような間違いをするようになります。「お母さんは台所にいます」と言いたいわけですが，日本語で「～がいる」や「～がある」となるような意味を言いたいときに，There is/are ～と言うようになってしまうということなのです。ここで考えなければいけないのは，(8) のような例を教えることと，(9) のような間違いを防ぐことのどちらが大事かということです。中学生や高校生にとっては後者の方がより大事であることは明らかではないでしょうか。もちろん (8) のような例を「いつかは」教える必要があるのかもしれません。しかし，それは英語の学習がかなり進み，多少複雑で抽象的な説明を聞いても混乱を起こさなくなってからのことではないでしょうか。まずは，存在文では定名詞句は用いられないということを教え，それが定着した後に定名詞句が用いられる場合を教える，というのは一種の方略であって，「間違いを教えている」ということではありません。

　話を関係代名詞の省略に戻します。「直後に名詞句が来ているとき」という説明の方が本当に学習しやすいのかということに関しては，もうひとつ考慮すべき点があります。このように説明すると，生徒からは「関係代名詞の whose は省略できるのか」という質問が来るのです。whose の後ろには名詞が来るのだから whose は省略できるのではないか，ということです。「直後に

名詞句が来ているとき」という説明を採用すると，その結果として，「関係代名詞のwhoseは省略できない」という説明を加えなければならなくなるわけです。学習文法を考えるときには英語ばかりを見ていてはだめで，学習者の学習の様子を見なければ本当に「**学習文法**」と呼べるものはできないということが，この例からもわかります。

　第三に求められるのは，基本的な事項がきちんと説明されている，という点です。学校の授業は「文法談義」をする時間ではないので，現実にほとんど出会うことのないような，少なくとも学校の授業では出てくることのないような枝葉末節の文法事項についての説明は不要です。むしろ，英文法の根幹に関わるような基本的な事柄をきちんと説明している学習文法書こそ必要なのです。

　基本的なことであれば現在の学習文法書でも十分に説明がなされているのではないかと思われそうですが，決してそんなことはありません。たとえば，現在分詞や動名詞のing形の作り方がきちんと説明されている学習文法書を私は見たことがありません。

　cutがcuttingになるというように語末の文字が重なるのはどのような場合かを考えてみましょう。まず，visitはvisitingなのに，beginはbeginningのように語末のnが重なるので，「語末が〈アクセントのある母音＋子音〉のとき」に語末の子音字が重なるという規則だと考えます。ところが，washは*washhingではなくwashingとなるので，「語末が〈アクセントのある母音＋1つの子音字〉のとき」と修正します。しかし，fixは*fixxingではなくてfixingなので，「語末が〈アクセントのある母音＋1つの子音として発音する1つの子音字〉のとき」とします。さらに，feelは*feellingではなくてfeelingとなるので，「母音」を「短母音」に変更し，「語末が〈アクセントのある短母音＋1つの子音として発音する1つの子音字〉のとき」とします。これで終わりかと思えば，lookが*lookkingとならないでlookingとなる（lookの-oo-は短母音）ことを考えると，さらに規則の変更が必要であることがわかります。lookの-oo-はかつて長母音として発音されていたためにlookのkを重ねないわけですから，規則は「語末が〈アクセントのある短母音（かつて長母音として発音していたものを除く）＋1つの子音として発音する1つの子音字〉のとき」となります。こんなに長い規則になっても，さらにpicnic→picnicking（kが挿入される）やprefer→preferring（長母音なのに子音字を重ねる）などのような，規則に当てはまらない例が出てきてしまいます。ここに挙げた単語はど

れも中学生が習うような簡単なものばかりです。ごく基本的な単語でも，そこに -ing を付けようとするとこのようにややこしい状況になるのです。これは動詞の ing 形が特殊なのではなくて，どんなに基本的な文法事項でも，きちんと考えると決して単純ではないということなのです。

　もちろん，単純ではない文法をそのまま授業に持ち込むわけではありません。動詞の ing 形の作り方を教える際に，「語末が〈アクセントのある短母音（かつて長母音として発音していたものを除く）＋ 1 つの子音として発音する 1 つの子音字〉のとき」などという規則をそのまま授業に持ち込む教師はいないでしょう。どうすれば生徒がうまく学習できるかを考えるのは教師の仕事です。しかし，そのためには，前段階として，文法事項がきちんと整理され，説明されていることが必要となります。文法事項の整理・説明に関して，専門家である言語学者が手を貸してくれれば，教師はどんなに助かることでしょうか。

〈補足（大津→末岡）〉

　具体的な，しかも，興味深い例がたくさん出てきましたね。末岡さんが書いていることにはいちいち《ごもっとも！》と思います。ただ，「文法事項の整理・説明に関して，専門家である言語学者が手を貸してくれれば，教師はどんなに助かることでしょうか」のくだりはなかなか微妙なところです。つまり，言語学者が手を貸すのはいいのだけれど，どこで，どう，どんな手を貸すと先生がたの参考になるのかはあまりよくわからない。月並みだけど，こういうことはだれでも，いつでもできることではなく，末岡さんとわたくしのように忌憚なくものが言い合える関係を時間をかけて築くことが大切だと思います。

　末岡さんは「学習文法を考えるときには，「より正確な説明」と「より学習しやすい説明」とのバランスが重要になります」と書いているけれど，これ，重要だよね。だから，学習文法は学習者の学習段階によって変わってくる。そして，もう 1 つ加えるとすると，先生は英語のすべてを教える必要はないということも大事です。ある程度のことを教えると学習者の脳が補ってくれて整理された知識を形作ってくれる。具体例を 1 つ上げておきましょう。

(10) a. John waved when he jumped.
　　 b. When John jumped, he waved.
　　 c. He waved when John jumped.

d. When he jumped, John waved.

　(10) の 4 つの文のうち，3 つは（自然にするためには多少文脈を用意する必要があるものありますが）ジョンが飛び上がりながら手を振っている状況を描写することができますが，1 つはそれができません。さて，それはどれでしょうか。正解は c なのですが，このことは教えられなくても英語の基礎が身につくと自然にわかるようになります。この現象は「**束縛**」**(binding) 現象**と呼ばれるものです。英語の先生の中にはこれを教えたりする人もいますし，このことに触れている参考書もあります。でも，このことは教えなくても自然にわかるようになるのです。学習者の脳が自然に「補ってくれる」のです。考えてみればそうでしょう。だって，英語とはどんな言語であるかという問いに対する完全な答えはまだ見つかっていないのですから，「すべてを教える」なんてやろうとしてもできっこない。ちなみに，「英語とはどんな言語であるかという問いに対する完全な答えはまだ見つかっていない」からこそ，英語学なり，言語学なりの学問が成立するのです。「完全な答え」が見つかってしまったら，あとは，その答えを暗記するだけというじつにつまらない世界になってしまいます。

　実際に学習文法を書くという点については，次の 2 つのことを言っておきたいと思います。

　1 つは，学習文法の書き手は同業者の目を気にし過ぎてはいけないということ。同業者の目を気にし始めると，《わたくしはこんなことも知っている》とばかりに，てんこ盛りの内容になってしまう。末岡さんがいう「「より正確な説明」と「より学習しやすい説明」とのバランス」が崩れてしまう。

　もう 1 つは日本語との関連を前面に打ち出した学習英文法が必要だということ。以前，わたくしは NHK ラジオの基礎英語のテキストにそういう学習英文法のテスト版のようなものを連載したことがあります（大津 2009–2010）。いずれ単行本にしたいと思っていますが，そうした試みが大切だと思います。

参考文献
安藤貞雄 (2005)『現代英文法講義』開拓社.
江川泰一郎 (1961a)『名詞・代名詞の用法』(教室英文法シリーズ 1) 研究社.
江川泰一郎 (1961b)『冠詞・形容詞・副詞の用法』(教室英文法シリーズ 2) 研究社.
江川泰一郎 (1991)『英文法解説』(改訂三版) 金子書房.

太田朗・梶田優（編）(1985–1990)『新英文法選書』（全 12 巻）大修館書店.
大津由紀雄 (2009–2010)「日本語から考える英語の仕組み (1)–(12)」『基礎英語 1』NHK 出版.
梶田優 (1984)「英語教育と今後の生成文法」『学校新聞』第 857 号, 2–6. 学校新聞社.
久野暲・高見健一 (2004)『謎解きの英文法――冠詞と名詞』くろしお出版.
中村捷 (2009)『実例解説英文法』開拓社.
長崎玄弥 (1976)『奇跡の英文法』祥伝社.
安井稔 (1992)『英文法総覧』（改訂版）開拓社.

（明海大学，慶應義塾大学名誉教授）
（東京学芸大学附属小金井中学校）

第2章
英語の動詞句削除と副詞の修飾ターゲット

高見健一

● 「動詞句削除」って何?

次の会話の(1B$_2$)や文(2b)に見られる省略は,もう皆さんが英語を習い始めた中学生の頃から知っている,馴染みの深いものです。

(1) Speaker A: Do you play tennis?
　　Speaker B$_1$: Yes, I play tennis.
　　Speaker B$_2$: Yes, I do [$_{VP}$ φ].
(2) a. John will go to Paris and Mary will go to Paris, too.
　　b. John will go to Paris and Mary will [$_{VP}$ φ], too.

(1B$_2$)では,助動詞doの後にplay tennisが,(2b)では,助動詞willの後にgo to Parisが省略されており,これらの省略要素は,動詞とその後の要素,つまり動詞句(Verb Phrase (VP))です。したがってこのような省略を,英語学では「**動詞句削除**」(**VP-Deletion**)と呼んでいます。この省略が可能なのは,省略要素が先行文脈から復元可能だからです。つまり(1B$_2$)では,その前に(1A)がDo you play tennis?と質問しているので,Yes, I do [$_{VP}$ φ]と答えるだけで,省略されたplay tennisが復元できます。(2b)でも,動詞句削除の前にgo to Parisと言っているので,省略要素が容易に復元できます。

ここで,(2b)の第2文の構造を示しておきましょう。

(3)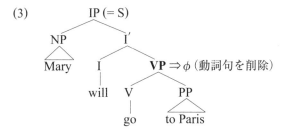

動詞句削除により，(3) の VP が削除され，(2b) の第 2 文が派生します。

以上から，動詞句削除規則は次のように規定できます。

(4) **動詞句削除規則**：動詞句削除規則は，「助動詞＋動詞句 (VP)」という構造の中の動詞句を，文脈からの復元可能性を条件として削除する。

● **動詞句削除規則の修正 (1) ——動詞句が焦点情報を含むか？**

しかし，(4) の規則では説明できない動詞句削除の現象があります。次の会話を見て下さい（なお，√ は当該の英文が無印と同様に適格であることを，? はやや不自然であることを，* は不適格であることを表します）。

(5) Speaker A: **When** did your children go to Europe?
Speaker B: √/?Jane went in June, John went in July, Mary did [$_{VP}$ ϕ] in July, and Tom did [$_{VP}$ ϕ] in August.

(6) Speaker A: **Where** did your children go last summer?
Speaker B: *Jane went to Australia, John went to Europe, Mary did [$_{VP}$ ϕ], and Tom went to China.

(5B) でも (6B) でも，3 番目の文（及び (5B) の 4 番目の文）の削除要素は，2 番目の文から復元できる VP の go to Europe です。よって，これらの動詞句削除は (4) の規則に合致して適格となるはずです。しかし，(5B) は適格であるものの（やや不自然と判断する話し手がいますが，それは，冗長さを避けるために John and Mary went in July. と言う方がより自然だからだと考えられます），(6B) はその意味を理解することさえ困難で，完全な不適格文です。なぜこのような違いが生じるのでしょうか。

(5B) で削除された動詞句 go to Europe は，質問 (5A) ですでに前提とされている**旧情報 (old information)**（つまり，聞き手がすでに知っていたり，予測できる情報）です。一方，(6B) で削除された同じ動詞句は，質問 (6A) の疑問詞 where に対応する**焦点情報 (focus information)**（つまり，質問に対する答えで，話し手が聞き手に最も伝達したい情報）の (to) Europe を含んでいます。したがって，<u>焦点情報を含む動詞句は，たとえ先行文脈から復元可能であっても，削除できない</u>ことが分かります。よって，(4) の規則は次のように修正されます。

(7) **動詞句削除規則（修正版）**：動詞句削除規則は，「助動詞＋動詞句 (VP)」という構造の中の動詞句を，文脈からの復元可能性と**非焦点性**を条件として削除する。

● 動詞句削除規則の修正 (2) ――動詞句削除と否定

次の動詞句削除文を見て下さい。

(8) a. John has **some** money, and Bill does [$_{VP} \phi$], too.
 b. *John has **no** money, and Bill does [$_{VP} \phi$], too.
(9) a. John **often** eats out, and Bill does [$_{VP} \phi$], too.
 b. *John **seldom** eats out, and Bill does [$_{VP} \phi$], too.

(8a), (9a) の削除された動詞句は，have **some** money, **often** eat out で，否定要素を含んでいませんが，(8b), (9b) の削除された動詞句は，have **no** money, **seldom** eat out で，否定要素を含んでいます。したがって，前者が適格，後者が不適格という事実から，動詞句削除は否定要素を含んでいてはいけないことが分かります。(8b), (9b) の意図する意味は，次のように，否定辞を明示し，削除部分は have money, eat out の肯定内容のみでなければなりません。

(10) a. John has **no** money, and Bill **doesn't** [$_{VP} \phi$], **either**.
 b. John **seldom** eats out, and Bill **doesn't** [$_{VP} \phi$], **either**.

否定には，よく知られているように，文全体を否定する「**文否定**」(sentence negation) と，文の一部を否定する「**構成素否定**」(constituent negation) があります。動詞句削除は，これら2種類のどちらの否定要素も含んではいけないのでしょうか。次の例を見てみましょう。

(11) a. John has **no** money—*He does [$_{VP} \phi$] because he is out of job.
 (文否定)
 b. I despise people of **no** principle, and you do [$_{VP} \phi$], too. (構成素否定)
(12) a. *John gives money to **no** charities, and Bill does [$_{VP} \phi$], too. (文否定)

b. John went to France with **no** money, and Bill did [$_{VP}\ \phi$], too.

（構成素否定）

(11a) の第 1 文は，(8b) で見たように，「ジョンがお金を持っている」という文全体を否定する文否定です。その文否定を含む動詞句は，第 2 文の不適格性が示すように，削除できません。一方 (11b) の第 1 文は，「私は [信条のない] 人を軽蔑する」という意味で，no は principle のみを否定する構成素否定で，この文全体は肯定文です。(11b) の適格性が示すように，その構成素否定を含む動詞句 despise people of no principle を削除することは可能です。(12a) と (12b) の適格性の違いについても同様のことが言えます。

以上から，動詞句削除規則は，文否定辞を含まない動詞句に適用し，(7) の制約は次のように修正されます。

(13) **動詞句削除規則（最終版）**：動詞句削除規則は，「助動詞＋動詞句 (VP)」という構造において，文脈から復元可能で，<u>焦点情報と文否定辞を含まない動詞句</u>を削除する。

本章では以下，副詞が修飾する要素（＝修飾ターゲット）を考察して，動詞句削除規則が適用されない (2a) のような完全な文と，動詞句削除規則が適用された (2b) のような省略文で，両者に意味の違いが生じる例を取り上げ，なぜそのような違いが生じるのかを明らかにしたいと思います。

● 動詞句が副詞の修飾ターゲットを含むか？

次の会話文を見てみましょう。

(14) Speaker A:　I know that John has called you. Has Bill <u>called you</u>, **too**?
　　 Speaker B$_1$:　Yes, he has [$_{VP}\ \phi$], **too**.　　[VP = called me]
　　 Speaker B$_2$:　Yes, he has [$_{VP}\ \phi$].　　　[VP = called me]
(15) Speaker A:　I know that Bill has called John. Has he <u>called you</u>, **too**?
　　 Speaker B$_1$: *Yes, he has [$_{VP}\ \phi$], **too**.　　[VP = called me]
　　 Speaker B$_2$:　Yes, he has [$_{VP}\ \phi$].　　　[VP = called me]

(14B$_1$) と (14B$_2$) の削除要素は，(14A) から復元できる VP の called me で，この動詞句削除は too があってもなくても適格です．一方，(15B$_1$) と (15B$_2$) の削除要素も，(15A) から復元できる VP の called me ですが，この動詞句削除は，too がある (15B$_1$) が不適格で，too がない (15B$_2$) は適格です．(14B$_1$) と (15B$_1$) の適格性の違いは何が原因なのでしょうか．(14B$_2$) と (15B$_2$) で，too がなければ共に適格となるのはなぜでしょうか．

(14B$_1$) と (15B$_1$) の適格性は，too の**修飾ターゲット** (= too が修飾する要素) が削除されているかどうかに依ります．この点を日本語を用いて次のように示しましょう．

(14) A: <u>ビルも</u>君に電話したのか？
　　 B$_1$: Yes, **he** has [$_{VP}$ φ], **too**. (too の修飾ターゲットを削除せず)
(15) A: 彼は<u>君にも</u>電話したのか？
　　 B$_1$:*Yes, he has [$_{VP}$ φ], **too**. (too の修飾ターゲットを削除)

(14A) の too の修飾ターゲットは Bill で，(14B$_1$) の答えは，その修飾ターゲットの he を明示し，既に分かっている called me を削除しています．一方，(15A) の too の修飾ターゲットは you で，(15B$_1$) の答えは，その修飾ターゲットの me を called と共に削除しています．したがって，too を含む文は，その修飾ターゲットを明示しなければならず，それを削除できないことが分かります．ここで，(14B$_2$), (15B$_2$) で見たように，too を入れずに，Yes, he has φ. とのみ答えた場合は適格なので，too がなければ，質問者の too の修飾ターゲットを削除しても構わないということに注意して下さい．この適格性は，先行文脈から復元可能な VP = called me を削除しているからであり，(13) の動詞句削除規則により説明できます．

上記の too の振る舞いは，副詞の also, even, only にも見られます．次の会話を見て下さい．

(16) Speaker A$_1$: Does John work on Saturday?
　　 Speaker B$_1$: Yes, he does [$_{VP}$ φ].
　　 Speaker A$_2$: Does Bill **also** work on Saturday?
　　 Speaker B$_2$: Yes, he **also** does [$_{VP}$ φ].

(17) Speaker A₁: Does John work on Saturday?
　　　Speaker B₁: Yes, he does [_VP_ φ].
　　　Speaker A₂: Does he **also** work on Sunday?
　　　Speaker B₂: *Yes, he **also** does [_VP_ φ].

(16A₂) は，「(ジョンだけでなく) ビルも土曜日に仕事をするか」と尋ねています。つまり，also の修飾ターゲットは，主語の Bill です。(16B₂) の答え Yes, he **also** does φ. は，その修飾ターゲットである he を残し，修飾ターゲットではない VP work on Saturday を削除しています。よってこの動詞句削除は適格です。一方，(17A₂) は，「(ジョンは土曜日だけでなく) 日曜日も仕事をするか」と尋ねています。つまり，also の修飾ターゲットは，副詞句の on Sunday です。(17B₂) の答え Yes, he **also** does φ. は，その修飾ターゲットを削除してしまっています。よってこの動詞句削除は不適格です (even や only に関する例は，久野・高見 (2015: 194–196) を参照)。

以上から，次の制約を立てることができます。

(18) **Too, also, even, only** の修飾ターゲット明示制約：副詞 too, also, even, only の修飾ターゲットが明示されていない文は不適格である。

● 他の副詞表現はどうか？

それでは，too, also, even, only 以外の副詞表現はどうでしょうか。実は，普通の副詞表現は，その修飾ターゲットが明示されなくても構いません。次の例を見て下さい。

(19) a. John <u>drove the car</u> **carefully**, but Mike did [_VP_ φ] **carelessly**.
　　 b. Mary <u>came to the party</u> **by taxi**, and Sue did [_VP_ φ] **by bike**.

(19a) の様態を表す副詞 carelessly は，動詞句 drive the car をその修飾ターゲットとしています。この動詞句は，(19a) の適格性が示すように，明示される必要がありません。同様に，(19b) の手段を表す副詞句 by bike は，動詞句 come to the party をその修飾ターゲットとしています。この動詞句も，(19b)

の適格性が示すように，明示される必要がありません．

　以上から，普通の副詞表現は，その修飾ターゲットが明示される必要がないため，(18) の制約は，too や also, even や only などに限られる特筆すべき制約ということになります．それでは，両者は一体どこが違うのでしょうか．その大きな違いは，次に示すように，普通の副詞表現は，それだけで単独で用いることができ，独立性が極めて高いのに対し，too, also, even, only などは，その修飾ターゲットなどと常に一緒に用いられ，単語としての自立性，独立性が低いという点です．

(20) Speaker A: Did you handle the machine **carefully**?
　　　Speaker B: Yes, **carefully**.
(21) Speaker A: Did you go to the concert **by taxi**?
　　　Speaker B: Yes, **by taxi**.
(22) Speaker A: Did John come, **too**?
　　　Speaker B: *Yes, **too**.
(23) Speaker A: Did it rain **also**?
　　　Speaker B: *Yes, **also**.

　それでは，(20), (21) と (22), (23) の違いは，一体何に起因しているのでしょうか．それは，普通の副詞表現は，それ自体が焦点情報として機能するのに対し，too, also, even, only は，それ自体は焦点を表すのではなく，その修飾ターゲットが焦点であるという違いに起因していると考えられます．

● 副詞の修飾ターゲットが複数あるとき

　上で，普通の副詞表現は，その修飾ターゲットが明示されなくても良いと述べましたが，副詞の修飾ターゲットが複数可能な文で，それらの要素のいずれかが省略されるとき，興味深い現象が起こります．次の文を見て下さい．

(24) Can we **possibly** go to Paris this summer?

副詞 possibly の修飾ターゲットは，(i) to Paris と，(ii) this summer の 2 つの

可能性があり，前者は，例えばこの夏に皆で<u>どこへ</u>行こうか相談している状況で，後者は，例えば皆でパリに<u>いつ</u>行こうか相談している状況です。

　さて，このような状況で次の会話を比べてみましょう。

(25) 状況1：<u>どこへ</u>この夏行こうか相談している

　　　Speaker A:　　Can we **possibly** go <u>to Paris</u> this summer?
　　　Speaker B$_1$:　Yes, we can **possibly** go <u>to Paris</u> φ.
　　　Speaker B$_2$:　*Yes, we can **possibly** go φ this summer.
　　　Speaker B$_3$:　Yes, **possibly**.

(26) 状況2：<u>いつ</u>パリに行こうか相談している

　　　Speaker A:　　Can we **possibly** go to Paris <u>this summer</u>?
　　　Speaker B$_1$:　*Yes, we can **possibly** go there φ.
　　　Speaker B$_2$:　Yes, we can **possibly** go φ <u>this summer</u>.
　　　Speaker B$_3$:　Yes, **possibly**.

状況1では，to Paris が副詞 possibly の修飾ターゲットであり，this summer は修飾ターゲットではありません。(25B$_1$) が適格で，(25B$_2$) が不適格であるという事実は，副詞の修飾ターゲットを残して，修飾ターゲットでないものを省略することはできるが，逆に，修飾ターゲットでないものを残して，修飾ターゲットを省略することはできないことを示しています。状況2では，this summer が副詞 possibly の修飾ターゲットであり，to Paris は修飾ターゲットではありません。(26B$_1$) が不適格で，(26B$_2$) が適格であるという事実もまた，副詞の修飾ターゲットを残して，修飾ターゲットでないものを省略することはできるが，副詞の修飾ターゲットでないものを残して，修飾ターゲットを省略することはできないことを示しています。また，(25B$_3$) と (26B$_3$) が共に適格であるという事実は，修飾ターゲットの省略は，修飾ターゲットでないものも同時に省略すれば，不適格にはならないことを示しています。

　以上から，副詞の修飾ターゲットの省略について，次の制約を立てることができます。

(27) 副詞の修飾ターゲット省略に課される機能的制約：ひとつの文に副詞の修飾ターゲットとなり得る要素が複数ある場合，省略規則は，修飾

ターゲットでないものを残して，修飾ターゲットを省略することはできない。

(27) の制約は，次に示す「省略順序の制約」（久野 (1978) 参照）から派生する制約と考えられます。

(28) **省略順序の制約**：省略は，より旧い情報を表す要素から，より新しい情報を表す要素へと順に行う。すなわち，より新しい情報を表す要素を省略して，より旧い情報を表す要素を残すことはできない。

例えば，(25) の状況 1 で発話された (25A) (= Can we **possibly** go to Paris this summer?) の質問で，possibly の修飾ターゲットである to Paris は，その修飾ターゲットでない this summer より新しい情報です。したがって，(25B) は，そのより新しい情報の to Paris を残して，より旧い情報の this summer を省略することは可能ですが，その逆はできません。よって，(27) は (28) から派生する制約ということになります。

● 動詞句削除の不思議 (1)

(24) と同様に，次の文も 2 つの解釈が可能ですが，お分かりでしょうか。

(29) John wanted to go to Paris **in September**.

ひとつの解釈は，in September が go to Paris を修飾ターゲットとする次の (A) で，もうひとつは，in September が wanted を修飾ターゲットとする (B) です。

(30) 解釈 A：ジョンは，［パリに 9 月に行く］ことを（例えば春に）望んでいた。
　　 解釈 B：ジョンは，パリに（例えばクリスマスに）行くことを［9 月に望んでいた］。

同様に，次の疑問文も 2 つの解釈があります。

(31) **When** did John want to go to Paris?
　　解釈A：ジョンは，[パリにいつ行く]ことを望んでいたか。
　　解釈B：ジョンは，パリに行くことを[いつ望んでいたか]。

解釈Aは，whenがgo to Parisを修飾ターゲットとする解釈，解釈Bは，whenがwantを修飾ターゲットとする解釈です。
　それでは次の会話を考えてみましょう。

(32) Speaker A: **When** did John want to go to Paris? (=(31))
　　Speaker B: He wanted to go to Paris **in September**. (cf. (29))

上で述べたように，(32A)と(32B)にはそれぞれ2つの解釈があります。したがって，(32A)が，whenがgo to Parisを修飾ターゲットとする解釈で質問をし，(32B)がこの質問を，whenがwantを修飾ターゲットとするものと誤解して答えた場合は，ミスコミュニケーションが生じます。また，その逆も同様です。この会話では，(32B)が(32A)の質問にどちらの解釈を与えたのか，まったく分かりません。
　それでは，次の会話はどうでしょうか。

(33) Speaker A: **When** did John want to go to Paris? (=(32A))
　　Speaker B: He did [VP φ] **in September**.
　　解釈A：＊彼は，[パリに9月に行く]ことを望んでいた。
　　解釈B：√彼は，パリに行くことを[9月に望んでいた]。

(33A)の質問には，もちろん2つの解釈がありますが，興味深いことに，(33B)の回答には，in Septemberがwantを修飾ターゲットとする解釈Bしかありません。つまり(33B)は，(33A)の質問のwhenが，wantを修飾ターゲットとすると解釈して答えたことになります。なぜ(33B)には，(32B)と違って，解釈Bしかないのでしょうか。
　私達は(13)で，動詞句削除が，文脈から復元可能で，焦点情報と文否定辞を含まない動詞句(VP)を削除する規則であることを観察しました。(33B)の焦点は，(33A)のwhenに対応するin Septemberなので，削除されたwant to

go to Paris には，焦点も文否定辞も含まれず，この削除要素は (33A) から復元可能です。それでは，削除された want to go to Paris は，in September が go to Paris と want をそれぞれ修飾ターゲットとする時，単一構成素の VP を形成しているでしょうか。結論から先に言うと，in September が go to Paris を修飾ターゲットとする場合は，単一の VP を形成せず，そのため動詞句削除規則が適用しないので，解釈 A が存在しないことになります。

この点を次の樹形図で見てみましょう。

(34) in September が go to Paris を修飾ターゲットとする解釈（(33B) の解釈 A）

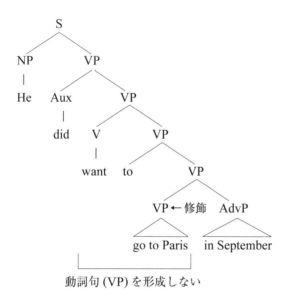

(34) では，in September が go to Paris を修飾するので，両者が構造上，姉妹 (sister) 関係（つまり，両者が階層上，同じ位置関係）を成しています。ここで，want to go to Paris は単一の VP を形成していません。したがって，動詞句削除規則を適用して，He did φ in September. (=(33B)) を生成することができません。つまり，(33B) に解釈 A がないのは，この解釈のもとでは，want to go to Paris が VP を成していないという統語的理由によります。

一方，in September が want を修飾ターゲットとする樹形図は次で，ここで

は want to go to Paris が単一の VP を形成しています。in September の AdvP と want to go to Paris の VP が姉妹関係にあることに注意して下さい。

(35) in September が want を修飾ターゲットとする解釈（(33B) の解釈 B）

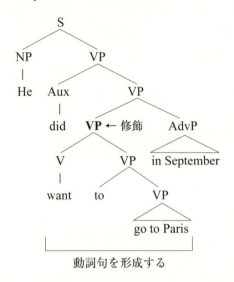

したがって，太字で示した VP (= want to go to Paris) に (13) の動詞句削除規則が適用し，He did φ in September. (=(33B)) を生成することができ，この文が解釈 B のみを持つことが説明できます。

ここで，(33B) (= He did φ in September.) の動詞句削除に関して，(27) の「副詞の修飾ターゲット省略に課される機能的制約」は関係しないことを確認しておきましょう。(33B) では，in September の修飾ターゲットの候補 want と go to Paris の両方が削除されています。(27) の制約は，修飾ターゲットとなり得る要素が複数あって，少なくともその内のひとつが省略されないで残されている場合の制約であって，全部が省略されている場合については何も述べていません。つまりこの制約は，省略の順序に関する制約なので，(33B) には適用しません。その証拠に (25B$_3$), (26B$_3$) で，possibly の修飾ターゲットである go to Paris と this summer の両方を省略して，Yes, possibly. と答えることに何の問題もありませんでした。

● 動詞句削除の不思議 (2)

(33A) の質問に対して，次の (36B) のように答えることもできます。

(36) Speaker A: **When** did John want to go to Paris? (=(33A))
Speaker B: He wanted to [$_{VP}$ φ] **in September**. [VP = go to Paris]
解釈 A：＊彼は，[パリに 9 月に行く] ことを望んでいた。
解釈 B：√彼は，パリに行くことを [9 月に望んでいた]。

(36B) は，動詞句の go to Paris を削除した文ですが，この文にも，(33B) と同様に，in September が wanted を修飾ターゲットとする解釈 B しかありません。これはなぜでしょうか。

(36B) で削除された go to Paris は，in September が go to Paris を修飾する (34) の樹形図でも，want を修飾する (35) の樹形図でも，単一構成素の VP を形成しているので，この問題は，動詞句削除規則が原因ではありません。

もうお気づきかもしれませんね。(36B) では，in September が修飾ターゲットとする wanted は明示されていますが，go to Paris は明示されず，削除されているからですね。この点を次のように示しましょう。

(37) He wanted to φ in September. (=(36B))
解釈 A：＊彼は，[パリに 9 月に行く] ことを望んでいた。
He wanted to   go to Paris   **in September**
修飾ターゲットでない   修飾ターゲット   副詞句
                   ↓
              ＊φ [(27) に違反]
解釈 B：√彼は，パリに行くことを [9 月に望んでいた]。
He wanted to   go to Paris   **in September**
修飾ターゲット   修飾ターゲットでない   副詞句
                   ↓
              √φ [(27) に違反せず]

解釈 A の (37) は，「副詞の修飾ターゲット省略に課される機能的制約」(27) に違反して，in September の修飾ターゲット go to Paris を省略してできた文な

ので，この解釈は存在しません。一方，解釈 B の (37) は，(27) の制約に違反することなく，in September の修飾ターゲットではない go to Paris を省略してできた文です。この文に解釈 B しか存在しないのは，この理由によります。

● 結び

　本章では，(i) 動詞句削除が，文脈から復元可能で，焦点情報と文否定辞を含まない動詞句を削除する規則であり，(ii) 副詞 too, also, even, only の修飾ターゲットは明示されなければならず，(iii) 副詞の修飾ターゲットが複数ある場合，削除規則は，修飾ターゲットでないものを残して，修飾ターゲットを省略することはできないことを示しました。そして，(33B) と (36B) の動詞句削除文で，解釈 B しか存在しないのは，削除要素が単一の動詞句を成しているかという，<u>文の構造に関する考察</u>と，削除要素が副詞（句）の修飾ターゲットであるかという，<u>文の意味・機能に関する考察</u>の両方によって適切に説明できることを示しました。

　英語を中・高生や大学生等に教える場合，教師は文の構造か意味・機能のどちらかに考察を傾斜するのではなく，その両方を常に視野に入れて，柔軟な説明を心がけ，言葉の面白さや不思議さを具体的に語ることが必要だと思われます。もちろん，本章で示した例文や考察が，明日の授業で直接役立つようなことはないでしょうが，それでも本章を通して，英語や日本語の文を考える際に，構造と意味・機能の両方に注意を払うことの重要性を認識していただけたとしたら，大変嬉しく思う次第です。

＊本章は，久野・高見（2007: 第 1, 3 章，2013: 第 5 章，2015: 第 8 章）で議論した動詞句削除に関する部分を統合し，簡潔にまとめたものです。

参考文献
久野暲 (1978)『談話の文法』大修館書店.
久野暲・高見健一 (2007)『英語の構文とその意味』開拓社 .
久野暲・高見健一 (2013)『謎解きの英文法——省略と倒置』くろしお出版.
久野暲・高見健一 (2015)『謎解きの英文法——副詞と数量詞』くろしお出版.

（学習院大学）

第3章
文法研究から学習英文法へ

千葉　修司

● はじめに

　英語学の研究のうち，とくに生成文法研究の分野におけるこれまでの研究成果の中には，英語教育に活かすことのできるものが数多く含まれています。特に，今日まで長年にわたって発掘されてきた，英語を中心とする言語事実に関するデータの中には，英語教育に取り入れることのできる貴重なものをいくつも見いだすことができます。言語の理論的研究の立場からすると，どうしてそのような言語現象が見られるのかについての理論的説明を与えることが重要な研究課題となりますが，必ずしも明確な説明を十分与えられないような言語現象も数多くあるようです。しかし，学習英文法の観点からすれば，そのような貴重な言語データの中から基本的なものを中心に，学習者の学習程度に応じて，学習者が習得しやすい記述的文法規則の形にまとめて提示するだけでも，十分英語学習の効果を高めることができます。以下，そのような言語事実の中からいくつかを取り上げてみたいと思います。

　ただし，以下本章で取り上げる言語データの中には，これまでの生成文法研究の中ではまだ話題にされる機会のほとんどないと思われる種類のものも含まれていますので，そのような部分に関しては，筆者の個人的研究の域を出ない部分があるということをご承知ください。

●不定詞構文 (1) ―不定詞の主語

　ここでは，不定詞 (infinitive) 構文について，特に英語学習者にとって必要となる英語の基本的知識に属すると思われるものをいくつか取り上げてみましょう。
　まず，不定詞の主語に関する文法的知識について。とくに，不定詞の主語が明示されていない場合，それが同じ文中のどの名詞句を指すか（あるいは，文中には表れていないが，コンテクストから判断されるある特定の人あるいは物

を指す場合,いったい誰あるいは何を指すかの)ということについての文法的知識の中には,基本的動詞の習得に関わる重要なものでありながら,見落とされやすいものがいくつか存在します。

たとえば,下の例文 (1a) の不定詞の主語として,Susan, Bill のいずれの解釈も可能ですが,(1b) の場合には,Susan だけが不定詞の意味上の主語となり,Susan が誰か別の人に立ち去る(出発する)ことを依頼するような意味にはなりません。いっぽう,(1c) の文の場合は,Tom 自身が不定詞の主語とはなりません。また,(1c) に対応する (1d) のような文は非文法的文となります。

(1) a. Susan asked Bill to leave. (ambiguous)
    b. Susan asked/begged/requested to leave. [= ... to be allowed to leave]
    c. Tom said/shouted/signaled to follow him.
    d.*Tom commanded/forced/ordered/told to follow him.

このことと関係する動詞でとくに注意を要するのは,demand の場合です。すなわち,日本人学習者の大方の予測に反して,下の例文 (2a) は上の (1b) タイプに分類されると同時に,(2b) の構文は一般的に許されないという特徴があります。(ただし,17–18 世紀までは (2b) のような構文が用いられていたという事実を知るのは,大変興味深いことです。)現代英語では,動詞 demand は例文 (2c) のように,(とくに,アメリカ英語では)仮定法現在の that 節を従えるのがふつうです。

(2) a. I demand to know the truth.
    b.*I demand you to know the truth.
    c. I demand that you know the truth.

● 不定詞構文 (2) ─ Tough 構文

いろいろな不定詞構文の中で,習得が不安定になりがちなものとしては,ほかに,下に挙げる例文 (3a) に見るような **tough 構文 (*tough*-construction)** と呼ばれるものがあります。とくに,(3b), (3c) のように,それぞれ,不定詞の部分を受動態にしたり,主節の主語を不定詞の意味上の主語と勘違いしたりす

る誤りが目立つようです。(3d) はチョコレートの外箱に印刷されていた英文で，その後ろにさらに「熱にまけずおいしさ 365 日」という日本文が続きます。このことから推測すると，この英文の制作者は "hard to melt" の部分を，「溶かしにくい」ではなく「溶けにくい」の意味を表すものと誤解している可能性があります。

(3) a. The problem is easy (for Beth) to solve.
　　b.*The problem is easy to be solved.
　　c.*Beth is easy to solve the problem.
　　d. Lotte's "Four Season" is very hard to melt.

なお，tough 構文そのものの文法的知識は身に付けたとしても，さらに，語彙項目として，どのような語が tough 構文を許し，どのような語がそれを許さないかということについて，気をつけなければならないことがあります。とくに，下にあげる例文 (4a-b) に見るように，(be) impossible がこの構文を許すのに，(be) possible がこの構文には使えないという，ある意味で例外的に見える言語事実があります。なお，(4c) のように barely possible から成る tough 構文の文は，どこか不自然な感じの文になるようです。

(4) a. This dog is impossible to wash.
　　b.*This dog is possible to wash.
　　c.?This book is barely possible to read.

このことに関して興味深いのは，『ジーニアス英和辞典』（第4版）の "possible" の項に見られる語法についての解説で，(5) のような内容になっています。

(5) ただし，not, hardly, barely などの否定語・準否定語が付加される場合や疑問文や条件文では可：The book is hardly [barely] ~ to read in a day. / Is this book ~ to read in a day? (→ impossible)

この記述は「形容詞 possible が，疑問文や条件文では tough 述語として用

いることができる」ということを明言していますが，このような説明を与えているtough構文に関する文献は現在きわめて少ないと思われるので，この点に関するさらなる事実調査が必要であろうとかねがね思っていたところ，同じ辞書の第5版(2014)を見ると，(6)に示すような改良された内容になっていることがわかります（ただし，「避けた方が無難」とある部分については，さらなる検討が必要です。詳しくは，千葉 (2019: Ch. 1, 注2) 参照)。

(6) 主語が不定詞の意味上の目的語になる構文 [tough 構文のこと（千葉)] は，人により容認性の判断が異なるので避けた方が無難：*The rock wall is possible to climb. (cf. It is possible to climb the rock wall.) また *Is the rock wall possible to climb? のような疑問文，*The rock wall is hardly possible to climb. のような否定に準じる文では容認性が高くなるが認めない人もいるので避けた方がよい。反対語の impossible はこの構文で用いられる。→ impossible 形容詞❶

上で見たような tough 構文に見られる英語学習者の誤りの原因の一つとしては，下の例文 (7b), (8b) に見るような**「主語繰り上げ」** (**subject raising**) の構文との混同が考えられます。教育現場において，この構文を導入するときには，tough構文との違いについても留意することにより，上で取り上げたような tough構文についての誤解を避けることができるかもしれません。

(7) a. It seems/is likely that [her research paper] will satisfy her teacher.
    b. [Her research paper] seems/is likely to satisfy her teacher.
(8) a. It seems/is likely that [this book] will be enjoyed by all of the students in the class.
    b. This book seems/is likely to be enjoyed by all of the students in the class.
(9) 主語繰り上げを許す述語の例：appear, happen, seem; certain, likely, sure, etc.
(10) tough 構文（＝目的語繰り上げ）を許す述語の例：difficult, easy, fun, hard, impossible (cf.*possible), simple, tough; a bitch, a breeze, a piece of cake, a snap, etc.

Tough 構文についての文法的知識がいったん身に付くと，次の段階として，複合的述語の場合にもこの知識を拡大・応用させることができるようになり，次のような英文 (Kajita (1977: 68)) も，これを Tough 構文の一種として正しく理解できるようになることが期待できます．

(11) a. The book <u>does not require specialized knowledge</u> to read.
　　　　= It does not require specialized knowledge to read the book.
　　b. Cactus <u>takes deep plowing</u> to get rid of.
　　　　= It takes deep plowing to get rid of cactus.
　　c. The burden <u>was over his capacity</u> to bear.
　　　　= It was over his capacity to bear the burden.

● 不定詞構文 (3) — Can't seem to 構文

不定詞構文に関するものとしては，ほかに，次の例文 (12) に見るような「**can't seem to の構文**」に関する知識が，英語学習者にとって落とし穴になっていることがあります．

(12) a. Carol <u>can't seem to</u> run very fast = It seems that Carol can't run very fast.
　　b. Susan <u>can't seem to</u> help falling asleep.
　　c. "Now I want you to relax."—"I <u>can't seem to</u>."

すなわち，これらの例文においては，can't が動詞 seem の前に位置し，あたかも，can't が seem を修飾しているかのように見える表面的構造を成していますが，can't が実際修飾している部分は不定詞の部分であるということを正しく理解できていないと，このような英文を誤って解釈することになるので，とくに注意が必要です．

この構文は，文の持つ意味解釈が，文の表面に表れている各構成要素間の順序関係から直截的に得られるとは限らないという，言語構造の持つ基本的特徴を示す具体例の一つとして興味深いと言えるでしょう．

なお，seem とよく似た意味を表す動詞 appear の場合には，次の例文に見る

ように，上のような分析が当てはまらないということも，英語学習者にとって必要な文法的知識の一つとなります。

(13) Carol <u>can't appear to</u> run very fast. ≠ It appears that Carol can't run very fast.

● 不定詞構文 (4)—不定詞構文内の時制

学習者がある種の戸惑いを感ずることのある，不定詞に関する基本的言語事実の例として，最後に (14a–b) を取り上げてみましょう。

(14) a. <u>The person to help you</u> is Mrs. Johnson.
　　　b. Who was <u>the first man to walk on the moon</u>?

例文 (14a) と比べ，(14b) のような文は，単純な英文のように見えながら，実は，日本人英語学者にとって習得が難しいようです。その主な原因は，対応する日本語表現では，「～する／～した最初の（最後の）～」のように，未来・過去・現在などの時制がふつう表面的に明示されるような場合でも，英語の場合は，(14b) に見るように，表面的に時制の欠けたように見える不定詞を用いることができるという文法的違いについて学習する機会が少ないからであると思われます。したがって，筆者の見るところ，日本人英語学習者の中には，この事実に気が付かず，むしろ，(14b) のような文を間違った文であると誤解する者がかなりの数いるのではないかと思われます。

もちろん，このような文は，下の例文 (15a–c) に見るように，英語学習者が日常的に目にする可能性のある種類の英文の一つであると同時に，英語母語話者の習得している文法的知識の中では，いわば基本的な部分を占めているのではないかとさえ思われるものです。

(15) a. Amelia Earhart was <u>the first woman to fly across the Atlantic Ocean alone</u>.
　　　b. A gas explosion ripped through a coal mine in China's northeastern rust-belt province of Liaoning, killing at least 203 workers in <u>the</u>

worst disaster in 15 years to hit the world's most dangerous mining industry.
c. The situation just described is sometimes referred to as Plato's problem, because the Greek philosopher, Plato, was among the first scholars to argue from situations such as this that humans have innate knowledge.

　上で述べたような筆者の推測がもし正しいとするならば，ここで取り上げたような日英語の違いについても英語教育に取り入れることが有効かもしれません。

● 関係代名詞の省略

　関係代名詞の省略については，とくに学校文法においては，「(動詞および前置詞の) 目的語となっている関係代名詞は省略できるが，主語として用いられている関係代名詞は省略することができない」というような説明をするのが一般的です。この説明は，下に挙げる (16), (17) のような，比較的単純な例文の場合だけを問題にしているときには，そのまま当てはまるように見えるので，その問題点に気付きにくいところがあるようです。

(16) a. I talked to the doctor who I met at the party.
　　　b. I talked to the doctor I met at the party.
(17) a. I talked to the doctor who came to the party.
　　　b.*I talked to the doctor came to the party.

　ところが，英語の実際の用法について観察をもっと深めてみると，このような説明では，関係代名詞の省略に関する英語の事実を広く一般的にとらえることができないという問題にぶつかることがわかります。実際の英語の事実としては，目的語なのに省略できない場合がある一方で，主語なのに省略できる場合もあり，結局，上のような説明は，省略できる場合とできない場合の双方向において不備であるということになります。
　たとえば，下記例文 (18a) において，who は is a spy の主語なので，上のよ

うな説明によれば省略できないはずですが，実際には，(18b) に見るように省略できるのです。一方，(19a) において，who は動詞 met の目的語でありながら，これを省略すると，(19b) に見るように非文法的文となってしまいます。(20) の場合も同じです。

(18) a. I talked to the doctor who many of us believe is a spy.
　　 b. I talked to the doctor many of us believe is a spy.
(19) a. I talked to the doctor who, probably, you met at the party.
　　 b.*I talked to the doctor, probably, you met at the party.
(20) a. This is the problem that, unfortunately, no one paid any attention to.
　　 b.*This is the problem unfortunately, no one paid any attention to.

このような場合をも説明できるようにと，梶田優氏により提案されたのが次のような規則です。

(21) 直後に名詞句の来る関係代名詞は省略できる。

この規則によると，上記例文 (16), (17) のような場合も，(18)–(20) のような場合も共に矛盾なく説明できることがわかります。すなわち，例文 (16a) においては，who の直後に名詞句 I が続いているので who を省略できます。いっぽう，(17a) においては，who の直後に動詞が続いているので who を省略することはできません。同じように，(18a) においては，who の直後に名詞句 many of us が来るので省略可能であるのに対し，(19a), (20a) においては，それぞれ，who および that の直後に来るのが名詞句でなく副詞であるために，who, that を省略することができません。

ただし，(21) の規則でも十分というわけではありません。(21) は，とくに次に挙げる例文 (22)–(25) のように，「名詞句からの外置」(extraposition from NP) の規則により，関係詞節が先行詞の直後の位置を離れて外置された場合に問題となります。

(22) a. A book arrived that Fred wrote.
　　 b.*A book arrived Fred wrote.

(23) a.　He gave something to his sister that he was very fond of.
　　 b.　*He gave something to his sister he was very fond of.
(24) a.　I visited a man recently that John mentioned.
　　 b.?*I visited a man recently John mentioned.
(25) a.　John looked the information up that Mary had requested.
　　 b.　*John looked the information up Mary had requested.

　すなわち，これらの例文において，関係代名詞の直後に名詞句が続いているにもかかわらず，関係代名詞を消去すると非文法的文が生じてしまいます。
　さらに，上の(21)の規則は，関係詞節が等位構造を成す次のような例の場合にも，同じように問題となります。

(26) a.　a man who hates Bill and who John likes
　　 b.*a man who hates Bill and John likes

　以上のような問題点を克服するために，岡田(2001: 44)は，(21)の規則に対し(27)のような修正版を提案しています。

(27) 関係代名詞は，先行詞と名詞句にじかに挟まれている場合に限り，省略できる。

　このように，問題の関係代名詞の右側だけでなく，左側の環境指定をも条件の中に取り入れた(27)の規則によると，上の例文(22)–(26)は，いずれの場合も，規則通り説明できることになります。すなわち，これらの文においては，先行詞と関係代名詞の間に別の要素が入り込んだ形になっているので，「じかに挟まれている場合」という条件を満たしていないことになり，したがって，関係代名詞の省略は許されないことになります。
　最後に，かなり砕けた口語体の表現としては，次のような強調構文やthere構文などにおいても，**主語の関係代名詞の省略**が見られることがあることにも留意する必要があります。

(28) a. It was John (who) said it.

b. There's a woman (who) wants to see you.
　　　c. You got a fish needs killing.

なお，主語の関係代名詞が省略可能となるほかの場合については，荒木 (1996: 483–485) にかなり詳しい情報が提示されています。

● 「まさしく〜」を表す関係詞節

　英語において，文中に使われている関係詞節の働きを正しく理解するのが，英語学習者にとってかなり難しいと思われる種類の関係詞節の用法の一つに次のようなものがあります。

　　(29) a. That painting looked like the forgery that it was.（その絵はまさに偽物らしく見えた。）
　　　　b. He fought bravely like the hero that he was.（彼はまさしく英雄らしく勇敢に戦った。）

　ここで注意すべき点は，前置詞 like には「〜のように」と「〜らしく」の二つの異なる意味があるので，次の (30) のような文は，「英雄のように」と「英雄らしく」の二つの異なる意味に解釈できるあいまい文になりますが，(29b) のように，関係詞節 that he was を伴った文の解釈は「英雄のように」とはならないという事実です（これは梶田優氏の指摘によるものです）。

　　(30) He fought bravely like a hero. (ambiguous)

　このような用法の関係詞節は，一見，実質的意味内容が欠けているように見えるが，実際は，「まさしく」「実際の姿どおり」「さすが」のような意味情報を表す働きをになっていることがわかります。同じような構文の例として，次のような例文を挙げることができるでしょう。

　　(31) a. With his owlish gaze, lithe step and limber tongue, Antonio Lacayo Oyanguren looks and acts like the Jesuit-trained postgraduate of the

Massachusetts Institute of Technology <u>that he is</u>.
b. Two considerations make the enterprise worthwhile—it promises a better understanding of why language has the particular properties <u>that it does</u>, and it offers new insights into how those properties emerge in the course of the language acquisition process.

　上記の構文について注意すべきこととして，問題になっている先行詞を修飾している冠詞の種類についての特徴を指摘することができます。すなわち，上記例文において，先行詞と共に現れている定冠詞を不定冠詞に置き換えると，次の例文に見るように，いずれも非文になるという事実があります。

(32) a. *That painting looked like a forgery that it was.
　　 b. *He fought bravely like a hero that he was.

　一見，実質的内容がないように見える関係詞節の別の例として，日常よく目にすることのある次のような例文を挙げることができます。

(33) a. Why does her theory take <u>the particular form that it does</u>?
　　 b. The baby comes to see the world <u>in the way it does</u> because of the brain's genetic disposition to develop in a certain way in response to visual stimulation.

　このような構文の持つ特徴は，関係詞節の部分が，主節の動詞の部分を代動詞 do を用いて単に繰り返していて，余剰的に見えるというところにあります。直訳した日本語では，納まりの悪い不自然な日本語表現になってしまいます。たとえば，日本語では，「お前は，どうしてあんなことをしたのか」とは言えても「お前は，（お前が）<u>したこと</u>をしたのはどうしてか」のような言い方にはなりません。
　実際，上の英語の例文 (33a–b) が伝えようとしているのは，それぞれ，「彼女の理論が<u>あのような特殊な内容</u>になっているのはどうしてか」および「赤ん坊があんなふうに自分の周りの世界を見るようになるのは…という理由による」のような内容であり，直訳日本語に見るような不自然な内容ではありません。

関係詞節の例ではありませんが，次のような例文にも，同じような用法が見られると言えるでしょう。したがって，この場合の日本語訳は，「なぜ語彙的格標示があのような特定の時期に消失したのかを我々は説明できないことになる」のようになります。

(34) We are left with no explanation for why lexical case marking disappeared when it did.

● 「先行詞＋関係詞節」の解釈 (1) ―先行詞＋関係詞節＝間接疑問文

「先行詞＋関係詞節」が，全体として，「何が何である」という陳述・命題を表すまとまった一つの文のように解釈される場合がいくつかあります。このような場合，いわゆる直訳調の日本語訳を考えただけでは，英文の表す意味が正確にはつかみにくくなりますが，代わりに，「先行詞＋関係詞節」を，全体として，一つの文に相当するものとして解釈すると，文意がはっきりして理解しやすくなることがあります。以下，ここでは，そのような構文の種類を三つに分けて取り上げてみることにしましょう。

最初に取り上げる種類は，「先行詞＋関係詞節」が，全体として**間接疑問文 (indirect question)** とほぼ同じような意味を表す場合です。たとえば，下の例文 (35a) における問題の下線部は，「ジルの好きな種類のキャンディ」と解釈したのでは，「ジルの好きな種類のキャンディを知っているのはハロルドだけだった」というような，（とくに，下線の部分が）いかにもぎこちない日本語表現になってしまいますが，これを，思い切って，「ジルはいったいどんな種類のキャンディが好きなのか」のような間接疑問文として解釈すると，日本語訳も自然なものとなるのがわかるでしょう。以下，要点は同じです。

(35) a. Only Harold knew the kind of candy that Jill likes = Only Harold knew what kind of candy Jill likes.
b. Tell me the house you wish that package delivered to.
c. I told her candidly the sort of man I was.
d. I had no idea of the kind of person Roddy was.
e. Susan found out the amount Bill had borrowed.

このような，いわば，「隠された疑問文」(concealed question) としての解釈が可能となるのは，「先行詞＋関係詞節」が know, tell, have no idea, find out のように，間接疑問文を補語（補文）として従えることのできる動詞や形容詞と共に現れたときに限られます。したがって，次のような例文の下線部は「隠された疑問文」とはなりません。

(36) a. I want to meet the one you mean.
　　 b. Take me to the house you wish that package delivered to.

● 「先行詞＋関係詞節」の解釈 (2) ―先行詞＋関係詞節＝感嘆文

二つ目の構文は，次の例文に見るように，「先行詞＋関係詞節」が**感嘆文** (exclamatory sentence) のように解釈される場合です。

(37) a. It's amazing the big car she bought = It's amazing what a big car she bought.
　　 b. You'd never believe the fool he turned out to be.

次のような例文は，問題の箇所が関係詞節によって修飾されてはいませんが，このような場合も，感嘆文のように解釈する（たとえば，「その建物の高いこととったら，ジョンには信じられないくらいだった」のように解釈する）のがよいでしょう。

(38) John couldn't believe the height of the building.

● 「先行詞＋関係詞節」の解釈 (3) ― 先行詞＋関係詞節＝平叙文

上では，「先行詞＋関係詞節」が全体として疑問文あるいは感嘆文のように解釈される場合について観察しましたが，最後に，次の例文 (39a–e) に見るように，「先行詞＋関係詞節」が全体として「主語＋述語」よりなる平叙文として解釈される場合を取り上げてみましょう。

(39) a. What did bother me was the haste in which his suggestion was done.
　　　= What did bother me was that his suggestion was done in haste.
　　b. I don't believe in houses that are broken into at one o'clock in the afternoon.
　　c. Clara spoke of the advantage that had been taken of her.
　　d. Our advisor was pleased with the headway we made.
　　e. Both are primarily concerned with the uses that can be made of the material that the collector has found.

　すなわち、たとえば、例文 (39b) の下線部は、表面上は「先行詞＋関係詞節」の形になっていますが、意味解釈上は (that) houses are broken into at one o'clock in the afternoon のような従属節として解釈されます。したがって、文全体の解釈は、「午後の一時という時刻に家に強盗が押し入るなんて、私には信じられません」のようになります。

　なお、例文 (39c–e) は、それぞれ、イディオム take advantage of, make headway, make use of から成る文ですが、この場合、関係詞節を省いて主節の部分だけを独立させた文は非文法的な文になることに注意しなければなりません (cf. *Clara spoke of the advantage. / *Our advisor was pleased with the headway.)。

　この節で取り上げた話題についてのさらに詳しい解説については福地 (1995) をご覧ください。

● 指示詞「この」に相当する that

　上で見たような、日英語の文法および語法の違いに留意することにより、正しい英語の知識の習得を促進させることができる場合がほかにもあります。たとえば、**指示詞 (demonstrative pronoun)** の用法について言うと、英語の that が日本語の「この」に相当する場合があるという事実を指摘することができます。そのような場合の例として、下に挙げる例 (40a) のように、in that order が「この順序で」に相当する場合、および、(40c) のように、匂いを表す指示詞の場合を挙げることができます。例文 (40a) と (41a)、および (40c) と (41b) をそれぞれ比較してわかるように、いずれも、英語の that が日本語の「この」

に対応しています。なお，例文 (40b) においては in this order が用いられていますが，この in this order は，後続する部分で示されている順序を指すことになるので，むしろ日本語の「次のような順序で」に相当することに注意しなければなりません（詳しくは，千葉・村杉 (1987) 参照）。

(40) a. In this play the actors who appear are Bill and Susan, in *this/that order.
b. In this play the main characters appear in this order: first Bill, and then Susan.
c. Take a breath of that air, kid. You never get air like that in New York.
(41) a. 今度の芝居では，助三郎とおはんがこの順で舞台に現れることになっている。
b. このいい空気を吸ってご覧。ニューヨークではこんないい空気は味わえないから。

ただし，日本語で「山田さん，鈴木さん，小川さん，その順でお部屋にお入りください」のような待合室でのアナウンスの場合，「この順で」とはなりません（水光雅則氏の指摘による）。おそらく，この場合は，問題の呼びかけの箇所は呼格 (vocative) の用法となっていて，(40a) のような主語・目的語・補語などを表す用法とは異なるために，そのような指示詞の違いが生ずるのかもしれないと思われます。

● 遂行分析

次に，否定文における because 節の解釈について，**「遂行分析」(performative analysis)** あるいは **「発話行為」(speech act)** の研究から得られる次のような文法的知識を取り上げてみましょう。(42a), (43a) とは異なり，(42b), (43b) の下線部は，それぞれ「なぜメアリーが早くにパーティー会場を立ち去らなかったか」および「なぜジェニーはここにいないのか」ということに対する理由を述べているのではありません。むしろ，表面上は現れていませんが，まるで，(44) の中の [ ] の中に示したような「隠れた主節」としての "I (can) say (to you) (that)" の部分に対して，その理由を付け加えているかのような解釈，す

なわち,「どうして私がそう言えるのか」に対する理由を述べた文として解釈するとわかりやすくなります。

(42) a. Mary didn't leave the party early, because James was there.
b. Mary didn't leave the party early, because I checked.
(43) a. Jenny isn't here, for she is very busy today.
b. Jenny isn't here, for I don't see her.
(44) [I (can) say (to you) (that)] Mary didn't leave the party early/Jenny isn't here.

同じように,一見奇異に感じられるかもしれない(45)のような例文を正しく理解するときにも,このような分析法が役に立つでしょう。

(45) a. Before you say anything, you have the right to be silent.
　　　（あなたが何か言う前に言っときますが…）
b. They've lit a fire, because I can see the smoke rising.
　　　（…だって,煙が上がっているのが見えるんです）
c. The people sitting on the other side of the pool are their parents—just in case you wondered.
　　　（不審にお思いになるといけないので申し添えておきますが…）

なお,次の例文(46a–c)のように,主節が疑問文になっている場合は,下線部が修飾する「隠れた主節」として, [I (would like to) ask you/Let me ask you] のようなものを想定するとよいでしょう。

(46) a. If you're so clever, what's the answer?
b. Is he coming to class, because I thought he was sick.
c. Before I continue, does anyone have any lame questions?

すなわち,一般的に,平叙文は「陳述する」という一つの発話行為を表すのに対し,疑問文は「質問をする」という別の種類の発話行為を表すと考えられます。上に取り上げたような例文の場合,これらの発話行為に相当する意味情

報が，統語構造あるいは意味構造上「隠れた主節」の位置を占めているというふうに理解することになります。

● such as / like と定冠詞

このような言語現象は，枚挙にいとまがないくらい数多く指摘できますが，次に，多くの日本人学習者に看過されやすい言語事実の一つとして，such as / like の用法を取り上げてみましょう。すくなくとも，単独の名詞句が such as や like によって修飾される場合，定冠詞 the を用いると，次の例文 (47a–b) に示すように，一般的に不自然な英語になるという事実があります。

(47) a. What can we do to solve (*the) problems such as the population explosion and the shortage of food?
b. In (*the) countries like the US, the husbands and their wives socialize together.

日本人英語学習の多くが，このような場合，定冠詞を用いるという間違いを犯すその理由として，母語としての日本語の影響（すなわち，第二言語習得研究で言う「**母語の転移**」(**language transfer**) の現象）が考えられるかもしれません。ただし，such as / like に対応する日本語表現「〜のような」の用法のことを考えてみても，はたして，「〜のような」によって修飾される名詞表現が，英語の定冠詞に相当する何か限定的な意味を持ったものとしてとらえられているのかどうか判然としません。

ここで問題となっている種類の誤りに密接に関連すると思われる現象としては，むしろ，制限的関係詞節の用法についてよく見られる誤解のことを取り上げるのがよいでしょう。すなわち，関係詞節で修飾される名詞表現には，いつでも定冠詞が付くものと思いこんでいるような英語学習者が多くいることは，よく知られた事実です。したがって，英語学習者の習得している中間文法において，関係代名詞の先行詞の持つ限定性についての不完全な知識が，such as / like の用法にもそのまま持ち越されているのではないかということになります。

ただし，筆者の推測によると，関係代名詞の先行詞の持つ限定性についての知識そのものには問題がないと思われるような英語学習者でも，上で問題とし

た such as / like の用法に関する言語知識の点では，母語話者の領域にまだ達していないと思われる学習者が数多くいるということは，このような説明が不十分であることを示唆することになるかもしれません。

このように，定冠詞を用いた (47a–b) のような誤りがなぜ日本人学習者によく見られるのか，その主な原因について詳しいことはまだわかりませんが，この現象は，形容詞 similar に見られる同じような誤りとも密接な関係があるようです。

(48) a. I reached a / *the similar conclusion.
b. We have (*the) similar tastes in music.

たとえ定冠詞が用いられていても，最上級を表す the の場合や，総称的意味 (generic meaning) を表す the，あるいは，名詞の前後に修飾語句が用いられているような場合には，次の例文 (49) に見るように，the と such as / like が共に用いられることがあります。上で，すくなくとも単独の名詞句が such as や like によって修飾される場合，定冠詞 the を用いると不自然な英語になるというような言い方をしたのは，このためです（詳しくは，Chiba and Reynolds (1985) 参照）。

(49) a. The range consists of delicate body suits, camisoles, French knickers, negligees and nightgowns made of the finest materials such as satin, silk, lace and crepe de chine.
b. In an animistic society such as theirs, the foreigner, like Dr. Bertrand, has to be especially careful because….
c. A great contribution of linguists to the teaching of foreign language was made by the grammarians like Otto Jespersen who taught us to view natural languages freshly as worthy objects of teaching.

● I and NP の語順

英語学習の程度が中級以上に達していると思われる英語学習者の中にすら，次のような例文に見られるような誤りを犯すことがあるようです。

(50) a. *I and my wife are a devoted couple.
　　 b. *I and Sue prefer Beethoven and Mozart respectively.

　このような場合，一人称主語をむしろ最後に置くという規則についての知識は，英語学習者にとって，いわば常識化された英語の知識ではないかと筆者などは思っていましたので，念のため，身近にある英和辞典を調べて見ました。確かに，多くの英和辞典の中にこの規則のことが明示されていることからもわかるように，この規則は，英語学習者が身につけていることが期待されている基本的規則の一つになっていると言っていいでしょう。
　ここで以下取り上げる言語事実は，このいわば常識となっている規則を破ったような語順が用いられる英語の例についてです。すなわち，次に挙げる例文(51a–c)の下線部では，一人称主語が等位構造の最初の項の位置を占めていますが，いずれの場合も，日常的に用いられている自然な英語の文の例の一つとなっています。

(51) a. When computers were in their infancy, a common frustration was the error messages they delivered instead of results. One frequent error that I and many of my engineering colleagues made (though we had no excuse to repeat it as often as we did) was to input a number as a simple integer when the computer was looking for a number with a decimal point, or vice versa.
　　 b. Finally, while you read about current events upcoming in the Academy, below, know that I and the entire Academy staff are wishing you a wonderful holiday season and a productive and fulfilling 2005.
　　 c. One day, a city news editor told me to give full coverage to the issue in a series of articles, since there was a high level of interest in the topic in the Kansai region as well as other areas of the country. Soon I and other reporters started working on the articles.

　ここで重要なのは，これらの例文が，一人称主語を最初に置いたこの語順で全く問題ないばかりか，具体的文によっては，この語順こそ望ましい場合があるということです。たとえば，筆者のおこなったインフォーマントチェックに

よると，上の例文 (51a–b) の場合は，語順を入れ替えて，それぞれ，many of my engineering colleagues and I および the entire Academy staff and I としてもよいが，(51c) の場合には，語順を入れ替えて，other reporters and I のような語順にすると不自然な感じの文になるということです。英語 other（および，日本語の「その他の」）の本来の意味を考えてみれば，other reporters and I の語順が，すくなくともこの文の中では不自然な語順となることが頷けるでしょう。すなわち，other は，本来，（ほかのものと比較すべき）何か基準となるものをもとにして，それに対して「その他の～」という意味を表すのですから，この場合，「その他の～」の方が，基準となるべきもの（この場合，reporters の一人である「私」）より先に現れているので，不自然さを醸し出すことになると言えます。

例文 (51a–b) においては，(51c) の例文のような other という表現こそ用いていませんが，下線部は，いずれも，「私自身と，私が属するその特定のグループの仲間たち」のような意味内容を表しているので，この点で，(51c) の I and other reporters と同種の表現になっていると見なすことができるのは興味深いと思われます。

このような言語事実を観察していて，さらに気が付くことがあります。それは，たとえば，下に示す例文 (52a)（この文の中では，代名詞 he の先行詞は Richmond であることに注意）は，Richmond said の後の部分が，いわゆる間接話法の表現で表されていますが，もし，これを直接話法の表現で言い換えるとなると，当然のことながら，he and Strait の部分は Strait and I のように語順を改めなければなりません (cf. (52b))。このことから推測されることとして，学習者の英語習得段階いかんによっては，例文 (52a) と (52b) の下線部の語順の違いに関する文法的知識が問題となることがあるのではないでしょうか。

(52) a. Richmond said <u>he and Strait</u>, like most paleoanthropologists, knew that genetic and anatomic evidence showed humans and chimpanzees are more closely related to each other than either is to gorillas.
　　 b. Richmond said,"<u>*I and Strait / Strait and I</u>, like most paleoanthropologists, know that...."

この節での考察を終えるに当たって，I and NP の否定表現版とも言える

neither I nor NP の例文を下に挙げておくことにします。

(53) She hung up. He dialed a second number. —"This is the law offices of Grant Kellogg. <u>Neither I nor any member of my staff</u> are here right now. Our office hours are from 8:30 to 5:00, Monday through Saturday...."

この例文において，下線部の語順を変えた neither any member of my staff nor I の表現は不自然な英語になるようです。

● 非対格動詞と受け身構文

英語学習者が犯す文法的誤りの典型的なものの一つに，**非対格動詞 (unaccusative verb)** に関するものがあります。非対格動詞の持つ文法的・意味的性質上，受け身表現と似た部分があるので，とくに，下記例文のように，非対格動詞を受け身構文として用いる誤りが目立ちます。

(54) a. *In the child's early vocabulary, objects words surrounding children are more frequently <u>appeared</u> than action words.
b. *Chomsky (1964) suggests that Minimal Distance Principle (MDP) <u>is existed</u> in child's language acquisition.
c. *It is said that this lesion <u>is happened</u> because....
d. *For our discussion of the witch hunt, I think it is important to notice that it <u>was occurred</u> in Christian countries in that specific period.
e. *Images of sounds would <u>be</u> easily <u>remained</u> in the student's brain.
f. *On the other hand, recently, <u>it is seemed</u> that the theory which Jim Cummina (1980) suggested is substantiated under various linguistic circumstances.

上に挙げた appear, exist, happen, occur, remain など，非対格動詞と呼ばれる動詞は，自動詞の一種ですが，play, speak, talk, work や cough, sneeze, sleep, weep などの「純然たる」自動詞とは異なり，基底構造においては主語の位置が欠けていて，代わりに，他動詞のように名詞句が後ろに続いているような構

造（φ＋V＋NP；記号φは，主語の位置が空であることを表す）を持つという特徴があります。目的語の位置を占める名詞句が主語の位置に移動した結果,「主語＋動詞」のようなふつうの自動詞としての表面的な構造ができると考えられています（このような捉え方のことを「**非対格仮説**」(**unaccusative hypothesis**) と呼んでいます）。非対格動詞は，いわば，他動詞と自動詞の性質を併せ持ったような種類の自動詞のことです。このように，目的語だったものが主語の位置に移動するという変化が見られるという点では，受け身文とよく似たところがあります。ただし，受け身文の場合は，さらに，動詞が過去分詞形を成し，be 動詞と共に用いられるという違いがあります。

　このような違いについての文法的知識が学習者に正確に習得されていないと，上で見たような，いわば，非対格動詞と受け身構文との混淆体とも言えるような非文法的な文を作り出す可能性があることになります。ただし，英語学習者に見られるこの種の誤りは，数学の証明問題の解答が，途中の段階までは「いい線いっている」のに，最後の結論のあたりでミスを冒すことがあるのと似たところがあるようにも思われ，「とんでもない誤り」とは言い切れないように思います。第二言語習得研究にも示唆するところの大きい，興味深い誤りの例であると言っていいでしょう。

　これと関連する誤りの別の例として，下にあげる例文 (55) のように，基底構造における目的語が主語の位置に移動することなく，もとの位置にとどまったままの状態で，表層的文（ふつうの文）となって生成されたと考えることのできるような誤文の例や，例文 (56a, b) のように，正しくは受け身構文として用いるべきところを，誤って非対格動詞の構文を用いているような，興味深い誤文の例などを指摘することができます。

(55) *From this fact, it is natural to <u>happen</u> deviance from the model of adults.

(56) a. *What I don't like about my apartment is that the toilet and the bath don't <u>separate</u>.

　　b. *However, some linguists argue that this hypothesis is not suitable for the *tough*-construction because a reasonable explanation <u>has not shown</u>.

非対格動詞および受け身構文に関する英語学習者の文法的知識をいかにして母語話者のものに近づけるか，という実践的英語教育を考えるときにも，生成文法研究の中でこれまで見いだされてきた言語事実についての貴重なデータや，これまでに提案された具体的言語分析や理論的研究が役立つことは言うまでもありません。

● Why 疑問文の中の主語・助動詞倒置

　中級程度以上に達していると思われる英語学習者の中にも，wh 疑問文の中のとくに **why** による疑問文を用いる場合に，次の例文 (57) のように，**主語・助動詞倒置 (Subject-Aux Inversion)** に関する誤りがかなりの程度見られるのはどうしてでしょうか。

(57) *Why she didn't do it earlier?

　考えられる理由の一つとして，why による疑問文の場合には，(58a, b) に見るような，「why + 動詞句」の省略的表現が可能だという事実があることが考えられるかもしれません。

(58) a. Why leave her alone?
　　　b. Why not follow him?

　しかし，このような種類の省略的疑問文の場合には，主語が欠けているということのほかに，動詞の形が (did, left, leaves, follows, followed のような) 定形動詞であってはならないという制限があるので，「why + 動詞句」疑問文の作り方の正確な知識を備えている英語学習者の場合には，この種の疑問文の影響を受けたからといって，直ちに (57) のような誤文へと導かれるわけではありません。したがって，かりに，(58a, b) のような例文の影響があるとしても，それは，英語学習者の思い違いによって，「確か，(58a, b) のような言い方が許されるのだから，(57) のような疑問文も可能となるのではないか」といった，かなり漠然とした推論を働かせる可能性があるという程度の影響のことを言っているにすぎないことになります。

推測される二つ目の理由としては，論文や小説などの見出しやタイトルとして，まさに，問題の主語・助動詞倒置を伴わない why 疑問文が用いられることがあるという事実を指摘することができるかもしれません。

(59) a. Why language does not have to be taught.
　　 b. Why Britain is at war.
　　 c. Why I am not a Christian.

ただし，この場合，書き表すときには疑問符を用いないということや，この種の疑問文が用いられるのは，何も疑問詞 why の場合だけに限られるわけではないという事実にも注意しなければなりません。(この種の疑問文は，いわば，間接疑問文がそのまま独立した疑問文として取り出されて用いられているというようにみなすことができるでしょう。)

三つ目の理由として，ただし，これは日本人英語学習者の場合には当てはまらないのではないかと思われるのですが，すくなくとも理論的可能性の一つとしては，次のようなことを考えることができるでしょう。すなわち，英語の母語習得の場合，疑問文の習得過程の途中にある幼児たちが，同種の間違いを犯すことがあることが知られています。たとえば，そのような幼児たちは，文法的文 (60a) の代わりに，(60b) のような非文法的文を用いることがあります。これは，疑問詞 why と意味的に類似の表現 how come を用いた疑問文の影響によるのではないかと考えられています。

(60) a. Why can he go?
　　 b.*Why he can go?

なぜならば，次の例文 (61a–c) に見るように，how come を用いた疑問文の場合は，why による疑問文の場合とは異なり，主語・助動詞倒置は生じないからです。

(61) a. Why is everyone staring at me?
　　 b. How come everyone is staring at me?
　　 c.*How come is everyone staring at me?

ただし，上にも述べたとおり，ここで問題にしている日本人英語学習者の場合には，この説明は当てはまらないと思われます。なぜならば，そもそも，彼らが how come 疑問文のデータに接する機会は，おそらく，きわめて限られていると思われるので，そのようなデータが，ここで問題となっている種類の誤りの一般的な引き金となる可能性はかなり低いのではないかと考えられるからです。

以上，wh 疑問文の中の，とくに why 疑問文の場合に限り，主語・助動詞倒置に関する誤りが依然として見られるような英語学習者がいるのはなぜか，という疑問を取り上げ，考えられる理由について考察してみました。上でも触れたように，why 疑問文についての文法的知識が生半可のままの学習者がかなりの数存在することが考えられるので，今後，英語教育の場において，この点にも留意したような文法指導が求められるのではないでしょうか。

● まとめ

以上，学習英文法の中ではとかく見落とされがちな文法事項でありながら，英語学習の効果を上げるために意識的な学習・教授が必要だと思われるような文法項目をいくつか取り上げ，それぞれ，具体例を挙げながら，ポイントとなる点の解説を試みてきました。ここで取り上げた文法項目あるいは特定の言語事実には，必ずしも，現時点ではまだ広く文法研究家の共通の知識になっているとは言えないような種類のものも含まれていますが，いずれの項目も，英語母語話者が無意識のうちに習得している英文法の知識の中では重要な部分を占めているのではないかと考えられます。これらの英語の知識が，英語学習の過程の適当な段階において，それぞれの学習者の英語の知識の一部として吸収できるように指導方法を工夫することが，とくに英語教育に携わる者にとって求められているのではないでしょうか。

＊本章は，千葉 (2006) に一部手を加えた改訂版です。例文に関する出典などの詳しい情報はここでは省略されています。

参考文献

荒木一雄（編）(1996)『現代英語正誤辞典』研究社出版.
千葉修司 (2006)「文法研究と学習英文法」『津田塾大学紀要』No. 38, 15–46.
千葉修司 (2019)『英語 tough 構文の研究』開拓社 .
千葉修司・村杉恵子 (1987)「指示詞についての日英語の比較」『津田塾大学紀要』 No. 19, 111–153.
Chiba, Shuji and Saeko Noda Reynolds (1985) "On the Grammar of *such as*." *The Tsuda Review* 30: 55–76.
福地肇 (1995)『英語らしい表現と英文法——意味のゆがみをともなう統語構造』研究社出版.
Kajita, Masaru (1977) "Towards a Dynamic Model of Syntax." *Studies in English Linguistics* 5: 44–76.
岡田伸夫 (2001)『英語教育と英文法の接点』美誠社.

辞　書

『ジーニアス英和辞典』（第 4 版）(2006) 大修館書店.
『ジーニアス英和辞典』（第 5 版）(2014) 大修館書店.

（津田塾大学名誉教授）

第4章
英文解釈と生成文法

外 池 滋 生

● 生成文法の目的と英文解釈における有用性

　生成文法 (generative grammar) が英文解釈にどれほど役に立つかと問われれば，生成文法は人間の言語能力を解明することを目指しているのであるから，土台，英文解釈に役立つなどということを期待すること自体がお門違いであるというのが，偽らざる答えです。また明治以来の英米文学研究を専門とする学者をはじめとして，英語を職業の必須要素とする日本語母語話者は，生成文法出現以前から，また生成文法出現後も，基本的にはそれとは無関係に，立派に英語を使いこなしてきたのです。

　しかし，生成文法研究から得られた英語に関する知見には，英文を解釈するときに役立つものもかなりあるとも思います。ただし有用性があるとは言っても，従来の文法も生成文法も，同じ言語を対象にしているものであるという点では共通で，言語理論としてはともかく，英文解釈の点でそれほど目覚しい違いはもとよりあろうはずがありません。

　ともあれ，有用性を問題にするからには比較の対象があったほうが話が分かりやすいので，5文型 (five sentence patterns) を代表とする学校文法 (school grammar) との比較において論じることにします（第5章も参照）。生成文法の知識など特に持ち合わせていない人でも，英語を読むときには学校で習った文法程度は使っていると考えられるからです。

　生成文法の成果で英文解釈に役立ちそうなことは2つに大別することができるように思われます。広い意味での文と文との（あるいは表現と表現との）関係を捉える点と，微妙なしかし重要な文の意味（解釈）に関わる文中の要素の意味関係です。

● 文と文との関係 (1) ― 節と節との関係

　文と文との関係にも2種類考えられます。1つは実在する（文法的な）表現

の間にある言い換え関係です。もう一つは実在しない（抽象的な）表現を介しての言い換え関係です。

　まずは次の例から始めましょう。

　(1)　It is important [that you should participate].
　(2)　It is important [for you to participate].

(2)には実は2通りの解釈があります。一つは(1)と同じ解釈で，「あなたが参加することが重要です」という意味です。もう一つは「参加することがあなたにとって重要です」という意味です。後者の場合のforは「にとって」という前置詞ですが，前者の場合のforは不定詞節を導く接続詞の一種（**補文標識 (complementizer)**）と，また不定詞のtoは一種の助動詞と考えられます。(It is important for us for you to participateのように2つのforが重なり，「あなたが参加することが私たちにとって重要だ」という意味を表すこともできます。）前者の解釈のもとでの(2)と(1)はほぼ同じ内容を述べており，(1)のthatに相当する位置に(2)ではforがあり，(1)のshouldに相当する位置に(2)では不定詞のtoがあります。

　さらに次の例を見てみましょう。

　(3)　They believed [that someone was unaware of the danger].
　(4)　They believed [someone to be unaware of the danger].
　(5)　They believed [someone unaware of the danger].

これらの例もほぼ同じことを述べていて，[　]で括った部分はそれぞれtheyの信念の中身を述べているのですから，生成文法では，何れも節であると考えます。(3) (4)の従属節はそれぞれ**定形節 (finite clause)**，**不定詞節 (infinitival clause)** と，(5)のそれは**小節 (small clause)** と呼びます。このように分析すれば，これら3つの文に共通する動詞believeとそれに後続する部分の関係を統一的に捉えることができます。

　そのような生成文法の成果から，筆者は英語講読の授業で(4) (5)のような例がでてきたら，[　]で括られた部分は(3)におけるthat節と同じく，believeの目的語の働きをしていると説明し，学生もこれを苦もなく理解してくれます。

ところが，このような説明はほとんどの高校の英語教育の現場ではタブーです。その理由は5文型では(3)はSVOの文型であるのに対して，(4)(5)はSVOCの文型であるため，これらを同じように扱うと文型が崩れてしまうからです。(ある高校の教員が授業でこのような話をしたら，それを聞いた父兄から苦情が来たという笑えない話まであります。) 5文型に抵触するからと言って，上の極めて自然な説明を排除するのはいかにも不合理であると思われます。英語母語話者は5文型などというものを聞いたことも習ったこともありませんが，それでも英語を何の問題もなく話し，理解します。事実，筆者を含め中学，高校で5文型を習った人たちも，5文型を習ったからではなく，習ったにもかかわらず，(3) (4) (5)の間に意味のある共通性を見出して，これらを言い換えの関係にあるものと解釈するのです。

● 文と文との関係(2)―繰り上げ構文

次は実在しない表現を介しての言い換え関係ですが，まずは以下の例から始めましょう。

(6)　It was believed that someone was unaware of the danger.
(7)　Someone was believed to be unaware of the danger.

(6) (7)は(3) (4)の受動形であり，学校文法でもこれら2つの対文を**受動化(passivization)** という**移動(movement)** 操作による関係付けを行うのが一般的です。

しかし次のような例となると話は別です。(*は非文法的であることを示します。)

(8)　It seemed [that someone was unaware of the danger].
(9)＊It seemed [someone to be unaware of the danger].
(10)＊It seemed [someone unaware of the danger].
(11)　Someone seemed to be unaware of the danger.
(12)　Someone seemed unaware of the danger.

(8) の例から seem という動詞は it を主語に取り，that 節を従えるものであるということが分かります。一方上で見たように believe のような that 節を従える動詞の中には不定詞節や小節を従えるものがあります。それならば seem も同様に (9) (10) のように不定詞節や小節を従えても良さそうなものであるのに，これらは共に非文法的です。しかし，それを補うかのように (11) (12) のような文法的な例があります。また，(6) (7) の was believed を seemed に置き換えれば (8) (11) が得られるのです。

このような事態を説明する最も簡明な方法は，(6) (7) の受動文の場合に移動操作を使うのと同じように，(9) (10) のような文では someone が it に移動しなければならないと考えることです。このような移動を**繰り上げ (raising)** と呼びます。(8) (11) (12) の間の言い換え関係は生成文法以前の枠組みではこのような直截な形ではとらえることができませんでした。5 文型では (8) (11) (12) はいずれも SVC の文型であるということを述べる以上に説明のしようもありません（第 5 章も参照）。

● 作用域 (1) ― 繰り上げと作用域

次に，文中の要素間の意味関係として，ここでは特に**作用域 (scope)** と呼ばれる意味関係を取り上げます。

繰り上げ分析と関連して (8) と (11) の間には興味ある相違があります。(8) は (13b) に示す解釈がありますが，(13a) に示す解釈はありません。一方 (11) には (13a, b) 両方の解釈があります。

(13) a. 危険を意識していないと思われる人が誰かいた。(someone > seemed)
　　　b. 危険を意識していない人が誰かいると思われた。(seemed > someone)

(13a) では seem の作用域が someone の作用域の中にあり，(13b) では seem と someone の作用域が逆転して，前者の作用域の中に後者の作用域があると言い，これを上の括弧内のように不等号で表します。2 つの解釈にはあまり差がないように思われるかもしれませんが，例えば (13a) では話者は誰か特定の人を念頭に置いているのに対して，(13b) では危険に気付いていない人が誰であるのかを話者は分っていないという違いがあります。

(11) では someone が seemed の外（左側）にあり，一般的に，外の要素が広い作用域を取ることからすれば，(13a) の解釈があることは自然なことです。興味深いのは seemed の従属節中に someone がある (8) でなら自然に予測される (13b) の解釈もあることです。同様のことが受身の (6) (7) にも見られます。(6) には believed > someone の解釈しかないのに対して，(7) には someone > believed の解釈もあります。

このような解釈に関する微妙な作用域関係をどのように扱うかについては生成文法理論内でもいくつかの提案が競合していますが，移動という現象に不可分に結びついているということについては意見が一致しています。このような作用域に関わる意味関係は学校文法をはるかに越えた領域です。

● 作用域 (2) ― someone, everyone, no one

作用域ということから言えば，次の例に見られる解釈の相違も生成文法において中心的な研究課題となってきたものです。

(14) Somebody loves everybody
(15) I will force you to marry no one.

(14) には「誰か一人の人が問題の人たち全員を愛している」という解釈の他に，「問題の人たちそれぞれについて，その人を愛している人が誰かいる」という解釈，すなわち他人に対して愛情を持っている人が複数いるという解釈があります。これは「誰かがどの人も愛している」というこれに相当すると思われる日本語には，「誰か＞どの人」の解釈しかないという事実と際立った相違を見せています。（この例が「どの人＞誰か」の解釈もあるとする判断もありますが，筆者は賛成しかねます。）日本語母語話者にとってこのような英語の作用域の多様性は不思議な現象で，そのように説明されなければ自分ではなかなか気付かないことです。

(15) の例は日本語母語話者にはもっと不可思議なことに，次の2つの解釈が可能です。

(16) a. I will force you not to marry anyone.

b. I will not force you to marry anyone.

(16a) は「独身を通させる」という意味で，この解釈では (15) の no one は従属節の作用域を持っていますが，(16b) は「無理には結婚させない」という意味で，ここでは no one は主節の作用域を持っています。このような事実は生成文法の初期に取り上げられ，現在でもなお，その多義性の説明が言語理論上重要な問題として議論されています。そこでは (17) にはそのような多義性がないという興味ある事実が指摘されています。

(17) I will force no one to marry you.

この例は「誰にも無理やりお前と結婚させることはしない」という解釈しかありません。

　このような興味ある現象は生成文法の研究の中で中心的な課題として取り上げられるようになった事柄であり，英文解釈上問題になることは少ないかもしれませんが，その必要が生じた場合に，誤解すると重大な結果をもたらしかねないものです。

● 結び

　生成文法の成果が英文解釈に役に立つかという観点から，いくつかの現象取り上げて，学校文法と比較して論じてきました。これらの事実は英語を学ぼうとする人にとっては遅かれ早かれ知っておかなければならないことであると信じますが，それらを一律に中学，高校の授業において説明すべきであると主張しているのではありませんし，ましてや生成文法を教えるべきであるなどとは考えてもいません。これらの事実を教えるにはそれぞれにふさわしい時期があるでしょうし，英語教育と言語学とは密接に関連する領域でありますが，一線を画しておく必要があるのは当然のことです。

*本章は外池 (2003) に加筆修正を加えたものです。

参考文献

外池滋生 (2003)「英文解釈と生成文法」『英語青年』149 巻 4 号, 217–219. 研究社.

（ハワイ大学，元青山学院大学教授）

第5章
伝統的な5文型から9文型への拡大，そして1文型への還元

外 池 滋 生

● 文型について

　日本の中高で英語を学んだ人，そしてそこで英語を教えている人の99%は「5文型」(five sentence patterns) を習ったり教えたりしているものと思われます。これはそもそもアニアンズ (C. T. Onions, 1873–1965) が今から100年以上も前に提唱した分類で (Onions (1904) 参照)，他にすぐれた分類がなかったため，日本の英語教育界で採用されて，今日のように広く使われるに至ったものです。英語の文の全てを5つに分類してしまうという簡明さと，英語学習の初期に出てくる比較的簡単な文では大体この分類で済むという便利さから広く日本の英語教育界に流布しているように思われます。そのような中で英語を学んだり教えたりしていると，「5文型」神話のようなものが生まれてきても不思議ではありません。かく言う筆者も英語を学びはじめた頃，問題集で正しく「5文型」のどれかに分類できるようになったときには，英語という科目を一つ克服したような気になったものでした。そのように考えることはある意味では正しいのですが，ある意味では全く間違っています。正しいというのは，「5文型」に全ての文を分類できるためには，それらの文の構造と意味が正しく理解されていなければなりません。だから「5文型」を使えるようになるということは，確かに英語の基本的な知識がついてきているということで，英語力の診断法にはなり，その意味で，「科目を克服できた」という感じをもったことは正しいのです。しかし「5文型」を学ぶことによって英語が分かったと思うとすればそれは全くの誤りです。英語が分かってきたから，「5文型」に分類できるようになったわけです。

　筆者が英文法を担当した教科書『[新版] 英文法の総復習とワンクラス上の英作文』「Part A：英文法」(以下，野村・他 (2017)) においても，日本の英語教育界にこれだけ流布してしまった文型というものを無視することもできないため，3課を割いて文型を扱っています。そして本書の読者の先生方の中にも，

文型を扱うことについて懐疑的な意見をお持ちの方も少なくなく（本書第4章もご参照下さい），そのような先生方はすでに実践していらっしゃることと思いますが，授業のときに注意していただきたいことが2つあります。一つは文型を学ぶことを目的化しないことです。文型はあくまで既に学んだことの整理の手段であることを学生にも明確にしたうえで授業を進めていただきたいものです。野村・他 (2017) では第1文型，第2文型のような名前をつけなかったのも，そのような名前を覚えることには何の意味もないという考えからです。第2の点は野村・他 (2017) での文型の分類は（以下で解説するように）従来の「5文型」から9文型に拡大してありますが，それでも，これで全ての英語の文が処理できるわけではないということ，そして個々の動詞がどの文型に属するかが大事であるのではなく，それそれがどのような要素を従えるか（要求するか）を一つ一つ学んでいくことが大事であるということを強調していただきたいのです。

●5文型から9文型へ

　伝統的な「5文型」は「取り去ると文が成り立たないものだけが文型を構成する」という考えの下に定義されていました。だから例えば He arrived at the airport という文で at the airport の部分を取り除いて He arrived としても文が成り立つため，at the airport は文型の分類に参画しないと考えられてきました。しかしこれは動詞の意味を考慮に入れない機械的過ぎる定義でした。arrive という動詞を用いるときには概念的に (conceptually) は到着点があると考えられます。このことを「arrive は概念的に到着点を必要とする」と言うことにしましょう。だから単に He arrived とだけ言う場合でも，先行文脈などから例えば「空港へ」ということが問題となっているか，または話し手と聞き手のいるところ（つまり「ここ」）である場合に限ります。どこに着いたかが分からないのに単に He arrived とは言えません。概念的に到着点を要求する点では arrive は reach と同じです。しかし reach の場合にはどこに着いたかが分かっているときでも単に *He reached とは言えず，He reached the airport とか He reached it と言わなければなりません。arrive と reach は概念的に到着点が必要である (conceptually necessary) という共通点を持っていますが，前者は到着点が表されていなくてもよいが，後者では必ずそれが表されていなくてはならないと

いう相違点があります。もちろんこの相違点を単に相違であると言っていたのでは，折角の概念的共通点を見つけた意味がありません。何か独立の原則で説明する必要があります。この 2 つの動詞には他に arrive の到着点が前置詞句（および副詞句）で表されるのに対して，reach の到着点が名詞句で表されるという違いがあります。

(1) 　　　　　　概念的に到着点が必要　　統語的に到着点が
　　a. arrive　　　　yes　　　　　　前置詞句／副詞句
　　b. reach　　　　 yes　　　　　　　名詞句

そして一般的に次のような統語的な原則があります（一見これに反するように見える現象については後で触れます）。

(2) 動詞が要求する要素が名詞句である場合には省略できず，それ以外の（例えば前置詞句など）の場合には省略可能である。

この一般的原則があれば arrive と reach については 2 つの動詞の間にある意味的な相違を学ぶことはもちろん必要ですが，文法的には (1) でまとめたことを学ぶだけでよいということになります。

　さて文型に話を戻しましょう。伝統的な文型の「取り去ることができるかどうか」という基準は，「省略可能かどうか」ということで，これはその要素が名詞句であるかどうかによって，上の原則で決まる訳ですから，文型の定義にはむしろ「概念的に必要なもの」という基準を用いた方がよいということになります。日本人学習者にはこの方がずっと理解しやすいはずです。日本語ではどのような要素も省略可能で，arrive も reach も共に「到着する」ですから，なぜ前者が SV の自動詞で，後者が SVO の他動詞であるのか，日本語を母語とする学習者には了解しかねるところがあります。概念的に必要な要素は全て動詞の文型に参画するとした方がよいもう一つの理由です。

　このような考慮から，野村・他 (2017) では伝統的な S+V, S+V+C, S+V+O, S+V+IO+DO, S+V+O+C の 5 文型に加えて，前置詞句／副詞句で表される概念的に要求される要素を，それに ′ をつけて表し，S+V+C′, S+V+O′, S+V+DO+IO′, S+V+O+C′ の 4 つを追加し，全体で 9 つの文

型を区別しました。これによって，文型の体系全体がカバーする範囲が，従来の5文型より格段に正確になりました（同様の試みとして Quirk et al. (1985) *A Comprehensive Grammar of the English Language* では7文型を立てる分析を提示しています）。動詞が「概念的に必要とする」というのは，その動詞に深く（内在的に (inherently)）結び付いているということであり，野村・他 (2017) で用いられている「補完部」**(complement)** に相当します（なお，最近の理論言語学や文法書では「補部」という名称が使われています。第11章も参照）。つまり文型とは補完部をとるかどうか，どのような補完部をとるかによって動詞を分類したものと言えます。以下，野村・他 (2017) の掲載順に，まず単純な例だけを選んで解説を加えます（準動詞や節が出てくる複雑なものについてはさらに後でまとめて論じます）。

1. S + V

S + V の文型をとる動詞は補完部をとらない動詞ですが，数の上ではそう多くなく，物事の出現，消失，運動などを表すものがほとんどです。そういう性質上，時，場所，理由などを表す修飾部を伴うのが普通です。

(3) a. What happened?
    b. An earthquake occurred in South America.

特殊な例として「食事をする」の意の eat,「読書をする」の意の read,「著作をする」の意の write など，意味的（概念的）には目的語をとる他動詞であるが，言わば目的語を吸収してしまったような他動詞で，見掛け上の自動詞といえます。また，野村・他 (2017) の「受動態」の課で扱っている他動詞を意味上の受け身として扱う次のような表現も，分類上は S + V の文型ということになります。

(4) a. His new book is selling well.「彼の新しい本はよく売れている」
    b. This bread cuts easily.「このパンは簡単に切れる」

このような表現を**中動態 (middle voice)** とも言います。

2. S + V + C

S + V + C の文型をとる動詞はその補完部が主語の性質や状態を表します。

(5) a. My sister is the best player on the team.
　　b. The scientist became famous very quickly.
　　c. This apple looks delicious

これは補完部が主語に対する述部を構成しているということに他なりません。そのような補完部のことを**補語 C (complement)** と呼ぶわけです。この文型の補語は主語の性質・状態を表すため**主格補語 (subject complement)** とも呼ばれることは付け加えるまでもないでしょう。この文型の補語になるものは名詞句，形容詞句です。

3. S + V + C′

S + V + C′ の文型は S + V + C の文型と同じであるが，たまたま補語が名詞句や形容詞句ではなく，前置詞や副詞句であるものをこの文型に含めるために立てたものです。

(6) I am in my office right now.

この文型をとる動詞には C′ が場所を表す John arrived at the airport などのようなものと，主語の状態を表す John is out of his mind のようなものと 2 種類あります。上でも述べたように，このうち C′ が場所を表すものは伝統的な分類では S + V の文型をとる自動詞とされていたものです。

4. S + V + O

S + V + O の文型をとるものでは，**目的語 O (object)** は名詞句で表されます。

(7) a. Tony built a boat by himself.
　　b. He painted a boat with a brush.

上の原理でも見たように一般的にこの目的語は省略が不可能です。動詞と目

第5章　伝統的な5文型から9文型への拡大，そして1文型への還元　69

的語の関係は様々ですが，最も典型的には build, bake, cook などのように目的語をつくり出すもの，heat, fix, paint などのように目的語を変化させるもの，burn, break, destroy などのように目的語を破壊，消滅させるものの3種に大別されます。他に want, like, love, hate など好悪の感情の対象が目的語になるものもあります。これらのいずれも目的語を主語とする受動文をつくることができます。この文型については特に注意する点はありませんが，ただ次のような例は普通 S + V + O の文型の例とされるので注意が必要です。

　　(8) a. He weighs two hundred pounds.「彼は体重が200ポンドである」
　　　　b. The car cost ten thousand dollars.「その車は1万ドルした」
　　　　c. Mary resembles her father.「メアリーは父親に似ている」
　　　　d. I have no time.「私は時間がない」

これらの例では目的語とされる下線部を主語にした受動文ができません。学生に対する説明としては，これらは受動文をつくれない特殊な他動詞を含んでいるということでいいでしょうが，少なくとも最初の3つはS＝Oの関係があり，その意味からも S + V + C の文型であるとすら考えられます。

5. S + V + O′

　S + V + O′ は目的語が前置詞を伴うもので，deal with「扱う」，work on「取り組む」，decide on「〜に決める」，look for「探す」など，動詞と前置詞とをあわせて1つの他動詞のように働いているものがこれに該当します。

　　(9) a. She is looking for a job.
　　　　b. You must concentrate on the job.
　　　　c. I will talk to him later.

これとは別に，turn on「点灯する」，look up「調べる」，turn in「提出する」などの句動詞があって，紛らわしいのですが，S + V + O′ では，目的語が代名詞でも，例えば look for it のように it が前置詞の後に出てきますが，句動詞の方は，*look up it とは言えず，必ず look it up のように代名詞の目的語が間に挟まれます。

6. S + V + IO + DO

S + V + IO + DO の文型では**間接目的語 IO (indirect object)** と**直接目的語 DO (direct object)** の間に have や get で結ばれる関係が成立します。

(10) a. John gave Mary those books. → Mary got those books.
   b. Mike wrote Cathy a long letter. → Cathy got a long letter.
   c. Frank bought Emily a lot of flowers. → Emily got a lot of flowers.

この意味で，この種の動詞は have や get の使役形であると考えることができます（この点については更に後で触れます）。また受動文にするときに IO を主語にすることはできるが，DO を主語にすることは IO が代名詞の時を除いては不可能であることも注意すべきことです。

(11) a. Mary was given those books. Cf. *Those books were given Mary.
   b. Cathy was written a long letter. Cf. *A long letter was written Cathy.
   c. Emily was bought a lot of flowers. Cf. *A lot of flowers were bought Emily.

IO を前置詞句によって表せば問題のないことは，言うまでもないでしょう。

(12) a. Those books were given to Mary.
   b. A long letter was written to Cathy.
   c. A lot of flowers were bought for Emily.

7. S + V + DO + IO′

この文型は S + V + IO + DO の間接目的語 IO が語順を変えて前置詞句として表されたもので，前置詞句は to に導かれるものと，for に導かれるものがあります。IO′ が to により導かれる場合には DO との間には go や belong で結ばれる関係が成立します。

(13) a. John gave those books to Mary. → Those books belonged to Mary.
   b. Mike wrote a long letter to Cathy. → A long letter went to Cathy.

このことから，この種の動詞は go や belong の使役形であると考えることができます。IO′ が for により導かれる場合には S + V + IO + DO との間に意味の違いが生します。Frank bought Emily a lot of flowers は Emily が花をもらったことを意味しますが，Frank bought a lot of flowers for Emily では Emily が結局花をもらわなかったということがありえます。

S + V + IO + DO と S + V + DO + IO′ とが交替しない場合があります。

(14) a. Mary gave the baby a bath. 「メアリーは赤ん坊を入浴させた」
　　　 Cf. *Mary gave a bath to the baby.
　　 b. Bill gave John a cold. 「ビルはジョンに風邪をうつした」
　　　 Cf. *Bill gave a cold to John.

IO と DO とを have で結んだ文が成立しますが，DO と IO′ を belong で結んだ関係は成立しません。

(15) a. The baby had a bath.　Cf. *A bath belonged to the baby.
　　 b. John had a cold.　Cf. *A cold belonged to John.

この事実も，S + V + IO + DO と S + V + DO + IO′ がそれぞれ IO + have + DO，DO + belong + IO′ の使役形であると考えることが正しいことを示唆しています。

8. S + V + O + C

この文型では O と C の間に主述関係があり，この C のことを**目的格補語 (object complement)** と呼ぶことは言うまでもないでしょう。

(16) a. We call him Johnny.
　　 b. They elected Bill president.
　　 c. The news made everyone very happy.

C は通常名詞句や形容詞句ですが，V が使役動詞や知覚動詞の場合は原形不定詞，過去分詞，現在分詞の動詞句になります。

(17) a. I have someone clean my room.
　　　b. Oh, you had your hair cut.
　　　c. We saw you crossing the street.

O だけが受動文の主語になれます。((17b) に対応する受動形はありません。)

(18) a. He is called Johnny.
　　　b. Bill was elected president.
　　　c. You were seen crossing the street.

9．S＋V＋O＋C′

　これは S＋V＋O＋C と同じ種類で，目的格補語が前置詞句で表されている点が異なっているだけです。

(19) a. Jim put the book on the shelf.
　　　b. Brenda kept the car in good condition.

場所を表す前置詞句または副詞句を補完部としてとる従来の 5 文型では処理できなかった put や place などが処理できる点が大きな利点です。

●9 文型から 1 文型へ

　伝統的な 5 文型から補完部として働く前置詞句／副詞句を含めるために 9 文型に拡大してきましたが，実は文型はもっと整理することができます。まず C と C′ とは同じ補語ですから，前置詞句／副詞句も補語になれるとすれば，区別する必要はありません。O と O′ も同様です。これらを取り除くと 6 文型になります。

(20) a. S＋V
　　　b. S＋V＋C（C＝名詞句，形容詞句，前置詞句，副詞句等）
　　　c. S＋V＋O（O＝名詞句，前置詞句）
　　　d. S＋V＋IO＋DO

第5章　伝統的な5文型から9文型への拡大，そして1文型への還元　73

　　e. S + V + DO + IO′
　　f. S + V + O + C（C = 名詞句，形容詞句，前置詞句，副詞句等）

次に (20d-f) では動詞の後に続く2つの要素は上で指摘したように，1つのまとまりをなしていると考えられます。

　(21) a. S + V + [IO + DO]
　　　 b. S + V + [DO + IO′]
　　　 c. S + V + [O + C]

このような考え方はイェスペルセン (Otto Jespersen, 1860–1943) *Analytic Syntax* (1937) がすでに80年も前に**ネクサス目的語 (nexus-object)** という用語を使って指摘していることですが，なぜか日本の英語教育のなかには十分に浸透してこなかったものです。ネクサス目的語とは [　] の部分が**主述関係 (predication)** を内包するある種の文相当の構成素をなしているということです。ここで (21a–c) で [　] に囲まれた部分はイェスペルセンのネクサス目的語という用語で示唆されているように動詞に対して目的語 (O) として働いていると考えられますが，どの場合にもそれらは（文の構造の「補完関係」における）動詞の補完部であることは間違いありません。そうすると (21a–c) は全て「S + V + 補完部」という1つのパターンにまとめられます。これにより (20d-f) の6文型は4文型にまとめることができます。

　(22) a. S + V
　　　 b. S + V + [C]
　　　 c. S + V + [O]
　　　 d. S + V + [補完部]

ここまで来ればもう明らかなように，(22b, c) のCとOは動詞の補完部であることに変わりありませんから，結局2つの文型で済むということになります。

　(23) a. S + [V]
　　　 b. S + [V + 補完部]

さらに「**置き換え (substitution) の原理**」からすると，補完部を必要としない動詞は単独で動詞句を構成しますから，結局，英語の文の構造は次の (24) の1つであることになります。([He] speaks good Japanese. の代名詞 [He] を名詞句 [The boy from New York] と置き換えても文が成り立つことから「代名詞 he は統語的には名詞句に相当する」ことが導かれます。「置き換えの原理」とは，このような統語範疇を決定するための「構成素テスト」の一つのことを言います。)

(24) S ＋ [動詞句]

これが「主述関係」が成立する要素，すなわち主部と述部に対応していることは一目瞭然でしょう。

　つまり，文は主部である S と述部である動詞句からなり，動詞句が補完部をとるかとらないかで，完全自動詞とその他の動詞に分かれます。補完部が補語の働きをしているときは，それは名詞句，形容詞句，前置詞句，副詞句，(そして原形不定詞，過去分詞，現在分詞を含む動詞句) のような単一の句からなります。補完部が目的語の働きをしているときはそれが名詞句や前置詞句という単一の句からなる場合もあれば，主述関係を含む複雑な句からなる場合もあり，後者の場合は更にその内部の成り立ちによって3種類に分かれるため，結局9種類を区別することができるという関係になっているということです。

● 準動詞などを含む複雑な文型の問題点

　名詞句，形容詞句，前置詞句／副詞句が目的語や補語をなしている比較的単純な例では，9文型でほぼ問題なく処理できましたが，不定詞，動名詞，過去分詞，現在分詞の**準動詞 (verbal)** が補完部として現れる場合にはいろいろと問題が出てきます。ここでは2点にだけ絞って解説を加えることにします（以下の点は学生に解説する必要はありません）。

　伝統的な5文型では次のような例の下線部は補語であるとされています。

(25) a. They agreed <u>to do the job</u>.

b. She hesitated to open the door.
　　　c. I agree that you are right.

(25a, b) の例の下線部が S＋V＋C の補語であるといわれるのは全く理由なしとは言えません。というのは S＋V＋C の C は S との間に主述関係があるものと定義されており，to do the job と to open the door それぞれの意味上の主語は確かに They と She であるからです。しかし，(25c) の例における that 節についてはそのようなことは当てはまりません。どうやら，下線部を主語にする受動文ができないことが，これらを動詞の目的語と考えないことの理由のようです。目的語でなければ補語しかないということになります。これはもともと余り明確でない定義や基準をむりやり当てはめた結果のように思われます。これらの例の下線部が動詞の補完部であることは間違いのないことですから，その意味から言って，それは補語よりはむしろ目的語と考えるべきであると思われます。伝統文法の「**了解済みの主語**」**(understood subject)** に対応する PRO を使えば，(25a, b) の例は次のように分析されるべきものです。(生成文法では，PRO は概略，音形のない代名詞を表す要素で，(26a) の PRO は they に，(26b) の PRO は She にそれぞれ相当します。)

　(26) a. They agreed [PRO to do the job]
　　　b. She hesitated [PRO to open the door]

そして [ ] で囲まれた部分が目的語としての補完部をなしているということになります。さらにもっと補語らしい例が次のもので，これが 2 番目の問題と関係しています。

　(27) a. John appears to know everything.
　　　b. Mary seems to have read the letter.

これらの例では下線部は John と Mary との間に主述関係を持っていると考えられますし，appear や seem は単純な形容詞句を補語としてとる使い方が独立にあります。

(28) a. John appears clever.
　　　b. Mary seems scared.

その点からすれば (28a, b) の下線部を補語と分析するのが正しいように思われますが，(28a, b) に対応して次のような例があります．

(29) a. It appears that John knows everything.
　　　b. It seems that Mary has read the letter.

(27a, b) と (29a, b) はほぼ同じことを意味しています．もし appear や seem の後に出てくる要素が補語であるとするなら，(29a, b) でそれは it との間に主述関係を持つことになりますが，この it は形式主語で，何かを指しているわけではありません（that 節を it の位置に動かすこともできないことから，これが本当の主語であるということもできません）。最近の英語学では (28a, b)，(29a, b) は次のように分析されます．

(30) a. ＿＿＿ appears [John to know everything]
　　　b. ＿＿＿ seems [Mary to have read the letter]
　　　c. ＿＿＿ appears [that John knows everything]
　　　d. ＿＿＿ seems [that Mary has read the letter]

(30a, b) と (30c, d) は後者で that 節があるところに，前者で不定詞節があることを除けば，全く同じ構造をしています．このような抽象的な構造を想定して，(30a, b) では不定詞節の主語の John と Mary を主節の主語の位置に動かすことを認めれば (27a, b) が得られます（このような操作のことを**繰り上げ (raising)** と呼びます）。(30c, d) では（ここでは立ち入らない理由によって）従属節の主語を繰り上げる必要はないため，主節の主語の位置には形式的な主語 it が入り，これで (29a, b) が得られます．そこで問題となるのが (27a, b) です．これについては，次のような構造を想定します．

(31) a. ＿＿＿ appears [John clever]
　　　b. ＿＿＿ seems [Mary scared]

[　] の中は主述関係をもつまとまりで，(30a, b) の場合と同様その主語である John と Mary を主節の主語の位置に動かせば，(27a, b) が得られます。この場合の [　] の中の要素を，主述関係をもつ最も小さい要素という意味で**小節 (small clause)** と呼びます。

次に問題になるのは (30a–d) の動詞の補完部が目的語であるのか，補語であるのかということです。定義の問題でもあるのですが，主語の位置が空っぽであるのですから，空っぽの主語との間に主格補語の関係をもつものがあるというのも変な話です。むしろ目的語と同じ性質のものであると考える方が自然です。これは次のように理解すれば分かりやすいでしょう。seem を例にとって考えますと，seem とその後に続く（すなわち seem の目的語の）that 節は，think とそのあとに続く（すなわち目的語の）that 節との間にあるのと全く同じ関係をもっています。日本語的に言えば seem は think の自発版であるというように考えればいいのです（Cf. 思われる vs. 思う）。ここまで来れば，最も典型的な S+V+C の動詞である be や become についても，実は appear や seem と同じ種類の動詞であると考えることができます。

(32) a. John is smart.
　　 b. Mary became scared.

つまり，(32a, b) は実は (33a, b) のように小節を補完部としてとる動詞であると分析することが可能になります。

(33) a. ＿＿＿ is [John smart]
　　 b. ＿＿＿ became [Mary scared]

小節の主語を主節の位置に動かすだけで，(32a, b) が得られます。この分析は上述「2. S+V+C」のセクションで挙げた他の全ての動詞について当てはまることです。こうして見てくると補語という補完部は常に主述関係をもった that 節，不定詞節，小節などの要素の述部であるということになり，文型の中では必要のない概念であることになります。S+V+O+C/C′ は上で見たように [O+C/C′] が主述関係をもつ何らかの節を構成していると考えられますし，S+V+[IO+DO] と S+V+[DO+IO′] においても補完部が主述関係を含む節

であると考えることができます。そのように考えれば，文型とは，野村・他 (2017) において仮定した文中の「3 つの関係」(= **主述関係，補完関係，修飾関係**) における，主述関係と補完関係にすべて還元できることになります（なお，「文型の還元」については Imai et al. (1995: Chapter 5) にも同様の記述があります）。一つ一つの動詞に関してそれが補完部をとるかどうか，とる場合にはそれが単独の補完部であるのか，主述関係を内包した補完部であるのかを学んでいくことが必要で，それさえ学べば実は文型はどうでもよいものであるということになります（主語と補完部をまとめて動詞の**項 (argument)** とも呼びます）。

＊本章は筆者が執筆した野村・他 (2017) の教授資料「2〜4 基本文型」に加筆修正を加えたものです。

参考文献

Jespersen, Otto (1937) *Analytic Syntax*. George Allen and Unwin.（オットー・イェスペルセン（著），宮畑一郎（訳）(1980)『統語論——理論と分析』南雲堂.）

野村忠央・菅野悟・野村美由紀・外池滋生 (2017)『[新版] 英文法の総復習とワンクラス上の英作文』DTP 出版.

Imai, Kunihiko, Heizo Nakajima, Shigeo Tonoike and Christopher D. Tancredi (1995) *Essentials of Modern English Grammar*. Kenkyusha.

Onions, Charles T. (1904) *An Advanced English Syntax: Based on the Principles and Requirements of the Grammatical Society*. Kegal Paul.（C. T. アニアンズ（著），安藤貞雄（訳）(1969)『高等英文法——統語論』文建書房.）

Quirk, Randolph, Sidney Greenbaum, Geoffrey Leech, and Jan Svartvik (1985) *A Comprehensive Grammar of the English Language*. Longman.

（ハワイ大学，元青山学院大学教授）

第6章

目的語関係節の指導案
―― 言語理論・言語獲得・文処理研究の観点から ――

遊佐 典昭

● はじめに

　日本語を母語とする日本人英語学習者にとって，英語の関係代名詞は習得することも，教師が教えることも困難な構文の一つであると言われ，そのために多くの研究がなされてきました（橋本・横川 (2014) などを参照のこと）。そもそも，日本人英語学習者は関係節を避ける傾向があり，関係節を用いずに2つの文で表現してしまいがちだという Schachter (1974) の観察はあったものの，だからと言って関係代名詞の指導法は大きく変化していないように思われます。つまり，日本人英語学習者は，筆記試験では関係代名詞の知識があったとしても，リアルタイムで言語を処理しなければならない産出・理解の場面では，関係節の使用を避けるか，使用したとしても正確さが欠けた使い方をしてします。マーク・ピーターセンの『日本人の英語』(1988) でも，「日本人の英文のミスの中で大きな障害となるもの」として関係代名詞があげられています。特に目的語関係節は，日本人英語学習を対象とした文処理研究からも，困難であることが報告されています。このような状況があるにもかかわらず，言語獲得研究や文処理研究の成果に基づいた指導案を提案した文献は少ないのが現状です。本章では，最近の言語獲得研究や文処理研究の研究成果から，日本人英語学習者が目的語関係節を文産出や文理解で使えるようになるための指導案を提案したいと思います。

● 関係節の獲得

　英語の母語話者を対象とした文処理研究では，(1b) の目的語関係節は，(1a) の主語関係節よりも，理解が不正確になり，読解時間が遅くなることが報告されており，母語話者でも処理が困難であることが知られています。

(1) a. The reporter [that ___ criticized the senator] disliked the editor.
    b. The reporter [that the senator criticized ___] disliked the editor.

なぜこのような結果が得られるのかに関しては，脳内の文法知識を処理（統語処理）するときの複雑性が関連していると想定されています．統語処理とは，わたしたちが文を読んだり聞いたりする際に，入力した情報から統語構造を構築する過程を指します．文の産出においても統語構造構築の複雑性が関与しますが，ここでは文理解に焦点をあてて議論をすすめます．例えば，(1a–b) を統語処理するためには，the reporter を criticized と関連づけ，主語・述語関係や述語・目的語関係を構築する必要があります．(1a) では，the reporter は criticized の主語であり，「批判」の行為者という意味役割を担っていますが，(1b) では the reporter は criticized の目的語であり，「批判」の対象となっています．この主語・目的語といった文法機能や，行為者・対象といった意味役割が決定される位置 ((1a–b) の下線部) と，発音上の位置 ((1a–b) では the reporter の位置) がずれる現象を「**移動**」**(movement)** や「**転位**」**(displacement)** と呼び，人間言語に固有の特質であると考えられています．ここで，(1a–b) で発音される位置に現れる the reporter を「**フィラー**」**(filler)** と呼び，文法機能，意味役割が決定される下線部の位置を「**空所**」**(gap)** と呼びます．このフィラーを空所と関連づける「**フィラーと空所の依存関係**」**(filler-gap dependency)** を構築することが，転位が関与する文の文法関係や意味役割を理解する上で不可欠です．

　フィラーと空所の依存関係構築で重要になるのは，両者の「距離」です．この「距離」が長ければ，依存関係を構築する際に脳内の処理負荷が増大し，文処理が困難になると考えられています．ここで「距離」をどのように定義するのかに関して，概略「**線形的距離仮説**」**(Linear Distance Hypothesis)** と「**構造的距離仮説**」**(Structural Distance Hypothesis)** があります．

(2) 線形的距離仮説：フィラーと空所の線的距離が長いほど処理負荷が増す．

(3) 構造的距離仮説：フィラーと空所の構造的距離が長いほど処理負荷が増す．

「線形的距離」は，フィラーと空所の間に存在する要素（語）の数で規定されま

す。例えば，(1a) の主語関係節ではフィラーと空所の間に1語 (that) 介在しますが，(1b) の目的語関係節では4語 (that, the, senator, criticized) 介在します。よって，線形的距離仮説は，目的語関係節が主語関係節よりも処理負荷が高く，言語理解・産出が困難であると予測します。一方，「構造的距離」は，句構造で表される統語構造における距離で定義されます。例えば，(1a–b) の主語関係節，目的語関係節の統語構造を考えてみましょう（ここで，[ ] は構造的なまとまりを示し，「**構成素**」(**constituent**) と呼ばれます）。

(4) a. [the reporter [that [____ [criticized the senator]]]]…]
    b. [the reporter [that [the senator [criticized ____]]]]…]

(4) a′.

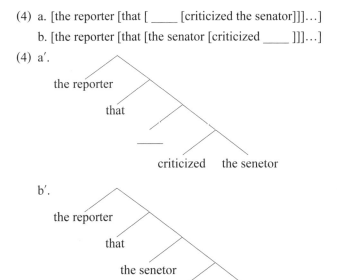

b′.

(4a′–b′) は，(4a–b) の統語構造を樹形図を用いて階層構造を表示したもので，木の枝のまとまりである「山」が構成素を表しています。(4a′) の主語位置にある空所は，(4b′) の目的語位置にある空所よりも構造的に高い位置にあるため，主語関係節は目的語関係節よりもフィラーである the reporter と空所の構造的距離が近くなります。従って，構造的距離仮説も主語関係節の方が目的語関係節よりも文処理が容易であると予測します。つまり，これら2つの仮説は，(1a–b) のような SVO 言語である英語の関係節に関する限り，目的語関係節の方が主語関係節よりも言語処理が困難であるという同じ予測をします。こ

れは，目的語位置の空所は主語位置の空所よりもフィラーである先行詞から線形的に遠く，さらに構造的にも低い位置にあるためです。

しかし，空所がフィラーに先行する SOV 言語である日本語の関係節に対しては，2 つの仮説は異なった予測をします。(5a–b) の空所とフィラー（「記者」）の関係を考えてみて下さい。線形的距離仮説は，フィラーと空所の間の単語数が (5b) の目的語関係節に比べて，(5a) の主語関係節の方が多いために，主語関係節の文処理が目的語関係節よりも難しいことを予測します。これに対して構造的距離仮説は，逆の予測をします。(5a′–b′) が示すように，日本語の主語は SVO 言語である英語と同様に，目的語よりも構造的に高い位置に存在します。従って，フィラーと空所の構造的距離が，目的語関係節に比べて主語関係節の方が短いために，主語関係節が目的語関係節よりも文処理が容易であることを予想します。

(5) a. [[＿＿＿ [その議員を批判した]] 記者] …　（主語関係節）
　　 b. [[その議員が [＿＿＿ 批判した]] 記者] …　（目的語関係節）
(5) a′.　　　　　　　　　　　　　b′.

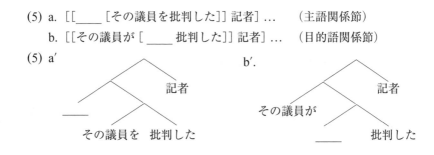

これまでの日本語の文処理研究から，目的語関係節が主語関係節よりも文処理が難しいことが読み時間実験などから明らかになっており，構造的距離仮説を支持する結果となっています。さらに，同じ SOV 言語である韓国語からも構造的距離仮説を支持する結果が得られています。

また，英語，日本語，韓国語のみならず数々の母語に関する文処理研究からも，目的語関係節の方が主語関係節よりも処理負荷が高いという結果がでています。これに加えて，韓国語の第二言語獲得研究からも，構造的距離仮説を支持する証拠が報告されています。従って，目的語関係節の処理の困難さは普遍的特性であり，構造的距離仮説は線形的距離仮説よりも妥当性が高いと思われます。この構造的距離仮説は，関係節の文処理だけではなく言語のあらゆる領域に関わっていることが，理論言語学，心理言語学，脳科学などの研究から明ら

かになっています。（関心のある読者は，遊佐 (2014, 2016) を参照して下さい。）

● 漸増的処理

　目的語関係節は言語処理が困難であることをみましたが，目的語関係節でも埋め込み文の主語のタイプにより文処理の困難さが異なります (Warren and Gibson 2005)。次の文を考えてみましょう。

　　(6)　a. The reporter [that the senator criticized ＿＿] disliked the editor.
　　　　b. The reporter [that you criticized ＿＿] disliked the editor.

(6a–b) はどちらも目的語関係節ですが，(6a) が (6b) よりも文処理が困難であることが明らかになっています。これはいったいどうしてなのでしょうか。主語の you が the reporter よりも，音節数が少ないからでしょうか。例えば，you を同じ 1 音節の Bob に変えたらどうなるでしょうか。この場合に，文処理は (6a) よりは幾分容易になりますが，基本的には (6a) と同様に難しいことが報告されています (Warren and Gibson 2005)。

　この問題は p.88 で詳しく取り上げますが，ここではとりあえず，英語学習者が文を理解するさいのメカニズムについて考えてみたいと思います。筆記試験ならば (6a–b) を理解するのに，文末のピリオドまで読んでから，the reporter を下線部と結びつけることや，関係詞節を後ろから訳しあげることも可能です。確かに，文を最後まで読んだり聞いたりしないと分からない場合があります。しかし，文末まで文理解を保留することは，文処理を考慮すると効率が悪く，コミュニケーションに障害がでます。話されている英文をリアルタイムで理解しなければならない場面では，文末にたどり着いてから理解が始まるのではなく，単語を聞く度に逐次的に理解していかなければなりません。

　私たちの脳は，一つ一つ順番に入力されてくる要素を逐次的に処理することが知られています。これを逐次的処理あるいは**「漸増的処理」** (incremental processing) と言います。逐次的に入力される要素は曖昧性に満ちあふれていますが，わたしたちは一定の規則・マニュアルに従って文処理を行っていきます。このマニュアルのことを**「方略」** (strategy) と呼びます。私たちが文を理解するときに漸増的処理を行っていることを，(7) の例を使って考察してみま

しょう。(7a–b) はどのような意味か考えてみて下さい。

(7) a. The horse raced past the barn fell.
    b. The cotton clothing is made of grows in Mississippi.

恐らく多くの人は理解に苦労したのではないでしょうか。ここで，「名詞句－動詞（＋前置詞）－名詞句」という要素の連続が入力されると「動作主－動作－対象 (agent-action-theme)」と理解する方略が存在するとします。そうすると，(7a) では the horse が主語で動作主，raced past が動詞＋前置詞で動作，the barn が目的語で対象を意味すると理解します。The horse raced past the barn までは「その馬は納屋の向こう側まで走った」と問題ありません。しかし，fell という動詞がでた段階で，raced は動詞の過去形ではなく the horse を修飾する過去分詞であるという再分析をしなければなりません。再分析の結果，(7a) の意味は「納屋の向こう側へ走らされたその馬が転んだ」となります。これはちょうど，自分が正しいと思っていた道が行き止まりの袋小路で，別な道を探さなければならない状況と同じです。このような一度構築した文の構造を破棄し，別な構造を作り出す現象を「**袋小路効果**」(**garden-path effect**) と呼びます。

次に (7b) はどうでしょうか。The cotton clothing is made of までは問題ないと思いますが，grows という動詞が前置詞 of の後ろに生じた段階で混乱が生じ，文の構造が分からなくなりませんでしたか。これは the cotton clothing が主語名詞句で，「綿の衣類」と理解したことに起因しています。実は，the cotton と clothing の間には関係節が潜んでおり，(7b) は (7b′) の構造を持ち，「衣類の材料となる綿はミシシッピーで育ちます」を意味します。

(7) b′. [The cotton [(that) clothing is made of]] grows in Mississippi.

このような袋小路効果は，私たちの脳が，文の最後までいってから文を理解するのではなく，種々の情報を「**手がかり**」(**cue**) としながら一定の方略を用いて漸増的処理を行っていることを示しています。このような手がかりをもとに言語構造を構築する解析を「**手がかりに基づく文解析**」(**cue-based parsing**) と呼びます。第二言語や外国語使用においても，袋小路効果が広く観察されてい

ることから，第二言語・外国語の理解でも漸増的処理が行われていると考えられます。

● 類似性の介在

人間の文処理に関する認知システムは限られた情報しか処理できないために，一つ一つ順番に入力されてくる単語を逐次的に処理する漸増的処理においては，既出の単語を一時的に**短期記憶 (short-term memory)** に蓄える必要があります。その後に，フィラーと空所の依存関係のような文法的依存関係を構築する際に，短期記憶から既出の要素を探し出す必要があります。この点に関して，再び (1) を考えてみましょう。

(8) a. The reporter [that ____ criticized the senator] disliked the editor.
 (=(1a))
 b. The reporter [that the senator criticized ____] disliked the editor.
 (=(1b))

主語関係節を含む (8a) では，短期記憶に，まず the reporter，さらに that を保持します。その後に他動詞 criticized が入力された時に，フィラーの the reporter と空所の依存関係を構築するために短期記憶を検索する必要がでますが，the reporter と類似した要素が短期記憶内ないために検索の問題は起きません。次に目的語関係節の (8b) を考えてみましょう。ここでは，短期記憶に，順次 the reporter, that, the senator を保持します。その後に他動詞 criticized が入力された時に，フィラーの the reporter と空所の依存関係を構築するために短期記憶を検索する必要がでます。その際に，the reporter と形態的に類似している the senator が，the reporter と空所の間に介在しているために the reporter の検索が困難となり，言語処理の困難を引き起こします。短期記憶の中にこのような類似した要素が多数存在すると，情報の検索に時間がかかり取り出しが困難になる現象は「**類似性に基づく干渉**」**(similarity-based interference)** と呼ばれています。類似性に基づく干渉は，言語以外の認知活動でも観察される現象です。（関心のある読者は，遊佐 (2014) を参照下さい。）

ここで，X をフィラー，Y を空所，Z を介在要素とすると，X, Y, Z の関係は

(9) に図示できます。そして，X を Y と結びつける時に，X と類似した要素 Z が介在すると，「類似性に基づく干渉」が生じることになります。目的語関係節である (8b) を例に考えてみると，the reporter が X，the senator が Z，下線部の空所が Y に対応します。この場合に，X と Y の間に，X と類似した Z が存在するために類似性に基づく干渉が生じ，この結果，目的語関係節の理解が困難になるわけです。これに対して主語関係節である (8a) では，X である the reporter と，Y である空所の間に X に類似した Z が存在しないために，言語処理に負荷がかからず，主語関係節の理解が容易になります。

(9) ... X ... Z ... Y ...

次に，(9) における X, Z, Y の構造的な位置関係を考えるために，(10a–b) を考えてみましょう。まず (10a) の疑問詞 When が「何をした時」を尋ねているのかを考えてみて下さい。

(10) a. When did Mary say that John fixed the car?
b. When did Mary say how John fixed the car?

この文の When の解釈は，「ジョンが車を修理したのがいつなのか」と「メアリーが言ったのがいつなのか」の二通りが可能です。次に，(10b) はどうでしょうか。ここでは，不思議なことに「メアリーが言ったのがいつなのか」の解釈しか許されません。この原因を考えるために，(10a–b) の統語構造を示した (10a′–b′) を見てください。

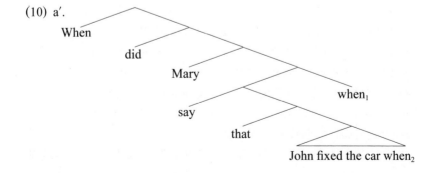

(10) a′.

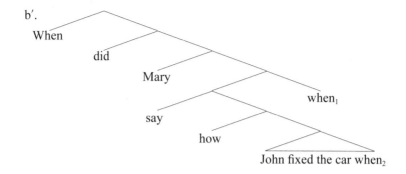

(10b′) では，When, how は (9) の X, Z に対応します。Y は when が移動する前の位置を示す空所で，説明の便宜上 when$_1$, when$_2$ と表記します。when$_1$, when$_2$ は，それぞれ「メアリーが言った時」と「ジョンが車を修理した時」の意味に応じた空所の位置を示しています。ここで，Z, Y の関係は，Y が when$_1$, when$_2$ のいずれでも，"how (= Z) … when$_1$/when$_2$ (= Y)" と線形順序（語順）は同じですが，構造的位置は異なります。Y = when$_1$ は Z = how よりも構造的に高い位置にありますが，Y = when$_2$ は Z = how よりも構造的に低い位置にあります。(10b) において，When が when$_2$ の位置にあった解釈が許されないことは，when$_2$ よりも構造的に高い位置にある Z = how が，X と Y の依存関係を阻止したことを示しています。すなわち，(9) で Z が Y よりも構造的に高い位置にある場合に，Z が X と Y の依存関係の構築に対して干渉していることになります。これに対して，Y = when$_1$ の場合は，Y が Z = how よりも構造的に高い位置にあるために，Z の類似性の干渉は起こらず Y = when$_1$ の解釈を許すことになります。

一方，(10a′) の構造においては，Y が when$_1$ であろうと when$_2$ であろうと，X = When と Y の間に疑問詞 when と類似した Z が存在しないために，Z の類似性に基づく干渉が生じません。その結果，(10a) は Y が when$_1$ の場合と when$_2$ の場合の二通りの解釈が可能となるわけです。

次に，「類似性」をどのように定義するかが問題となります。関係節は先行詞に代名詞がこないなど制限があるので，目的語を強調した (11) の分裂文（強調構文）を考えてみましょう。ここでは，X がイタリックで表示したフィラー (the reporter, Bill, you)，Z が that 節内の主語 (the senator, John, I)，Y が空所 (＿＿＿) に対応します。

(11) a. It was *the reporter* that the senator criticized ＿＿ at the meeting.
　　 b. It was *Bill* that John criticized ＿＿ at the meeting.
　　 c. It was *you* that I criticized ＿＿ at the meeting.

もし X と Z の類似性を形態的特性だけで定義するならば，(11a–c) は全て X と Z が同一なので，類似性に基づく干渉のために文処理が困難であると予想されます。しかし，これまでの研究からは，(11a–b) は予想通り文処理が困難であるものの，(11c) は容易であることが明らかになっています。このことは，語句の形態上の類似性ではなく，単語を形成している素性が「**介在効果**」**(intervention effect)** を生み出していることを示唆しています。介在効果とは，(9) において X と Y の間に依存関係がある場合に，その間にそれを阻害する Z が介在すると，依存関係に問題が生じる現象を指します。

　この現象を説明するために，(9) を X, Y, Z に含まれる素性の観点から分類してみます。すると (12) と表示できます。ここで，α, β は関連する素性を表しているものとします。

(12)　　　　　　　X　…　Z　…　Y
　　a. 同一性　　　+α　…　+α　…　(+α)
　　b. 包含　　　　+α, +β　…　+α　…　(+α, +β)
　　c. 離接　　　　+α　…　+β　…　(+α)　　　(Friedmann et al. 2009)

(12a) の**同一性関係 (identity relation)** は，フィラー X と介在要素 Z の素性が全く同一なために，短期記憶から X を読み出す際に Z が干渉して空所との依存関係が構築されず非文法的な文の原因となります。一方 (12c) の**離接関係 (disjunction relation)** は，X と Z の素性が異なるために，類似の干渉がおこらず，フィラーと空所の依存関係が容易に構築され，文処理が容易になります。

　ここで，(12a, c) を理解するために，(10a′–b′) において空所が when$_2$ の場合を考えてみましょう。ここで，Q は疑問文形成に関与する素性とします。

(13) a. When did Mary say (that) [John fixed the car ＿＿]?
　　　　 [+Q]　　　　　　　　　　　　　　　　[+Q]
　　　　　X　　　　　　　　　　　　　　　　　 Y

b. *When did Mary say [how John fixed the car ____]?
      [+Q]   [+Q]   [+Q]
       X   Z   Y

(13a) は，When と空所の間に [+Q] を有する要素が存在しないために，(12c) の離接関係の例となり文法的な文となります。その結果，「ジョンが車を修した時」を尋ねる解釈が可能となります。これに対して，(13b) では，When の [+Q] 素性と同じ素性を有する要素 how が空所との間に存在します。このために，When が空所との依存関係を構築する際に，how の [+Q] が干渉して非文法性を生み出してしまいます。従って，(13b) は「ジョンが車を修理した時」を尋ねる解釈は存在しないことになるわけです。

　ここで残った (12b) の**包含関係 (inclusion relation)** を考えてみましょう。ここでは，X の素性が Y の素性の全体集合となり，X と Y は包含関係を形成しています。この関係は目的語関係節 (14) に見ることができます。この文では，X と Z に対応する the reporter, the senator は素性として，それぞれ [+R, +N]，[+N] を含んでいます。ここで，R は関係節を形成するのに関わる素性，N は**語彙的に限定された (lexically restricted)** 名詞の素性を示しています。語彙的に限定された名詞とは，名詞が限定詞で限定されたもので，例えば the senator, which senator, every senator などがあり [+N] を有します (Rizzi 2018)。

(14)　The reporter [that the senator criticized ____] disliked the editor. (=(1b))
      [+R, +N]   [+N]   [+R, +N]
        X   Z   Y

ここで，転位に関係する素性は R と N が知られていますので，R と N が同一関係，包含関係，離接関係を規定することになります（この他に転位に関与する素性には，Q(uestion), F(ocus), Top(ic) などがあります）。つまり，これらの素性の関係が問題となります。包含関係は，包含を計算するのに短期記憶に負担がかかる可能性があり，大人の場合には言語処理に影響がでてその結果，読み時間が長くなります。一方，短期記憶システムが十分に発達していない子供の場合は，(14) のような定名詞句を含んだ目的語関係節は獲得が遅れると考えられています (Friedmann et al. 2009, Belletti and Rizzi 2013)。

それでは，短期記憶が十分に発達した大人の第二言語使用者は，目的語関係節の包含関係の処理がなぜ難しいのでしょうか。これには，「**外国語副作用**」**(foreign language side effect)** (Takano and Noda 1995) が関係していると思われます。外国語副作用とは，外国語を使用しているときに一時的に思考力が低下するという現象です。外国語を使用するときには多くの処理資源 (processing resource) が使われるため，利用できる残りの資源が少なくなります。その結果，第二言語使用者は，母語話者以上に短期記憶からの要素の引き出しが困難となり，目的語関係節を避ける傾向が強くなると想定されます。

　これに加えて，第二言語使用者は，(15a) の目的語関係節の意味を伝えるのに，(15b) のように受動文を含んだ主語関係節を用いてしまうことがあります。

(15) a. The reporter that the senator criticized ___ disliked the editor.
　　　b. The reporter that ___ was criticized by the senator disliked the editor.

これは，第二言語使用者が (12b) の包含関係を避け，短期記憶からの要素の引き出しが容易な主語関係節を使ったためであると解釈できます。

　それでは，(11c) の代名詞の場合はどうして介在効果を生み出さないのでしょうか。代名詞は，限定された名詞ではないので [+N] という素性を持ちません。従って，(11c) の関連ある素性は (16) の通りに表示できます。ここで，R は分裂文形成にもかかわると仮定します。

(16)　It was you that I criticized ____ at the meeting. (=(11c))
　　　　[+R]　　　　　　　[+R]
　　　　 X　　　　　　　　 Y

ここでは，フィラーの you と空所の素性はともに [+R] となりますが，類似の素性を持つ単語が両者の間に介在しません。その結果，(16) のフィラーと空所の依存関係は，(12c) の離接関係となり，依存関係構築に処理負荷がかからないことになります。興味深いことに，代名詞と同様に限定詞で制限されていない someone や everyone などの数量詞も [+N] を欠いているので，文処理に負荷をかけないことが知られています。従って，(17) のような目的語関係節は，指導のヒントになると思われます。

(17) The reporter [that someone/everyone criticized ____] disliked the editor.
　　　[+R, +N]　　　　　　　　　　　　　　[+R, +N]
　　　　X　　　　　　　　　　　　　　　　　　Y

一方，ここでは詳しく立ち入りませんが，固有名詞は定名詞句と同様に [+N] を含むという点も重要です。(18a–b) では，the reporter と John の素性が包含関係となり，その結果，文処理が困難となります。

(18) a. It was Bill that John criticized ____ at the meeting. (=(11b))
　　　　　[+R, +N]　 [+N]　　　 [+R, +N]
　　 b. The reporter [that John criticized ____] disliked the editor.
　　　　　[+R, +N]　　　 [+N]　　　 [+R, +N]

ここで英語指導法の観点から重要なのは，代名詞は介在効果を生み出さないという経験的事実です。また，固有名詞は定名詞句と介在効果に関して同じ振る舞いをするので，目的語関係節の初期の指導段階では，(18b) のように主語位置に固有名詞は用いることは避けた方が良いと思われます。

● 目的語関係節の教授に対する示唆

　コーパスデータによると，(6b) のように目的語関係節内の主語に代名詞が現れる頻度は主語関係節よりも高く，目的語関係節の処理が容易になることが報告されています (Reali and Christiansen 2007)。この文処理研究の結果は，本章で議論した，代名詞が介在効果を生み出さないことと一致します。また，Roland et al. (2012) は，目的語関係節が持つ談話機能をコーパスから調査し，目的語関係節内の主語はほとんどが旧情報であることを明らかにしました。

　目的語関係節を実際のコミュニケーションの場で使えるように指導するためには，学習者がフィラーと空所の依存関係をリアルタイムで構築できるようにならなければいけないということです。このためには，まず，(6a) のような主語に定名詞句が生じる例文ではなく，(6b) のように人称代名詞を用いた例文を使用して反復練習をする必要があるわけです。さらに，関係節の前に，その代名詞がトピックとなるような文脈を与えると学習効果がでると思われます。

代名詞を用いた目的語関係節の反復練習で成果がでたら，次に (1b) のような目的語関係節内の主語が定名詞句の文を用いるようにします。つまり，介在効果がなく言語処理の容易な文を最初に提示し，その後に介在効果が関与する複雑な文を提示するのが良いと思われます。これは，外国語習得に限りません。多くの学習領域で採用されている，簡単なものをまず習得してから複雑なものに取りかかるという方法にほかなりません。

次に，関係節内の主語が [+N] を含む名詞句の場合は，(19b) のようにフィラーに [+N] を含まない疑問詞を用いて，フィラーと空所の依存関係を構築する練習が有効であると考えられます。その後に，(19a) を用いた方が良いと思われます。英語の母語話者の子供の実験でも，(19b) が (19a) よりも正答率が高いことが報告されています。

(19)　a. Show me the lady [that the girl is hugging ___].
　　　　　　[+R, +N]　　　 [+N]　　　　 [+R, +N]
　　　　　　　X　　　　　　　Z　　　　　　　Y
　　　b. Show me who [the girl is hugging ___].
　　　　　　[+Q]　[+N]　　　　　 [+Q]
　　　　　　 X　　 Z　　　　　　　Y

フィラーと目的語位置の空所の依存関係は，本章で見たように関係節以外に分裂文でも見られます。ここでも学習者が依存関係を身につけるためには，(19a, b) の理解・産出を確実にできた後に，(20c, d) を教授するのが妥当であると文処理の観点から言えます。

(20)　a. It was you that we criticized ___ at the meeting.
　　　b. It was John that I criticized ___ at the meeting.
　　　c. It was John that Tom criticized ___ at the meeting.
　　　d. It was the player that the student criticized ___ at the party.

本章はタイトルに「目的語」関係節とつけましたが，高校英語で扱う**述部名詞 (predicate nominal)** の関係節構文である (21) は，介在効果の観点から，フィラーと空所の依存関係をリアルタイムで構築する練習に適しています。

(21) John is not [the man (that) he was _____].
    [+R, +N]   [+R, +N]
     X   Y

また，関係節内の主語代名詞は介在効果を生まないので，(22)のようなチャンクを用いて練習することも一案だと思います。

(22) a. the book (that) I read ___
   b. the man (that) I am ___

このような反復訓練を行うことで，フィラーと空所の依存関係を処理することが容易になり，(1b)のような目的語関係節を習得する基礎となるはずです。

● まとめ

　本章は，目的語関係節はなぜ難しいのかという問題に対して，類似性に基づく干渉から説明しました。この干渉効果から，次に，目的語関係節を日本人英語学習者が使えるようになるための指導の一案を提案しました。関係代名詞は言語知識と言語運用の相違が大きい文法項目です。確かに関係代名詞に慣れることは重要ですが，それに慣れて関係節に関する知識はあっても，関係節を実際の言語運用では用いなかったり，用いても正確に使えなかったりするのでは何にもなりません。特に，目的語関係節は日本人英語学習者にとって難敵です。1970年代から指摘されているこの問題を少しでも解決するために，本章では代名詞を用いて，フィラーと空所の依存関係を構築するための基礎を固めることの重要性を指摘しました。同時に，目的語関係節の例文に固有名詞が用いられた場合の注意点にも言及しました。

参考文献

Belletti, Adriana and Luigi Rizzi (2013) "Intervention in Grammar and Processing." In Ivano Caponigro and Carlo Cecchetto (eds.), *From Grammar to Meaning: The Spontaneous Logicality of Language*, 293–311. Cambridge University Press.

Friedmann, Naam, Adriana Belletti, and Luigi Rizzi (2009) "Relativized Relatives:

Types of Intervention in the Acquisition of A-bar Dependencies." *Lingua* 119: 67–88.

橋本健一・横川博一 (2014)「関係節の理解はなぜ難しいのか——外国語文理解における処理負荷の影響」横川博一・定藤規弘・吉田晴世（編）『外国語能力はいかに熟達するか』68–85. 松柏社.

マーク・ピーターセン (1988)『日本人の英語』（岩波新書（新赤版））岩波書店.

Reali, Florencia, and Morten H. Christiansen (2007) "Processing of Relative Clauses is Made Easier by Frequency of Occurrence." *Journal of Memory and Language* 57: 1–23.

Rizzi, Luigi (2018) "Intervention Effects in Grammar and Language Acquisition." *Probus* 30: 339–367.

Roland, Douglas, Gail Mauner, Carolyn O'Meara, and Hongoak Yun (2012) "Discourse Expectations and Relative Clause Processing." *Journal of Memory and Language* 66: 479–508.

Schachter, Jacquelyn (1974) "An Error in Error Analysis." *Language Learning* 24, 205–214.

Takano, Yohtaro and Akiko Noda (1995) "Interlanguage Dissimilarity Enhances the Decline of Thinking Ability during Foreign Language Processing." *Language Learning* 45: 657–681.

Warren, Tessa and Edward Gibson (2005) "The Influence of Referential Processing on Sentence Complexity." *Language and Cognitive Processes* 20: 751–767.

遊佐典昭 (2014)「言語進化研究への覚え書き」藤田耕司・福井直樹・遊佐典昭・池内正幸（編）『言語の設計・発達・進化：生物言語学研究』126–155. 開拓社.

遊佐典昭 (2016)「ヒトは構造が大好き！：ことばの獲得」中島平三編『言語のおもしろ事典』75–85. 朝倉書店.

（宮城学院女子大学）

第 II 部

英語学

第7章
複数主語+単数補語

川﨑 修一

● はじめに

　英語では，(1)のように主語と補語の数が一致する場合と，(2)のように主語が複数にもかかわらず補語が単数になる場合があります。

(1) a. Dogs are faithful animals. 　　　　　　　　　（織田 2002: 130）
　　b. The/A lion is a noble beast. 　　　　　　　　（安藤 2005: 463）
　　c. Her daughters are singers. 　　　　　　　　（宮川・他 2010: 767）
　　d. These books are all reference works. 　（綿貫・ピーターセン 2006: 550）
(2) a. His eyes are his chief problem. 　　　　　　　　（Long 1961: 11）
　　b. … animals that are a menace …. 　　（Evans and Evans 1957: 196）
　　c. His lectures were a failure. 　　　　　　　　　（安井 1996: 453）
　　d. The stars were our only guide. 　　　　　　　（安藤 2005: 689）

　このような主語と補語の数の一致・不一致について，教育の場で指導を受けたことのある人はほとんどいないのではないでしょうか。少なくとも筆者の記憶の限りでは，高校・大学を通じて，この問題が授業で扱われた記憶はありません。そして数的な一致に関する学習者の一般的な認識は，「主語と補語の数は一致させるのが原則」という程度にとどまり，学校文法の盲点の一つであるように思います。
　主語と補語の数的な一致・不一致の問題は，何気なく英文を読んでいると気づかない現象かもしれません。しかし，英語を書いたり話したりする場合の適切な言語運用にとっては大きな問題になるように思われます。そこで本章では，これまでの学問的知見を援用して，「どのような場合に複数主語+単数補語になるのか」という問題について検討します（なお，英語では単数主語+複数補語になる場合もありますが，これについてはここでは触れません）。

● 主語と補語の数の一致・不一致に関する記述

　本節では，学習者用参考書や語法文法書が主語と補語との数的な一致・不一致についてどのように記述や説明をしているか概観します（特に断りのない限り，斜体および太字は原文のままにしてあります）。

1. 国内の研究者による語法文法書の記述

(3) a.「主語 + be + 補語」では，主語と補語は，通例，一致する．
　　　A thrush is **a bird** of passage. *It* is **a song** bird.
　　　〈つぐみは渡り鳥で，それは鳴き鳥である．〉
　　　These are **eagles**. *Eagles* are **birds** of prey.
　　　〈これらはわしです．わしは猛禽(きん)です．〉
　b. 主語と補語が一致しない場合には，動詞は主語に合わせる．（以下のような）例は探さないとなかなか見つからない例外的なもので，31.5.1.1. 節 [=(3a)] があくまで普通の形式のものであることを忘れてはならない．
　　　Flies are a **nuisance**. 〈はえっていうのはいやなものだ．〉
　　　His *lectures* are a **failure**. 〈彼の講演は失敗だった．〉（安井 1996: 453）

(4) a. 主語と補語：両者は，数において一致するのが原則である．
　　　He is *a student*. *They* are *students*.
　b.「複数の統合」が補語で生じている場合がある．
　　　Wives **are** *a damned nuisance*, anyhow.
　　　（とにかく，女房ってとんでもないやっかいものだ．）
　　　The stars **were** *our only guide*.
　　　（星だけが，私たちの道しるべだった．）　　　（安藤 2005: 689）

(5) a. 主語と補語の数は必ずしも一致しなくてもよいが，**主語と動詞の数は原則として一致する**．　　　（綿貫・他 2000: 726）
　b. 述語動詞の数は，**主語にのみ一致**していればよく，補語の数には一致していなくてもまったく差し支えない．
　　　These words **are** my *guide* in life.　（綿貫・ピーターセン 2006: 550）

　これらの記述をまとめると，「主語と補語の数は一致するのが原則だけれども，

一致しない例外的な場合もある」ということになります。しかし，肝心な「どのような場合に不一致が起こるのか」についての説明は見当たりません（他の代表的な語法文法書も調べてみましたが，この問題に関する記述は確認できませんでした）。

それでは次に，海外の研究者による語法文法書の記述を確認してみましょう。

2. 海外の研究者による語法文法書の記述

(6) a. Between subject and subject complement …, there is usually concord of number (but not of person). […] There are, however, exceptions:
Good *manners* are <u>a rarity</u> these days.
The younger *children* are <u>a problem</u>.（斜体・下線は筆者による）
(Quirk et al. 1985: 767)

b. With this use of *be* (= ascriptive *be*) number mismatches most often have a plural subject in construction with a singular predicative, ….
Our neighbours are a nuisance.
The accidents were the result of a power failure.
(Huddleston and Pullum 2002: 512)

c. An NP … which is used predicationally (i.e. which denotes a characteristic and therefore comes close in meaning to an adjective) is often singular.
e.g. Children can be *a nuisance*.
Scientific books are *a rarity* in such countries.
(Declerck 1991: 237)

Quirk et al. (1985) では，「主語と補語には，通常，数の一致が起こる。しかし，例外もある」とあり，既に見た和書の記述とさして変わりません。一方 Huddleston and Pullum (2002) や Declerck (1991) では，「主語の特性について述べる場合，複数の主語と単数の補語になることがしばしばある」と，一歩進んだ説明になっています。しかし，「しばしばある」とあるように，主語の特性について述べる場合であっても，複数の主語と単数の補語になるとは限らないことが暗示されています。つまり，この記述においても「どのような場合

に，複数主語と単数補語という数的な不一致が起こるのか」という問題は未解決のままです。

そこで次節では，主語と補語の数が一致する場合と一致しない場合にどのような違いがあるのかを検討します。そして，どのような場合に複数主語＋単数補語の構文が容認されるのかについて，学習者が容易に理解でき，かつ実際の言語運用に活用できるような実用的な判断基準を探ってみたいと思います。

● 主語と補語の数が一致する場合としない場合の意味的特徴

まずはじめに，主語と補語の数が一致する場合について考察します。以下に挙げる例文は，主に本章で取り上げた学習者用参考書や語法文法書で使われている用例です。

(7) a. A dog is a faithful animal.
　　b. The dog is a faithful animal.
　　c. Dogs are faithful animals. (=(1a))
(8) a. Her daughters are singers. (=(1c))
　　b. My daughters are doctors. (Huddleston and Pullum 2002: 510)
　　c. Eagles are birds of prey. (=(3a))
　　d. We are simple creatures. (Evans and Evans 1957: 456)

(7) の例は，ある種の属性について述べている，いわゆる総称文 (generic sentence) です（ちなみに，ほとんどの語法文法書が，総称文にはこの3通りがあると述べています）。そして，(8) の例はいずれも事実について述べている文 (factive sentence) です。そして，総称文も事実について述べている文も，主語と補語の数は一致しています。このように形式的な類似性が見られる場合，英語においてはしばしば意味的にも類似性が見られます。ではこの場合の意味的な類似性は何でしょうか。それは両者とも，補語の名詞が表わしている属性は，主語指示物の**本来的・定義的な属性 (inherent/defining attribute)** であるということです。例えば，(7) の例では，補語の「動物」は，主語の指示物である「犬」の本来的・定義的な属性を表しています。言い換えれば，犬を定義する場合，動物という特性は最も基本的な属性の一つと言うことができま

す。また (8a, b) の場合も，医者であることや歌手であることは，ある人がどのような人かについて述べる場合に必ず言及される属性の一つと考えられます。さらに (8c) は，鷲を定義している文であり，鳥であることは鷲の定義属性の一つであることは言うまでもありません。(8d) の場合も同様に，生き物であるということは我々人間の本来的・定義的な属性に他なりません。

　これまでの議論をまとめると，補語が主語指示物の本来的・定義的な属性を表している場合は数が一致する，ということが言えそうです。このことを検証するために，総称文や事実について述べている文の主語と補語の数を一致させないとどうなるか考えてみましょう（以降，容認されない例文の文頭にアスタリスク (*) を付します）。

(9) a.*Dogs are a faithful animal.
　　b.*The dogs are a faithful animal.
(10) a.*Her daughters are a singer.
　　 b.*My daughters are a doctor.
　　 c.*Eagles are a bird of prey.
　　 d.*We are a simple creature.

このように，全て容認されない文になってしまいます。そしてこれらの言語事実は，補語が主語の本来的・定義的な属性を表わしている場合は，数が一致しなければならないことを示唆しています（さらに多くの用例による検証が必要なことは言うまでもありませんが，本章の主眼は複数主語＋単数補語ですので，この点に関してはここではこれ以上触れません）。

　では次に，本章のこれまでに挙げた例文の中で，主語が複数で補語が単数になっている例をいくつか見てみましょう。

(11) a. Our neighbours are a nuisance. 　　　　　　　　　(=(6b))
　　 b. These words are my guide in life. 　　　　　　　　(=(5b))
　　 c. Good manners are a rarity these days. 　　　　　　(=(6a))
　　 d. The younger children are a problem. 　　　　　　 (=(6a))

総称文や事実について述べている文とは対照的に，(11) の例で補語が表わし

ている属性は，一般的に認められるような主語指示物の本来的・定義的な属性ではないことがわかります。つまり，補語で表わされている属性は，この文の書き手あるいは話者が，その場限りの特徴として主語の指示物に付与している属性です。例えば (11a) では，「隣人」に「厄介者」というその場限りの属性が話者によって付与されています。言うまでもなく，「厄介者」という性質は「隣人」の本来的・定義的な属性ではありません（隣人のことを厄介に思っている人も少なくないかもしれませんが…）。また，(11b–d) の補語でそれぞれ表わされている「人生の指針」「まれなもの」「問題」という特性は，それぞれ「語」「マナー」「幼い子供」の属性として一般的に認められる本来的・定義的属性ではなく，あくまでこれらの文の話者や書き手がその場限りで付与している属性であることは明らかです。本章では，このような現象を英語の ad hoc（その場限りで）にちなんで，**アドホックな属性の付与 (ad hoc attribute assignment)** と呼び，この構文を，**アドホック属性付与構文 (ad hoc attribute assignment construction)** と呼ぶことにします。

同様のことは，複数主語＋単数補語の例として (2) に挙げた例でも確認できます（以下に (12) として再掲）。

(12) a. His eyes are his chief problem.
　　　b. … animals that are a menace ….
　　　c. His lectures were a failure.
　　　d. The stars were our only guide.

これらの例においても，話者あるいは書き手は，主語の本来的・定義的属性以外の特性で主語をアドホックに特徴付けていることは明らかです。例えば，(12a) の補語が表わしている「問題」という性質は，主語指示物である「目」の本来的・定義的な属性ではありません。また (12b) の「脅威」という特性は，全ての「動物」にあてはまる属性というよりもむしろ，この文の書き手がアドホックに付与している属性と考えられます。さらに (12c) の「講義」に関しても，講義には良い講義も悪い講義もあり得ますから，「失敗」という属性を講義の一般的に認められる本来的・定義的属性と考えるのは無理があります。そして (12d) の「道しるべ」という特徴も，多くの人が認める「星」機能の一つかもしれませんが，本来的・定義的な属性ではありません。

これまでの観察をまとめると，複数主語＋単数補語となる場合に課される制約として，次のような可能性が浮かび上がってきました。

(13) 複数主語＋単数補語構文（アドホック属性付与構文）に課される制約（暫定版）
主語＋BE動詞＋補語の形式において，主語の指示物を，その本来的・定義的な属性とは異なる性質によって補語がアドホックに特徴付けている場合，主語が複数形であっても補語は単数形になる。

ただし，まだほんの数例しか検討していませんので結論を急ぐのは時期尚早です。次節以降では，他の用例の観察や英語母語話者への調査を通じて，この仮説の妥当性を検討してみたいと思います。

● さらなる実例の観察

以下では，インターネット，最も有名な英語のデータベースの一つであるBritish National Corpus(BNC)，また書籍などからいくつかの実例を観察してみます（(14)はインターネット上の実例，(15)はBNCでの実例，また(16)は書籍の例文や本文の一部です）。

(14) a. Sacrifice bunts are a dying art in baseball.（バント－技術）
b. Dogs that run across the street unexpectedly are surely an annoyance for drivers.（犬－迷惑なもの）
c. Insects are a dietary staple in many cultures.（昆虫－主要物）
d. Canine football fans are a common sight in Texas.（ファン－光景）
(15) a. Some performers are a dream to work with; others not.（演者－夢）
b. These figures are a warning to all of us here not to be complacent.

（数字－警告）

c. It's all true; computers are a waste of time.

（コンピューター－無駄）

d. The Committee's proposals are a distinct improvement on the anomalies of the 1861 Act.（提案－改善）

(16) a. The next few bars are pure Tchaikovsky.（小節－チャイコフスキー）
　　 b. Dogs are good company.（犬－伴侶）
　　 c. Loanwords are a natural occurrence in language.（借用語－発生）
　　 d. Spring flowers are a delight to the eye.（花－喜びを与えるもの）

各例の末尾に示したように，いずれの例においても補語の表わしている属性は主語の本来的・定義的な属性ではなく，話者や書き手がアドホックに付与している属性であるということは明らかです（他にも多くの実例が確認できましたが，紙幅の制約のため割愛します）。したがって，(13) の仮説は今のところ正しいように思われます。

● 英語母語話者の容認度判断による検証

　次に，複数主語＋単数補語の例文と，これらの補語を複数形にした作例とを比較し，主語の指示物にアドホックな属性を付与する補語は単数形になるという予測が正しいかどうかさらに検証してみます（作例の容認度判断には，インフォーマントとして6名の英語母語話者に協力してもらいました）。

(17) a. Flies are a nuisance.　　　　　　　　　　　　　　　　(=(3b))
　　 b.*Flies are nuisances.
(18) a. These words are my guide in life.　　　　　　　　(=(5b)=(11b))
　　 b.*These words are my guides in life.
(19) a. Children are her only hope for the future.
　　 b.*Children are her hopes for the future.
(20) a. The Mohammedans and all religions were a joke.　（安藤 2005: 689）
　　 b.*The Mohammedans and all religions were jokes.
(21) a. Dogs are man's best friend.
　　 b.*Dogs are man's best friends.

上の例から明らかなように，単数形補語の場合は完全に容認されるのと対照的に，補語を複数形にすると容認されない文になってしまうことがわかります。そしてこの事実は，補語が主語のアドホックな属性を表わしている場合は，主語

が複数形であっても補語は単数形になるという(13)の仮説の妥当性をさらに裏付ける根拠となっています。

ただし，これで全てが解決したわけではありません。アドホック属性付与構文の補語が単数形であれば容認されることは間違いなさそうですが，「複数形の補語は全く認められないのか」という点に関しては，更に英語の経験的事実を観察する必要がありそうです。次節ではこの点について検証します。

● 分配的な解釈が可能な場合の複数補語

今まで観察してきた例は全て，(13)の仮説の予測と矛盾しないものばかりでした。しかし実際には，数はそれほど多くはありませんが，この予測に従わない例があります。例えば以下の例では，単数補語を複数形にしても適格と判断されます。

(22) a. Wives are a damned nuisance.　　　　　　　　　　(=(4b))
　　 b. Wives are damned nuisances.
(23) a. The stars were our guide to the destination.
　　 b. The stars were our guides to the destination.
(24) a. His lectures were a failure.　　　　　　　　　　(=(2c)=(12c))
　　 b. His lectures were failures.

この現象を説明するには，**分配性 (distributivity)** という概念が重要に思われます。例えば Quirk et al. (1985) では，この概念について次のように説明しています。

(25) The distributive plural is used in a plural noun phrase to refer to a set of entities matched individually with individual entities in another set: Have you all brought your *cameras*? ['Each has a camera.']

　　　　　　　　　　　　　　　　　　　　　　(Quirk et al. 1985: 768)

つまり**分配複数 (distributive plural)** は，主語の指示物と目的語や補語の指示物に，個別の対応関係が見られる場合に用いられるということです。例えば

(25) の例文では，各人がそれぞれカメラを持っていることを表わすのに分配複数が用いられています。この例では主語と目的語の間の数的な分配性が問題になっていますが，宮川・他 (2010) や Huddleston and Pullum (2002) などによると，主語と補語の間での分配性についても同じことが言えそうです。

(26) a. My parents are an obstacle to our marriage.
（両親ふたりがまとまって障害となっている）
 b. My parents are obstacles to our marriage.
（両親ふたりそれぞれが障害となっている）　　（宮川・他 2010: 767）

(27) a. *Our neighbours are a nuisance.* [non-distributive]
 b. *Our neighbours are nuisances.* [distributive]
Example [ii][=(27a)] has a plural subject and the predicative ascribes the property of being a nuisance to the set it refers to as a whole; they are collectively a nuisance. And in [iii][=(27b)] the subject is again plural and the predicative ascribes the property of being a nuisance to each member of the set it refers to: each of them is individually a nuisance.　　（Huddleston and Pullum 2002: 514, 下線は筆者による）

例えば (26b) や (27b) では，複数の主語指示物が個々に「障害」や「厄介な存在」になっていることを表わすのに分配複数が用いられると述べています。

どのような場合に分配複数が可能になるかということについて，上で挙げた 3 つの先行研究では「個々に～となっている」としか記述されていませんので，もう少し詳細な説明が必要です。この点に関しては，主語指示物と補語の表す属性に**個別性 (distinctness)** が認められるかどうかが重要な役割を果たしているように思われます。つまり，それぞれの主語指示物の間で，他とは異なる性質が認められるかが鍵になるということです。例えば (22a) の場合は，「妻」という存在を一括りに「厄介者」と特徴付けている一方で，(22b) では，お金に口うるさい，時間に厳しい，あるいは家事や子育てを押し付けてくるなど，夫にとって厄介者になりうる様々なタイプの妻を想定していると考えられます。そして，厄介者という属性にも様々なタイプが認められるということが，複数形の補語によって表されていると考えられます。また (23) や (24) においても同様に，「星」や「講義」を一括りに，それぞれ「道しるべ」，「失敗」

と捉える場合は単数形で表現し，個々の星の方角や講義内容の違いなどの個別性を認めて際立たせる場合は複数形が選択されると考えられます。

次に，分配複数が不可能な場合について考察してみましょう。

(28) a. Flies are a nuisance. (=(3b)=(17a))
　　 b.*Flies are nuisances. (=(17b))
(29) a. These words are my guide in life. (=(5b)=(18a))
　　 b.*These words are my guides in life. (=(18b))
(30) a. Wednesdays are my preference.
　　 b.*Wednesdays are my preferences.

これらの例で分配複数が認められない理由は，分配複数が可能な場合と対照的に，主語指示物の個別性が認識しにくい，あるいは認識できたとしても重要とは考えられないという，我々人間の認知的な要因に起因すると思われます。例えば(28)では，私たちが蝿を厄介な存在と認識する場合，個々の蝿の個別性を認識することはまずありません。仮に個別性を認識できたとしても，解釈上の重要な問題として捉えるとは考えにくく，あくまでも一括りに厄介な存在として認識していると思われます。また(29)の例でも，ある言葉を構成している個々の単語の個別性は明確ですが，その個別性は問題ではなく，それらの語が集まって表わす一まとまりの意味が重要になっています。さらに(30)においても，水曜日であれば自分にとっていつでも都合が良いことを表わす際には，個々の水曜日の個別性は問題ではありません。したがって，主語指示物の個別性が認めにくいか，あるいは認められたとしても重要でない場合には，分配複数は用いられないと考えられます。

まとめると，ある事象を一括りに認識している場合は単数形が選択され，個別性を認めこれを際立たせる場合は複数形が選択される場合があると言うことができそうです。このように，単数・複数の問題は，単に言語内で決定されている規則というよりも，ある事象をどのように捉えているかという我々人間の**認知 (cognition)** の仕方を反映していることを示唆しています。

● まとめ

　本章では，主語が複数形であるにもかかわらず補語が単数形になる場合について考察してきました。総称文や事実について述べる文など，主語指示物の本来的・定義的属性について述べる文の場合は主語と補語の数が一致するのと対照的に，補語が主語指示物にアドホックな属性を付与している場合には，原則，主語と補語の数的な一致が起こらないことを確認しました。さらに，補語が主語指示物のアドホックな特徴付けをしていても，分配的な解釈が可能な場合は主語と補語の数的な一致が起こる場合があることも観察しました。最後にこれまでの考察のまとめとして，(13) の仮説を (31) のように修正し，本章の結論としたいと思います。

(31) アドホック属性付与構文に課される認知的制約
　　　主語＋BE動詞＋補語の形式で，主語の指示物を，その本来的・定義的属性とは異なる性質によって補語がアドホックに特徴付ける構文（アドホック属性付与構文）においては，複数主語＋単数補語が容認される。そして：
　　　a. 主語指示物と補語の表す属性の個別性を認めにくい，あるいは個別性に焦点を当てない場合は補語を単数形にする。
　　　b. 主語指示物と補語の表す属性に個別性が認められ，その個別性に焦点を当てる場合は補語を複数形にする。

　本章の冒頭でも述べましたが，少なくとも筆者の知る限りでは，主語と補語の数の不一致という現象に関してはあまり検討されてきませんでしたし，教育の現場でも扱われることは今までほとんどなかったと思います。本章での分析にも更なる精緻化と計量的な検証が必要であることは言うまでもありませんが，今後の活発な分析や教育への還元の契機となれば望外の喜びです。

＊本章の内容は 2017 年 12 月 3 日，欧米言語文化学会第 135 回例会（於日本大学芸術学部江古田校舎），連続シンポジウム「学問的知見を英語教育に活かす」「主語と補語との数の（不）一致について」で発表した内容の一部を加筆修正したものです。

参考文献

安藤貞雄 (2005)『現代英文法講義』開拓社.
Declerck, Renaat (1991) *A Comprehensive Descriptive Grammar of English.* Kaitakusha.（レナート・デクラーク（著），安井稔（訳）(1994)『現代英文法総論』開拓社.）
Evans, Bergen and Cornelia Evans (1957) *A Dictionary of Contemporary American Usage.* Random House.
Huddleston, Rodney and Geoffrey K. Pullum (2002) *The Cambridge Grammar of the English Language.* Cambridge University Press.
Long, Ralph B. (1961) *The Sentence and Its Parts: A Grammar of Contemporary English.* University of Chicago Press.
宮川幸久・林龍次郎・向後朋美・小松千明・林弘美 (2010)『アルファ英文法』研究社.
織田稔 (2002)『英語冠詞の世界――英語の「もの」の見方と示し方』研究社.
Quirk, Randolph, Sidney Greenbaum, Geoffrey Leech, and Jan Svartvik (1985) *A Comprehensive Grammar of the English Language.* Longman.
綿貫陽・須貝猛敏・宮川幸久・高松尚弘 (2000)『ロイヤル英文法』(改訂新版) 旺文社.
綿貫陽・マーク・ピーターセン (2006)『表現のための実践ロイヤル英文法』旺文社.
安井稔 (1996)『英文法総覧』(改訂版) 開拓社.

（日本赤十字看護大学）

第8章

数量詞の遊離現象について

小 堂 俊 孝

● はじめに

最初に (1) と (2) の文の意味を，all に注目しつつ考えてください。

(1) a. My friends are all fine.
　　b. The questions were all difficult.
(2) a. The women danced all through the night.
　　b. The boys had to do it all over again.

(1a) は「私の友人は全員元気です」，(1b) は「その問題はすべて難しかった」となります。(1) の all は「みんな，すべて」を意味します。一方，(2a) は「その女性たちは一晩中踊った」，(2b) は「その少年たちは最初からやり直さなければならなかった」と解釈とされます。(1) の all の意味を当てはめて，(2) を「女性たちはみんなその晩踊った」や「少年たちはみんなもう一度やり直さなければならなかった」という解釈はされません。(2) の all は「みんな，すべて」ではなく，「全く，すっかり」を意味するからです。

　品詞区分で言うと，(1) の all は**数量詞 (quantifier)** であり，副詞として用いられている (2) の all とは区別されます。本来，数量詞は修飾する名詞句の直前にあります。よって，(1) を (3) に書き換えても原則として意味変化を生むことはありません。一方，意味的な変化をもたらすことなく (2) を (4) に書き換えることはできません。

(3) a. All my friends are fine.
　　b. All the questions are difficult.
(4) a. All the women danced through the night.
　　b. All the boys had to do it over again.

本章では，(1) が示すとおり数量詞が修飾している名詞句から離れて現れる**数量詞遊離 (quantifier floating)** と呼ばれる現象に関して考察をしていきます。この現象は中学・高校の教育現場で扱われることはほとんどないと思われますが，読者の皆さんはいかがでしょうか。優先順位の高い教えるべきことが他にたくさんあるでしょうし，なんとなく意味が分かってしまうので授業でとりあげる必要もないとお考えかもしれません。しかし数量詞遊離は英語に興味のある生徒ほど個人的に質問に来る文法事項ではないかと推察されます。本章を読んでいただき，少しでも参考になれば幸いです。

● なぜこんなところに数量詞が…？

　数量詞の位置に関して，なぜこんなところにあるのかと不思議に思われたことはありませんか？　では，ここで質問です。(5) の all ですが，この all が現れる位置は他に何通りあるでしょうか？

　　(5)　All the students have been injured in this war.

答えは 3 通りです。ではどの位置でしょう？　次の 5 つから選んでください。

　　(6)　a. The students all have been injured in this war.
　　　　b. The students have all been injured in this war.
　　　　c. The students have been all injured in this war.
　　　　d. The students have been injured all in this war.
　　　　e. The students have been injured in this war all.

答えは (6a–c) です。(6d, e) は容認されません。なぜそうなのでしょうか？　all が名詞を修飾する本来の位置，つまり名詞の直前の位置から離れた位置に現れるには，クリアすべき条件はただ一つ。数量詞と後続要素との間に主述関係が成立しているか否かです。成立していれば容認され，していなければ容認されません (cf. Baltin (1995), Maling (1976), Sportiche (1988), Takami (1998))。
　では (6) をもう一度見てみましょう。(6a) では all と have 以下の語句との間に主述関係が成立しています。よって，容認可能と予測できますし，実際に容

認されます。(6b) と (6c) も同様です。(6b) では all と been 以下が主述関係を持つことができますし，(6c) では all と injured 以下も主語・述語の意味関係が保たれています。

　さて，(6d) です。この文は容認されません。ところが all は in this war と主述関係が成立しそうです。その証拠に (7) が文として成立します。

(7) The students were in this war.

よって (6d) の all は後続要素と主述関係が結ばれる位置にあるということになり，(6d) は容認可能と予測されます。ところが実際には容認されません。この理由として，主語が持つ主述関係と数量詞が持つ主述関係が意味的に同じではないからだと考えられます。(6d) において the students は have been injured と主述関係にあります。一方，all は in this war と主述関係を持ってしまいます。つまり，二つの主述関係に意味的なズレが生じているわけです。そのため (6d) は容認されない，という説明になります。(6a–c) にはこのズレはありません。

　さて，残った (6e) を見ましょう。これは all の後ろに何も要素がありません。後続要素と主述関係が成立しないのは明白です。よって，容認不可能であることが予測できますし，実際に容認されません。

　以上の点をまとめると (8) になります。

(8) a. 遊離した数量詞は，後続要素と主述関係が成立しなければならない。
　　b. 遊離した数量詞が後続要素と持つ主述関係は，数量詞が修飾する名詞句とその述部が持つ主述関係と意味的に一致していなければならない。

● どのような数量詞が遊離するのでしょうか？

　ここまでは数量詞を all に限定して話を進めてきましたが，実際どんな数量詞が遊離できるのでしょうか？「数量詞ならばなんでも OK」であれば話は簡単なんですが，そうは問屋が卸さないようです。

(9) a. The students have all/both/each been injured in this war.
    b. The men will all/both/each come to the party.
(10) a. *The students have most/many/some/five been injured in this war.
    b. *The men will most/many/some/five come to the party.

(9a, b) と (10a, b) は数量詞が異なるだけで，それぞれ同じ文です。(9) には all/both/each が，(10) には many/some/five が用いられています。(9) は両方とも容認可能ですが，(10) は容認されません。数量詞の違いが容認性の判断を分けていることは明らかです。なお，アスタリスク記号*はその文が容認されない文であることを示します。

ではそれらの数量詞を比べてみましょう。all/both/each に共通する特徴は，ある集合を構成する成員をすべて取り込む機能を持つということです。集合の中にそれらの数量詞の対象から外れる成員は存在しません。一方，most/many/some/five は，ある集合の成員を部分的にしか取り込みません。もちろん，取り込まれる成員の数や割合は数量詞によって変わりますが。つまり，(9) の数量詞はすべてを対象とする**全称性 (universality)** があるのに対し，(10) の数量詞は対象から一部を除外する機能を持つため，全称的ではないと言えるでしょう (cf. Nakamura (1983), 中村 (1996))。よって，どのような数量詞が遊離するのかという質問の答えとして，(11) が考えられます。

(11) 遊離する数量詞は全称的でなければならない。

さて，全称的な性質を持つ数量詞と言われると，all/both/each だけではなく，その仲間と考えられそうな数量詞 every と any を思い浮かべた方もいらっしゃるかもしれません。ところが every と any は**遊離数量詞 (floating quantifier)** として機能することはできません (cf. Nakamura (1983))。

(12) a.*The students have every been injured in this war.
    b.*The men will every come to the party.
(13) a.*The students have any been injured in this war.
    b.*The men will any come to the party.

まず every ですが，all/both/each と異なり単独で現れる能力がありません。

(14) a. *Every has been to the park.
　　 b. *I gave every some chocolate.
　　 c. *I sent an email to every.

(14)はそれぞれ，主語，目的語，前置詞目的語として every が単独で現れている例ですが，すべて容認されません。よって，そもそも単独で現れることができない数量詞は遊離することはできない，と考えてよいでしょう。

では any の場合はどう説明ができるでしょうか？ (15)が示すとおり any は単独でも現れることができます。every に対する説明は any には当てはまりません。

(15) a. Any will do.
　　 b. Take any you like.

ではなぜ遊離できないのでしょうか？ それは any の意味に原因があると考えられます。all/both/each は「全称性」を持っていますが，実は any にはその意味はありません。次の例を見てください。

(16) a. Any child can do it.
　　 b. You can get it at any bookstore.

(16a)は「すべての子供にもできる」ではなく「どんな子供にもできる」であり，(16b)は「すべての本屋で」ではなく「どんな本屋でも」という意味になります。つまり，any が持っているのは，該当するものすべてを対象とする「全称性」ではなく，「ある集合の中からならどれを対象にしても」という**任意性 (arbitrariness)** です。それが故に，(13)が容認されないと考えられます。

　もうひとつここで言及しておかなければならないことがあります。each についてです。each は全称性を持つため，all/both と同様に遊離可能な数量詞であることはすでに述べたとおりです。しかし，each にはもう少し複雑な事情が絡んできます。そもそも each は「おのおの」を意味しますので，修飾する

名詞の直前に置かれる場合には，その名詞は単数形に限定されます．

(17) a. Each student has his own desk.
   b. Each person may try twice.
   c. *Each these men have been injured in different wars.
   d. *Each the students will come to campus with different dreams.

とすると，複数形名詞句を修飾する each は必ず遊離しなければなりません．

(18) a. These men have each been injured in different wars.
   b. The students will each come to campus with different dreams.

all と both の遊離操作が随意的であるのに対し，複数形名詞句を修飾する each の遊離は義務的に行われるということになります．もちろん(19)が示すとおり，単数形名詞句を修飾する each は遊離することはありません．

(19) a. *Student each has his own desk.
   b. *Person may each try twice.

● ホストの正体は？

これまでは数量詞に焦点を当ててきましたが，そもそも数量詞が修飾している名詞句，これからはホスト (host) と呼びますが，そのホストには制約がないのでしょうか？ もうお気づきの方もいらっしゃると思いますが，これまで使ってきた例文のホストは my や the のような語句が付く**定名詞句 (definite noun phrase)** でした．では，そのような語句が付かない**不定名詞句 (indefinite noun phrase)** は大丈夫なのかという疑問が湧いてきます，よね？ 実際に見てみましょう．

(20) a. My students will all make a speech.
   b. The students will all make a speech.
   c. *Students will all make a speech.

(21) a. My brothers have both passed away.
　　 b.*Brothers have both passed away.

これらの例から，不定名詞句からの数量詞は遊離できないと言えるでしょう (cf. Nakamura (1983))。

ところが，ホストに定冠詞が付いていない次のような文を見たことはありませんか？

(22) a. Americans are all great admirers of John F. Kennedy.
　　 b. Languages are all used as a tool of communication.

(20) と (21) から判断すると，(22) の数量詞遊離は容認されないと予測されます。しかし実際には容認可能です。この容認可能性を説明するためには，(22) のホストの意味を考えなければなりません。これらのホストは「〜というものは」という一般論を表す解釈を持つ名詞句です。例えば (22a) の主語は「アメリカ人というものは」，(22b) の主語は「言語というものは」という一般論を表します。このような解釈を**総称的解釈 (generic reading)** と呼びます。総称的解釈を持つ名詞句は，冠詞が付いていないにもかかわらず，定名詞句の仲間と考えられています (cf. Milsark (1974))。その証拠に there 構文の意味主語は不定名詞句が要求されますが，(23) が示すとおり，その意味主語が総称的解釈を持つことは認められません。ちなみに (23) は総称的解釈ではなく，対象物が特定されていない**非特定的解釈 (nonspecific reading)** を持つ場合には容認されます。

(23) a. There are Americans in this town.
　　　　総称的解釈　　　＊アメリカ人というものがこの町にいる。
　　　　非特定的解釈　　OKアメリカ人が何人かこの町にいる。
　　 b. There are languages spoken in this country.
　　　　総称的解釈　　　＊言語というものがこの国で話されている。
　　　　非特定的解釈　　OKこの国ではいくつかの言語が話されている。

よって，総称的解釈を持つホストは定名詞句と同じ扱いになるので，数量詞が

遊離しても問題ないと考えられ，(22)の容認性が説明できるわけです。この容認性は，総称的解釈を許さない(24)に対する判断とは対照的です。

(24) a. *Americans are all upset about this miserable failure.
    b. *Languages are all being spoken in this area.

(24)の主語は，(22)と同様に冠詞などが付いていない名詞句ですが，文の意味内容から総称的解釈はできません。よって，数量詞が遊離することは許されません。

● ここまでのまとめと厄介な問題

数量詞の遊離現象について，ここまでは以下の3点を見てきました。

(25) a. 数量詞が遊離する位置は，後続要素と主述関係が成立する位置である。しかも，その主述関係は，ホストが持つ主述関係と意味的に同じものでなければならない。
   b. 遊離する数量詞は，「全称性」という意味的性質を持っているものに限定される。
   c. ホストは定名詞句でなければならない。

ところが，(25)の規則では説明できない現象が存在します。(26)と(27)のそれぞれ2つの文に容認性の違いがでるのです (cf. Bošković (2001), Sag (1976))。

(26) a. *I called the students all.
    b. I called them all.
(27) a. *The boys all, fortunately, escaped from the fire.
    b. They all, fortunately, escaped from the fire.

(26a)の all は後続要素が存在せず，主述関係が成立しません。よって，規則(25)では容認されないと予測されますし，実際にこの文は容認不可能です。ところが，同様に容認不可能と予測される(26b)は，実際には容認されます。(27)に

も同じことが言えます。(27a) では，all に後続する要素の fortunately は挿入句であるため，all と挿入句の間には主述関係は成立しません。よって，容認不可能と予測され，実際に容認されません。ところが (27b) は予想に反して容認されます。どうやら (25) の規則以外に考えなければならないことがありそうです。

● ホストが代名詞の場合

(26) と (27) について，それぞれの違いはホストが定名詞句か代名詞かの一点のみです。とすると (26b) と (27b) は代名詞が容認性の向上に影響を与えていると考えてよさそうです。ではなぜ代名詞が容認性を高めるのでしょうか？

そもそも代名詞と数量詞は相性がよくありません。というのも数量詞が代名詞の直前に置かれることはありません。

(28) a. *all we/us/you/they/them (^{OK}all of us/you/them)
　　 b. *each we/us/you/they/them (^{OK}each of us/you/them)
　　 c. *both we/us/you/they/them (^{OK}both of us/you/them)

ところが代名詞も名詞には変わりがありません。名詞句が形成される段階で，一時的に数量詞が代名詞の直前の位置に置かれても不思議ではありません。そこで本章では，遊離可能な数量詞と代名詞が名詞句を形成する場合には，まず (29) のように構成されると仮定します。

(29) all they

(29) が形成されるとすぐに，この相性の悪さが解消されなければなりません。ここでは **交替 (flip)** という操作を仮定します (cf. Maling (1976))。(29) の構造が出来上がると同時に交替が適用され，(30) が作られるという仮定です。

(30) they all

この交替という操作は，代名詞と遊離可能な数量詞が結びついたときに行われ

る名詞句内操作であり，義務的に行われる操作であることに注意してください。またこの操作は遊離操作と異なり，名詞句内操作であるため，後続要素との主述関係の有無は不問であると仮定します。

● 厄介な問題の再検討

　さて，規則 (25) では説明ができなかった (26) と (27) をもう一度見てみましょう。それぞれ (31) と (32) として再掲します。

　(31)　a. *I called the students all.
　　　　b. I called them all.
　(32)　a. *The boys all, fortunately, escaped from the fire.
　　　　b. They all, fortunately, escaped from the fire.

(31a) は，all が後続要素と主述関係を成立させることができないために容認されない，という説明ができましたが，その説明では (31b) を誤って容認不可能としてしまいます。ではなぜ (31b) は容認されるのでしょうか？ここで前節で仮定した交替がものを言ってきます。all が修飾しているのは代名詞 them なので，all と them は名詞句を形成するとすぐに交替が適用されます。この操作は義務的な名詞句内操作なので，後続要素との主述関係の要件を満たす必要はありません。よって，(31b) は容認可能であると予測され，実際に容認されます。(32) にも同様のことが言えます。(32a) では遊離数量詞 all が後続要素である fortunately とは主述関係が成立しません。そのため，容認不可能と予測され，実際に容認されません。(32b) では all と they が名詞句を形成すると同時に交替が適用されます。交替は名詞句内で行われる義務的な操作であり，後続要素との関係は不問です。よって (32b) は容認可能と予測され，実際の容認性と矛盾しません。

　ちなみに (32) の all について，(33) が示す位置に置かれた場合，両方とも容認される文になります。

　(33)　a. The boys, fortunately, all escaped from the fire.
　　　　b. They, fortunately, all escaped from the fire.

(33a) では主述関係の問題が解消されているため容認されます。(33b) では，they と all との交替の後に，all に遊離操作が適用されたと仮定します。そのため all には後続要素との主述関係が成立しなければなりません。ここでは escaped 以下との主述関係が成立しているため，容認可能となります。

　本節の説明が遊離可能な数量詞すべてに当てはまればスッキリですが，ここでも each について言及しなければなりません。次の例を見てください。

(34) a. *I called them each. (^{OK}I called each of them.)
　　 b. *They each, fortunately, escaped from the fire.
　　　　　　　　(^{OK}Each of them, fortunately, escaped from the fire.)

each の場合には，ホストが代名詞でも後続要素との主述関係が不可欠と考えられます。このことから each には後続要素との主述関係を不問とする交替が適用されるだけではなく，その後に遊離操作が義務的に適用されるのではないかと考えられます。そのため後続要素との主述関係が必要となるのでしょう。each には義務的に遊離操作が適用されるというこの考えは，ホストが複数形定名詞句の例文 (17) と (18) で見てきたことと一致します。

● おわりに

　本章では数量詞遊離現象に関して概観しました。要点をまとめると以下のとおりになります。

(35) a. 数量詞が遊離する位置は，後続要素と主述関係が成立する位置である。しかも，その主述関係は，ホストが持つ主述関係と意味的に同じものでなければならない。
　　 b. 遊離数量詞は，「全称性」という意味的性質を持っているものに限定される。
　　 c. ホストは定名詞句でなければならない。
　　 d. 遊離数量詞と代名詞が名詞句を形成すると，すぐに交替が適用される。
　　 e. 交替は義務的操作であり，交替した数量詞 all と both には後続要素

との主述関係が求められない。
  f. each は，ホストが複数形定名詞句には義務的に遊離操作が適用される。ホストが代名詞の場合には義務的に交替が適用され，さらに義務的に遊離操作が適用される。それゆえ後続要素と主述関係を必要とする。

　本章では，数量詞遊離現象の基本的な部分を紹介しました。そのため，使用した例文のホストは原則として主語に限定しました。目的語であるホストからの数量詞遊離も存在します。しかし，その場合でも本章の考え方 (35) で説明できるのではと考えています。本章は数量詞遊離現象のすべてを網羅したわけでありませんが，読者の皆さんに少しでも興味を持っていただければ，また授業内外で部分的にでも使っていただければ幸いです。

参考文献

Baltin, Mark R. (1995) "Floating Quantifiers, PRO, and Predication." *Linguistic Inquiry* 26: 199–248.
Bošković, Željko (2001) *On the Nature of the Syntax-Phonology Interface: Cliticization and Related Phenomena*. Elsevier.
Milsark, Gary L. (1974) *Existential Sentences in English*, Ph.D dissertation, MIT.
Maling, Joan (1976) "Notes on Quantifier Postposing." *Linguistic Inquiry* 7: 708–718.
Nakamura, Masaru (1983) "A Nontransformational Approach to Quantifier-floating Phenomena." *Studies in English Linguistics* 11: 1–10.
中村捷 (1996)『束縛関係——代用表現と移動』ひつじ書房.
Sag, Ivan A. (1976) *Deletion and Logical Form*. Ph.D dissertation, MIT.
Sportiche, Dominique (1988) "A Theory of Floating Quantifiers and Its Corollaries for Constituent Structure." *Linguistic Inquiry* 19: 425–449.
Takami, Ken-ichi (1998) "Passivization, Tough-Movement and Quantifier Float: A Functional Analysis Based on Predication Relation." *English Linguistics* 15: 139–166.

（日本大学）

第9章
名詞用法の不定詞節について

佐 藤 亮 輔

● はじめに

不定詞節 (infinitival clause) の用法の1つに名詞用法 (nominal use) があり，(1) は名詞用法の不定詞節の例です。(1) では不定詞節 to see Mary が文頭にあり，主語位置に現れているように見えます。

(1) To see Mary was a great pleasure.

学校文法では，文頭に不定詞節が現れている (1) は「不格好」であるため，形式主語 it を用いて (2) のように書くことが推奨されます。(2) では主語位置に不定詞節を参照する it が用いられています。

(2) It was a great pleasure to see Mary.

しかし，理論言語学での研究 (Ross (1973) など) とは異なり，学校文法では，名詞用法の不定詞節がどの程度名詞的であるのか，すなわち，典型的に名詞 (句) が現れる位置に用いることが可能かどうかなどの問題は，今までに詳しく考えられてこなかったように思われます。特に，(1) のような文頭に現れている不定詞節については「不格好」であるとの理由でほとんど言及されません。また，he のような代名詞は通常，John などの指示表現に後続しなければなりませんが，不定詞節内の代名詞は一見この制約から外れた振る舞いを見せます。しかし，こういった代名詞の解釈についても厳密に考えられる機会は極めてまれです。これらの事実は理論言語学の成果ですが，学校文法の盲点となっています。よって，本章では理論言語学の研究成果を教育に還元する趣旨から，特にこれらの盲点となっている事実を取り上げます。本章ではこれまでの研究の1つの流れを踏まえた簡単な説明を与えていきますが，事実を知るだけでも十分有益であると思います。なお，本章で紹介する説明はあくまで一例に過ぎ

ず，現在も研究者間で議論がなされていることに留意してください。

以下では，まず名詞用法の不定詞節の**名詞性 (nouniness)** について考えます。次に文頭で主語として用いられているように見える不定詞節は，実際は主語よりも前の位置に現れていることを見ていきます。最後に，不定詞節内の代名詞が特異な振る舞いをすることから，文頭の不定詞節の現れ方を示し，本章を締めくくります。

● 名詞用法の不定詞節の（非）名詞性

本節では，名詞用法の不定詞節の名詞性について考えていきます。不定詞節が (i) 前置詞の**目的語位置**に現れることができない，(ii) 他の名詞（句）と**等位接続 (coordination)** できない，(iii) **強調構文 (emphatic construction)** の焦点位置 (focus position) に用いることができないという3つの事実から，名詞用法の不定詞節は名詞（句）とは異なる性質を持つことを見ていきます。

まず，不定詞節が前置詞の目的語位置に現れることが可能かどうか考えてみましょう。一般に，前置詞の目的語位置には名詞（句）が現れます。(3a) では前置詞 from の目的語位置に名詞 Tokyo が，(3b) では前置詞 on の目的語位置に名詞 the table が現れています。

(3) a. Taro came from Tokyo.
    b. John put the book on the table.

このことを (4) にまとめます。

(4) 前置詞の目的語位置に用いられるのは，名詞（句）のみである。

名詞用法の不定詞節が名詞（句）として振る舞うのであれば，前置詞の目的語位置に用いることが可能であると予測されます。しかし，(5) に示されるように，名詞用法の不定詞節を前置詞の目的語位置に用いることはできません。例えば，前置詞 from の目的語位置に不定詞節 to drive his cab が現れている (5a) は非文法的です。(5b–d) も同様の事実を示しています（以降，非文法的な文の文頭にアステリスク (*) を付します）。

(5) a. *John just came back from to drive his cab.
　　b. *She blamed it on Bill to be too strict.
　　c. *Your explanation for the table to be badly scratched sounds suspicious.
　　d. *Because of John to be old, Mary gets a pension.　(Emonds 2013: 14)

(4)の一般化に従うと，(5)の事実は不定詞節が名詞（句）ではないことを示しています。なお，(5)の非文法性は意味内容によるものではないことに注意してください。(5)の意味内容は(6)と同じであるため，これらの文の非文法性は意味によるものだとは考えられません。(6)は(5)の不定詞節を動名詞句に置き換えたものです。例えば(6a)では，不定詞節 to drive his cab が driving his cab に置き換えられています。

(6) a. John just came back from driving his cab.
　　b. She blamed it on Bill's being too strict.
　　c. Your explanation for the table being badly scratched sounds suspicious.
　　d. Because of John being old, Mary gets a pension.　　(ibid.: 14)

したがって，名詞用法の不定詞節を前置詞の目的語位置に用いることができない事実は，名詞用法の不定詞節が名詞（句）ではないことを示しています。
　次に，等位接続の事実について考えてみましょう。等位接続は，同じ品詞（範疇）の要素のみ接続可能です。(7a)では，2つの名詞 a girl と two boys が等位接続されています。(7b)では2つの文 that she was ill と that she needed a doctor が等位接続されています。一方(8)は，名詞 a girl と文 that John was worried の等位接続が許されないことを示しています。

(7) a. I saw a girl and two boys.
　　b. I saw that she was ill and that she needed a doctor.
　　　　　　　　　　　　　　　　　　　　　　（荒木（編）1986: 632）
(8) *I saw a girl and that John was worried.　　　　　(ibid.: 632)

(7)と(8)より，等位接続は同じ品詞の要素のみ接続可能であるとわかります。このことを(9)としてまとめます。

(9) 等位接続は，同じ品詞の要素のみ接続可能である。

動名詞（句）は名詞（句）の一種であるため，他の名詞（句）との等位接続が可能です。例えば，(10a) では名詞句 physical exercise と動名詞句 watching television shows が等位接続されています。(10b–d) も名詞（句）と動名詞句の等位接続の例を示しています。

(10) a. She always liked physical exercise and watching television shows.
　　　b. The town proposed a tax increase and reviving the translation service.
　　　c. Outdoor bathrooms and pitching a tent every day would wear us out.
　　　d. The country aimed at self-sufficiency in fuel and discontinuing food imports.　　　　　　　　　　　　　　　　　　(Emonds 2013: 26)

一方，名詞（句）と不定詞節を等位接続した (11) は非文法的です。例えば (11a) のように，名詞句 physical exercise と不定詞節 to watch television shows が等位接続されている文は非文法的です。

(11) a. *She always liked physical exercise and to watch television shows.
　　　b. *The town proposed a tax increase and to revive the translation service.
　　　c. *Outdoor bathrooms and to pitch a tent every day would wear us out.
　　　d. *The country aimed at self-sufficiency in fuel and to discontinue food imports.　　　　　　　　　　　　　　　　　　(ibid.)

(11) の事実は (9) の一般化に従うと，不定詞節が名詞（句）ではないことを示しています。なお，(11) は (10) と同じ意味内容を表すため，(11) の非文法性を意味に帰することはできません。したがってこの事実からも，名詞用法の不定詞節は実際には名詞（句）ではないと言えます。

最後に，不定詞節が強調構文の焦点位置に現れることが可能かどうか考えてみます。焦点位置とは，(12) において斜体で示されている箇所を指します。強調構文の焦点位置には，名詞（句）や前置詞句のみが用いられます。(12a) では名詞句 the lemon pie が，(12b) では前置詞句 to John が強調構文の焦点位置に現れています。

(12) a. It's *the lemon pie* that we disliked.
　　b. It was *to John* that she spoke. 　　　　　　　　(ibid.: 27)

一方，形容詞句や動詞句が焦点位置に現れている (13) は非文法的です。(13a) では形容詞句 very happy が，(13b) では動詞句 ask John for money が強調構文の焦点位置に置かれています。

(13) a. *It's very happy that Bill is.
　　b. *It was ask John for money that I heard you. 　　　(ibid.)

ここまでの事実を (14) にまとめます。

(14) 強調構文の焦点位置には名詞（句）と前置詞句のみが現れる。

名詞用法の不定詞節が名詞（句）として振る舞うのであれば，強調構文の焦点位置に用いることができると予測されます。しかし，実際には，不定詞節 to buy a new hat を焦点位置に置いた強調構文 (15) は非文法的です。

(15) *It was to buy a new hat that he wanted. 　　　　　(ibid.: 28)

(15) の非文法性を意味の観点から説明することはできません。なぜなら，(16) に示されるように，ほぼ同じ意味内容を表す動名詞句は強調構文の焦点位置に用いることが可能だからです。

(16) It was buying a new hat that he enjoyed. 　　　　　(ibid.)

したがって，強調構文の焦点位置に現れることができない事実も，名詞用法の不定詞節が名詞（句）とは異なることを示していると言えます。
　ここまでの結論を (17) に示します。

(17) 名詞用法の不定詞節は名詞（句）ではない。

学校文法では，不定詞節の1つの用法として名詞用法が教えられますが，ここまで見てきたように，実際には名詞用法の不定詞節は他の名詞(句)とは異なる振る舞いをします。名詞用法の不定詞節が (i) 前置詞の目的語として用いることができない，(ii) 他の名詞(句)と等位接続できない，(iii) 強調構文の焦点位置に用いることができないという上記3つの事実は，実際に授業で取り上げる際にも言及されるべきです。言い換えれば，「名詞用法」という呼称からすぐに「名詞(句)と同等のもの」とは判断せず，実際には異なる点があるということを多少なりとも述べた方が誤解を招かずに済むと思われます。

● 名詞用法の不定詞節が現れる位置

　これまで，名詞用法の不定詞節は実際には名詞(句)ではないことを見てきました。それでは，典型的に名詞(句)が現れる位置に用いられているように思われる不定詞節はどのように扱えばよいでしょうか。(18) では，不定詞節 to see Mary が主語位置に現れているように見えます。

　(18) To see Mary was a great pleasure.

一般に，主語や目的語の位置は名詞(句)が現れる位置であるため，(18) の事実は (17) の結論に反するように思われます。目的語位置については，個々の動詞の特性に左右されるため議論が困難ですが，主語位置については詳しく考える必要があるでしょう。
　さて，一見問題となりそうな (18) のような例では，不定詞節は主語位置ではなく，主語よりも前の位置に現れており，実際の主語は音形のない名詞であると考えられます。そのため，これまでの結論と矛盾することはありません。以下，このように考えられる理由を示していきます。
　まず，**主語・助動詞倒置 (subject-auxiliary inversion)** の例を考えてみましょう。主語・助動詞倒置とは，疑問文において助動詞が主語よりも前の位置に現れる現象です。理論言語学では，助動詞が主語の後ろから主語を飛び越えて移動すると考えます。例えば，(19a) の can を主語の直前に前置した結果，(19b) の Yes-No 疑問文が形成されます。

(19) a. John can ride a bicycle.
　　 b. Can John ride a bicycle?

このことを(20)にまとめます。

(20) 疑問文は助動詞を主語の前に移動させることで形成される。

主語・助動詞倒置は, (19)のようなYes-No疑問文に限らず, (21)のような疑問詞を用いた疑問文でも見られます。

(21) What can John ride?

理論言語学では, 主語の前に助動詞専用の移動先とさらにその前に疑問詞の移動先があると考えられています。そして, ここでは, (18)のような文頭に用いられている不定詞節は疑問詞の移動先に現れていると考えます。
　名詞用法の不定詞節が主語位置に現れているのであれば, 主語・助動詞倒置(20)によって疑問文を形成することが可能なはずです。しかし, (22)に示されるように, 実際にはそのような疑問文は許されません。(22a)では助動詞wouldn't が不定詞節 to find a well-paying job nearby を越えて, (22b)では助動詞 would が不定詞節 for the house to be painted を越えて文頭に移動されていますが, これらの文は非文法的です。

(22) a. *Wouldn't to find a well-paying job nearby be a pleasant surprise?
　　 b. *Would for the house to be painted confuse him?　　(ibid.: 18)

ここで, 不定詞節を動名詞句で置き換えた(23)は文法的であることに注意してください。

(23) a. Wouldn't finding a well-paying job nearby be a pleasant surprise?
　　 b. Would the house being painted confuse him?　　(ibid.)

(23)より, (22)の非文法性は意味内容や節の長さによるものではなく, 不定

詞節を用いていることに起因すると言えます。名詞（句）の一種である動名詞（句）とは異なり，不定詞節は主語位置ではなく，主語よりも前の疑問詞の位置に現れていると考えると，この事実を説明できます。つまり，不定詞節は助動詞専用の移動先よりも前の位置に現れているため，助動詞がさらに不定詞節よりも前に現れることができないのです。

(24) と (25) の対比も同様に説明できます。(24) と (25) は，**否定倒置 (negative inversion)** の例で，見かけ上の主語位置に不定詞節が現れているか動名詞句が現れているかで異なります。否定倒置とは，否定辞が現れた際に否定辞と助動詞が主語の前へ移動する現象です。理論言語学では，否定辞は疑問詞が現れる位置に移動すると考えられています。

(24) *Never will to be comfortable be a priority in this office.
(25) Never will being comfortable be a priority in this office. (ibid.)

(24) では，不定詞節がすでに疑問詞が現れる位置を占めているため，否定辞 never がこの位置に移動できず，非文法的です。一方 (25) では，名詞句である動名詞句が主語位置に現れており，主語よりも前の助動詞専用の位置と疑問詞の位置は空いています。そのため，これらの位置に否定辞 never と助動詞 will がそれぞれ移動でき，文法的な文となります。

このように，名詞用法の不定詞節は主語・助動詞倒置や否定倒置の点でも他の名詞（句）とは異なった振る舞いをします。これらの事実も，「名詞用法」という呼称からは予期されないことであり，実際に授業で取り上げる際には強調すべき事柄であると言えます。

● 文頭の不定詞節の現れ方

これまで，文頭の不定詞節は主語位置ではなく，主語よりも前の疑問詞の位置に現れていることを見ました。それでは，不定詞節は初めから主語よりも前の位置に現れるのでしょうか。あるいは，どこかからこの位置に移動してくるのでしょうか。このことは，不定詞節内の指示表現の解釈について考えることでわかります。不定詞節内の指示表現は**繰り上げ述語 (raising predicate)** とともに用いられた際，特異な性質を示します。

繰り上げ述語とは，不定詞節を従える seem や appear のような述語のことです。例えば，(26) において名詞 John は形の上では seems の主語ですが，意味の点では be honest の主語であると解釈されます。そのため，(27) のように，取り消し線で示された be honest の主語位置から主節の主語位置に移動していると考えられます。

(26) John seems to be honest.
(27) [John] seems to [John] be honest.

また，一般に代名詞は先行詞に後続しなければなりません。(28a) では he が John を指示する解釈が可能ですが，(28b) では不可能です（以降の例文において，同一指示の関係性を下付き文字で示します）。

(28) a. John$_1$ says that he$_1$ is honest.
     b.*He$_1$ says that John$_1$ is honest.

(28a) は代名詞 he が先行詞である John に後続しているため，文法的な文です。一方，(28b) では代名詞 he が John よりも前に現れているため，非文法的な文です。ここで代名詞の解釈に課せられる条件を (29) に示します。

(29) 代名詞は先行詞に後続しなければならない。

これらのことを踏まえ，不定詞節内の指示表現の解釈を考えてみましょう。(30) において，代名詞 her は Mary を指示し，代名詞 him は John を指示します。

(30) But for John$_1$ to be too old for Mary$_2$ didn't appear to her$_2$ to be thought by him$_1$.

(30) では，繰り上げ述語である appear が用いられています。そのため，不定詞節はもともと (31) のように取り消し線で示された位置から文頭に移動してきたと考えられるかもしれません。

(31) But [for John₁ to be too old for Mary₂] didn't appear to her₂ to ~~[for John₁ to be too old for Mary₂]~~ be thought by him₁.

しかし，このように考えると，代名詞解釈に課せられる条件 (29) に抵触します。不定詞節が (31) の取り消し線の位置にあるとき，代名詞 her は Mary に後続しておらず先行しています。したがって，文頭の不定詞節は移動してきたのではなく，初めから文頭に現れていると考えることが妥当です。

　一方，対応する動名詞句は，文頭に移動してきたと考えるべきです。(32) は (30) の不定詞節を動名詞句に置き換えたものですが，(30) に比べて容認度の低い文です ((32) の ?? は容認度の低さを示しています)。

(32) ??But John₁ being too old for Mary₂ didn't appear to her₂ to be thought by him₁.

(32) の容認度の低さは，(32) の動名詞句が (33) のように取り消し線で示された位置から移動してきたと考えると説明できます。

(33) But [John₁ being too old for Mary₂] didn't appear to her₂ to ~~[John₁ being too old for Mary₂]~~ be thought by him₁.

(33) では，動名詞句が取り消し線の位置にあるとき，代名詞解釈に課せられる条件 (29) に違反しています。なぜなら，代名詞 her が Mary に後続しておらず先行しているからです。そのため，(32) は容認度の低い文となります。

　以上のように，代名詞の解釈を考えると，文頭の不定詞節は主語よりも前の位置に移動してきたのではなく，初めからその位置に現れていることがわかります。一方，対応する動名詞句は主語位置に移動してきたことがわかります。

　代名詞の解釈は不定詞節に限らず，学校文法ではあまり取り上げられることがありません。しかし，代名詞は極めて頻繁に用いられるものであり，その解釈はリーディングやリスニングにかかわらず，正しく英文を理解する上で厳密に考える必要があります。本章で取り上げた不定詞節では，表面上の語順だけでは代名詞の解釈を決めることができないため，授業で取り扱う上では特に注意が必要であると思われます。

●まとめ

　本章では，学校文法であまり取り上げられることのない名詞用法の不定詞節の振る舞いについて述べてきました。まず，不定詞節は典型的に名詞（句）が示す振る舞いをしないことを見ました。すなわち，(i) 前置詞の目的語位置に用いられない，(ii) 他の名詞（句）と等位接続できない，(iii) 強調構文の焦点位置に現れることができないという 3 つの事実です。次に，一見した主語位置の不定詞節は，実際は主語よりも前の疑問詞の位置に現れていることを示しました。このように考えられる理由として，主語・助動詞倒置現象と否定倒置現象を取り上げました。最後に，不定詞節内の代名詞の解釈について述べました。不定詞節内の代名詞の解釈から，不定詞節は移動によってではなく初めから文頭に現れていると考えるべきであると述べました。

　これらの事実は理論言語学の研究成果ですが，一般にはあまり知られておらず，学校文法でも扱われることはありません。これらの事実は「名詞用法」という呼称からは予期されないものであり，もっと言えば，予想とは反するものです。したがって，実際に授業で取り扱う際にもっと強調すべき事柄であるように思われます。今回取り上げた事実はほんの数例に過ぎませんが，本章が理論言語学と英語に携わる一般の方々との橋渡しの一助となれば幸いです。

＊本章の内容は，日本英語英文学会第 27 回年次大会（2018 年 3 月 3 日，於千葉工業大学新習志野キャンパス 7 号館），専門領域横断的シンポジウム「身近だけど説明に困る言語現象――語法・文法・構文などなど――」（テーマ「不定詞節」）で発表した内容に加筆修正を加えたものです。

参考文献
荒木一雄（編）(1986)『現代英語正誤辞典』研究社.
Emonds, Joseph (2013) "Gerunds vs. Infinitives in English: Not Meaning but Form." In Roman Trušník, Gregory Bell, and Katarína Nemcoková (eds.) *From Theory to Practice 2013*, 13–38. Tomas Bata University. (https://ling.auf.net/lingbuzz/003557)
Ross, John R. (1973) "Nouniness." In Osamu Fujimura (ed.) *Three Dimensions of Linguistic Theory*, 137–257. TEC.

（高知大学）

第 10 章
英語史の知見を活かした効果的な発問例

鴇﨑 敏彦

● はじめに

　これまで筆者は，中学校，高等学校，専門学校，大学と，様々な教育機関で英語の授業を担当してきました。そして，どの教育機関の授業においても，学習者の興味・関心を引いたり，より深い理解を促したりする上で，<u>英語史 (History of English)</u> の知識は非常に有用であると感じてきました。もちろん，授業者が英語史の知見の一部を授業の中で披露するだけでも，学習者の知的好奇心を喚起するという効果は生まれるでしょう。例えば，学習者は語源の話に興味を示すことが多いので，「1つの」を意味する不定冠詞の an は，元々は数詞 one の弱形で，a の方は後になって an の n が脱落してできた形である，という話を授業中にすると，興味深そうに耳を傾けてくれる学習者がきっといるはずです。
　しかし，授業者がただ知識を披露するだけでは，学習者にとって自分の頭を使って考える活動にはなりません。筆者は，<u>授業者が発問を工夫することで，学習者に考えるきっかけを提供する</u>ことが重要であると考えています。本章では，筆者のこれまでの実践を踏まえて，英語史の知見を活かした発問の中で，英語学習者に考えたこともなかったようなことを考えさせ，<u>本質的な理解へと導く</u>ために効果的であると思われるものをいくつか取り上げてみたいと思います。本章で取り上げる発問例は，高校生や大学生など，<u>義務教育課程を修了している英語学習者</u>を対象としていますが，授業者の工夫次第で，中学校の授業に活用できるものも含まれていると思います。また，それまであまり疑問に思わなかったようなことを考えさせる発問は，英語学習者の習熟度の高低にかかわらず効果的であると実感しています。

● to 不定詞の復習

　まずは，to 不定詞 (*to*-infinitive) を復習する際に効果的であると思われる発問例を取り上げてみましょう。対象となる学習者の習熟度にもよりますが，最

初は「to 不定詞の基本的な用法はいくつありますか」，「to 不定詞の 3 用法とは何用法と何用法と何用法のことですか」といった基本的な発問から始めるとよいでしょう。その上で，次の (1) に示す英語史の知見を活かした発問を投げかけてみてください。

(1)「to 不定詞は何用法から始まったと思いますか？」

それまであまり疑問に思わなかったことを考えさせる (1) の発問を投げかけられた学習者の多くは，習熟度の高低に関係なく，戸惑いの表情を浮かべます。筆者の好きな瞬間です。筆者はペアワークやグループワークでこの発問の答えを予想させることが多いのですが，なぜその用法から始まったと思ったのか，選んだ理由まで添えて発表させると，興味深い答えが返ってくることがあるので，ぜひ試してみてください。

　英語史では，to 不定詞は副詞的用法から始まったとされています。起源以来の英語の歴史と発達を記録することを目指して編集された *Oxford English Dictionary* (2nd ed.)（以下，OED[2]）によりますと，to 不定詞の副詞的用法は，『ベーオウルフ』(*Beowulf*) にある例が初出となっています。『ベーオウルフ』は英文学最古の作品の 1 つと言われる英雄叙事詩で，現存する写本は 10 世紀の終わりか 11 世紀の初頭に筆写されたとされていますが，原本は 8 世紀に作られたと考えるのが最も妥当とされています。そして，形容詞的用法の初出例は 890 年頃，名詞的用法の初出例は 897 年頃となっています。参考までに，OED[2] の to の項 (B.I.) に掲載されている副詞的用法の初出例を (2) に示しますが，もちろん授業者が古英語（450 年頃〜1100 年頃の英語）を読みこなす必要はありません。ここでは，to 不定詞は副詞的用法から始まったということを知っておくだけで十分です。

(2) Ða wæs hring-boȝan heorte ȝefysed sæcce <u>to seceanne</u>.
　　(Then was coiled creature's heart impelled strife <u>to seek</u>.)
　　　　　　　　　　　　　　　　（下線及び，現代英語の逐語訳は筆者）

to 不定詞は副詞的用法から始まったということが確認できたら，学習者に to 不定詞の本質的な理解を促すために，次の (3) のような to の部分を空所に

した典型的な副詞的用法の例文を提示して，(4) に示す発問を投げかけてみると効果的です。

(3) I went to the park ___ play tennis.
(4)「不定詞では，他の前置詞ではなく，なぜ to を使うようになったのだと思いますか？」

もちろん，(3) の例文は OED² の初出例の内容とは異なっていますが，「～するために」という意味を表すためになぜ to を選んだのかを考えることは，大変有意義なことだと思います。そして，to は「～に，～へ」という意味だから，「テニスをするという行為に向かって」という意味で to を使ったのではないかと学習者が気づいたらしめたものです。to 不定詞の to は，元々は純然たる前置詞で，to the park の to と同様に「～に向かって」という方向の意味で使われていましたが，それが「～するために」という目的の意味で使われるようになったと説明するとよいでしょう。おそらく，学習者から「目的を表すのだから，for でもよいのではないですか」という質問は出てくるはずです。その際に，for も（その他に for と to を組み合わせた for to/forto, till, at なども）不定詞の標識として使われていた時期があったことを授業者が知識として持っておくと，学習者の疑問に適切に答えることができるでしょう。

さて，to 不定詞の to が元々は「～に向かって」という方向の意味で使われていたことが確認できたところで，現代英語でも to 不定詞には方向の意味が残っていることが多く，原則として「（これから）ある動作に向かうこと」という未実現のことを表すために使われることを指摘しておくとよいでしょう。この方向性という to 不定詞の本質を理解していれば，次の (5a, b) に示すような to 不定詞と動名詞 (gerund) による意味の違いも容易に理解できるはずです。

(5) a. Please remember to post this letter.
    b. I remember posting the letter.

to 不定詞の本質が方向性であるのに対して，動名詞は「（実際に）していること」や「（実際に）したこと」といった事実を表す際に使われることが多いことも指摘しておくと，(5a, b) のような目的語が to 不定詞か動名詞かで意味が

異なる動詞を授業で扱う時はもちろんのこと，その他の場面での to 不定詞と動名詞の使い分けの理解にも役立つはずです。また，次の (6a, b) に示す両者の差を学習者に提示するのも，to 不定詞の本質を理解する手助けとなるでしょう。

(6) a. I like *to play*/*playing* tennis.
　　b. I'd [= I would] like *to play*/*playing tennis.

(6a, b) は文法的にはどちらも同じ like が目的語を従えているのですが，(6a) では to 不定詞でも動名詞でも文法的に適格であるのに対して，(6b) のように would が入り「意志」の意味が加わると，to 不定詞のみが適格になります。このことを指摘することで，学習者の to 不定詞に対する理解は更に深まるでしょう。

● 関係代名詞の復習

　次に，関係代名詞 (relative pronoun) を復習する際に効果的であると思われる発問例を取り上げてみましょう。まずは，次の (7) や (8) のような基本的な例文を提示して，関係代名詞には**疑問詞 (interrogative)** の系列と**指示代名詞 (demonstrative pronoun)** の系列の **that** の 2 種類が存在していることを確認してください。

(7) I have a friend *who*/*that* lives in Osaka.
(8) I'm reading a book *which*/*that* I bought yesterday.

対象となる学習者の習熟度にもよりますが，(7) や (8) を提示する際に，関係代名詞の部分を空所にして，何が入るのかを学習者に考えさせると，よい復習になると思います。そして，関係代名詞には同じような役割をするものが 2 種類存在することが確認できたところで，次の (9) に示す英語史の知見を活かした発問を投げかけてみてください。

(9)「疑問詞の系列と that では，どちらが先に関係代名詞として使われていたと思いますか？」

この (9) の発問を投げかけられた学習者は,「that の方が先行詞の種類(人・人以外)に関係なく使えて楽だから,きっと楽な方が後だよ」,「that の方が口語的だと聞いたことがあるから,きっと疑問詞が先だよ」などと,様々な理由を考えて答えを予想するので,実に興味深いです。

歴史的には,先に関係代名詞として使われていたのは that の方で,その起源は古英語期から関係代名詞としての役割も果たしていた指示代名詞の **þæt** にさかのぼります。古英語の指示代名詞(現代英語の that)は,数(単数・複数),文法的な性(男性・中性・女性),格(主格・属格・与格・対格・具格)に応じて複雑に語形変化していました。参考までに,その語形変化を一覧にしたものを (10) に示しますが,もちろん授業者がこれらの語形をすべて暗記しておく必要はありません。

(10)	単数男性	**単数中性**	単数女性	複数全性
主格	se	**þæt**	seo	þa
属格	þæs	þæs	þære	þara
与格	þæm	þæm	þære	þæm
対格	þone	**þæt**	þa	þa
具格	þy	þy, þon	(þære)	

この中の単数中性主格・対格の þæt が,現代英語の関係代名詞 that と同様に,文法的な性や数に関係なく使われるようになったのです。OED^2 によりますと,そのような使われ方をしている関係代名詞 that の初出例は 825 年頃となっています。そして,疑問詞が関係代名詞として使われ始めたのは中英語期(1100 年頃～1500 年頃)に入ってからですから,that の方が関係代名詞としてはずっと古いことが分かります。参考までに,OED^2 によりますと,疑問詞 who が現代英語の関係代名詞 who と同様に使われた初出例は 1297 年で,whose は制限用法よりも非制限用法の方が先で 1175 年頃,whom は〈前置詞＋whom〉が初出例で 1175 年以前,which も〈前置詞＋which〉が初出例で 1175 年頃,先行詞を含んだ what は 1200 年頃となっています。

先に関係代名詞として使われていたのは that の方であることが確認できたら,学習者が関係代名詞を使用する場面をきちんと理解して,自信を持って使えるようにするために,例文 (7) の関係代名詞の部分を空所にした (11) のよ

うな例文を活用して，(12) に示す発問を投げかけてみると効果的です．

(11) I have a friend ___ lives in Osaka.
(12) 「なぜ後になって疑問詞を関係代名詞として使うようになったと思いますか？」

現代英語でも that は指示代名詞として使用されていますから，(11) の空所に入る that は a friend を指していて，「私には友人がいて，その人は大阪に住んでいる」という感覚で that を使っているのだと説明すれば，学習者は that が関係代名詞として使用できることは容易に理解できるでしょう．

では，どうして疑問詞を関係代名詞として使うようになったのでしょうか．安藤 (2002: 88) では，初期中英語期（1100 年頃〜1300 年頃）に，古英語の**間接疑問文 (indirect question)** に起こる wh 疑問詞が，関係代名詞として拡大使用されるようになったと説明されています．どうやら，間接疑問文の影響によるものだったようです．やはり，元々は純然たる疑問詞だったのですね．ただし，そのまま間接疑問文の影響によるものだと説明しても，学習者の理解はあまり深まらないので，筆者は，次のように説明するようにしています．例文 (11) では，I have a friend までの段階では，まだどの友人かは特定されていません．そこで，空所に疑問詞の who を入れることで「その人は誰かというと，大阪に住んでいる友人です」という感覚で who を使っているのだと説明すると，名詞に文で説明を付け加えたい時に使うという関係代名詞の役割を理解するのに大いに役立つはずです．

先行詞が人以外の場合でも，同様の説明が可能です．次の (13) は，例文 (8) の関係代名詞の部分を空所にしたものです．

(13) I'm reading a book ___ I bought yesterday.

例文 (13) では，I'm reading a book までの段階では，まだどの本かは特定されていません．そこで，空所に疑問詞の which を入れることで「その本はどれかというと，昨日私が買った本です」という感覚で which を使っているのだと説明するとよいでしょう．また，先ほど，疑問詞が関係代名詞として使用されるようになったのは間接疑問文の影響によるものだ，という説明では学習者

の理解はあまり深まらないと述べました。しかし，対象となる学習者の習熟度が高い場合には，次の (14) のような例文を提示してもよいかもしれません。

(14) Do you remember what you said yesterday?

例文 (14) は 2 通りの解釈が可能で，what を関係代名詞と考えれば「あなたは昨日言ったことを覚えていますか」となり，疑問代名詞と考えれば「あなたは昨日何と言ったか覚えていますか」となります。(14) のような例文に関して，綿貫・他 (2000: 648)『ロイヤル英文法』(改訂新版) では，認識・知覚・発言などの意味の動詞 (find, forget, know, remember, say, see, tell など) の場合は決定しにくいので文脈による，と説明されています。現在英語においても，同じ疑問詞が関係代名詞と間接疑問文の疑問詞のどちらにも解釈可能な場合があることは，興味深い事実です。

● 現在完了の復習

　続いて，**現在完了 (present perfect)** を復習する際に効果的であると思われる発問例を取り上げてみましょう。対象となる学習者の習熟度にもよりますが，まずは，「現在完了はどのような形をしていましたか」，「現在完了はどのような意味を表す時に使いましたか」といった基本的な発問から始めるとよいでしょう。そして，現在完了には主に「完了・結果」「経験」「継続」の 3 つの用法があることが確認できたところで，次の (15) に示す英語史の知見を活かした発問を投げかけてみてください。

(15)「現在完了はなぜ〈have + 過去分詞〉という形をしていると思いますか？」

対象となる学習者の習熟度が高い場合には，一切ヒントを出さずに考えさせてもよいと思いますが，学習者の習熟度がそれほど高くない場合には，次の (16a–c) のような発問を投げかけていって，答えを導き出す手助けをしてもよいでしょう。

(16) a.「have の元々の意味は何ですか？」
　　 b.「過去分詞は他にどの文法項目で使われていますか？」
　　 c.「過去分詞が修飾することができる品詞は何ですか？」

to 不定詞の to や，関係代名詞としての疑問詞の場合もそうでしたが，ある語が本来の意味とは異なる（ように思える）使い方をされている場合，(16a) のように，その語の元々の意味を考えることは，本質的な理解に役立つことが多いです。また，(16b) や (16c) の発問を投げかけることで，受動態や，名詞を修飾する分詞の限定用法の簡単な復習を併せて行ってもよいでしょう。
　この (16a–c) の 3 点が確認できれば，(15) の発問の答えに気がつく学生はきっと出てくるはずです。OED^2 の have の項 (B.II.) では，現在完了の〈have + 過去分詞〉という形の起源は，次の (17) のように説明されています。

(17) ... This use arose directly from sense 2b [= with complement or adverbial extension, particularizing the relation of the object or expressing some qualification, condition or limitation thereof], the object possessed having in agreement with it a passive participle of a transitive verb as attribute or complement; thus, I have my work done = 'I possess or have my work in a done or finished condition', whence, by inference of antecedent action from result, the actual sense 'I have done my work': ...

（下線は筆者）

やはり，現在完了の have は，元々は「持っている」という意味を保持していたのですね。そして，過去分詞は〈have + 目的語 + 過去分詞〉の語順で目的語を修飾していたのですが，次第に目的語よりも have との結びつきが強くなり，現在の語順へと発達していったのです。安藤 (2002: 97) によりますと，現在の〈have + 過去分詞 + 目的語〉という語順が一般化したのは 14 世紀とのことです。その一方で，have と過去分詞との結びつきが強くなるにつれて，当初は他動詞の過去分詞に限られていたものが，目的語をとらない自動詞の過去分詞にまで拡大していったのです。参考までに，OED^2 によりますと，他動詞の過去分詞が〈have + 目的語 + 過去分詞〉の形で用いられて完了の意味を表した初出例は 832 年で，自動詞が〈have + 過去分詞〉の形で完了の意味を

表した初出例は1205年頃となっています。

学習者が現在完了を使用する場面をきちんと理解して，自信を持って使えるようにするために，筆者はこの英語史の知見を活かして，次の(18)のような分析をしながら説明するようにしています。

(18) a. <u>I</u> <u>have finished</u> my homework.
　　　　S　　　V

　　 b. <u>I</u> <u>have</u> <u>finished</u> <u>my homework.</u>
　　　　S　V

現代英語では(18a)のように have finished を V と考えますが，元々は(18b)のように have が V で「持っている」という意味で使われていて，過去分詞の finished は受け身の意味で my homework を（当初は後ろから）修飾していたのです。従って，例文(18)は「私は宿題を終えられた状況で持っています」ということを伝えようとしているのだと説明すると，過去に起こった動作・状態を現在の状況と結びつけて述べるという現在完了の役割を理解しやすくなります。そして，(18)は過去形で述べても事実に変わりはありませんが，例えば，子どもが親に「だからもう遊びに行ってもいいでしょ」と訴えたいような時に使うのが，(18)のような現在完了の文なのだと付け加えると，学習者は現在完了を使用する場面をきちんと理解することができるでしょう。ここまで深く理解できていれば，次の(19a, b)に示すような過去時制か現在完了かによって生じる違いも納得できるはずです。

(19) a. I lost my watch.（→単なる過去の出来事を表していて，現在の腕時計の状況はこの文だけでは不明）

　　 b. I have lost my watch.（→現在も腕時計は無くしたままの状況）

現在完了は便宜上「完了・結果」「経験」「継続」の3つの用法に分けて説明することが多い分野です。しかし，実はどの用法も，<u>過去に起こった動作・状態を現在の状況と結びつけて「（過去に）～した状況で（現在）いる」ということを伝えているのだ</u>ということを指摘しておくとよいでしょう。また，対象となる学習者の習熟度が高い場合には，次の(20)のような例文を提示しても

よいかもしれません。

(20) He had his homework done before supper.
　　「彼は夕飯前に宿題を終えていた」

例文 (20) は『新グローバル英和辞典』(第 2 版) の have の項に掲載されているもので，この語法に関する説明として，(20) は had done his homework と意味はほとんど同じで，had に強勢を置いて発音すると「〜してもらう，〜させる」という使役の意味になる，という記述があります。現代英語の have にも，〈have ＋目的語＋過去分詞〉の形で完了の意味を表す用法が残っていることを伝えると，深くうなずく学習者がいることでしょう。

● 助動詞の復習：義務を表す must と have to

　最後に，助動詞 (auxiliary verb) を復習する際に効果的であると思われる発問例を取り上げてみましょう。ここでは，**義務を表す must と have to** に焦点を当てて話を進めていきたいと思います。対象となる学習者の習熟度にもよりますが，最初は「義務を表す表現にはどのようなものがありますか」といった基本的な発問から始めるとよいでしょう。そして，義務を表す表現には must と have to の 2 種類が存在することが確認できたところで，次の (21) に示す英語史の知見を活かした発問を投げかけてみてください。

(21)「must と have to では，どちらが先に義務を表す表現として使われていたと思いますか？」

OED^2 によりますと，義務を表す must の初出例は，前出の『ベーオウルフ』にある例となっています。must は元々は許可の意味で使われていて，初期中英語期から義務の意味で使用されることが多くなっていったのですが，すでに古英語期から義務の意味でも使われていたようです。一方，義務を表す have to の初出例は 1579 年となっていますから，must の方が義務を表す表現としてはずっと古いことが分かります。

　先に義務を表す表現として使われていたのは must の方であることが確認で

きたら，学習者が must と have to には微妙は違いがあることをきちんと理解して，自信をもって使い分けができるようにするために，次の (22) に示す発問を投げかけてみると効果的です．

(22)「なぜ have to を義務を表す表現として使うようになったと思いますか？」

対象となる学習者の習熟度がそれほど高くない場合には，次の (23a–c) のような発問を投げかけていって，答えを導き出す手助けをしてもよいでしょう．

(23) a.「have の元々の意味は何ですか？」
b.「〈to＋動詞の原形〉は他にどの文法項目で使われていますか？」
c.「この to 不定詞は分類するとしたら何用法だと思いますか？」

この (23a–c) の3点が確認できれば，(22) の発問の答えに気がつく学生はきっと出てくるはずです．岸田・他 (2018: 214) は，義務を表す have to の発達に関して，次の (24) の例文を挙げて説明しています．

(24)　　I have something to say to you.
　　　→ I have to say something to you.

岸田・他 (2018) は，have の目的語 (= something) が，have よりも to 不定詞と強く結びつくことで，have のすぐ後ろから to 不定詞の後に移動したことが考えられ，このような表現が一般化すれば，I have to go. のように目的語がなくても義務の意味が表せるようになる，と説明しています．そして，このような変化を引き起こした原因として，すでに使われていた ought to や be to が影響したことも考えられる，と補足しています．やはり，have to の have は，現在完了の have と同様に，元々は「持っている」という意味を保持していて，have to の to は，元々は to 不定詞の to だったようです．筆者はこの英語史の知見を活かして，次の (25) のような分析をしながら説明するようにしています．

(25) a. I have to attend the meeting.
　　　　S　　V

b. I have to attend the meeting.
　　S　V　　　　O

現代英語では (25a) のように have to を助動詞に準じる表現として扱って，have to attend 全体を V と考えることが多いですが，元々は (25b) のように have が V で「持っている」という意味で使われていて，to 不定詞句が have の目的語だったのです。従って，例文 (25) は「私は（これから）会議に出席することを（状況として）持っている」ということを伝えようとしているのだと説明すると，have to は，周囲の状況などから生じる義務を表す時に使うことが多い客観的な表現であることがよく理解できます。参考までに，前出の『新グローバル英和辞典』（第 2 版）の have の項では，義務を表す have to を用いた文は，V + O (have が V で to 不定詞句が O) の文として分類されています。それに対して，must は話し手の気持ちや態度（心的態度と言います）を表す法助動詞 (modal auxiliary) なので，主観的な表現であることを指摘しておくと，学習者の多くは must と have to の使い分けができるようになるでしょう（第 12 章も参照）。綿貫・他 (2000: 648) は，must と have to の違いに関して，次の (26a, b) の例を挙げて説明しています。

(26) a. You must go now.
　　 b. You have to go now.

綿貫・他 (2000) は，(26a) の must は話し手の意志・命令などが含まれる場合に用いられることが多いが，have to は客観的な拘束による義務を表す場合が多いので，(26b) のように have to にすると，乗り物がなくなるとか，規則でそうなっているといった客観的な事情からという感じになる，と説明しています。

　must と have to の使い分けがきちんと理解できていれば，それぞれが否定文で用いられた時に生じる明確な違いも容易に理解できるはずです。

(27) a. You must not attend the meeting.
　　 b. You don't have to attend the meeting.

例文 (27a) の must を使った否定文は，not が attend the meeting の部分を否定していて（<u>否定の作用域</u>と言います），「会議に出席しないことが義務である」ということを主観的に表現しているので，**禁止**を表すことになります。それに対して，(27b) の have to を使った否定文の方は，not が文全体を否定していて，「（これから）会議に出席することを（状況として）持っていない」ということを客観的に表現しているに過ぎないので，「～する必要はない，～しなくてよい」と**不必要**を表すことになるのだと説明するとよいでしょう。

● まとめ

　本章で紹介した発問例で活用した英語史の知見のほとんどは，英語史の入門書や概説書に書かれていることで，決して最新の研究成果というわけではありません。筆者は，英語史はもちろん，その他の学問分野（特に英語音声学）の知見の中には，概論レベルの知識であっても，授業者の工夫次第で，英語教育に活かせるものが数多く含まれていると考えています。そういった工夫も，授業者の腕の見せどころの1つではないでしょうか。

＊ 本章の内容は 2014 年 9 月 7 日，欧米言語文化学会第 6 回年次大会（於日本大学芸術学部），連続シンポジウム「学問的知見を英語教育に活かす」「英語史の知見を英語教育に活かす～習熟度の別を問わない効果的な発問を探る～」で発表した内容に加筆修正を加えたものです。

参考文献
安藤貞雄 (2002)『英語史入門――現代英文法のルーツを探る――』開拓社.
岸田緑渓・早坂信・奥村直史 (2018)『英語の謎 歴史でわかるコトバの疑問』（角川ソフィア文庫）KADOKAWA.
綿貫陽・宮川幸久・須貝猛敏・高松尚弘 (2000)『ロイヤル英文法』（改訂新版）旺文社.

辞書
OED[2]: *Oxford English Dictionary*. 2nd ed. on CD-ROM Version 4.0. (2009) Oxford University Press.
『新グローバル英和辞典』（第 2 版）(2002) 三省堂.

（日本獣医生命科学大学）

第11章
混乱の多い英語学の専門用語，知っておくべき英語学の専門用語 (1)

野　村　忠　央

● はじめに

　本書の目的は学問的知見を英語教育に活かすということである訳ですが，筆者は年来，学問的知見を伝えるための英文法 (English Grammar)，理論言語学 (Theoretical Linguistics)，英語学 (English Linguistics) の専門用語が氾濫，混乱しており，そのことが学問的知見の英語教育への還元を妨げていると考えてきました。その解決は一筋縄ではいきませんが，本章では混乱の多い英語学の専門用語や知っておくべき英語学の専門用語をいくつか取り上げ，その本来の意味を示し，解決への第一歩としたいと思います。

● 「不定」という用語

　英文法辞典の類に当たると「不定」という用語が使われる項目は次の3つが該当します。

(1) a. 不定代名詞 (indefinite pronoun)
　　　Somebody came to the party.
　　b. 不定冠詞 (indefinite article)
　　　a, an
　　c. 不定詞 (infinitive)
　　　I went to the library *to study English*.

ここで (1a, b) の「不定」という用語は私たちが直観的に理解する「不特定の」という意味で，「定の」「限定的な」を意味する definite の反意語であるという理解で間違っていないと思われます。すなわち，通常の**人称代名詞 (personal pronoun)** は「特定の」人物の代用として he や she が用いられるのに対し，不

定代名詞は不特定の人物を表しています。また，不定冠詞の a や an は言うまでもなく**定冠詞 (definite article)** の the と対比を成しています。(但し，大事な余談ですが，例えば，John wants to marry *a Japanese*. という英文は「ジョンは誰か日本人と結婚したいと思っている」という「不特定の日本人」を意味する解釈の他に，「ジョンは結婚したいと思っている日本人がいます」という「特定の日本人」を思い浮かべている解釈も考えられます。Someone も同じことですが，「不定冠詞」や「不定代名詞」が「特定の」解釈を持ち得ることも英文解釈の知識としてぜひ知っておくべきことだと思われます。)

これに対し，不定詞はどんな場合でも「(to＋) 動詞の原形」というふうに形が定まってしまっていて一見，不定ではないように思われます。しかし，これを理解するためには，上述の不定代名詞，不定冠詞の反意語が通常の人称代名詞，定冠詞であったように，不定詞の反意語を考える必要があります。**学校文法 (school grammar)** では基本的に使われない用語だと思われますが，それにあたる用語が**定形（動詞）**あるいは**定動詞 (finite form)** と呼ばれるものです。概略，(2) のように定義できます。また，その具体例を (3) で見てみましょう。

(2) 定形 (finite form)
    動詞が主語の人称 (person)，数 (number)，動詞の法 (mood)，時制 (tense) により**屈折**（＝**語尾変化**）**(inflection)** している形態
(3) a. He walk*s*.
    b. He walk*ed*.
    c. If I *were* a bird, I would fly to you.

(3a) の walks は中学校で 3 単現と呼ばれているものですが，これを (2) の立場から正確に記すと，walks は「3 人称・単数・直説法・現在形」の定形，(3b) は通常，単に過去形と呼ばれていますが，正確には「3 人称・単数・直説法・過去形」の定形ということになります。そして，高校で初めて学ぶ (3c) のような仮定法も，正確には「1 人称・単数・仮定法・過去形」の定形ということになります。なお，このような動詞の屈折のことを（中学からお馴染みの用語ですが）**活用 (conjugation)** と呼びます。

学校文法ではこの定形という重要な用語が使われないのですが，それは現代英語では屈折が摩耗し，明示的な定形の語尾がほとんど残っていないことに起

因すると思われます。(「**屈折の磨耗**」とは, 下記, このページの最後の段落の英語の時代区分の説明も参照して欲しいのですが, 複雑な屈折＝語尾変化が失われていくことです。) すなわち, 現代英語では be 動詞を除いて, 例えば, 1 単現, 2 単現, 1 複現, 2 複現, 3 複現などという言葉が存在しないように, 現在形は 3 単現の walk*s* 以外は (原形と同一形態の) walk しか存在しません。

　これに対し, ドイツ語やフランス語などの他のヨーロッパ系言語を学ぶと定形や定動詞という文法用語が出てきます。例えば, ドイツ語文法では (4) のように,「定動詞は文の 2 番目の位置に出てこなければならない」という重要な規則のことを「定形第 2 位」の原則と呼ぶのですが, この定形がまさにそうで, ドイツ語学習の初期の段階で (5) のような活用を定形として習います。(なお, ゲルマン語系の言語を扱っている海外の言語学の文献を読んでいて, V2 とか V Second という記述が出てきたら, それは定形第 2 位のことを指しています。)

(4) 定形第 2 位
　a. Ich *spiele* morgen　Tennis. (私は明日, テニスをします)
　　　I　 play　 morning　tennis
　b. Morgen　*spiele* ich Tennis. (明日, 私はテニスをします)
　　　morning　play　 I　tennis
(5) lieben (愛する) の (直説法) 現在形の活用
　　Ich lieb*e*, Du　lieb*st*, Er　lieb*t*,　Wie lieb*en*, Ihr　lieb*t*, Sie　 lieb*en*
　　I　love,　You love,　 He loves, We　love,　 You love,　They love

　英語も**現代英語 (Present-Day English)** (1900– 現代) では 3 単現以外は屈折が消失してしまいましたが, **古英語 (Old English)** (450–1100) の時代にはドイツ語同様, (5) のような屈折語尾がきちんと存在していました (第 12 章の (12) を参照して下さい)。それが**中英語 (Middle English)** (1100–1500) ではかなりの部分, 水平化してしまいます。(水平化という用語ですが, 例えば, 古英語期には様々な名詞の複数語尾が存在しましたが, それが -s という 1 つの複数語尾に「まとめられて」いきます。そのような現象のことを水平化 (leveling) と呼びます。) そして, **近代英語 (Modern English)** (1500–1900) で屈折語尾はほぼ消失してしまいましたが, それでもシェイクスピア (William Shakespeare,

1564–1616) や『欽定英訳聖書』(*Authorized Version*; *King James Bible*, 1611) で知られる初期近代英語 (1500–1700) の時代には Thou shal*t* not kill. (thou は 2 人称単数主格の人称代名詞《古・詩》) (汝, 殺すなかれ) などの 2 人称単数語尾や goe*th*, ha*th*, think*eth*, sai*eth*（現代英語の goes, has, thinks, says と同義）などの 3 人称単数語尾が残存していました。

　さて，ここで本題の不定詞に戻り，以下の例を見てみましょう（以下，英文の前の＊（アステリスク，星印）の記号は当該の英文が非（文法的な）文であることを示します）。

(6) a. It is difficult <u>for me</u> *to answer* the question.
　　b. It is difficult <u>for him</u> to *answers/*answer* the question.
(7) a. She seems *to be* happy <u>today</u>.
　　b. She seems *to* {*was/*have been*} happy <u>when she was young</u>.

(6b) が示すように，意味上の主語が仮に 3 人称単数になっても不定詞は *to answers とはなりません。また，(7b) が示すように，不定詞節の表す時が仮に過去となっても不定詞は *to was とはなりません。このように，不定詞節においては動詞の形態は人称や時制などによって<u>語形変化をしない（＝定まらない，定形とはならない）</u>ということがわかります。このことをもってして，不定詞という用語が用いられるということです。同じ「不定」であっても，不定冠詞や不定代名詞の「不特定」という意味合いとは随分違うということです。

　ところで，不定詞は更にその上位語である**非定形 (non-finite form)** の一種です。以下，(8a) の非定形の定義と (8b) の下位区分を見て下さい。

(8) a. 非定形
　　　　人称，数，時制，法によって動詞の形態が定まらない（形）
　　b. 非定形の下位区分
　　　　不定詞 (infinitive)，動名詞 (gerund)，分詞 (participle)

動名詞や分詞も (8a) の定義に従うことは以下のような例から明らかです。

(9) a.　He is proud of <u>his son</u> {*ising/*being*} a good basketball player.

= He is proud that <u>his son</u> *is* a good basketball player.
b. He is proud of {*graduat<u>ed</u>ing*/*having graduated*} from Tokyo University.
= He is proud that he *graduated* from Tokyo University.

学校文法では不定詞，動名詞，分詞の3つを合わせて**準動詞 (verbal)** と呼び，継続的・共通的な指導がなされますが，実は準動詞は言語学的には非定形という共通の文法的概念で括られる構文だということがおわかり頂けると思います。さて，この節の内容を閉じる前に，補足を2つとそれに関連して，英語の挨拶の語源及び英語史と英語音声学についても簡単に記しておきます。

● 無定形文，曲用，英語の挨拶の語源，及び英語史と英語音声学

第1に，定形文も非定形文もいわゆる**5文型 (five sentence patterns)**（第5章も参照）によって分類可能ですが，それが不可能な文として挨拶や呼びかけを表す Good morning./Hi./John!/Fire! などの文を挙げることができます。これらは**無定形文 (amorphous sentences)** と呼ばれます。

第2に，上述，定形の定義で屈折と活用という用語を使いましたが，「活用というお馴染みの用語があるなら，屈折という難しい用語を使わずに活用の方を使えばいいのに」と思われるかもしれません。しかし，活用は屈折の下位区分の一つで，もう一つ屈折には**曲用 (declension)** という下位区分が存在します。曲用とは概略，「性 (gender)，数 (number)，格 (case) による名詞，形容詞，冠詞の変化」を意味しますが，現代英語では動詞の活用語尾同様，複数形の -s 及び所有格の -'s 以外は消失してしまったため，この用語も学校英文法ではほぼ見られません。ここでも現代ドイツ語の助けを借りると，Guten Morgen.（おはよう）の形容詞 gut に -en という語尾がついているのは，その元の文と考えられる (10) において，Morgen という名詞が「男性名詞・単数・対格（〜を）」であるために，冠詞の ein や形容詞の gut にも同様に「男性名詞・単数・対格」の曲用語尾 -en がつくからだと考えられます。

(10) Ich wünsche ihnen ein<u>en</u> gut<u>en</u> Morgen.
    I   wish   you   a   good morning

ドイツ語初学者の疑問の一つとして，Guten Morgen.（おはよう），Guten Tag.（こんにちは），Guten Abent.（こんばんは）は全て Guten なのに Gute Nacht.（おやすみ）だけがなぜ Gute なのかということがありますが，一言で言えば，Morgen（朝），Tag（日），Abent（夕方）は男性名詞であるのに対し，Nacht（夜）は女性名詞だからということになります。

　英語教育に携わる先生方には屈折には活用と曲用の2種類があることを念頭に置かれて下さい。

　なお，Good morning. という挨拶が Have a nice day! や Have a nice weekend! などの類推から Have a good morning. の省略だと思われている中学校の先生方が散見されますが，(10) からも理解される通り，(I wish you a) good morning. の省略と捉えるのが正確な理解です。この wish の使い方は I wish you a merry Christmas. の歌などに残っているように，第4文型の用法です。

　更に Good-bye. に至っては Good の語源は good ではなく God です。また，bye もその綴りからもわかるように（現代では Good-by. の綴りも存在しますが）前置詞の by とは別物です。ここで以下の (11) の諸例を見て下さい。

(11)　a. God be with ye!
　　　b. May *God* be with you!
　　　c. May *the Force* be with you!

その起源を辿ると，実は (11a) の「神があなたと共にありますように」という別れの挨拶で，それが縮約 (contraction) されたものが Good-bye. だということです。よって，bye という語尾に -e が残っています。God が Good に変化したのは，Good morning. などからの類推 (analogy) によります。そして，動詞が be という不思議な形になっているのは本節の主題である定形と関係ある訳で，祈願文を表す「3人称・単数・仮定法・現在形（原形と同形）」であるためです。この祈願文の仮定法が法助動詞 may で置き換えられることを高校で習ったと思いますが，ye を現代語の you とすると (11b) となります。そして，その God を the Force（理力）に置き換えれば，映画 *Star Wars* シリーズでジェダイという主人公側に属する人々が去り際にいつもなぜ (11c) の「フォースのご加護があらんことを」というセリフを口にするのかがこれで理解頂けると思います。要するに，「さようなら」を映画的にカッコよく言っているという

ことです。

　さて，読者のみなさんには，本節が**英語史 (History of English)** と密接に関わる内容が多くあったことにお気付きではないでしょうか。本書の第10章でも論じられているように英語史の知見は英語教育において非常に重要なヒントや謎解きを提供してくれます。また，第16章では**英語音声学 (English Phonetics)** から得られた知見について論じられています。現在，多くの大学のカリキュラムにおいて，英語教員免許を取得するためには，英語学概論（かそれに相当する科目）のみを履修すればいいことになっています。しかしながら，筆者（野村 2013: 76, 注15）は「中高の英語教員免許を目指している学生にとって，英語音声学と英語史の知識は非常に有益でぜひ学ぶべきだと思う」と指摘した通り，英語教員を希望している学生や英語教員の方々にはぜひこの2つの分野を学んで頂きたいと考えています。英語音声学のプロになれとか古英語や中英語がスラスラ読めるようになるべきだとか言っているのでは決してありません。その概説的な知見が必ずや英語授業に活きることがあるということを申し上げたいということです。

　参考文献は枚挙に暇がないのですが，英語教育に役立つ，あるいは英語学習の疑問を英語史的な立場から答えてくれる書籍としては遠藤 (1992)，保坂 (2014)，堀田 (2016)，岸田・他 (2018) などが推薦できます。また，英語音声学の教科書としては竹林・斎藤 (2008) などが有名ですが，より実践や練習が多い教材として今井 (2007)，今井・外池 (2007)，深澤 (2015) などが有益です（付属の音声教材を利用することが肝要です）。

● 冠詞類と決定詞

　さて，これ以降の節では学校文法の用語理解と理論言語学の用語理解に隔たりがあるものをいくつか見ていきます。

　まず，学校文法では用いられない重要な用語に**決定詞**あるいは**限定詞 (determiner)** があります。例えば，大学受験の冠詞類の文法問題で，次の (12a) が誤りで，(12b) が正しいという問題が散見されます。あるいは，中学生の英語学習初期の段階で「一つのものを表す時には不定冠詞のaを付ける」と習いながら，所有格が付く時は一つのものであっても (13a) は誤りで (13b) のように表さなければならないことを疑問に思う中高生もいます。

(12) a. *I like *this my hat*.
　　 b. I like this hat of mine.（この私の帽子を気に入っています）
(13) a. *This is a my pen.
　　 b. This is my pen.

これを学校文法の枠組みで説明することはなかなか困難ですが，**生成文法 (generative grammar)** などの理論言語学では (14), (15) の基本原理の帰結として説明が可能です．

(14) 同じ統語範疇の要素は共起 (co-occur) しない（一緒に現れない）．
(15) 学校文法で別の項目として習う冠詞，指示代名詞，人称代名詞の所有格，数量詞は同種類の統語範疇，すなわち決定詞である．
　　 a. 冠詞 a, an, the
　　 b. 指示代名詞 this, that, these, those ...
　　 c. 人称代名詞の所有格 my, your, his, her ...
　　 d. 数量詞 all, every, several, some ...

まず (15) の，伝統的に異なる**統語範疇 (syntactic category)** とみなされてきたものが，実は同じ統語範疇に属するのだということをどのように証明するかということですが，理論言語学では（アメリカ構造主義言語学に遡る）**置き換え (substitution) の原理**という道具立てを用います（置き換えは**置換，代入**という訳語も用いられます）．なお，統語範疇とはここでは任意の語句が属するグループのことで，ここでは**伝統文法 (traditional grammar)** の**品詞 (parts of speech)** のことと考えても差し支えありません．(但し，後述しますが，このテストは<u>語</u>（品詞）だけではなく，<u>文</u>も含む<u>句</u>範疇を同定する統語テストとしても使えるので，語，句，文をも含む，より一般的な用語として統語範疇という用語が使用されます．)

(16) a. I like the <u>city</u>. → I like the ＿＿＿.
　　 b. boy, have, in, carefully

今，仮に (16a) の city が名詞であることがわかっていて，(16b) の 4 つの単語

の統語範疇（品詞）がわからない状況があったとします。それを決定するためには (16a) の下線部を (16b) の単語に置き換えて，それぞれそれが文法的であれば city と同じ名詞であることが判明し，非文法的であれば名詞ではないということが判明するということです（下記，(17) 参照）。

(17) a. I like the *boy*.（名詞）
     b. *I like the *have*.（動詞）
     c. *I like the *in*.（前置詞）
     d. *I like the *carefully*.（副詞）

ここで冠詞類に戻ると，(18a, b) から窺えるように，冠詞，指示代名詞，人称代名詞の所有格は同じ統語範疇に属するということが理解頂けると思います。これらの範疇を総称して決定詞と呼んでいるということです。

(18) a. This is a hat. → This is my hat.
     b. I like my hat. → I like this hat./I like every hat.

意味論的には「世の中に無数の帽子がある中で，一つの帽子なのか，私の帽子なのか，この帽子なのか，全ての帽子なのか等々ということを決定，限定する」のが決定詞の役割だと言えます。

なお，(15d) の数量詞は生成文法の入門段階では決定詞の一種と考えて構わないのですが，all the/his hats という連鎖が可能であることからも，進んだ段階では決定詞と数量詞は別の位置に存在すると考えた方が適切かもしれません。但し，現代英語では数量詞が決定詞的色彩を帯びていることもまた事実です。筆者が高1に習った Grammar の時間に，仮定法の課で「もう少し時間があれば3問全部解けたのに」という英作文があったのですが，先生は生徒の解答を添削して If I had had a little more time, I could have answered all the three questions. を正解として示しました。しかし，当時，うちのクラスに在籍していたオーストラリア人交換留学生が If I had had a little more time, I could have answered all three questions. が正しいと強く主張したのですが，先生も留学生の彼もどちらも譲らなかったことが思い出されます。このオーストラリア人の彼の主張は現代英語で all は非常に冠詞（＝決定詞）的な色彩を帯びているこ

とを示しています。

　次に，置き換えテストに続いて，(14) の共起テストの話に戻りますが，これは以下のような**法助動詞 (modal auxiliary)**（第 12 章参照）の例（私立高校受験などでしばしば問われる問題です）で容易に理解頂けるものと思います。

(19) a. *You *will can* swim very fast by next year.
　　 b. You *will be able to* swim very fast by next year.

(19a) が非文であるのは同じ統語範疇である法助動詞の will と can が共起不可能であるためで，これが意味論的な問題ではないことは同じ意味を表す (19b) が全く文法的であることからも明らかです。

　余談ながら，この共起テストは意味論的な理由その他から同種類のものとされているものが統語的には別種類に属すことを示す際にも大きな力を発揮します。例えば，(19b) の be able to は**準助動詞 (semi-auxiliary)** などと呼ばれたりもしますが，(19b) が可能であることから統語的には**本動詞 (main verb)**（＝一般動詞）であることを意味しています。あるいは，中高の先生で「進行形の be や完了形の have は助動詞の一種である」と教えられる方がおられます。その理解は疑問文や否定文の振る舞いから間違いなく正しいのですが，(20a, b) が可能である（つまり，法助動詞 will と have/be が共起できている）ことから will, can, may, must などの法助動詞と進行形の助動詞 be 及び完了形の助動詞 have は統語的には別物であるという結論になります（このような have/be のことを**相助動詞 (aspectual auxiliary)** と呼びます）。

(20) a. John *will be* waiting for me when I arrive at Haneda Airport.
　　 b. John *will have* finished his homework by tomorrow morning.

　以上，理論言語学において基本的な，しかし大変重要な道具立てをいくつか説明してきましたが，(12a), (13a) が正しくないことは，共通性質を持つ決定詞という統語範疇の設定と，同種類の統語範疇の要素は共起しないという一般原理によって説明可能だということになります。

第11章 混乱の多い英語学の専門用語，知っておくべき英語学の専門用語 (1)

● 目的語・補語と補部

　次に，5文型で**文の要素**と呼ばれている**主語 (subject)**，**動詞 (verb)**，**目的語 (object)**，**補語 (complement)** についてですが，これらの**文法機能 (grammatical function)** を表す要素については一見，混同がないように思われます。

　しかし，まず動詞 (V) についてですが，文の要素について動詞 (V) のみ品詞名が使用されていることは一貫性を欠いています。つまり，主語，目的語，補語というのは文中での**機能 (function)**（= 働き）を表しているのに対し，名詞，動詞，形容詞というのは品詞あるいは統語範疇（= 当該の語句が属す共通グループの名前）であり，**形式 (form)** を表しています。例えば，名詞は主語，目的語，補語のいずれにもなり得ます。この点からすると，動詞 (V) は**述語 (predicate)** あるいは**述語動詞 (predicate verb)** とするのが正確です。なお，生成文法の入門段階で句構造規則を S(entence) → S(ubject) VP, VP → V O(bject) などのように文法機能で記さず，S → NP VP, VP → V NP などの統語範疇で記すのは，文を構成する原始概念が文法機能ではなく，統語範疇だと考えるからです。

　次に，目的語 (O) や補語 (C) についてですが，これらは一見，混乱がないように思われるかもしれません。例えば，学校文法では次の (21a) の下線部は目的語，(21b) の下線部は補語とされます。

(21) a. I met a doctor.（目的語 = object）
　　 b. He became a doctor.（補語 = complement）

しかし，第2外国語を勉強した人なら，(21a) の下線部要素は違った名前で呼ばれていることをきっとご存知だと思います。例えば，フランス語文法では**(直接目的)補語**，中国語文法では**賓語**と呼ばれています。また，「ことばのきまり」などで文法を勉強する国語の時間では，実は (21a)「私は医者に会った」も (21b)「彼は医者になった」の下線部のどちらも連用修飾語とされ，目的語や補語という用語は使われません。つまり，論理的に物事を考える中高生や大学生ほど混乱があるということです。なお，英文法の初歩で「形容詞は名詞を修飾する」「副詞は動詞を修飾する」と理解して，*healthy* people の healthy が形容詞，run *fast* の fast が副詞だと理解することに全く問題はないのですが，

その日本語訳の「健康な人々」「速く走る」の「健康な」「速く」はそれぞれ形容詞や副詞ではなく，国語の時間では形容動詞「健康だ」，形容詞「速い」（の連用形副詞法）だとされるので，ここにも大きな混乱があります。

そして，上述の通り，英文法で目的語と呼ばれるものがフランス語文法では目的補語と呼ばれる訳ですが，学校英文法では**主格補語 (subject complement)**，**目的格補語 (object complement)** という用語が重要に用いられ，補語という用語の使用法にも相違があります。概略，第2文型 S＋V＋C の補語 ((21b) 参照) を主格補語，第5文型 S＋V＋O＋C の補語 (They call the clock *Big Ben*.) を目的格補語と呼びます（第5章もご参照下さい）。しかし，池上 (1995) も指摘しているように，100年以上前のアニアンズ (C. T. Onions, 1873–1965) による *An Advanced English Syntax* (1904) に起源を有する5文型は現代の英語話者が必ずしも共通理解として知っているものではなく，主格補語，目的格補語という用語を理解できない母語話者が少なからずいることも我々は理解しておくべきだと思われます。但し，筆者はその他，5文型に不備があることを認めつつ，それでもなお，5文型理論は英語学習者に大変有益な道具立てであると考えます（第22章，第23章も参照のこと）。現在の英語の教育指導要領には5文型の文字が見受けられませんが，正しい英文解釈，正しい英作文を目指したいのであれば5文型は必須の概念だと考えます。

紙幅も限られているので，結論的なことを記しますと，フランス語文法の補語は理論言語学の**補部 (complement)** に相当すると考えられます。そして，理論言語学的な論考の中にこの補部という用語をしばしば目にすることで，教育現場では，学校文法の補語（どちらでも英語では complement となります）と混同してしまう先生方が現れるのは想像に難くありません。簡単に言うと，理論言語学が呼ぶ補部とは「動詞にとって義務的な（必要不可欠な）要素」のことです。（なお，第5章や野村・他 (2017: Part A 英文法) では補部と補語の混同を避けるため，前者に対して**補足部**という用語が使われています。）具体例を示した方がわかりやすいでしょうから，具体例を3つ示します。英語教育に携わる先生方なら，補部とはこの3つのことだという理解で十分です。

(22) 理論言語学における補部（広い意味の complement）

    a. John has *a lot of money*.（目的語 (object)）

    b. She became *a doctor*./She looks *happy*.（補語（狭い意味の complement))

 c. He lives *in Asahikawa*.（義務的な前置詞句 (obligatory preposition phrase)）

　実は，(22c) などは伝統的な 5 文型理論の重要な不備を示すものの一つです。すなわち，学校文法では (22c) He lives *in Asahikawa*. も He died *in Asahikawa*. もどちらも，S+V(+ M) の第 1 文型として処理されてしまいますが，実際には in Asahikawa が省略できるのは died の方だけであって（→ He died.），「住む」という意味の live にとって in Asahikawa は必要不可欠な要素で省略はできません（→ *He lived.）。**修飾語 (modifier)** の定義は概略，「省略可能な要素」ということですから，(22c) の in Asahikawa は修飾語ではないということになります。これら義務的な要素のことを補部と呼ぶということです。伝統的な 5 文型理論にはこのような問題点があるために，本書第 5 章や野村・他 (2017: Part A 英文法) では S+V+C′, S+V+O′, S+V+DO+IO′, S+V+O+C′ を加えた 9 文型説が採られているということになります（この他，文型論については Quirk et al. (1985: 53–59) の 7 文型説，安藤 (2008) の 8 文型説などが参考になります）。

　そして，学校文法の修飾語のことを理論言語学では**付加部 (adjunct)** と呼ぶのですが，この「補部と付加部の区別」は伝統的な 5 文型理論の不備を解消したという点でも理論言語学の重要な成果の一つであり，英語教育に携わる先生方にはぜひ理解しておいて頂きたい事項の一つです。

　余談ながら，理論言語学の文脈でも補部の意で補語という用語を使う伝統的な研究者もいるので注意が必要です。例えば，長谷川 (2003: 235) では ECP (空範疇原理) (Empty Category Principle) の説明として（ここでは ECP という用語の理解は不要です），「ECP は，『空範疇（移動の痕跡）は，動詞などの統率詞 (governor) によって，適正統率 (properly govern) されなくてはならない』という原則である。最も典型的には，動詞や前置詞はその<u>補語</u> (= sister) を適正統率する」（下線筆者）と記されているのですが，本節の説明に従えば<u>補部</u>が望ましく，さらに言えば，それは学校文法の<u>目的語</u>を意味しているということになります。

　以上，本節では，学校文法における主語，目的語，補語といった「文の基本要素」や 5 文型論には一見，混乱がないように思われるものの，実は多くの

定義や混乱があること，しかし，「補部と付加部の区別」のような理論言語学の成果もあり，これらを整理，統合した学習文法理論の構築が望まれることを論じました。

● 語，句，節，文

次に，これら4つの用語についても理論言語学の使用法と学校文法の使用法が異なり，誤解が生まれていると思われます。

まず，**語 (word)** と**句 (phrase)** についてですが，理論言語学の論考で，例えば，(23) のような記述をしばしば目にします。学校文法では概略，(24) として句や節を定義しているので，経験上，「John は1語なんだから名詞句 (NP) じゃなくて名詞 (N) だろう」という疑問を持たれる先生方は少なくありません。

(23) Into the room walked John. のような場所句倒置 (locative inversion) 構文において，伝統文法的には NP の John が主語であると捉えられるが，統語論的には PP の Into the room が主語である証拠が複数，存在する。

(24) 2つ以上の語がまとまって1つの働きをする場合，その中に S+V を含むものを節，S+V を含まないものを句と呼ぶ。

しかし，理論言語学では前の節で詳述したように，同じ統語範疇の要素であることは置き換えの原理によって確かめられるということを見ました。そうすると，例えば，I met the man. の下線部は I met John. と置き換え可能です。ここで，the man が2語で NP であることは明らかですから，帰結として，置き換えた John も NP だということになります。つまり，まとめると以下の一般化が言えるということです。

(25) 一般的に，ある語 X ((例) V (動詞)，N (名詞)，A (形容詞)，P (前置詞) など) を中心とする句を XP ((例) VP (動詞句)，NP (名詞句)，AP (形容詞句)，PP (前置詞句) など) と呼ぶが，置き換えの原理により1語でも句を形成することが可能である。

関連して，he や she のことを学校文法，伝統文法では（人称）代名詞と呼び

ますが,置き換えの原理によって,例えば he は NP の the man を,she は NP の the woman を置き換えたものだと考えられるので,理論言語学的には代名詞句と考えるのがより適切だということになります。また,one も代名詞的な振る舞いをすることが知られていますが,I met the old teacher of English from London, and Mary met the young one from France.(私はロンドン出身の年老いた英語の先生に会ったが,メアリーはフランス出身の若い英語の先生に会った)が可能であることから,one は teacher of English の代用となっており,「the を含まないより小さな(中間的な大きさの)代名詞句」だと考えられます。それでは,「文字通りの代名詞はないのか?」という疑問が起こるかと思いますが,*The king of England defeated the one of Spain.(イギリス王がスペイン王を破った)とは言えないので,ないと考えるべきだという結論になります。

なお,Abney (1987) 以降,名詞句の主要部は名詞 N ではなく,実は(上述,解説した)決定詞 D の方なのだとする分析が広まってきました。すなわち,名詞句全体は NP ではなく DP(決定詞句)だという理論です。これを **DP 分析 (DP Analysis)** と呼びます。簡単な根拠を挙げると,I like this book. は置き換えの原理によって I like this. と書き換えることが可能です。このことは名詞句 this book 全体の性質が決定詞 this と同じだということを示しています。また,英語は VP → V NP, PP → P NP のように句の中心となるもの(これを**主要部 (head)** と呼びます)が一般的に左側に来る性質を持っていますが,もし名詞句 this book の主要部も this だと考えれば,主要部が左側に来て辻褄が合うことになります(その場合の句構造規則は DP → D NP のようになります)。もちろん,長谷川 (2003: 222) が「NP 内の冠詞類 (Det) は,名詞に依存し,これに性・数・格において一致するのであるから,N が主要部であって Det が主要部でないことは明らかである」と述べているように,DP 分析の立場を採らない研究も当然,存在しますが,現在の統語理論の一つの趨勢であることも事実であるので,何かの文献で DP という用語を見たとしても「要するに NP のことなんだな」と理解できることが大切です。

次に,生成文法などの理論言語学の文献では,不定詞節,動名詞節,分詞節などの記述を少なからず目にします(実は本章でも使用してきました。第 9 章も参照)。中高の先生方からすると,((26a–c) のような)「不定詞(の名詞用法)や動名詞は名詞句,分詞構文は副詞句なんだから**節 (clause)** じゃないだろ

う」という疑問が湧いてきます。

(26) a. [To become an expert in anything] takes time. (不定詞節)
    b. [Walking] is good for health. (動名詞節)
    c. [Living in the country], I rarely have visitors. (分詞節 (分詞構文))

(野村・他 2017: 42, 50, 54)

しかし，生成文法では (26a–c) の [　] の要素について，一見，主語が存在しないように見える場合でも，[　] の前には **PRO** という**不可視の** (= **音形のない**) **主語**が存在していると考えます (PRO は代名詞 pronoun の頭文字を取ったものです)。そうすると，It is difficult *for Nick* to give up smoking. や She insisted on *me/my* cleaning the room. のような明示的な意味上の主語がある場合のみならず，あらゆる場合において，不定詞，動名詞，分詞には主語が存在することとなるので，これら3つ全てが不定詞節，動名詞節，分詞節などのように節と考えられるということになります。なお，PRO は伝統文法で**了解済みの主語 (understood subject)** と呼ばれていたものにほぼ相当します。よって，不定詞節，動名詞節，分詞節あるいは PRO という用語は用いずとも，学校文法でも「(26a) における不定詞の主語は『主節主語の I』」「(26b) における動名詞の意味上の主語は『一般の人々』」「(26c) の分詞構文の意味上の主語は『主節主語の I』」という指導がきちんとなされており，暗黙裡には PRO が仮定されていたと言えます。

さて，本章前半の主題は定形，非定形だった訳ですが，学校文法で非定形の不定詞，動名詞，分詞を句と考えるか，節と考えるかは**定形性 (finiteness)** に基づいていたということに気付かれたと思います。すなわち，学校文法では**定形文 (finite sentence)** は節と考え，**非定形文 (non-finite sentence)** は句と考えていたということです。しかし，本節の議論の通り，理論言語学ではこれら全てを節と考えるべきだということになります。更に言うと，生成文法では，(27a) の**定形節 (finite clause)**，(27b) の**不定詞節 (infinitival clause)** に加え，(be) 動詞がない (27c) の場合でも，comfortable という述部は存在していることから，節と考えます。このような構成素を最小の節という意味で**小節 (small clause)** と呼びます。なお，伝統文法の大家イェスペルセン (Otto Jespersen, 1860–1943) は定形節かどうかにかかわらず，(27a–c) も含め，広く**主述関係 (叙述**

(predication) を含むものを**ネクサス（対結）(nexus)** と呼んでまとめたのですが (Jespersen (1924, 1933))，卓見だと思われます．

(27) a. I found [that this chair was comfortable]．(that 節 = 定形節)
b. I found [this chair to be comfortable]．(不定詞節 = 非定形節)
c. I found [this chair comfortable]．(小節)

中高生や大学生は知的意味，論理的意味が同じである (27a–c) の差異に注目が行くものと思われますが，それは大事な疑問で，「**形が異なれば，意味も異なる**」(**"one form for one meaning, and one meaning for one form"**) (Bolinger (1977: x) 参照) という大事なテーゼの通り，(27a) → (27b) → (27c) の順で，客観性・間接性が減少していき，主観性・直接性が増大するということが言われています．すなわち，(27c) は実際に椅子に腰を下ろして座り心地を確かめたような場面が考えられるのに対し，(27a) は証拠に基づいた主張を表し，例えば，顧客の反応テストに基づいて発言したような場面が考えられると言われています．

最後に，**節 (clause)** と**文 (sentence)** について記し，本節を締めくくることにします．考え方がいくつかあると思いますが，学校文法では，(28a–c) のような文をそれぞれ**単文 (simple sentence)**，**重文 (compound sentence)**，**複文 (complex sentence)** と呼び，(28c) の下線部を**主節 (main clause)**，二重下線部を**従属節 (subordinate clause)** と呼ぶのが慣習となっています．

(28) a. Mary is pretty．(単文)
b. Mary is pretty but I don't like her．(重文)
c. I think that Mary is pretty．(複文)

高 3 の担任で，非常に英語がよくできた教科担任の先生が「節を作る接続詞」「みんな，文に（従位）接続詞が付いたらそれは文ではなく節になるんだね」と言われていたことを思い出します．

しかし，生成文法や理論言語学では主節と従属節を区別せず文と言うことが多くあります．すなわち，**主文 (main sentence)・補文 (complement sentence)** とも言いますし，**主節 (main clause)・補部節 (complement clause)** とも言いま

す。また，生成文法の文脈では**母型節 (matrix clause)・埋め込み節 (embedded clause)** という言い方も頻繁に用いられますが，これも同じことを表しています。

* 本章と次章の内容は 2014 年 12 月 7 日，欧米言語文化学会第 129 回例会（於日本大学文理学部），連続シンポジウム「学問的知見を英語教育に活かす」「混乱の多い英文法の専門用語」で発表した内容に加筆修正を加えたものです。また，次章の内容は野村 (2007) に一部，基づいています。なお，参考文献については次章末にまとめて掲載します。

（文教大学）

第12章
混乱の多い英語学の専門用語，
知っておくべき英語学の専門用語 (2)

野 村 忠 央

● はじめに

　前章に引き続いて，本章では混乱の多い英語学の専門用語の一つである**法 (mood)** について広く扱います。まず，本章の主題に関連して，学習者にとって紛らわしい用語である mood, modal, modality の3つを概観します。

　先に語源的な話をすると，(i) 名詞 mood（法）と，それに関係する形容詞形としての modal（法の）が存在します。この mood と modal という2つの用語は抽象概念ですが，後述の通り，can, may, must のような具体的概念の一連の助動詞のことを，形容詞形 modal を用いて，modal auxiliary（法の助動詞，法助動詞）と呼びます。そして，言語学ではよくあることなのですが，modal auxiliary の形容詞部分だけを取り出して（あるいは auxiliary を省略して），(ii) modal(s) を具体的な法助動詞というグループを表す名詞としても用います。そうすると，modality という名詞は当然，modal の名詞形なのですが，意味が2つあることになります。すなわち，(i) の名詞形が (i′)「法的なこと」という意味の「法性」あるいはその意味内容を説明的に言い換えた「心的態度」です。そして，(ii) の名詞形が (ii′)「法助動詞の意味（内容の集合）」という意味での「モダリティ」です。ここで，(i) と (ii) をイコールと考える研究者もいれば，イコールと考えない研究者もいることが話を複雑にしているのですが，本章ではそれらのことをなるべくわかりやすく説明したいと思います。

● Mood

　はじめに，mood とはどのような概念でしょうか。それを定義するのは容易ではないのですが，概略，以下のように定義することができます。

(1) 話者の発話内容に対する心的態度が反映された動詞の屈折 (inflection)
(＝語尾変化) 形式あるいはそのシステム

そもそも mood は「法」と訳されていますが，筆者は高校生の時，「法というのは law の法のことか？ あるいは規範，規則などの何か決まり事のことか？」などと考えたのですが，よくわかりませんでした。英語学習者で同様の疑問を持つ人は必ずいると思われますが，実は mood はラテン語の modus から派生した，英語の mode の異形です。つまり，mood の原義は「事態のあり方，述べ方，事態を述べる方法（が動詞の活用に反映されたもの）」というような意味で，文法用語としてはそれが動詞の屈折に反映されているものだと言えます。その点から言えば，国文法や他言語の文法で用いられている「叙法」という用語の方がふさわしいかもしれません。なお，戦前に活躍した英語学者の細江逸記 (1884–1947) の古典的仮定法研究の名著があるのですが，そのタイトルが 1933 年に出版された細江による『動詞叙法の研究』（下線は筆者による）だったことは注目に値します。

ところで，中高の学校現場では，名詞 mood が「このお店，ムードがいいね」のような「心的状態，気分，気持ち」を表すのと同様に文法用語の mood も「（仮定や命令などの）話者の気持ちが動詞の形態に現れたものだ」という説明がしばしばなされます。しかし，ナロック (2015 及びそこでの筆者との私的意見交換) によると，mood は歴史的・語源的にはラテン語系の文法用語 modus（フランス語 mode）とゲルマン語系英語日常語 mood（「気持ち」）の混合であって，この語が英語化される際に「気持ち」という意味が二次的に付いたに過ぎないと述べています。つまり，mood の語源は飽くまでも「あり方」「様相」だということです。但し，理論言語学的にそれが正しいとしても，学校現場では中高生や大学生の理解に供するなら「mood は話者の気持ちが動詞の形態に現れたものだ」という説明の仕方も許されてしかるべきだと考えます。

● Modal

次に **modal**（総称としては **modals**）についてですが，具体的には現代英語では will/would, shall/should, can/could, may/might, must, dare, need, ought to

の助動詞のことを指します。これらの助動詞を総称して**法助動詞 (modal auxiliary)** と呼びます。しかし，高校の参考書では法助動詞という用語自体，掲載されていないことも多く（例えば，筆者が推薦できる優れた英文法参考書に江川 (1991)，安井 (1996) がありますが，どちらにもその記載はありません），「話者の気持ちや判断を表す（付け加える）助動詞」のような記載がされていることが多いと思われます。筆者が参考書で法助動詞という用語を最初に目にしたのは高校 1 年生の時で，安藤貞雄『基礎と完成 英文法』(1987 年) でした。余談ながら，これは「チャート式の」数学参考書で有名な数研出版が出版したものでした。それからおよそ 30 年後，同じ著者によって，日本人が著した最も大部で詳細な英文法書の『現代英文法講義』(2005 年) が出版されました。これは時代が変わっても長く残っていく名著だと考えます。ただ，1,000 ページ近くの大著を通読するのは大変です。その一方で，高校生や英語教師向けの安藤 (1987) は小著ではありますが，安藤 (2005) のエッセンスが十分含まれています。しかし，残念なことに，この優れた参考書は現在，絶版です。

しかし，本論に戻って，いずれにしても，上で述べた「法」や次に述べる「法性」というものが，どこかで話者の「心的態度」に関係する用語だということを理解していないと，高校生には「法」助動詞と言っても難しいように思われます。なお，ドイツ語文法では英語の法助動詞にあたるものを「話法の助動詞」と呼ぶのですが，まだそちらの方が実感が湧きやすい用語かもしれません。

● Modality

さて，冒頭に挙げたお互い関連する 3 つの用語の中で一番基本となる用語はどれかと言うと，中高の英語教育ではほとんど出て来ないのにもかかわらず，筆者は **modality** だと考えます。まず，筆者が最も一般的だと考える modality の定義を記すと以下のようになります。

(2) the expression of the speaker's belief, opinion, or attitude towards his or her utterance（発話内容に対する話者の信念，意見，態度の表明）

(Nomura 2006: 149)

ここで modality の訳語について考えると，まずはカタカナで**モダリティ**と記

すのが一般的ですが，上述の法，法助動詞とパラレルに考えると**法性**となります（「はじめに」の(i')参照）。そして，私見では，(2)の定義を勘案して法性を意訳的に示している用語が**心的態度**です。そうすると，読者のみなさんにはmood（法）とmodality（法性，心的態度）の混同，混乱がきっと起こると思います。紙幅の問題もあるので，一言で言いますと，modalityは「意味論的概念」であるのに対し，moodは（modalityが動詞の屈折形式に反映された）「文法的概念」であるということになります。

　それはちょうどtime（時）とtense（時制）の関係とパラレルだと言えばわかりやすいでしょうか。例えば，現在，過去，未来という概念はどの民族であっても想起することが可能でしょうが，それを動詞の屈折形態に表して表現するかどうかは別問題です。例えば，「「ジョンがテニスをする」という事象が起こる時間は昨日のことです」と言えば，この命題は過去時のことを指してはいますが，しかし過去時制とは言えないということも直観的にご理解頂けると思います。「ジョンは昨日，テニスをした」と言って初めて過去時制だということです。なお，これに関連した重要な留意点として，「形態論的には英語には未来時制はない」ということが挙げられます（統語論的，意味論的にどうかはまた別の問題です）。すなわち，例えば，arriveにはarrivesという（3人称単数）現在時制の形やarrivedという過去時制の形は存在しますが，未来時制の屈折（活用）語尾は存在しません。言うまでもなく，will arrive, be going to arrive, be arriving, arrives, be about to arriveなどの様々な形で未来時のことは表せますが，飽くまでもそれらの形式は未来時制ではないということです。これらの例は，arrivesやarrivedなどのような単一の語の屈折によって表される形態論的な時制を単純時制（simple tense）と呼ぶのに対し，2語以上の表現形式で時制が表されているため，便宜上，迂言時制（periphrastic tense）あるいは複合時制（compound tense）と呼ばれます（但し，上記の例で1語の現在形で未来時のことを表しているarrivesは除きます）。よく考えるとわかることですが，He {*will* arrive/*is* going to arrive/*is* arriving/*arrives*} at Osaka tomorrow. は全て現在時制です。一般に英語やドイツ語などのゲルマン語派（Germanic）は現在と過去の2時制を有すると言われます。それに対し，フランス語などのロマンス諸語はイタリック語派（Italic）と呼ばれますが，ここでの定義の未来時制が存在しています（例えば，フランス語の動詞は「rの未来時制語尾＋人称語尾」で未来形を形成していると考えられます）。なお，前節で，簡便な優れ

た高校参考書だと紹介した安藤 (1987) では「未来時制」という用語は用いられておらず「未来時を示す表現形式」「"未来"進行形」などの表記が用いられています。

さて，本題の modality に戻ります。Modality は意味論的概念である訳ですから，以下に示すように，様々な文法的概念 (= 文法形式) によって表現可能だということになります。

(3) Modality is expressed by mood, modals, modal adjectives, modal adverbs, or other linguistic forms. (法性は法，法助動詞，法形容詞，法副詞，その他の言語形式によって表される)　　　(Nomura 2006: 150)

例えば，今，「ジョンは先生です」という**命題 (proposition)** に**可能性 (possibility)** という法性 (心的態度) が付け加えられるとします。それを表現するのは一通りではなく，以下のような様々な言語形式が可能です。

(4) a. John *may* be a teacher.（法助動詞）
　　b. It is *possible* that John is a teacher.（法形容詞）
　　c. *Possibly* John is a teacher.（法副詞）

同様にして，今，**事実 (fact)**，**命令 (command)**，**想念 (thought, idea)** あるいは**非事実 (irrealis)** という法性を仮定して，それらがそれぞれ以下のような動詞の屈折形態で表される場合，それを法 (あるいは叙法) と呼ぶということです。

(5) a. John *studies* mathematics very hard.（直説法）
　　b. *Study* math every day!（命令法）
　　c. If I *studied* mathematical linguistics, I could understand the model of Chomsky's *Syntactic Structures* (1957) much better.（仮定法）

ちなみに，(5c) の主節 (**帰結節 (apodosis)** と呼ばれます) の could も学校文法などでは広く仮定法として扱われますが，厳密には「法助動詞による仮定法代用形」であるため，(フランス語文法などで用いられる) **条件法 (conditional mood)** だと捉えます。つまり，現代英語では仮定法は従属節 (条件節

(protasis) と呼ばれます) に現れる語形を指すということになります。なお，以下，(6a) の後期近代英語 (1700–1900) の例や (6b) の現代ドイツ語の例については，帰結節でも法助動詞による代用形は用いられていないので下線部の動詞は仮定法（ドイツ語では接続法 II 式）ということになります（もちろん，ドイツ語でも英語同様，(6b′) のように「（話法の）助動詞＋原形」で表すことも可能です）。

(6) a. Had all our Lives been saved, we *were* (= would be) rather in danger of being devoured by Savages …. （たとえ我々全員の命が救われたとしても，我々はむしろ野蛮人に貪り食われる危険の方が大きいだろう） 　　　　　　　　　　　（1719 年，Daniel Defoe, *Robinson Crusoe*, 42)
b. Wenn ich eine Million Mark bekäme, *machte* ich eine Weltreise.
　　If 　　I 　a 　　million mark got, 　　made　I 　a 　　world travel
　（もし 100 万マルクあったら世界旅行するんだけどなあ）
b′. Wenn ich eine Million Mark bekäme, *würde* ich eine Weltreise *machen*.
　　If 　　I 　a 　　million mark got, 　　would I 　a 　　world travel make

さて，筆者としては，法助動詞，法形容詞，法副詞を (4a–c) によって説明したので，法についてもそれとパラレルに (7) のような例で説明したいのですが，少なくとも現代英語では (7) は非文であるためそうも行かず，英文法を一通り勉強した人なら理解してもらえる (5c) を用いました。

(7) *It is possible that John *be* a teacher.

(7) のような例文が使えないことが現代英語の仮定法の統一的な理解を難しくしている訳ですが，その理由は前章でも示した**屈折の磨耗**（第 11 章参照）であり，本章の主題に従って更に記すと，(屈折の磨耗による帰結としての)**仮定法の衰退**と**直説法及び法助動詞の拡大**ということになります。なお，(7) のような仮定法の使用はシェイクスピア (William Shakespeare, 1564–1616) の時代には可能でした。以下の四大悲劇『オセロー』(*Othello*, 1603–04 年) の台詞は直説法と仮定法の本来の使用範囲や対比をよく表している好例です。

(8) I think my wife *be* honest and think she *is* not.（俺は妻が貞節（なのだろう）かとも思い，そうではないとも思う）

（『オセロー』3 幕 3 場 384 行）

(8) は主人公オセロー (Othello) が，妻デズデモーナ (Desdemona) が不貞を為しているのではないかと疑惑を抱き，その心の揺れを表している台詞です。シェイクスピア作品についての古典的文法書である Abbott (1870: §299) では「思考を表す動詞に続く be は is よりも強い疑いを表す」(*Be* expresses more doubt than *is* after a verb of thinking.) と記されているのですが，それを踏まえると，前半の「貞節か」という疑いの気持ちを表す際には仮定法現在を表す be を用い，後半の「貞節ではない」では直説法の is not を用いることによって，オセローのデズデモーナに対する気持ちが揺れ動き，迷う様子を観客にそれとなくうまく伝えています。

　さて，ここまで説明してきて，鋭い先生方や学生は「法性が助動詞，形容詞，副詞で表される場合を法助動詞，法形容詞，法副詞と呼ぶのなら，法性が動詞（の屈折形態）に表される場合は『法動詞』と呼ぶべきではないのか？」という疑問をきっと持たれるでしょう。まず，形式的な答えを記すと，「『法動詞』に当たるものだけは例外的に『法』と呼ぶ」ということになります。しかし，同時にその疑問はもっともな疑問です。言い換えると，「語源的により基本語のように思われる mood の方が，その派生語の（ように感じられる）modality という語の，逆に派生概念のように感じられるのはどうしてなのか？」という疑問となります。ここで筆者なりの解答を記すと，ナロック (2015) でも記されていることですが，「学説史上，（現代言語学で我々が認識している）法性 (modality) の意味は長い間，mood（法）が担っていた」ことに帰着すると思われます。

　現代言語学では当たり前のように「モダリティの意味は主語や話者の能力，義務，必要，意志，許可などを表す**根源的用法 (root use)** と，その命題内容が起こる可能性についての話者の査定を表す**認識的用法 (epistemic use)** とに大別される」などの記述を目にします。そのため，modality が現在，使われているような意味でずっと昔から使われていたような錯覚に陥りがちですが，現在の意味での modality の意味が使用され始めたのはせいぜい 20 世紀後半のことでした。これに対し，一昔前の言語学辞典の類，例えば，『新英語学辞典』（大

塚・中島（監修）1982: 732)）を調べると，mood は「叙述内容に対する話者の心的態度，ないしはこれを示す文法的手段をいう」などと記されていました。つまり，mood は本来，現在の modality の意味をも含んでいたことが窺えます。あるいは，伝統文法の大家イェスペルセン (Otto Jespersen, 1860–1943) は動詞の mood を「文の内容に対する話者のある種の心の態度を表す (… they [= fact-mood, thought-mood and will-mood] express certain attitudes of the mind of the speaker towards the contents of the sentence)」(Jespersen 1924: 313) と記しているのですが，この文の they [= fact-mood, thought-mood and will-mood] を modality に置き換えれば，筆者の modality の定義 (2) とほぼ同じとなることに気付かれると思います。

　それでは，modality は本来，何を意味していたのかということになりますが，元々は哲学の用語として**様相**という意味だったと考えられます（ここで，上述，mood の語源は「様相，あり方」だと記したことも想起して下さい）。そして，現代においても様相論理学 (modal logic) という重要な学問分野がありますが，その意味する様相 (= modality) は筆者の理解では必然性と可能性のことだと思われます。本節において，これ以上この "本来の" modality の話を続けていくと大きな混乱が生まれるのでもうやめますが，関心がある方は土屋 (1999)，飯田 (2014)，ナロック (2014) などをご参照下さい。（様相）論理学をやっている研究者からすれば，(2) のような modality の定義（あるいは，後述する日本語学研究者によるモダリティの定義）にきっと違和感を覚えると考えられます。しかし，重要なことは，英語教授者は「言語学，英語学，日本語学で独自の modality の定義あるいは modality 論が生み出された」という学説史を理解しておくのが有益だということになります。

　以上が英語学的に理解しておいた方がいい modality の定義ということになります。筆者は (2) の modality の定義の上で，「筆者が最も一般的だと考える定義を記すと」とわざわざ断った訳ですが，その理由は modality の定義にこれだけの多様性と混乱があるからでした。なお，英語の modality 研究には文字通り，枚挙に暇がありませんが，関心を持たれた先生方には澤田 (2006) という包括的研究が参考になると思われます。

　さて，本節の議論は十分複雑だったので，もうここで閉じたいところなのですが，modality に関心を持たれた先生方が文献の検索を始められると，日本語学でもカタカナで書かれたモダリティ論がおびただしい数存在していて，一

層混沌とした気持ちになります（筆者も何度か他の先生や学生たちにそのことを尋ねられました）。よって，一言だけ補足しておきます。簡単に言うと，日本語学には独自の2つの異なったモダリティ論が存在するのです。一つは仁田義雄，益岡隆志などに代表される「主観性に基づくモダリティ論」で，概略，「文」は「命題（= 客観的な事態を表す部分）+ モダリティ（= 発話時の判断，態度を表す部分）」から成るとする立場です。（また，話が複雑なのはそれ以前，寺村秀夫が「話し手の主観」を表す助動詞や助詞をカタカナで「ムード」と呼んでいました。）この主観的モダリティ論は現在までの日本の言語学，日本語学，英語学に少なからず大きな影響を与えていると思われます。例えば，英語学でも，モダリティを「発話時点（瞬間的現在）における話し手の心的態度」と捉える中右実のモダリティ論（中右 (1994) など参照）が存在しますが，この段落のモダリティ論と相互関連していると考えられます。そして，この主観的モダリティ論は本章で説明してきたモダリティの定義と近い部分もあるのですが（その意味では「はじめに」の (i′) に属します），完全にイコールではありません。そこが難しいところですが，主観的モダリティ論のモダリティの方がはるかに広範な言語要素をモダリティとみなしています。また，主観，客観とは何かということを注意深く考える必要があります。

　これに対し，もう一つは尾上圭介，野村剛史などに代表されるモダリティ論が存在します。概略，非現実領域にある事態を語るための専用の文法形式をモダリティ形式と呼び，モダリティ形式によってもたらされる意味をモダリティと考えます。この立場に立てば，英語の法助動詞 will/would, shall/should, can/could, may/might, must, dare, need, ought to は（それが現在形あるいは直説法であっても）全て非現実領域にある事態を語るための文法形式ということになり，その表す意味そのものが形容詞 modal の名詞形である modality（モダリティ）ということになります（「はじめに」の (ii′) 参照）。ちなみに，このモダリティ論の考えは Ronald Langacker の認知文法とある程度の親和性があるものと思われます。なお，尾上 (2001) は尾上の立場に依拠するモダリティ研究者もそうではない立場に立つモダリティ研究者も一読すべき文献です。

　筆者としては1冊の本となるような話題を数ページにまとめる努力をしたつもりなのですが，それが成功して，先生方や学生の mood, modal, modality の混乱が少しでも解消されることを願っているところです。Modality の定義をめぐって更に関心を持たれた方には，ナロック (2014) 及びそれが収録され

ている澤田（編）(2014) の諸論考，『言語』(1999 年 6 月号) の「特集 モダリティ論——心的態度の言語学」，黒滝 (2005) などが参考になります。

● Indicative Mood, Imperative Mood, Subjunctive Mood

　それでは，本章の主題的内容となりますが，英語の 3 つの法の名称について考えていきます。伝統的に英語では indicative mood, imperative mood, subjunctive mood の 3 つの法を仮定するのが慣例です。以下にその一般的な訳語と各々の法の定義を挙げます。

(9) a. **直説法 (indicative mood)**
　　　発話内容を**事実 (fact)** として（つまり「現実世界」にある事柄として）述べる際に用いられる動詞形態（(5a) 参照）
　b. **命令法 (imperative mood)**
　　　相手に**命令 (command)** や**依頼 (request)** などを表す際に用いられる動詞形態（(5b) 参照）
　c. **仮定法 (subjunctive mood)**
　　　発話内容を**想念 (thought, idea)** として述べる（つまり「仮想世界」にある事柄として非現実，祈願・願望，要求などを表す）際に用いられる動詞形態（(5c) 参照）

　まず，直説法はいわゆる無標の動詞形態であり，中学校で習った英文は（had better ～や Would/Could you ～? などの仮定法に由来する慣用表現を除けば）ほぼ全て直説法の文であると考えて構いません。例えば，(5a) で示した studies の活用語尾 -s のことを中高では「3 単現の -s」と呼ぶ訳ですが，これなどは典型的な直説法の動詞形態です。(9a) の定義について一点だけ補足しておくと，(9a) の定義において「事実を」ではなく「事実として」となっていることに注意して下さい。つまり，Two and three makes four. は「偽」の命題ですが，文法的な直説法の文であるということです。（関連して言うと，直説法の文は「文の真偽値が問える」という点で**客観的 (objective)**，命令法や仮定法の文はそれが不可能あるいは判定困難であるという点で**主観的 (subjective)** であるとも言えます。)

第 12 章　混乱の多い英語学の専門用語，知っておくべき英語学の専門用語 (2)　173

　次に，命令法ですが，現代英語では独自の命令法語尾は存在せず，(5b) のStudy に示されるように，全て原形と同一形態です。
　最後に，仮定法ですが，伝統的に 3 つの下位分類がなされ，形態としては，以下の (10) のようにまとめられます。

(10) a. 仮定法過去形は ((5c) の studied に示されるように) 1・3 人称の were を除いて，直説法過去形と同形

　　　 I wish I *knew* his telephone number.
　　b. 仮定法過去完了形は直説法過去完了形と全く同形

　　　 If she *had left* home five minutes earlier, she could have caught the 9 o'clock train.
　　c. 仮定法現在形は全て原形と同一形態

　　　 I suggest that Bill *carry* out the plan.

　ここでこれらの法の訳語についての問題点を記すと，まず直説法という用語は日本語では indicative の訳語としてしか用いられず，文献や書籍を含め，多くの場面で直接法となっている誤りを目にします。(直接は direct の訳であって，indicative の訳語ではありません。なお，この訳を用いる文法用語としては直接話法 (direct speech) が挙げられます。)
　次に仮定法についてです。中学では習わず，高校で本当に新しく習う文法事項というのは，実は分詞構文と仮定法くらいです。しかし，この日本語の「仮定法」という名称自体が大きな問題を孕んでいます。仮定法という言葉自体がいつどうしてできたのか不思議ですが，subjunctive mood という用語は，元々はラテン語の modus subjunctīvus (= mood to be subjoined)，つまり「従属せられるもの」というのが原義で，簡単に言えば「従属節で使われる法の形式」を表すものでした。その点から言いますと，フランス語文法やドイツ語文法で用いられる接続法という訳語の方がより原義を表していると考えられます。但し，仮定法現在の一種である God save the Queen! のような**祈願文 (optative sentence)** などは従属節ではなく主節で用いられる訳で，接続法が subjunctive の用法の全てを言い表しているとは言えない点が少し厄介ではあります。
　この点，「仮定法」という言い方が具合の悪い大きな理由は，「subjunctive mood は必ずしも仮定を表す訳ではない」ということです。例えば，先程，仮

定法現在の例として挙げた (10c) は専門的には**命令的仮定法**あるいは**義務の仮定法 (mandative subjunctive)** と呼ばれるのですが（第 14 章も参照），これは別に if の文ではありませんから仮定は表しておらず，主節動詞 suggest の語彙的意味の通り提案や要求を表していると考えるのが適切です。また，上述の祈願文も仮定ではなく祈願を表しています。その意味では，確かに仮定法よりは接続法の方が適切な用語であろうと思われます。

ここで伝統文法家のスウィート (Henry Sweet, 1845–1912) が最初に使ったと思われる用語に着目します。Sweet (1898) は indicative, imperative, subjunctive のことをそれぞれ **fact-mood, will-mood, thought-mood** と表しました。概ね，「事実を述べる法」「意志を述べる法」「想念を述べる法」という意味ですが，これらは 3 つの法の特徴を簡潔に言い表している当を得た表現です。そして，冒頭紹介した細江 (1973)（細江 (1933) の新訂版）がこれらの内容を踏まえ，叙実法，叙意法，叙想法と非常に上手く訳しました。

英語教育に携わる先生方にはこれらの本義を理解した上で法の指導をして頂きたいのですが，しかし同時に，中高生や大学生の用語の混乱を簡単に解消できるかと言えば，それも恐らく容易なことではありません。一つの解決策は仮定法という用語そのものを変えることですが，現実の問題として，日本の英語教育にここまで定着した仮定法という用語を今更変えることには困難があるように思われます。例えば，そのためには高校の英語教科書（参考書）会社に訴えかける必要がありますが，そう簡単なことではありません。（少数派ですが，既に述べたように，和書の中で最も詳しい英文法書の一つと言える安藤 (2005) は意識的に叙実法，叙想法という用語を使用しています。）加えて，接続法や叙想法という用語を使用したとしても，ダイレクトに中高生や大学生がその概念を理解できる訳ではないと思われます。それを意図するなら，動詞の事実事態表現法（あるいは形式），命令表現法，仮想事態表現法などの用語を作り出すべきですが，その流布も一朝一夕ではいきません。つまり，現実的には，仮定法という用語は使いつつ，しかし混乱が起こらないように，英語教育に携わる先生方が工夫していくという方法しかないように思われます。また，命令的仮定法などは，仮定法の単元だけでなく，助動詞の単元と相互参照しながら教えた方が一般の中高生や大学生にはわかりやすいと考えます。

● Subjunctive Present

次に**仮定法現在 (subjunctive present)** についてですが，野村・他 (2017) では以下のような例文と説明が挙げられています．

(11) 仮定法現在
    a. God **bless** you! (= May God bless you!)
    b. He *insisted* that she (should) **accept** the nomination.
       仮定法現在は (11a) のような祈願文や，(11b) のような提案・要求・主張・必要などを表す動詞の目的語の that 節で，まだ実現していない事柄を表す．→ suggest, propose, demand, require, order, move など
       （注）仮定法現在の代わりに (11a) は〈May + 主語 + 動詞の原形〉，(11b) は〈should + 原形〉を用いることもある．

（野村・他 (2017: 72) 参照）

  (11) は一般の中高生や大学生に不可欠な仮定法現在に関する文法的知識が簡潔によくまとめられた記述です．なぜなら，一般の中高生や大学生の知識としては，仮定法現在は (11a) の祈願文と (11b) の命令的仮定法を知っていれば十分であるからです（仮定法現在の詳細については Nomura (2006)，千葉 (2013) などを参照して下さい）．

  それを踏まえた上で，筆者は仮定法現在は**仮定法原形**という用語を使うことを提案します．その理由はいくつかあるのですが，第 1 に，中高生や大学生は現在形と言えば，直説法の活用体系 (paradigm) しか思い浮かばないからです．つまり，論理的な中高生や大学生ほど「仮定法の名称は形（形態）からつけているんだから，(11a) の bless や (11b) の accept の原形のことを現在形と呼ぶのはおかしいんじゃないか？」と思ってしまうということです．

  これは伝統文法的には，「現代英語の仮定法現在形の活用体系（パラダイム）では 1・2・3 人称の単数・複数全てにおいて<u>たまたま原形と同じ形を有している</u>」ということになるのですが，一般の中高生や大学生には理解がとても難しいと思われます．例えば，古英語の時代であれば，次の (12) に示すように，直説法の現在形や過去形の体系とは別に<u>独自の仮定法の現在形や過去形の屈折体系（活用語尾）が存在していたので</u>（(12) で下線を引いて示します），それを

仮定法現在形，仮定法過去形と呼ぶことは容易に理解できるはずです。(þ という文字は thorn と呼ばれる古英語のアルファベットで，概ね現代英語の th の音価 ([θ] と [ð]) に相当します。)

(12) 古英語の fremman (= do) の活用
    a. 現在直説法
        単数　1 人称 fremme　2 人称 fremest　3 人称 fremeþ　複数 fremmaþ
    b. 命令法
        単数 freme　複数 fremmaþ
    c. 現在仮定法
        単数 fremme　複数 fremmen
    d. 過去直説法
        単数　1 人称 fremede　2 人称 fremedest　3 人称 fremede
        複数　fremedon
    e. 過去仮定法
        単数 fremede　複数 fremeden
    f. 不定詞　fremman　屈折不定詞　to fremmenne
    g. 現在分詞　fremmende　過去分詞　(ge-)fremed
                                （Mitchell (1965: 43–44) 参照）

　第 2 に，第 1 の点と関連するのですが，仮定法現在と記すと，中学で習う If it *is* fine tomorrow, we will go on a picnic. のような単純な条件文のことまで仮定法現在だと勘違いする中高生や大学生が必ず出てきてしまいます（書籍でも何度か目にしました）。反事実を表す仮定法過去や仮定法過去完了の条件文のことを**却下条件 (rejected condition)** と呼ぶのに対し，このような晴天の可能性が 50/50 で両方の状況が想定されるような単純な条件文のことを**開放条件 (open condition)** と呼ぶのですが，開放条件を表している条件文の is は直説法現在形です。学習が進んだ中高生や大学生に「単純な条件文（=開放条件の文）で仮定法現在形はないんですか？」というような質問を聞かれた時だけ，「昔の英語では単純な条件文で仮定法現在形が使われたんだけど，今の英語では普通の現在形（=直説法現在形）を使うのが極めて普通になってしまったので，現在では (13a) の法律文のような古風で硬い文か，(13b) のような慣用表現に

しか条件文の仮定法現在は残っていないんだよ」と教えておけば十分です。

(13) a. If any person *be* found guilty, he shall have the right of appeal.（何人たりとも有罪の判決を受けた時は上告する権利を有する）
b. There's always the food in the freezer <u>if need *be*</u>.（必要なら冷凍庫にいつも食べ物があるから）

なお，先生方には，(13a, b) に対し (11a) のような命令的仮定法は同じ仮定法現在でも決して化石的表現（発展性のない固定化した表現）ではなく，現代英語でも極めて生産的に用いられる構文であるということもご指導下さい。そのために多くの入試問題や資格試験に出題されているということです。

第 3 に，仮定法現在は第 1 の理由においても示した通り，伝統文法的には**定形 (finite form)** なのですが，様々な根拠から (14) の [ ] ような仮定法現在節の統語構造を (15) のように考えています。

(14) I demanded [that the committee M_ϕ reconsider its decision].
(15) 仮定法現在節においては，（原形）動詞の前に仮定法現在の素性 [+Subj(unctive)] を有した不可視の（＝音形のない）法助動詞 M_ϕ（M_ϕ は空の法助動詞の意）が存在する。　　　　　　（Nomura (2006) 参照）

つまり，(14) において定形であるのは飽くまでも目に見えない仮定法法助動詞の方であって，<u>後続する reconsider は文字通り原形</u>だということです。以上の諸点から仮定法原形という名称が学習上も理論上も正しいと考えます。

● Subjunctive Future

次に，一昔前までの高校教科書や英文法書には**仮定法未来 (subjunctive future)** という用語が散見されましたが，それは以下のような構文を指します（なお，この構文の詳細については第 15 章をぜひご参照下さい）。

(16) a. If the moon *were to* collide with the earth, what would come about?
b. If you *should* get lost, you can call me any time.（野村・他 2017: 74）

つまり，(16a, b) のような，「"未来"における実現可能性の低い仮定」を表す If ～ should …, If ～ were to … の構文を仮定法未来と呼んでいた訳ですが，この用語は「形態」による名称と「意味内容」による名称の混同が起きています。つまり，仮定法過去にしても仮定法過去完了にしても，形態によって「形が過去形だから仮定法過去」，「形が過去完了形だから仮定法過去完了」と呼んでいる訳で，この場合だけ意味内容から仮定法未来と呼ぶのは適切ではありません。よって，この構文は形態的にはどちらも「仮定法過去」であるということになります。もう少し詳しく言うと，If ～ were to … の構文は，いわゆる「be to 不定詞」の仮定法過去形，If ～ should … の構文は，「予言の shall」と呼ばれているものの仮定法過去形であると考えられます。

　それでは，なぜ日本の英語教育だけに仮定法未来という用語が使われているのかということですが，鈴木 (2002) の議論を要約して言うと，教科書全体のまだ 3 ～ 4 割が仮定法未来という用語を使っているが，この仮定法未来という用語が日本に広まった要因となったのは日本の英語教育に現在に至るまで多大なる影響を与えている斎藤秀三郎 (1866–1929), 市河三喜 (1886–1970) の存在であったということでした。(補足ですが，日本の英文法の参考書や例文は遡ると何らかの形で斎藤の影響を受けていると言われます。また，市河は東京帝国大学の最初の英語学の教授でした。1967 年から 2016 年まで英語学の優れた研究に対して授与されていた「市河賞」はこの市河三喜に由来します。) 興味深いのはこの二人の先人自身は If ～ should … の構文の方を仮定法未来と呼んでいるのであって，If ～ were to … の構文の方は純然たる「仮定法過去」だと論じているということです。なるほどという部分がありますが，英語教育上，この両方の構文は仮定法の単元で教えるとしても，仮定法未来という名称は用いず，as if 構文や I wish 構文などと同様，「万一～だとしたら」，「仮に～だとしても」という意を表す仮定法過去の特別な構文の一つとして教えるべきだと考えます。なお，筆者の印象でしかありませんが，仮定法未来を使用している教科書，参考書は鈴木 (2002) から 15 年以上経過して，随分減ってきているように感じられます。ちなみに，野村・他 (2017) でも (16a, b) を「その他の仮定法 (「ありえないこと」を強調する条件文)」としています。

第12章 混乱の多い英語学の専門用語，知っておくべき英語学の専門用語 (2)

● 現代英語に仮定法は存在するのか

　これを言ってしまうと大問題でしょうが，言語学上は大きな問題です。筆者は学問的知見と英語教育の関係は大別して以下の4つがあると考えます。

(17) a. 学校文法で伝統的に言われてきたこと
　　 b. (理論) 言語学の最近の成果として正しいとされること
　　 c. 英語教育に携わる先生方に知っておいて欲しいこと
　　 d. 中高生や大学生が英語の構文の知識として（あるいはそれを整理する時に）知っておいて欲しいこと

本来はこの4つが全て一致するのが一番望ましい訳ですが（大抵はそうです），本節の話はそうではない場合もあるということの例になります。

　つまり，中高生や大学生には日本語との違いという観点からも仮定法の存在を前提として授業をすべきです。しかし，「現代英語に仮定法がそもそも存在するのか」という問いは，答えを出すのが容易ではないということを（教室の中高生や大学生には混乱が起きるので教える必要はないことですが）英語教育に携わる先生方にはぜひご理解下さい。

　現代英語に仮定法が存在するのかという問いは，昔から伝統文法家の間でも議論があることでした。まず，ラテン語，ギリシア語文法の類推により「英語にも仮定法があるはずだ」という観点から，**意味 (meaning)** の点から考えて仮定法を認めた学者としてカーム (G. O. Curme, 1860–1948)，ゾンネンシャイン (E. A. Sonnenschein, 1851–1929)，アニアンズ (C. T. Onions, 1873–1965)，ポウツマ (Hendrik Poutsma, 1856–1937) などの伝統文法家が挙げられます。それに対し，現代英語には，本章でも論じた通り，屈折がほぼ磨耗して，仮定法独自の屈折がないので，**形態 (form)** に基づけば最小限の仮定法しかないと主張したのがスウィート，イェスペルセン，クルイシンハ (Etsko Krusinga, 1875–1944)，ザンドボルト (R. W. Zandvoort, 1894–1990)，スカーヴェクス (Gustav Scheurweghs, 1904–65) という伝統文法家たちです。その中でも特に，イェスペルセンとゾンネンシャインが「英語に case（格）が存在するのか，mood（法）が存在するのか」ということで争ったのは英語学の世界では有名です。

それでは，これら後者の学者たちが日本の英語教育で仮定法過去・仮定法過去完了と呼んでいるものを何と呼んでいたかと言うと，例えば，イェスペルセンは想像時制 (imaginary tense) あるいは過去時制の想像的用法 (imaginary use of tenses) と呼び，クルイシンハやザンドボルトたちは法的過去・過去完了 (modal past/modal past perfect)，スウィートは時制法 (tense mood) とそれぞれ呼びました。つまり，彼らの論理からすれば，(日本で英語教育で) 仮定法過去と呼ばれているものの動詞形態は (1・3 人称の) were を除けば，直説法過去形と全く同じ形態であるため，「直説法の一用法」として捉えることが可能だということになります。これは現代に至るまで有力な立場の一つで，20 世紀最大の文法書である Quirk et al. (1985) も**仮想的過去 (hypothetical past)**, **仮想的過去完了 (hypothetical past perfect)** という用語を，21 世紀の優れた文法書である Huddleston and Pullum (2005) も**法的過去 (modal past)** という用語をそれぞれ用いています。先生方がいわゆる仮定法過去・過去完了を調べようと思い，海外の文法書で subjunctive という項目を調べてみてもどうも腑に落ちない時がきっとあると思います。その場合，これらの用語で調べる必要があるということです。

　しかし，それでは後者の立場からすると現代英語に仮定法は全くないということになるのかと言うと必ずしもそうではなく，Quirk et al. (1985) も最低限，これを仮定法とみなさないといけないものとして以下の 3 つを挙げています (Jespersen (1924, 1933) もほぼ同様の立場だと考えられます)。

(18) a. were 仮定法 (*were*-subjunctive)
　　　If I *were* rich, I would buy you anything you wanted.
　　b. 命令的仮定法 (mandative subjunctive)
　　　They recommend that this tax *be* abolished.
　　c. 決まり文句的仮定法 (formulaic subjunctive)
　　　祈願文 (God *save* the Queen!(女王陛下万歳))及び慣用句的仮定法 (*Come* what may (どんなことになろうと), Heaven *forbid* that ～ (～なんてとんでもない), *Be* that as it may ～ (それはそれとして), *Suffice* it to say that ～ (～と言えば十分だ, ～とだけ言っておこう)など) のこと
　　　　　　　　　　　　　　　　　　(Quirk et al. (1985: 156–158) 参照)

つまり、Quirk at al. も (18a–c) の 3 つの用法のみは現代英語においても仮定法という用語を用いているということです。

なお、その 3 つの用法以外に仮定法があるのかどうかということは本章では詳述を避けますが（筆者は現代でも仮定法が存在しているという立場ですが）、それは一言で言えば、「理論の捉え方」によるということになります。しかし、本節の主題に限って言えば、「厳密に形態だけに基づいて仮定法を定義しようとすると、現代英語において仮定法の存在を認定することは少なからず困難がある」ということをご理解下さい。

最後に、命令法についても一言だけ付け加えると、現代英語で**命令文 (imperative sentence)** と呼ばれているものも、**命令法 (imperative mood)** であるのか（古英語では (12) に示した通り命令法独自の屈折があったことを想起して下さい）、**原形の命令的用法**であるのかは同様に判定が難しい訳です。

● おわりに

以上、本章では mood, modal, modality にまつわる用語が非常に複雑で、多くの混乱があることの一端を垣間見てきました。筆者としてはできうる限り簡潔に、かつわかりやすく執筆するよう心掛けたつもりですが、本章の内容が読者のみなさんの理解や整理の一助となれば幸いです。

参考文献

Abbott, E. A. (1870) *A Shakespearian Grammar*, 3rd ed. リプリント版 (1954) 千城書房.

Abney, Steven Paul (1987) *The English Noun Phrases in Its Sentential Aspect*. Doctoral dissertation, MIT.

安藤貞雄 (1987)『基礎と完成 英文法』(改訂版第 1 刷) 数研出版.

安藤貞雄 (2005)『現代英文法講義』開拓社.

安藤貞雄 (2008)『英語の文型――文型がわかれば、英語がわかる』開拓社.

Bolinger, Dwight (1977) *Meaning and Form*. Longman. (D. ボリンジャー（著）, 中右実（訳）(1981)『意味と形』こびあん書房.)

千葉修司 (2013)『英語の仮定法――仮定法現在を中心に』開拓社.

江川泰一郎 (1991)『英文法解説』(改訂三版) 金子書房.

遠藤幸子 (1992)『英語史で答える――英語の不思議』南雲堂フェニックス.

深澤俊昭 (2015)『改訂版 英語の発音パーフェクト学習事典』アルク.
長谷川欣佑 (2003)『生成文法の方法――英語統語論のしくみ』研究社.
保坂道雄 (2014)『文法化する英語』開拓社.
細江逸記 (1973)『動詞叙法の研究』(新訂版) 篠崎書林.（細江逸記 (1933)『動詞叙法の研究』泰文堂.）
堀田隆一 (2016)『英語の「なぜ?」に答える――はじめての英語史』研究社.
Huddleston, Rodney and Geoffrey K. Pullum (2002) *The Cambridge Grammar of the English Language*. Cambridge University Press.
飯田隆 (2014)「論理学におけるモダリティ」澤田（編）(2014), 25–42.
池上嘉彦 (1995)『「英文法」を考える――「文法」と「コミュニケーション」の間』筑摩書房.
今井邦彦 (2007)『ファンダメンタル音声学』ひつじ書房.
今井邦彦・外池滋生 (2007)『英語徹底口練！――発音とリスニングの力を同時に高める本』実務教育出版.
Jespersen, Otto (1924) *The Philosophy of Grammar*. George Allen and Unwin.（オットー・イェスペルセン（著），安藤貞雄（訳）(2006)『文法の原理（上）（中）（下）』（岩波文庫）岩波書店.）
Jespersen, Otto (1933) *Essentials of English Grammar*. George Allen & Unwin.（オットー・イェスペルセン（著），中島文雄（訳）(1962)『英文法エッセンシャルズ』(全訂版) 千城書房.）
岸田緑渓・早坂信・奥村直史 (2018)『英語の謎――歴史でわかるコトバの疑問』（角川ソフィア文庫）KADOKAWA.
黒滝真理子 (2005)『Deontic から Epistemic への普遍性と相対性――モダリティの日英語対照研究』くろしお出版.
Mitchell, Bruce (1965) *A Guide to Old English*. Basil Blackwell.
中右実 (1994)『認知意味論の原理』大修館書店.
ナロック, ハイコ (2014)「モダリティの定義をめぐって」澤田（編）(2014), 1–23.
ナロック, ハイコ (2015)「モダリティ，ムード概念の発生と継承」（2015 年度第 1 回集中講義ハンドアウト，2015 年 9 月 12–13 日）東京言語研究所.
Nomura, Tadao (2006) *ModalP and Subjunctive Present*. Hituzi Syobo.
野村忠央 (2007)「英語教育における仮定法教育の問題点」『立命館 言語文化研究』18 巻 4 号, 79–94. 立命館大学国際言語文化研究所.
野村忠央 (2013)「日本の英語学界――現状，課題，未来」『日本英語英文学』23 号, 55–85.
野村忠央・菅野悟・野村美由紀・外池滋生 (2017)『[新版] 英文法の総復習とワンクラス上の英作文』DTP 出版.
Onions, Charles T. (1904) *An Advanced English Syntax: Based on the Principles and Requirements of the Grammatical Society*. Kegal Paul.（C. T. アニアンズ（著），安藤貞雄（訳）(1969)『高等英文法――統語論』文建書房.）

尾上圭介 (2001)『文法と意味 I』くろしお出版.
大塚高信・中島文雄（監修）(1982)『新英語学辞典』研究社.
Quirk, Randolph, Sidney Greenbaum, Geoffrey Leech, and Jan Svartvik (1985) *A Comprehensive Grammar of the English Language*. Longman.
鈴木聡 (2002)「文法用語の統一の必要性について」『CHART NETWORK』第 36 号, 11–14. 数研出版.
澤田治美 (2006)『モダリティ』開拓社.
澤田治美（編）(2014)『モダリティ I：理論と方法』（ひつじ意味論講座 3）ひつじ書房.
Sweet, Henry (1898) *A New English Grammar: Logical and Historical*, Part II: Syntax. Clarendon Press.
竹林滋・斎藤弘子 (2008)『英語音声学入門』（新装版）大修館書店.
土屋俊 (1999)「モダリティの議論のために」『言語』28 巻 6 号, 84–91. 大修館書店.
安井稔 (1996)『英文法総覧』（改訂版）開拓社.

（文教大学）

第 13 章

語順が表す含意 (1)
——不定詞節における否定語順について

野 村 忠 央

● はじめに

　学校文法では**不定詞 (infinitive)**，**動名詞 (gerund)**，**分詞 (participle)** の 3 つを総称して**準動詞 (verbal)** と呼びますが，準動詞はどの文法書，教科書においても最も重要な文法事項の一つとして多くのページが割かれています。そして，その共通特徴として，筆者は準動詞の否定や時制について以下のようにまとめることが可能だと考えます ((2), (3) の例文中の [ ] はその部分が準動詞 (節) であることを表しています)。

(1) a. 準動詞の否定はその直前に not を付けよ ((2a–c) 参照)。
　　b. 準動詞の単純形は同時を，完了形は過去あるいは完了を表す ((3a–c) 参照)。
(2) a. It is impossible for you *not* [to say anything].（不定詞）
　　b. We were surprised at John('s) *not* [having done his homework yet].（動名詞）
　　c. John *not* [having arrived yet], we started without him.（分詞構文）
(3) a. John seems [to *have been* ill].（不定詞）
　　b. He is proud of [*having been* a member of the team].（動名詞）
　　c. [*Having finished* all his letters], he went out.（分詞構文）

((2), (3): 野村・他 (2017: 46, 52, 54, 58))

　さて，読者のみなさんには不定詞が to 不定詞 (*to*-infinitive) と (法助動詞，使役動詞，知覚動詞，help などの後で現れる) 原形不定詞 (root infinitive) (= 裸不定詞 (bare infinitive)) の 2 つに大別されることをご存知だと思います。(1a) の「準動詞」という用語をこの 2 つの下位区分の不定詞に置き換えると (4a, b) のような一般化となりますが，中高生や大学生がよく間違う (5′) の類の例を

上手く説明してくれます（なお，以下，英文の前の＊（アステリスク，星印）の記号は当該の英文が非（文法的な）文であることを，また後述の？や？？（疑問符）の記号は非文ではないが容認可能性が低い文であることをそれぞれ示します）。

(4) a. to 不定詞の否定はその直前に not を付けよ（(5a, b) 参照）。
　　 b. 原形不定詞の否定はその直前に not を付けよ（(5c) 参照）。
(5) a. Be careful *not* [to catch a cold].
　　 b. You ought *not* [to go].
　　 c. You had better *not* [go].
(5′) a. *Be careful to *not* catch a cold.
　　 b. *You ought to *not* go.
　　 c. *You had *not* better go.

そして，次章では，一見，この不定詞の否定の話とは無関係に感じられるかもしれませんが，**仮定法現在節 (subjunctive present clause)** の否定についても併せて取り上げます。(6a, b) の説明，例文は『ジーニアス総合英語』（2017 年）からのものです（なお，(6b) のような仮定法現在節の構文の正確な定式化（＝定義）は次章 (34) に譲ります）。

(6) a. that 節が否定文の場合は，動詞の原形の直前に not が置かれる。
　　 b. I order that you *not discuss* this matter with anyone else.（あなたが他の誰ともこの件について議論することのないよう命じます）

（中邑・他（編）2017: 350）

(7) a. *His father insisted that John smoke *not* at home.
　　 b. His father insisted that John *not* [smoke at home].（父はジョンに家ではタバコを吸わないようにと強く言った）

なぜ不定詞と仮定法現在節の否定について併せて取り上げるかと言うと，筆者は (4b) の一般化でこれらが統一的に説明可能だと考えるからです。すなわち，(6b) の [discuss this matter with anyone else]，(7b) の [smoke at home] を原形不定詞と考えれば，(4b) に従って，その否定は直前に not を付けた (6b), (7b)

が文法的で，(7a) が非文（法的）であることを正しく説明できるということです。（余談ながら，英語が苦手な学生には (7b) を正しく英作することは少々難しいかもしれません。そのような場合，His father insisted that John *stop smoking* at home. のような not を用いない平易な同意表現の工夫も英作文指導において重要なことだと思われます。）

しかし，ここで伝統文法に詳しい先生方からすると，「(6b) の discuss や (7b) の smoke は飽くまでも『2 (3) 人称・単数・仮定法・現在形』の定形 (finite form) なのであって，不定詞（= 非定形 (non-finite form)）ではないんじゃないのか？」と思われるかもしれません。ですが，筆者は様々な根拠から，「discuss や smoke の前には仮定法現在の性質を持った不可視の（＝発音されない）法助動詞が存在しており，これらの動詞は文字通り『原形』である」と考えているので（第 12 章 (5) 参照），(4b) の一般化は仮定法現在節においても成り立つと考えます。（飽くまでも方便の説明ですが，予備校や高校での指導に準じて，「仮定法現在節には should に相当するような法助動詞が隠れている」とお考え頂いても結構です。なお，『ジーニアス総合英語』の執筆者も意識的か無意識かは不明ですが，(6a) の説明において「仮定法現在形」「仮定法現在形動詞」とは記さず，「動詞の原形」という表記を用いていることは注目に値します。)

さて，以上の説明から，(4a, b) の一般化はその度合いが高く，その適用範囲は to 不定詞や原形不定詞以外にも広がり，動名詞や分詞構文にも適用できるため，中高生や大学生にはしっかりとこの規則を身に付けて欲しいと思います。しかし，実際の英語としては以下の (8) や (9) のような語順の英文も有標ではあるものの容認可能なのです。（なお，用語についてですが，**無標 (unmarked)** とは規則によって説明できる一般的な例（例えば，looked や walked のような過去形語尾 ed を用いて作られる規則変化の過去形），**有標 (marked)** とは一般的な規則の例外となる特殊な例（例えば，-ed を用いて作ることのできない sang や took などの不規則変化の過去形）の意で用います。）

(8) 不定詞節における to not do 語順
    a. Peter expects his friends *to not* object to his proposals.
    b. John wants *to not* go.
(9) 仮定法現在節における have/be + not 語順

  a. John ordered that the children *be not* noisy when he gets home from work.
  b. I demand that you *have not* gone to bed before I return.

本章及び次章では上述の一般化に反する (8), (9) のような有標な語順が許される語法・文法的な条件について論じます。便宜上，まず本章では (8) のような「不定詞節における to not do 語順」を論じ，次章で (9) のような「仮定法現在節における have/be + not 語順」について論じたいと思います。

● to not do 語順についての先行研究

まず，不定詞節の否定形の語順が標準的には not to do であり，to not do ではないことは学校文法でも強調され，Swan (2016) や Declerck (1991) のような信頼のおける記述文法書にもそのような記述が見られます。

(10) a. Try *not to* be late. (NOT USUALLY ~~Try *to not* be late~~.)
                  (Swan 2016: 175)
  b. It [i.e. the group 'to + infinitive'] cannot be split up by the negative particle *not*: e.g. The wisest policy would be *not to* do anything at all. (**to not* do)   (Declerck 1991: 467)

しかし，現代英語においてこのような語順を有する以下のような実例が多数あることは，これまでの多くの先行研究からも明らかだと思われます。

(11) a. It's much better *to not* have them screaming at each other.
  b. How could people be so insensitive as *to not* know they've got wax in their ears.   （東 1999: 380）
(12) a. We will send enough troops *to not* let Macedonia shut down its borders.
  b. You have to learn *to not* let it start. (Fitzmaurice 2000: 171)

先行研究では例えば，以下のようなことが言われています

(13) a. この to not do 語順は古くからある言い方であり，try to や tend to などの準助動詞の後で生じやすい。
　　 b. 英英辞書の定義に to not do 語順が多く使われるようになり，この表現形式が定着した。
　　 c. 現代アメリカ英語に頻出する to not do 語順は教養がある人間も多く使う。
　　 d. to not do 語順は曖昧性の除去の機能があり，通常の not to do 語順より否定の力が強く，強調や非難などを表す（森 (1999)，Mori (2000)，安井 (2004) などを参照）。
　　 e. しかし，頻度としては to not do 語順はやはり有標の語順と考えるべきである（東 (1999) の調査ではこの語順の生起率が全体の 4.3%，Fitzmaurice (2000) の調査では not to do と to not do の語順使用頻度はおよそ 8：1，森 (1999)，Mori (2000) の調査ではトータルの用例数・比率は，not to do 語順と to not do 語順で，2,728 例 (88%)：362 例 (12%) とされている）。

そして，この to not do 語順が使用される動機として従来，一番主張されてきたのは (13d) の（**分離不定詞 (split infinitive)** 一般について主張される）「**曖昧性 (ambiguity) の除去**」でした（Quirk et al. (1985)，安井 (2000) など参照）。次例を見てみましょう。

(14) His hardest decision was *not to* allow the children to go to a summer camp. 　　　　　　　　　　　　　　　(Quirk et al. 1985: 497)
(15) a. His hardest decision was *to not* allow the children to go to a summer camp. （彼の一番大変だった決断は子供たちに夏のキャンプに行くことを許さないことだった）
　　 b. To allow the children to go to a summer camp was not his hardest decision. （彼の一番大変だった決断は子供たちに夏のキャンプに行くことを許したことではなかった）

つまり，(15a) の to not do 語順を用いれば，not が不定詞の allow を否定する解釈以外は考えられませんが（= not は一義的に不定詞の allow を否定する），

(14) の not to do 語順を用いてしまうと，不定詞を否定する (15a) の読みなのか，主節の was を否定する (15b) の読みなのか曖昧になってしまうということです。しかし，このような曖昧性が生じるのは不定詞節が be 動詞の補部になっているパターンのみで，他の構文型では文意に曖昧性が生じることはありません（森 (1999), Mori (2000) 参照）。よって，曖昧性の除去を to not do 語順の使用動機とみなすことは極めて不十分だと言えます。また，Fitzmaurice (2000) は not to do 語順と to not do 語順には微妙な意味の差異があることを報告しており，そもそも両者は完全に同義ではないと考えるべきです。これは「**形が異なれば，意味も異なる**」(**"one form for one meaning, and one meaning for one form"**)（Bolinger (1977: x) 参照）という言語学の重要な原則からしても当然のことと言えます。

● 不定詞節において to not do 語順が許される語法・文法的条件

本章では，前節までの内容も踏まえ，以下の (16) を主張します。

(16) 不定詞節においては，not to do と to not do のどちらの語順も許されるが，
　(i) not to do 語順は無標の語順であり，**動作 (dynamic)** を表す。
　(ii) to not do 語順は有標の語順であり，常に**状態 (stative)** を表す。

なお，この (16) が意味することは，not to do 語順が常に動作を表すということではないことに留意して下さい。つまり，not to do 語順は現代英語の無標の語順なので統語上のデフォールトとして動作も状態も示すのです。（用語についてですが，**デフォールト (default)** とは日本語では債務不履行，初期設定値などと訳され，概略，特定の指定や条件付けがなされていない状態のことを意味します。例えば，「英語のデフォールト格は**対格 (accusative case)**」だとされるのですが，現代英語で *Who*'s knocking at the door? の答えが It's *me*. となるのはデフォールト格として me が具現化しているためだと考えられます（18 世紀後半以降の規範文法 (prescriptive grammar) では be 動詞の補語は It's *I*. のように**主格 (nominative case)** にすべきだと考えられていました）。)

すなわち，本来は語順の含意する意味として，not to do 語順は動作を表す

のですが、デフォールト語順であるため、状態も許されるということです。以下の(17)はnot to do語順が動作を表している例です。

(17) *Not to* have a PhD will make it hard to find a job, so you had better try to finish writing your thesis.（動作）（博士号を取らないと仕事を見つけるのが大変だから、頑張って学位論文を書き終えるよう努力しなさい）

それに対し、to not do語順は有標の語順であるため、わざわざそれを使う場合には、状態という制約が守られないと非文になるということです。よって、以下の(18)はto not do語順が用いられていますが、この制約を満たしているので文法的です。つまり、上記(16)にもう少し記述的正確さを与えると、更に(19)のようになります。

(18) *To not* have a PhD will make it hard to find a teaching job, so maybe you had better try something else.（状態）（博士号を持っていないと (= Not having a PhD) 教員の仕事を見つけるのは大変だから、もしかしたら何か他のことをやってみた方がいいかもしれない）

(19) not to do語順は動作（とデフォールトとしての状態）の意味を表すが、to not do語順は有標の語順であり状態の意味しか表さない。

なお、不定詞節の否定についての(19)の関係は事物の授受・移動を表す2つの構文、すなわち無標の**与格構文 (dative construction)** と有標の**二重目的語構文 (double object construction)** との関係に類似していると思われます。つまり、以下の(20a, b)はどちらも「旧情報 (old information) から新情報 (new information)」という情報構造上の制約を破っていますが、(20a)の与格構文はデフォールトの構文であるので非文になりません。しかし、(20b)の二重目的語構文は「間接目的語より直接目的語の方がより新しいことを示す構文」であり、「旧情報から新情報」という情報構造上の制約を破り、非文となります。（二重目的語構文とはHe gave me a book.のようないわゆる第4文型のことで、与格構文とはその間接目的語をto, for, ofで書き換えた第3文型への書き換えとされるものです。文型を扱っている第5章では二重目的語構文をS+V+IO+DO、与格構文をS+V+DO+IO'と表しています。しかし、**機能的構文論**

(functional syntax) においては，上記の説明の通り，逆に与格構文の方が基本形の無標の構文，二重目的語構文の方が有標の構文とされることが重要です。)

(20) a. John gave *a book* to *her*.
　　　　　　新情報　　旧情報
　　b. *John gave *a girl* 　*it*.
　　　　　　新情報　　旧情報　　　　　　　　　　　　(高見 2003: 44)

さて本論に戻り，(16) の立場に立って，更に以下の例を見てみましょう。(記号の説明ですが，/ (スラッシュ) は This rose is/smells sweet. などにおいて is と smells が交換可能であることを，{ } (中カッコ) は It {rained/was rainy} yesterday. などにおいて，rained と was rainy (2語以上の要素) が交換可能であることを表します。)

(21) You are {*not to*/**to not*} be late. (動作) (= *Don't* arrive late.) ／ (*状態)
　　 (= ??Don't keep/remain late.)
(22) a. You are *not to* say a word until he has left. (動作)
　　　 (= *Don't say a word* until he has left.)
　　 b. You are *to not* say a word until he has left. (状態)
　　　 (= *Keep silent* until he has left.)
(23) a. Peter expects his friends *to not* object to his proposals. (=(8a)) (状態)
　　　 (= Peter expects his friends to *have the opinion that they do not object to his proposals*.)
　　 b. John wants *to not* go. (=(8b)) (状態)
　　　 (= John wants to *be among those who do not go*.)

これらは (16) によって自動的に説明可能です。(21) はいわゆる命令を表す「be to 不定詞」の構文ですが，その文意は当然，「遅刻するな」であるので動作を表す not to do のみが可能です (状態の意味を表す「？遅刻しているな」は不自然です)。それに対し，(22a) の「彼が立ち去るまで一言も話すな」(動作)，(22b) の「彼が立ち去るまで黙っていろ」(状態) はどちらの意味解釈も可能であるので，not to say … と to not say … の両方の語順が可能です。(23a, b)

も同様です。これらは学校文法の英作文では好ましくない答とされるでしょうが，実際には，状態の解釈として全く文法的です。

それでは，(21)*You are *to not* be late. で示したように，状態を表す be 動詞が to not do となった語順 (= to not be ... 語順) は常に不可能なのでしょうか。確かに，命令の**プロトタイプ (prototype)**（典型例）は相手に何かの動作をさせることであって，何かの状態を継続させることではないため，(21) のタイプの to not be ... 語順は容認されにくいと言えます。しかし，これは飽くまでも傾向であって，例えば，映画や劇の監督が役者に指示を与えるような場面を想定すれば，以下の (24) におけるような to not be ... 語順は問題なく容認可能になります。

(24) When the scene begins, you are to be totally absorbed in reading the newspaper. You are to be unaware of anything going on around you. You are *to not be hearing* anything going on around you.

つまり，役者にわざと「周りの状況が聞こえていない」演技をしなさいというという場合には状態を表すからです。

次に，前節の先行研究のまとめ (13d) に示した森 (1999) の主張，つまり，to not do 語順は強調や非難を表すという点について言及しておきます。基本的に筆者もこの主張が意図することは正しいと考えます（Fitzmaurice (2000)，安井 (2004) も参照）。なぜなら，有標の語順を敢えて用いるということは，機能論的にその言語形式を用いる，それだけの理由が存在しなければいけないはずだからです。但し，筆者の考えでは，to not do 語順は強調や非難というような意味を直接，有しているのではなく，「～しないでいること」という言語形式本来の意味が「主語の固執，非協力，強い関与」などを含意し，それが結果として強調や非難の場面で用いられることが多いと考えます。なお，このことは，例えば，John *is always asking* silly questions. のような always, constantly, all the time と共起した進行形は非難を表しやすいが，進行形という言語形式そのものに非難という意味が内在化しているわけではないことと同様だと考えられます。

しかし，ここで読者の方々には疑問が起こるかもしれません。「to not do 語順が『主語の固執，非協力，強い関与』などを表すというのであれば，それは

状態ではなく動作を表すのではないのか?」という疑問です。一見，その考えを支持するような言及が（最近の生成文法理論の優れた教科書の一つである）Radford (2009) に見られます。以下の (25), (26) を見て下さい。

(25) a. He decided [not to co-operate with the police].
b. He decided [to not co-operate with the police].
(26) There is a subtle meaning difference between the two examples: (46b) [=(25b)] implies a much more deliberate act of defiance than (46a) [=(25a)]. (Radford 2009: 163)

(26) で Radford は「公然たる反抗という故意の動作 (deliberate act of defiance)」という説明をしていることに留意して下さい。確かに，(25b) の方が (25a) よりも強い立場の英文であることはその通りです。しかし，筆者は以下の (27a, b) に示すように，(25a, b) の基本的な意味はやはり，それぞれ動作，状態であって，(25b) の強調的意味はその状態の意味から含意する「主語の固執，非協力，強い関与」からもたらされているものであり，よって，(25b) の意味は結論的には (28) として言い換えられるべきものだと考えます。

(27) a. decide [not to do] →「do する動作をしないこと」を決断する
b. decide [to not do] →「do しない状態を維持すること」を決断する
(28) He decided to maintain the position of non-cooperation as opposed to simply not act in a cooperative manner. (=(25b) の意味)

この (27) の主張の妥当性を示すために (25a, b) の例文の主節動詞に decide ではなく want や try を用いた例を考えてみましょう。まず，want to は後続する述語が何らかの動作を表すことを要求します。つまり，以下の (29a) の be は「状態の be」ではなく「動作の become」の意を表していますし，(29b) の know は「状態の『知っている』」ではなく「動作の『知る』」の意を表しています。

(29) a. He wanted to *be* a teacher. (*be* = become)
b. He wanted to *know* the answer. (*know* = find out)

これを踏まえた上で，以下の (30a, b) の文法性を見てみましょう。

(30) a. He wanted *not to cooperate* with the police.
　　 b.*He wanted *to not cooperate* with the police.

もし to not do 語順が動作を表しているのであれば，(30b) は want to が動作の後続を要求することと合致して文法的になるはずですが，実際は非文です。実は (30a) の not to do 語順の方が文法的であり，not to do 語順が動作を表すという本章の主張と一致しています。(なお，(30a) の英文内容は He did*n't* want *to cooperate* with the police. と表現した方が自然ですが，しかし，このことは本文の議論に影響しません。)

次に decided を tried に替えて，「自分の意志 (→動作) に反してそうせざるを得なかった」に相当する英語表現を後続させてみましょう。

(31) a. He tried *not to cooperate* with the police, but in the end [he was forced to do so/he gave in and did so].
　　 b. He tried *to not cooperate* with the police, but in the end [??he was forced to do so/*he gave in and did so].

両者には微妙な差ですが，違いがあります。つまり，この文法性の差は (31a) の not to do 語順が動作を表し，(31b) の to not do 語順が状態を表しているという本章の主張が正しいことを示しています。(なお，動作や状態と直接関連しない表現が後続している He tried *to not cooperate* with the police, but in the end he *had to change his position*. などの英文は当然，文法的になります。)

以上の議論から，to not do 語順は確かに強調や非難などの場面で用いられやすいが，そのような強調的な意味は to not do 語順に直接由来するのではなく，語順が表す状態の意味が主語の固執などの意味を含意し，結果として強調や非難の場面で多く用いられているのだと結論できます。

●『ハムレット』の一番有名な台詞について

本章を閉じる前に，シェイクスピア (William Shakespeare, 1564–1616) の四大悲劇『ハムレット』(*Hamlet*, 1600–1602 年頃) の一番有名な台詞について一言，言及しておきます．(32) がその英文ですが英語学習者なら誰もが目にしたことがあるであろう，この抽象的な英文の解釈をめぐって，(33) の如き多くの翻訳が試みられてきました．

(32) To be or not to be; that is the question. 　　（『ハムレット』3 幕 1 場 56 行）
(33) a. 死ぬるが増しか，生くるが増しか，思案をするのはここぞか．
　　　　　　　　　　　　　　　　　　　　　　　　　　（外山正一 1882 年）
　　 b. 存ふるか，存へぬか，それが疑問じゃ．　　　（坪内逍遙 1907 年）
　　 c. 世に在る，世に在らぬ，それが疑問じゃ．　　（坪内逍遙 1933 年）
　　 d. 生きるか，死ぬか，そこが問題なのだ．
　　　　　　　　　　　　　　　　　　　　　　（市河三喜・松浦嘉一 1949 年）
　　 e. 生か，死か，それが疑問だ．　　　　　　　　（福田恆存 1955 年）
　　 f. やる，やらぬ，それが問題だ．　　　　　　　（小津次郎 1968 年）
　　 g. このままでいいのか，いけないのか，それが問題だ．
　　　　　　　　　　　　　　　　　　　　　　　　　　（小田島雄志 1972 年）
　　 h. するか，しないか，それが問題だ．　　　　　（高橋康也 1992 年）
　　 i. 生きるべきか，死ぬべきか，それが問題だ．　（河合祥一郎 2003 年）

私見では，これらの解釈を大別すると，(i) 生きるべきか，死ぬべきか，(ii) するか，しないか，(iii) このままでいいのか，いけないのか，の 3 つに分かれると思います．(なお，(ii) には「復讐をすべきかどうか」，(iii) には「このままの状態でいいのか，それとも復讐すべきなのか」という意もそれぞれ含まれていると思われます．) このうちのどの解釈が最も妥当であるのかは専門家に譲るとして，本章の立場として重要なことは not to be … は無標の not to do 語順であるため，(19) の帰結として動作とデフォールトとしての状態の両方の意味を表し得るということです．

すなわち，(i) と (ii) は動作解釈に，(iii) は状態解釈に分類される訳ですが，文法・語法的な条件としてはどちらの解釈でも（つまり (i), (ii) 及び (iii) の全

ての解釈を）許すということになります。もちろん，語順の含意としては動作であることを踏まえると，動作解釈である (i) 及び (ii) の解釈がより妥当だとも考えられますが，筆者はデフォールト解釈として「このままでいいのか，いけないのか」という状態解釈も可能だと考えます。大切なこととして，英語学習者であれば誰もが目にするこの「ハムレットの第 3 独白」の解釈の多様性，曖昧性について，英語教育に携わる先生方には，それは自由に許されるのではなく，「飽くまでも解釈の多様性，曖昧性は文法が許した上で生じるものだ」ということをご理解頂ければと思います。

● おわりに

　以上，本章では不定詞節において to not do 語順が許される語法・文法的な条件について論じてきました。結論として，この語順は有標の語順であるので，語順の含意する意味たる状態を表していなければならないと主張しました。またこの語順を有する英文は強調や非難の意味を表すことが多いが，それは「状態」の意味からもたらされる含意であることも論じました。

　英語教育では専ら not to do 語順が正しいもので，to not do 語順は誤った形だと教えられます。しかし，規範的には not to do 語順が多く使われるとしても，受容の知識として，現代英語では間違いなく to not do 語順も散見されますし，また，それには主語の固執，非協力，強い関与などの強調的意味が込められているということも教えられるべきだと思われます。

＊本章と次章の内容は野村 (2004) 及び野村・Smith (2007) の 2 つの論文を統合し，本書の趣旨に合うよう少なからず加筆修正したものです。原著論文執筆時の例文判断については，当時の共著者 Donald L. Smith 氏（元青山学院大学教授）の有益な鋭い直観に助けられました。なお，参考文献については次章末にまとめて掲載します。

（文教大学）

第 14 章

語順が表す含意 (2)
——仮定法現在節における否定語順について

野 村 忠 央

● はじめに

　本章では前章に引き続き，語順が表す含意の第 2 のケーススタディとして，**仮定法現在節 (subjunctive present clause)** における否定語順について論じていきます。

　本章の主題となる (6b), (7b) タイプの that 節で表される仮定法現在のことを特に**命令的仮定法 (mandative subjunctive)** と呼びますが，まずここではその正確な定式化（＝定義）を (34) に，例文を (35) に挙げておきます（例文番号は便宜上，前章からの通し番号です）。

(34) 命令的仮定法
　　 命令，主張，要求，提案，勧告，決意などを表す動詞，名詞，形容詞の補部としての that 節に現れる動詞の原形

(35) a. The committee proposes that <u>Mr Day</u> *be* elected.
　　 b. I <u>demanded</u> that the committee *reconsider* its decision.
　　　　　　　　　　　　　　　　　　　　　　(Quirk et al. 1985: 158)

　この構文が学校文法や受験英語で試験問題として頻出するものの一つであることは，その分野を熟知している中学，高校の先生方の間ではよく知られています。その理由は (35a) が示す通り，主語が Mr Day のような 3 人称単数であってもいわゆる「3 単現の -s」が付かず（この場合は is にならず），また，(35b) の demanded のように主節動詞が過去形であっても「時制の一致」を起こさず原形の reconsider のままであることに起因すると思われます。

　さて前章の序論で，(6b) や (7b) のような仮定法現在節の否定語順についても，学校文法・規範文法的には (4b) の一般化で説明できることを示しました。もっとわかりやすく言うと，「仮定法現在節の否定語順は not + V であり，*V

+ not ではない」ということなります。(6b), (7b) 以外の例を以下にもう少し挙げておきます。

(36) a. I order that you {not go/*go not} alone.
　　 b. It was essential that the plan {not fail/*fail not}.

なお，(36a, b) の例を踏まえ，本論に入る前に先んじて補足的に述べますと，「仮定法現在節内の動詞が**本動詞 (main verb)**（= 一般動詞）である場合，否定語順は例外なく not + V（本動詞）であり，*V（本動詞）+ not の語順は許されない（= 不定詞節に関する一般化 (4b) は (36a, b) のような命令的仮定法の場合でも常に成り立つ）」ということが言えます。これは次節以降述べる（前章同様の）語法・文法的条件のキーとなる動作解釈か状態解釈かに影響を受けないことを意味します。すなわち，(36a, b) の that 節内の動詞句の解釈が動作か状態かにかかわらず，*V（本動詞）+ not 語順の方は決して文法的にはなりません。これは簡単に言うと，「動詞が本動詞の場合，**統語論 (syntax)**（= 狭い意味の**文法 (grammar)**）がそもそも *V + not の語順を禁じている」からだと考えられます。もう少し理論的な言い方をすると，not の前の位置には不可視の仮定法助動詞が存在しているため，もうその位置は埋まっており，本動詞 V が not の前に繰り上がることは不可能であるから，ということになります。

● 仮定法現在節における否定語順についての先行研究

　さて本論に戻って，仮定法現在節の否定語順について注目すべきは，以下 (37a, b), (38a, b) の例に示されるように，動詞が本動詞（一般動詞）の場合のみならず ((6b), (7b), (36a, b) 参照)，動詞が **have 動詞 (*have*-verb)**・**be 動詞 (*be*-verb)** であっても，否定語順は基本的には not + V であり，*V + not の語順は許されないということです。そのことは以下の (37), (38) に示されるように，多くの理論言語学的研究で主張されてきました。

(37) a. I demand that you *not be* such a fool.
　　 b.*I demand that you *be not* such a fool. 　　(Culicover 1971: 41)
(38) a. He suggested that he *not have* finished the work before 10 o'clock.

b. *He suggested that he *have not* finished the work before 10 o'clock.
(Beukema and Coopmans 1989: 429)

have/be が**直説法 (indicative)** の動詞の場合は John {*was not*/*not was} happy. や John {*has not*/*not has} come. などのように V + not 語順は全く文法的であることは周知の通りです。

　Culicover (1971) は命令文や仮定法現在の構造について生成文法の枠組みで最初に体系的に扱った研究ですが，その後に続く命令文や仮定法現在を論じた重要な研究として Potsdam (1997, 1998) を挙げることができます。Potsdam は以下の (39a–c) を非文だと判断しています。

(39) a. *I urge that Tom *be not* promoted because of his attitude.
　　 b. *The association urges that he *be not* examined by that quack.
　　 c. ?It is imperative that the contestant *have not* seen the answers ahead of time. (Potsdam 1997: 537)

そして，Potsdam (1997: 536, fn. 2) は仮に (39a) が文法的であるとした場合，もし (39a) が文否定なら (40a) の構成素否定と (40b) の外部否定の両方の解釈を持つはずだが，その解釈は構成素否定の (40a) のみで，外部否定の (40b) はないと主張しました。しかし，筆者の調査では (39a) を文法的とし，かつ (40a, b) の両方の解釈を有するインフォーマントが存在します。(用語についてですが，例えば，I didn't marry her because she was rich. のような文において，「私は彼女が金持ちなので結婚しなかった」(自分は金持ちとは結婚しないポリシーがあるなど) のような命題を否定する解釈を**外部否定 (external negation)**,「私は彼女が金持ちだから結婚したという訳ではない」(彼女の人柄が誠実だから結婚したなど) のような否定辞が述語動詞ではなく文中の一部の要素のみを否定する解釈を**構成素否定 (constituent negation)** と呼びます。)

(40) a. トムは態度からして，昇進させるべきでないと私は強く主張します。
　　　(構成素否定)
　　 b. 私はトムを昇進させるべきだと強く主張しますが，それは彼の態度が理由というわけではありません。(外部否定)

この事実は V + not の語順でも**文否定 (sentence negation)** が存在する（= 統語論的には have・be 繰り上げ (*have/be*-**raising**) が起こっている）ことを示しています。(当然のことながら、I urge that Tom *not be* promoted because of his attitude. におけるように、not + V の規範的な語順は当然、文否定となります。)

次節以降では、仮定法現在節中において have/be + not という語順が許される語法・文法的な条件を挙げ、そのような場合には文否定も少なからず存在するということを、以下に示す例文の解釈を通じて示していきたいと思います。

● 仮定法現在節において have/be + not 語順が許される語法・文法的条件

本章の主張は前章の (16) 同様、以下の (41) です。

(41) 仮定法現在節（特に命令的仮定法節）においては、not + have/be 語順も、have/be + not 語順もどちらの語順も許される。
　　(i) not + have/be 語順：**動作 (dynamic)** を含意する。但し、この語順は規範的な（無標の）語順であるため、状態も含意しうる。
　　(ii) have/be + not 語順：有標の語順であり、**状態 (stative)** を含意する。

これに対し、例えば、上述の Potsdam (1998) は be + not 語順は be が本動詞か（受動態・進行形の）助動詞かにかかわらず、全て非文であると主張しているのですが、それを示した Potsdam の (42a, b) の例や、その他 (43a–c) の諸例の非容認性はこの (41ii) に違反している（つまり、従属節中の動詞の内容が動作を表している）ためであると考えられます。

(42) a. *Professor Zok asks that we *be not* sleeping during his lectures.
　　 b. *Humility requires that one *be not* proud. 　(Potsdam 1998: 148, 149)
(43) a. *I demand that you *be not* such a fool. (=(37b))　(Culicover 1971: 41)
　　 b. *I demand that you *be not* dishonest.
　　 c. *It is of great importance that the children *be not* in the street when he comes. 　　　　　　　　　　　　　(Emonds 1976: 214)

(42), (43) のような例に対し、実際には仮定法現在の包括的研究の一つであ

る Chiba (1987) や千葉 (2013: 47–48),Nomura (2006: Chapter 12) が示すように,以下のような be + not 語順の実例が少なからず見付かるのですが,これらは全て (41ii) を満たし従属節の内容が状態を表していることに留意して下さい。

(44) a. — provided further, that if any such increased rate *be not* acceptable to the shipper.
   b. — very little of (Edward Taylor's) verse was published in his day, but he left enough in ms. to fill a large volume, with the request that it *be not* printed
   c. — it is very helpful, I would say almost necessary, that history *be not* written in one county alone　（出典は Nomura (2006: 308) 参照）
(45) a. It is of course reasonable that a set *be not* definable by properties of a subset of its members.
   b. "To me, now, the most important is that we *be not* disturbed," Pablo said.　　　　　　　　　（出典は Chiba (1987: 50–51) 参照）

さらに,筆者は (41) の語法・文法的条件に留意して以下の (46)–(48) の例文を作り,アメリカ人母語話者 2 人,イギリス人母語話者 2 人によるインフォーマント・チェックを行いました。((46) における**補部 (complement)** という用語については第 11 章をご参照下さい。この文脈では,学校文法における be 動詞の補語 (C) 的要素と理解して頂いてほぼ問題ありません。)

(46) 本動詞の be
   a. I demand that all of you *be not* up when I get back.（補部 = PP（前置詞句））
   b. John ordered that the children *be not* noisy when he gets home from work.（補部 = AP（形容詞句））
   c. I demand that you *be not* a person who never turns up to class on time.（補部 = NP（名詞句））
(47) 受動態助動詞・進行形助動詞の be
   a. I demand that John *be not* promoted for that reason.

b. I demand that when I get home you *be not* waiting upstairs.
(48) 完了形助動詞の have
  I demand that you *have not* gone to bed before I return.

結果は，少し擬古的なニュアンスを感じる，あるいは（当然，規範的な）not + have/be 語順の方が自然だ，などの留保条件が付く場合もありましたが，(46)–(48) の例文は全て文法的だという回答でした。もちろん，この文法性の判断は，理論言語学的な論文中においては「?」が冠されることもあるかもしれませんが，決して「*」ではないと思われます。（補足ですが，(43a) と (46c), (43b) と (46b) の統語環境はほとんど等しいので，(43a, b) の非容認性が be の補部要素によるものでないことも明らかです。また，(41ii) の条件を満たした（= 従属節内の動詞の内容が状態を表している）I demand that you *be not* <u>so foolish as to marry her.</u> (cf. (43a)) はほぼ容認可能です。)

なお，余談ながら，上述の通り，Potsdam は仮定法現在節における have/be + not 語順をすべて非文という方向で理論展開をしたいのだと思われるのですが，その Potsdam も be + not 語順の非文性（例えば (42a, b)）と比べ，have + not 語順の容認性はずっと高いことを注 (Potsdam (1998: 96, fn. 20)) で認めています ((39c) も参照)。その意味では，例えば，以下の (49) の (?) の判断 ((?) は容認性が若干下がるかほぼ容認可能であることを表します）はかなり容認性が高いものとして理解すべきだと思われます。筆者のインフォーマントも同意見でした。(49) は「私の両親は，帰宅した時，ベビーシッターが台所を散らかりっぱなしにして，自分たちが掃除しなければいけないようなことがないよう（= <u>散らかりっぱなしのままにしておかないよう</u>），それとなく言いました」のように下線が状態解釈も表せることに注意して下さい。

(49) (?)My parents suggested that the baby sitter *have not* <u>left a mess in the kitchen for them to clean</u> when they get back.　　(Potsdam 1998: 66)

ここで (41) の動作解釈と状態解釈を例示するために，以下の例を確認しておきます。（英語のパラフレイズはインフォーマントによるものです。書き換えた場合の接続詞にも留意して下さい。)

(50) a.　I demand that all of you *not be* up when I get back.
　　　= *Go to bed* before I get back.（動作）
　　b.　I demand that all of you *be not* up when I get back. (=(46a))
　　　= *Stay in bed* when I get back.（状態）

よって，その他の例も微妙な差ではありますが，例えば，(46b, c) の解釈は概略，「子供たちに静かにしていろ（と命じる）」，「授業の始業時刻にいつも遅刻するような人間であってはいけない」ということです。また，(48) の例文の従属節主語を the baby に変えた (51b)（= have + not 語順）では，実は語用論的逸脱（# や！の記号で表します）が生じるのですが，このことも (41) の妥当性を示しています。(**語用論的逸脱 (pragmatic deviant)** とは，統語論的には（= 文法としては）文法的であるものの，意味論・語用論的な文脈，規則に違反していることを言います。チョムスキー (Noam Chomsky, 1928–) の有名な #Colorless green ideas sleep furiously.（色のない緑色の考えが激しく眠る）(Chomsky (1957: 15) 参照）などは語用論的逸脱の代表例であり，文法的ではあるが容認不可能な文だと言えます。)

(51) a.　I demand that the baby *not have* gone to bed before I return.
　　b.　#I demand that the baby *have not* gone to bed before I return.

筆者は野村 (2004) などで，このような適格性の差は，適格な (51a) が「赤ちゃんを眠らせるな」（動作）を意味し，「赤ちゃんが眠ってしまわない理由は何でもよい（例，お母さんが一緒に遊んであげる，おもちゃを与える）」のに対し，不適格な (51b) は「赤ちゃんを眠らせないままでいさせろ」（状態）を意味し，(前章の不定詞の例文 (25b) の議論で用いた用語を再び用いると)「赤ちゃんが起きたままでいる理由は主語（= 赤ん坊）の「固執，非協力，強い関与」という含意を持ってしまうためだと論じました。これを (41) の条件と総合してより一般的に捉え直すと，「(51b) は自我も発達していない赤ん坊に自発的な固執や非協力，強い関与を要求することを含意するため，語用論的な逸脱が生じる」と結論できます。

以上，仮定法現在節における have/be + not 語順が容認される，あるいは容認されない例文を (41) の語法・文法的条件から説明してきましたが，もちろん

それ以外の要因が関わることも当然あり得ます。以下，それについて簡潔に補足しておきます。まず，冒頭に挙げた (38b) は「10 時前には仕事を終えてないまま (= 未完成の状態) にしておくよう提案した」というように (41ii) には違反しない状態解釈も可能です。しかし，筆者のインフォーマントによると，(38b) は一見した時に主節の He と従属節の he を別人物と取りにくいことが容認性を下げており，その解釈が得られれば文法的ということでした。次に，以下の例も (41ii) には違反していないと思われます。

(52) a. *She requests that they *be not* examined.　　(Emonds 1976: 214)
　　 b. *The association urges that he *be not* examined by that quack.
　　　　　　　　　　　　　　　　　　　　　　　　　　　　　　(=(39b))

この場合は母語話者の見解を総合すると，上記，文法的な (46)–(48) の例は「主節主語の動作の実行を命ぜられる人間」と「その動作を実行する人間」が一致していてはっきりしている (=つまり従属節主語である) のに対し，(52a, b) はそれがはっきりしないということでした。

最後に文体的な問題に触れておきます。本稿で問題にした have/be + not 語順は法律的な硬い文体において多く見られることにすぐ気付きます。以下に例を示します。

(53) The Senate has decreed that the students {*not be*/*be not*} exempted from college dues.　　(Quirk et al. 1985: 156)
(54) a. The will requires that the beneficiary {(i) *have not been* (ii) *have been not*} married at the time of death of the deceased.
　　 b. It is important that the committee *have not* seen the report.
(55) The hearing in Court shall be public, unless the Court shall decide otherwise, or unless the parties demand that the public *be not* admitted. (裁判所における弁論は，公開とする。但し，裁判所が別段の決定をするとき，又は両当事者が公開としないことを請求したときは，この限りでない) (国際司法裁判所規程第 46 条)

これは，法律的な条文では，正確を期すためにあいまい性をなるべく避ける

必要があるからだと思われます。例えば, (54a) について, これを無標の語順 not + have 語順を用いて (56) のように書き換えた場合, 実は (54a) の (i, ii) の両方の意味を有し曖昧です。

(56) The will requires that the beneficiary *not have been* married at the time of death of the deceased.
(57) a. 遺言は, 故人が死去した時, 遺産受取人が一度も結婚したことがない (= 未婚である) よう求めている。(=(54a, i))
  b. 遺言は, 故人が死去したその時点で, 遺産受取人が結婚していないよう求めている。(→この場合, 過去に婚姻歴があっても構わないことを含意する。) (=(54a, ii))

遺言の条文に (56) を用いてしまうと (57a, b) の2つの意味で曖昧になってしまい, 正確さを期すべき遺言として不適切です。しかし, 本稿で論じている語順の (54a) の (i, ii) をそれぞれ用いれば, 曖昧性は避けられるということです。その他の例も同様だと言えます。

なお, 補足的に記しておくと, have/be + not 語順が法律的な硬い文体において多く見られる, もう一つの容易に考えられる理由は, 法律的な文章は擬古文的な印象を与えるということだと思われます。つまり, 古い英語 (19 世紀より以前) ではこの have/be + not 語順は極めて普通であったからです。次例を参照して下さい。

(58) a. But I say vnto[= unto] you, that yee *resist not* euill[= evil]. (しかし, 私はあなた方に言う, 悪人に手向かうな) (17 世紀,『欽定英訳聖書』「マタイによる福音書」5 章 39 節)
  b. I wish I *be not* now proud indeed. (18 世紀初期の定期刊行物)

さて, 本章を閉じる前に, 誤解が起きやすいと思うので記しておきたいのですが, (41) の語法・文法的条件が意味することは (前章の不定詞節の否定語順の条件 (16) と同様) <u>not + have/be 語順は常に動作を表すということではない</u>ことに留意して下さい。つまり, not + have/be 語順について, より正確な定式化を記すと以下の (59) のようになる訳ですが, この語順が時と場合によ

って状態解釈を持ち得ることは，例えば，(60) が「ジョンは子供たちに自分がいない間，騒がない（=静かにしている）ように命じた」という意味であることからも明らかです（接続詞 while があることから状態解釈が強制されます）。

(59) not + have/be 語順は現代英語の無標の語順であるので，**デフォールト (default)** 語順として動作も状態も許すが，語順から来る含意として，動作が示唆されることが多い（しかし，当然，状態も表せる）。

(60) John ordered that the children *be not* noisy while he was away.

しかし，それでもなお not + have/be 語順が含意として動作を表すことが多々あることは本章で論じた通りです（(50) の書き換えや (51a, b) の容認性の差異の議論など参照して下さい）。この点をもう少し本章の例文を用いて補足しますと，筆者のインフォーマントによれば，(53) The Senate has decreed that the students {*not be*/*be not*} exempted from college dues. の場合，not + be 語順なら評議員会が「授業料の免除はさせるな」（動作）と事務に言っている感じで，be + not 語順なら「授業料の免減などがないようにしておくこと」（状態）という規程であるし，また，(54b) It is important that the committee *have not* seen the report. の場合も have + not 語順であるので「見ないようにしておいた方がよい」（状態）の解釈であるのに対し，It is important that the committee *not have* seen the report. の not + have 語順なら「そのレポートを見るな」（動作）と命令しているニュアンスとのことでした。

● おわりに

以上，本章では，仮定法現在節中においては規範的な無標の not + have/be 語順も有標の have/be + not 語順も許されるが，後者は有標の語順であるので，語順の含意する意味たる状態を表していなければならないと主張しました。また，状態解釈を有する場合であっても，他の要因によって非文になることがしばしばあることも指摘しました。また，この語順は曖昧性が避けられるべき法律的な文体で多く見られることも併せて指摘しました。

● 補足——動作と状態

　前章と本章の議論の主役は動作と状態であった訳ですが，経験上，最近はこの概念を知らない中高生や大学生が多いと思われます。英語教育に携わる先生方には更なる下位分類として(61)のような「Vendler (1967)の4分類」に関心を持って頂ければ有益だと思いますが，中高生や大学生に知っておいて欲しいのはそのような専門的な分類ではなく「〜スル」「〜テイル」というような基本的な動作と状態の区別です。

(61) a. 達成 (Accomplishment) 動詞
　　　　He *painted* the wall in an hour.
　　 b. 活動 (Activity) 動詞
　　　　He *walked* for an hour.
　　 c. 到達 (Achievement) 動詞
　　　　He *arrived* at the station at 7:00 o'clock.
　　 d. 状態 (Stative) 動詞
　　　　He *was* sick for a week.

　筆者は動作と状態という概念は，それ自体の理解も大変重要ですが，加えて学校文法の初期に学ぶ文法事項や構文の理解においても欠かせない概念だと考えます。例えば，ほとんどの文法書，文法の教科書で「命令文」，「進行形」，「完了形」はその前半に出てくる文法事項です。そして，これらの文法事項や構文の適格性や用法を決める重要なキーワードになっているのが動作と状態です。以下の諸例を見て下さい。

(62) 命令文
　　 a. *Stand* up.（動作）
　　 b.*Know the answer./*Be {tall/a girl}.（状態）
(63) 進行形
　　 a. John *is walking* now.（動作）
　　 b.*John *is living* in Sapporo./*Mary *is resembling* her mother.（状態）
(64) 完了形

  a. Mary *has finished* her homework.（動作 → 完了用法）
  b. We *have lived* in Asahikawa for ten years.（状態 → 継続用法）

本書を手にしておられるような先生方にはこれらの構文の適格性がそれほど単純なものではないということを恐らくご存知だと思います。例えば，(62b)，(63b)に現れている状態動詞も以下のような英文とすれば問題ありません。

(65) a. *Know* the poem by heart by the next lesson./*Be* {quiet/a good girl}. (cf. (62b))
  b. I'*m* now *living* in Asahikawa, but I'll move to Sapporo next month./Mary *is resembling* her mother day by day. (cf. (63b))

ここでそのことを詳述する余裕はありませんが，(65a)の命令文の適格性には**自己統御可能な (self-controllable)** 述語という概念が関わっており（久野・高見（2017：第9章）参照），(65b)の進行形の適格性には「意図的な一時状態の連続を表す」「少しずつ変化している状態の連続体を表す」（久野・高見（2005：第1章）参照）などのことが関係しています。（ちなみに，久野暲・高見健一による『謎解きの英文法』シリーズ（くろしお出版）は2004年から現在（2018年）までに10冊刊行されていますが，様々な文法現象を題材にしており，英語学習者にも英語教授者にも大変参考になる書籍です。）
 しかし，英語が苦手な中高生や大学生の「取っ掛かりの理解」として，これらの構文の適格性を動作と状態という概念を通して理解することは決して無駄ではないと思うのです。（学習が進んだ後，自己統御可能性，その他の正しい説明法を理解するとしても，その前段階の理解として動作と状態は必要な概念だと筆者は考えます。）
 (64)の現在完了形についても，教育実習や教員採用試験を控えている学生の模擬授業において以下のような例文を板書する学生がいます。

(66) *My brother *has written* a letter since this morning.

このような学生――英米文学科や英語教員養成課程であっても珍しくないように思われます――は以下の(67)のような基本的な仕組みがわかっていないの

だと考えられます。

(67) a. 動作動詞を完了形にすると完了用法になる（(64a) 参照）。
 b. 状態動詞を完了形にすると継続用法になる（(64b) 参照）。
 c. 経験用法は動作動詞（(例) I *have seen* pandas three times.）と状態動詞（(例) We *have lived* in Asahikawa before. (cf. (64b))）の両方の動詞がなりうる。

更に言うと，(66) で意図したい文意を表す英文として (68) が思い付かない学生というのは，(69) の「現在完了進行形」の正しい使用意図もまた理解していないのだということになります。

(68) My brother *has been writing* a letter since this morning.
(69) 動作動詞を継続用法の意味にしたい時に用いる文法形式が現在完了進行形である。

また，前章では不定詞について扱いましたが，中高生や大学生は以下の (70a) や (71a) の類推で (70b) や (71b) のような英作文をしがちです。しかし，この場合も中高生や大学生は（理論言語学的な用語を使うと）(70) のような「繰り上げ **(raising)** 述語の不定詞節には状態動詞のみが現れる」，(71) のような「コントロール（制御）**(control)** 述語の不定詞節には動作動詞のみが現れる」ということを理解していないのだと思われます。（中高生や大学生に「繰り上げ」や「コントロール」という用語を教えるべきだと言っている訳ではありません。中高や大学の学校現場では「seem/appear/be likely to do」「tell/ask/persuade/request 人 to do」のような伝統的な指導で十分です。）

(70) a. John seems to *know* the answer.（状態）
 b.*John seems to *play* tennis tomorrow.（動作）
(71) a. I persuaded him to *go* there.（動作）
 b.*I persuaded him to *know* the answer.（状態）

これも学習が進んでくると John seems to *play* tennis every day. のような習慣

を表す文にすれば動作動詞でも容認可能になることを知る機会があると思うのですが，一般の中高生や大学生には *I believe John to *play* tennis tomorrow. のような文が作れないことをまず理解して欲しいと思います。

なお，「believe/know/assume/find 囲人 to 囲do」のような構文を理論言語学では**例外的格付与 (ECM; Exceptional Case Marking)** 構文などと呼びますが，これも本質的には繰り上げ構文の一種だと筆者は考えます。しかし，より大事なことは，persuade 型も believe 型も学校文法では「第 5 文型の不定詞 (S+V+O to do)」として扱われますが，ここで説明した通り「persuade 型は不定詞節に動作動詞が来る」「believe 型は不定詞節に状態動詞が来る」ということを中高生や大学生に理解させることだと思います。

以上，動作と状態は先生方にはあまりにも基礎的すぎる概念と受け取られるかもしれませんが，筆者は英語学習の初期段階で意識的に教授すべき概念の一つであると考える次第です。

参考文献

Beukema, Frits and Peter Coopmans (1989) "A Government-Binding Perspective on the Imperative in English." *Journal of Linguistics* 25: 417–36.

Bolinger, Dwight (1977) *Meaning and Form*. Longman.（D. ボリンジャー（著），中右実（訳）(1981)『意味と形』こびあん書房.）

Chiba, Shuji (1987) *Present Subjunctives in Present-Day English*. Shinozaki Shorin. 千葉修司 (2013)『英語の仮定法――仮定法現在を中心に』開拓社.

Chomsky, Noam (1957) *Syntactic Structures*. Mouton.（ノーム・チョムスキー（著），福井直樹・辻子美保子（訳）(2014)『統辞構造論』（岩波文庫青）岩波書店.）

Culicover, Peter (1971) *Syntactic and Semantic Investigations*. Doctoral dissertation, MIT.

Emonds, Joseph (1976) *A Transformational Approach to English Syntax*. Academic Press.

Declerck, Renaat (1991) *A Comprehensive Descriptive Grammar of English*. Kaitakusha.（レナート・デクラーク（著），安井稔（訳）(1994)『現代英文法総論』東京：開拓社.）

Fitzmaurice, Susan (2000) "Remarks on the De-grammaticalisation of Infinitival *to* in Present-Day American English." In Olga Fischer et al. (eds.), *Pathways of Change—Grammaticalization in English*, 171–186. John Benjamins.

東信行 (1999)「To Split or to Not Split ――準動詞の否定――」『英語青年』第 143 巻 6 号, 8. 研究社.

久野暲・高見健一 (2005)『謎解きの英文法——文の意味』くろしお出版.
久野暲・高見健一 (2017)『謎解きの英文法——動詞』くろしお出版.
森貞 (1999)「'to not V' 型分離不定詞の生起条件について」『日本言語学会第 119 回大会予稿集』117–122.
Mori, Sadashi (2000) "On 'to not V' Forms in American English Conversation."『英語表現紀要』17 号, 30–39.
中邑光男・山岡憲史・柏野健次 (編) (2017)『ジーニアス総合英語』大修館書店.
野村忠央 (2004)「仮定法現在節の〈have・be + not〉語順再考」『英語青年』第 149 巻 11 号, 694–696. 研究社.
Nomura, Tadao (2006) *ModalP and Subjunctive Present*. Hituzi Syobo.
野村忠央・Donald L. Smith (2007)「〈to not do〉語順再考」『英語青年』153 巻 6 号, 368–371. 研究社.
野村忠央・菅野悟・野村美由紀・外池滋生 (2017)『[新版] 英文法の総復習とワンクラス上の英作文』DTP 出版.
Potsdam, Eric (1997) "NegP and Subjunctive." *Linguistic Inquiry* 28: 533–41.
Potsdam, Eric (1998) *Syntactic Issues in the English Imperative*. Garland.
Quirk, Randolph, Sidney Greenbaum, Geoffrey Leech, and Jan Svartvik (1985) *A Comprehensive Grammar of the English Language*. Longman.
Radford, Andrew (2009) *Analysing English Sentences: A Minimalist Approach*. Cambridge University Press.
Swan, Michael (2016) *Practical English Usage*, 4th ed. Oxford University Press.（マイケル・スワン（著），吉田正治（訳）(2018)『オックスフォード実例現代英語用法辞典（第 4 版）』研究社.）
高見健一 (2003)「二重目的語構文 (1) ——情報構造と構文の意味」『英語教育』52 巻 11 号, 43–45. 大修館書店.
Vendler, Zeno (1967) *Linguistics and Philosophy*. Cornell University Press.
安井泉 (2004)「Question Box: 37. not to do vs. to not do」『英語教育』53 巻 11 号, 70. 大修館書店.

（文教大学）

第 15 章

Were to が前提節に現れる条件文の特徴と その帰結節が直説法現在となる場合

女 鹿 喜 治

● はじめに

　辞書や文法書の説明が，小説や雑誌などの用例と較べると，少し違っているのではないかと思うことがあります。説明が必ずしも間違っているわけではありません。他の要因が関わっているためにそのように見えるのです。

　例えば，(1) は誘拐犯 (Joseph) とどのように交渉するのか説明する場面です。(代名詞の it は「人質の解放交渉を行い，身代金を支払うこと」を意味します。太字は筆者による。以後も同様。)

(1) "It's all in a day's work for me. And, as odd as it sounds, it's really just like any other transaction. Kidnapping or bank loan or an acquisition or a joint venture, there's not a lot of difference when it comes down to consummating the deal. You always pay in installments. Never everything up front. **If** you **were to** give Joseph what he wants right away, then he **has** no incentive to ... keep anyone alive."

(Jeffery Deaver, *The October list*: 32)

　Were to が現れる**前提節 (protasis)**（以後，if + were to 節）を伴う What would happen to your family if you were to die in an accident? のような**条件文 (conditional sentence)** の場合，**帰結節 (apodosis)** には would のような**仮定法過去 (subjunctive past)** の**法助動詞 (modal auxiliary)** が現れるというのが一般的な説明です。しかし，(1) では，仮定法過去の would have ではなく，**直説法現在 (indicative present)** の has になっています。

　本章では，前半で，if + were to 節を伴う条件文の特徴とそれが表す**出来事 (event)**（文と節の表す何らかの動作や状態）の実現可能性を検証し，後半では，それを基に，(1) のような帰結節が直説法現在となる要因を探ります。

[212]

● 前提節に were to が現れる条件文の特徴

ここでは，if + were to 節を伴う条件文が表す出来事の主な特徴とその例をそれぞれ『ジーニアス英和辞典』を基にまとめた後，若干の補足を加えます。(2a, b, d–f) は前提節，(2c) は帰結節の特徴で，(3a–f) がそれぞれの例文です。

(2) a. If + were to 節は「仮に…するとしたら」という意味を表す。仮定が単なる想像（仮の話の前置き）であり，その仮定は実現不可能なものから，実現の可能性のあるものまで幅広い。
   b. If + were to 節の were to に続く動詞は move や run などのような動作・行為を表し，be, think, know のような思考・状態を表す動詞は不可。
   c. 帰結節には仮定法過去の法助動詞を用いる。
   d. 堅い書き言葉・話し言葉では，接続詞の if が省略され were が倒置されることがある。
   e. If + were to 節は未来にのみ，その一方で，if + 仮定法過去の前提節は現在と未来の両方に言及する。未来に言及する場合，前者では文の意味内容が実現する可能性がほぼないが，後者では少しあると話し手は考えている。例えば，**If I were to** win the lottery, I **would** .... では，宝くじに当たる可能性がほぼないが，仮定法過去の **If I won** the lottery, I **would** .... では，少しあると考えている。
   f. 控え目な提案・依頼や丁寧な表現として用いられる。

(『ジーニアス英和辞典』 *be* 3, *if* I, 1d)

(3) a. **If** Newton **were to** (= Were Newton to) return today, he **would** be very surprised to learn of Einstein's Theory of Relativity.
   b. **If** I **were to** go to an amusement park, I **would** prefer to ride the roller coaster or other fast rides.
   c. "Is Tom smart?" "**If** I **were to** say he's smart, it **would** be a lie."
   d. **If** I **were to** win the lottery, I **would** make a trip around the world.
   e. **If** you **were to** visit the web page, you **would** be able to take a virtual tour of the White House.
   f. **If** you **were to** take off your hat, we **could** see the screen completely.

(『ジーニアス英和辞典』be 3, if I, 1d)

　(2a) は後で再度取り上げますが，この if + were to 節の表す仮定が実現するかどうか判断する基準は話し手の百科事典的な知識や常識，経験に基づきます。例えば，ニュートン (Isaac Newton, 1642–1727) はすでに亡くなった数学・物理学者ですから，(3a) は完全に実現不可能な仮定です。ところが，(3b) の遊園地に行くという出来事は，可能性が低いとしても，必ずしも実現しないわけではありません。(3c, d) についても同じことが言えます。また，(2f) はこの「仮に…するとしたら」という意味の応用です。この仮定法過去は直説法現在の法助動詞が表す断定性を和らげ，控え目な表現にすることによって，(3e, f) のような遠慮がちな提案や丁寧な依頼を表す例を生み出すことになります。

　(2b) で，動作・行為の動詞が if + were to 節に現れるのは，(2e) にあるように，if + were to 節が未来に言及するためです。思考・状態動詞は一般的に現在の事実を表すため，if + were to 節とは共起しません。

　(2c) についても次節以降で詳述しますが，実は，if + were to 節を伴う条件文の帰結節は仮定法過去だけでなく，少数ながら，(1) のように，直説法現在のことがあります。(この原因を探るのが本章の眼目です。) ここで言う法助動詞とは will (「…だろう」)，may (「…かもしれない，…してもよい」)，must (「…に違いない，…しなければならない」) のような**法性 (modality)** (文の意味内容に対する話し手の心的態度，つまり，可能性，必然性，蓋然性，義務，許可などの判断) を表す助動詞のことです。例えば，He is a policeman. は「警察官だ」という事実を話し手がありのままに伝えているため，法性が含まれません。He **must** be a policeman. では，推量や強い確信を表す must があるため，法性が含まれます。

　(2e) は Plans were made which were never to be carried out. のような be + to 不定詞の用法と関連しています。この be + to 不定詞は一般に直説法過去で使われ，「…する運命だ，…することになる (be destined to ...)」という「運命」の意味を表します。これがこの if + were to 節にも関わっています (Declerck 1991: 430)。つまり，「運命」は意味的に未来の出来事を表すため，if + were to 節は，仮定法過去の前提節とは異なり，現在の状態に言及することがありません ((2b) を参照)。

　If + were to 節は，仮定法過去の前提節と同様に，「非現実的，あるいは，想

像上の未来の出来事 (unreal or imaginary future event)」に関する言い方です (Swan 2016: 238.1–2, 244.2)。このことから，If + were to 節には「実際にはあり得ないだろうが…」という含意が生じます。また，この二つの節には著しい違いがなく，互いに置き換えが可能なことがあります (Declerck 1991: 430)。

(4) **If** the boss **was/were to** come in now, we'**d** be in real trouble. (= **If** the boss **came** ...)　　　　　　　　　　　　(Swan 2016: 244.2)

しかし，文法形式が異なれば，それによって伝達される意味も異なると言われることがあります。興味深いことに，文脈や話し手によって異なりますが，英語話者の判断では，(5a–f) のように，条件文はその種類によってそれぞれ出来事の実現可能性が，少しずつ異なります（柏野 2018: 78）。

(5) a. If it **rains** tomorrow, the game **will** be cancelled.［直説法現在: 60%］
　　b. If it **should** rain tomorrow, the game **will** be cancelled. [should: 40%]
　　c. If it **rained** tomorrow, the game **would** be cancelled.
　　　　　　　　　　　　　　　　　　　　　　　　　［仮定法過去: 30%］
　　d. If the earth **exploded**, no one **would** survive.　　［仮定法過去: 0%］
　　e. If it **were to** rain tomorrow, the game **would** be cancelled.
　　　　　　　　　　　　　　　　　　　　　　　　　　　[were to: 20%]
　　f. If the earth **were to** explode, no one **would** survive.　[were to: 0%]
　　　　　　　　　　　　　　　　　　　　　　　　　　　（柏野 2018: 78）

これに従うと，(3b–d) は (5e) 型，(3a) は (5f) 型です。また，(5c) の仮定法過去の前提節と (5e) の if + were to 節はよく似た特徴を持っています ((4) を参照) が，未来の出来事が起こり得ないとか，実質的にあり得ないだろうという意味合い（「そんなことはないだろうが…」）は (5e) 型の方が (5c) 型よりも若干強いようです。

このような条件文の表す出来事の実現可能性は話し手の百科事典的な知識と常識に基づいて判断されますが，条件文だけでは実現可能性がどれほどなのか判断しにくいことがあります。この場合は文脈がこの判断材料となります。

例えば，(6) はある物理学の教科書からの抜粋で，アインシュタインがニュ

ートンの重力の法則をどのように修正したのかを説明したものです。

(6) Another topic deserving discussion is Einstein's modification of Newton's law of gravitation. In spite of all the excitement it created, Newton's law of gravitation is not correct! It was modified by Einstein to take into account the theory of relativity. According to Newton, the gravitational effect is instantaneous, that is, **if** we **were to** move a mass, we would at once feel a new force because of the new position of that mass; by such means we **could** send signals at infinite speed. Einstein advanced arguments which suggest that we *cannot send signals faster than the speed of light*, so the law of gravitation must be wrong. By correcting it to take the delays into account, we have a new law, called Einstein's law of gravitation.

(Richard P. Feynman, *Six Easy Pieces*: 112)

第2文は「Newtonの引力の法則が誤りだ」と述べています。第4文は前半部の「重力の影響は瞬時に伝わる」というNewtonの理論を基に，後半部で「ある質量の物体 (mass) を動かすと，その物質の位置が変わるため，新たな力 (force) をすぐに感じる。この方法を使うと，信号を無限の速さで送ることができることになる」という仮説を立てています。しかし，第2文にあるように，この仮説は現代の物理学では不適切で，学問的事実に反します。このため，第4文のif + were to節を伴う後半部 (**if** we **were to** move a mass, we would at once feel ...; by such means we **could** send ...) は仮定法過去となります。これと対照的に，第4文の前半部 (the gravitational effect is instantaneous) も誤ったNewtonの引力の法則に基づいているにもかかわらず直説法現在ですが，これはNewtonの著作のことばをそのまま引用しているためです。したがって，文脈内容から，第4文の出来事が実現する可能性は0%で，(3a) と同じ (5f) 型の条件文です。

第 15 章　Were to が前提節に現れる条件文の特徴とその帰結節が直説法現在となる場合　217

● 帰結節が直説法現在となる場合 (1)

　(2c) は，if + were to 節が表す未来の出来事が実現不可能か，その可能性が低いのなら，当然，帰結節の出来事も同時に仮定法過去となり，実現不可能か，可能性が低くなるということを意味します。筆者が知る限り，学習参考書や文法書，辞書の多くが次の (7a–c) のように (2c) と同様な説明となっています。

(7) a. [〈if + 主語 + were to + 原形不定詞〉は] 仮定法過去の一つだから，一般に帰結節の動詞は〈過去形助動詞 + 原形不定詞〉になる。
　　　　　　　　　　　　　　　　　　　　　　　（綿貫・他 2010: 553）
　　b. 話者が，[条件節に現れた] should の場合よりさらに条件の実現性が低いと思っていることを示す時には，[条件節に] were to を用い，帰結節には法助動詞の過去形が用いられる。　（浅川・鎌田 1986: 208）
　　c. Were to の構文的な特徴は，主節に助動詞の過去形が来るという点にある。実際，ネイティヴ・スピーカーによる作例 (9 例) を掲載した田中 (1990) を調べてみても，were to を用いた条件文の主節にはすべて would がきている。また英文法書や辞典から例文を集めている垣田 (1989) でも 22 例中のすべての場合に would や could が用いられている。さらに，ネイティヴ・スピーカーも主節には will や命令文は使えないとコメントしている。
　　　これは話し手が想像世界に身を置いて were to を用いて発言し始めているにもかかわらず，主節に現実世界に言及する will や命令文を使うと意味的に矛盾するからである。　　　（柏野 2012: 138）

　このような明確な言及がなくても，それ以外の多くの文献にも (3a–d) や (4) と類似の例文が見られることから，それらも (2c) を暗黙の了解事項としていると思われます。筆者は (2c) と (7a–c) が基本的には正しいと考えます。小説や雑誌などの大多数の例がこの説明通りで，英語学習者にもそれが有益だからです。
　問題は，if + were to 節なら，帰結節も必然的に仮定法過去になるのかということです。確かに，多くの場合，(2c) と (7a–c) の通りなのですが，(1) のように，直説法現在になることがあります。これを指摘した文献が，筆者の知る限りで

は，3つだけあります。

(8) "Do you know, I rather doubt that. Suppose an old friend or acquaintance goes to her and says: 'Look here, I'm in a bit of a spot. A chap I've had business dealings with has been murdered. If they identify him and all our dealings come to light, it will be absolute disaster. But **if** you **were to** come along and say it's that husband of yours, Harry Castletown, who did a bunk years ago, then the whole case **will** peter out.'"
(Agatha Christie, *The Clocks*: 228, cited in 河上 1996: 455)

(9) ここでは相手に死人が自分の夫だと言ってくれるように説得しようとしている。この were to は事実に反する仮定やありそうもないことを表すために使われてはいない。「仮に…してくださったら」と 'tentative' な言い方をしているのである。実はそうして欲しく，その実現を祈っているのである。だからこそ，帰結節は時制の一致の原則を破って would peter でなく，will を使っているのである。　　　　　（河上 1996: 456）

　河上 (1996) の説明に従うと，(8) の第5文は (2f) の控え目な提案・依頼の例で，(3e) に近い表現です。常識的に考えて，if + were to 節の「私といっしょに行って，『その殺された人物は私の夫の Harry Castletown で，何年か前にどこかに逃げていなくなっていたのです』と言う」ことは，仮の (tentative) 話だとしても，やろうと思えばできることで，実際に起こる可能性があります。また，帰結節の will は予言・予測を表す直説法現在の法助動詞で，実現の度合いは will の方が would より高くなります。そのため，話し手は帰結節で will を使うことで「この事件のすべてがうやむやになる」可能性が高いことを伝え，殺された人物は自分の夫だと話す気にさせようとしています。これによって，河上 (1996) が述べるように，(8) の条件文は「説得」の意味合いを帯びます。
　もう一つは例文のみですが，安藤 (2005) によるものです。

(10) "Well, let's make a start. Who **gets** your money **if** you **were to** die?"
Miss Blacklock said rather reluctantly:
"Patrick and Julia. I've left the furniture in this house and a small annuity to Bunny ...."

(Agatha Christie, *A Murder Is Announced*: 88, cited in 安藤 2005: 374)

人は必ず亡くなるわけですから，第1文の if + were to 節の意味内容は起こり得る出来事です。この if + were to 節にも「今，あなたが亡くなることは考えられないのですが…」という控え目な態度が感じられます。また，帰結節の法助動詞を伴わない直説法現在の gets はすでに確定している予定を表すことから，この帰結節は「あなたのお金を相続する人は誰ですか」という意味になります。当然，if + were to 節の仮定法過去はこの帰結節には及びません。

最後に，八木 (2011: 146–148) によると，if 節のような条件節の動詞を直説法と仮定法のどちらにするのかは，ある状況が起こるかどうかを話者が結局どう判断するかによります。(これは if 節の実現可能性を柏野 (2018: 78) が (5a–f) で説明した内容と軌を一にしています。) 例えば，危篤な状態の Arafat パレスチナ自治政府大統領の政治的状況を述べた (11) の if + were to 節が婉曲的な意味なのは何の不思議でもなく，死の床にあるから必ず直説法というわけではありません。

(11) **If** Arafat **were to** die, the Palestinian constitution dictates that parliamentary speaker Rauhi Fattuh **take over** as President for 40 days, until elections might be held. (八木 2011: 146)

興味深いことに，帰結節 (「パレスチナ自治政府の憲法の定めでは，国会議長の Rauhi Fattuh が 40 日間大統領職を引き継ぐ」) の the Palestinian constitution dictates はすでに確定した事実を表すため，if + were to 節の仮定法過去の影響を受けません。That 節の parliamentary speaker Rauhi Fattuh **take over** ... until elections might be held のみが if + were to 節と意味的に関わるだけです。しかも，動詞の take が仮定法過去の would take でないのは，dictates が that 節の動詞に仮定法現在を要求する「提案，要求，命令，必要」などを表す動詞の一つだからです。

これ以外の筆者が集めた実例を検討します。(12) は (6) と同じ物理学の教科書からの抜粋で，電場 (an electric field) の中で起こる現象に関する説明です。

(12) When we put an electron in an electric field, we say it is "pulled." We

then have two rules: (a) charges make a field, and (b) charges in fields have forces on them and move. The reason for this will become clear when we discuss the following phenomena: **If** we **were to** charge a body, say a comb, electrically, and then place a charged piece of paper at a distance and move the comb back and forth, the paper **will** respond by always pointing to the comb. **If** we **shake** it faster, it **will** be discovered that the paper **is** a little behind, there **is** a delay in the action.

(Richard P. Feynman, *Six Easy Pieces*: 30)

If + were to 節が生じる第3文の帰結節に，直説法現在の法助動詞 will が生じていますが，(2c) によれば，仮定法過去の would のはずです。文法的には would でも構いませんが，そうならないのはこの物理現象が教科書に載るくらい周知の事実で，実験の準備と手順を間違わなければ必ず同じ結果が得られるという確信がこの筆者にあるためです。(仮定法過去の would は will よりも実現性が低く，この現象に対する確信の度合いが低いことを表します。) その一方で，第4文は第3文と同じ現象の説明ですが，前提節と帰結節の両方が直説法現在です。このことから，第3文の if + were to 節を直説法現在 (if we **charge a body, say a comb, electrically**) に変えても，伝達される意味内容は実質的に同じになるはずです。

(13) は確率 (probability) に関する説明の一部です。

(13) **If** you **were to** repeatedly toss, *n* times, a coin for which the probability of heads is *p*, the mean number of heads is *np*.
(*The World Book Encyclopedia* Vol. 18: 687, cited in M. Higa and N. J. Teele, *Reading Academic English*: 142)

(13) は，(12) の第3文と同様に，if + were to 節を直説法現在 (if you repeatedly toss, *n* times, a coin ...) にしても，実質的には同じ意味内容です。帰結節は直説法現在ですが，(2c) に従って，仮定法過去 (the mean number of heads would be np) にすると，数学的事実としての断定性を弱めてしまいます。

(13) は**総称的叙実条件文 (generic factual conditional)** の一種です。このような条件文は，**If** oil **is** mixed with water, it **floats**. のように，一般的に，前提

節と帰結節の両方が直説法現在となり，法助動詞が生じません。そして，普遍的な事実や真実を表すため，その意味内容の性質上，科学的な文章に多く見られます（安藤 2005: 669–670, Larsen-Freeman and Celce-Murcia 2015: 580）。ちなみに，(12) の第 2 文と第 3 文の will は Plastic **will** melt if it gets too hot. と同じ用法で，Plastic **melts** if it gets too hot. のように，事実を表す総称的叙実条件文に言い換えることができます。この will はある出来事が間違いなく起こるという話者の予測を聞き手に伝える用法で，安藤 (2005: 298–299) は確実に起こるという予測を表す will と事実を表す現在形が近い関係にあるのは注目に値するという指摘をしています。

　(14) は同性婚のカップルが子供を養子として育てると，法律的にどんなことが起こり得るのか DeBoer と Rowse という二人の女性を例に説明したものです。

(14) Michigan, however, permits only opposite-sex married couples or single individuals to adopt, so each child can have only one woman as his or her legal parent. **If** an emergency **were to** arise, schools and hospitals **may** treat the three children as if they had only one parent. And, **were** tragedy **to** befall either DeBoer or Rowse, the other **would** have no legal rights over the children she had not been permitted to adopt.

(David S. Schwartz and Lori A. Ringhand, *Constitutional Law*: 124)

　第 2 文と第 3 文は第 1 文の「保護者となれるのは（同性婚のカップルのうち）どちらか一方だけだ」というミシガン州の条例の内容から予測・想定され得る具体的な事例を表しています。このため，第 2 文と第 3 文の if + were to 節は必ずしも実現性が低いことを表しているわけではありません。したがって，この if + were to 節を直説法現在 (**if** an emergency **arises**, **if** tragedy **befalls** either DeBoer or Rowse) にしても，伝達される意味内容は実質的に同じです。

　興味深いことに，第 2 文と第 3 文に if + were to 節が現れているにもかかわらず，第 2 文の帰結節（「学校や病院はまるで母子家庭の子供であるかのようにこの 3 人の子供を扱うかもしれない」）の法助動詞は直説法現在の may であり，その一方で，第 3 文の帰結節（「DeBoer と Rowse のどちらかは（3 人の子

供を養育しているにもかかわらず) 養子縁組を認められてない子供に法的な権利を行使できないだろう」) の法助動詞は仮定法過去の would です。

　この違いはどう考えればいいのでしょうか。Would と may はどちらも帰結節の出来事が実現する可能性を表す法助動詞として機能しています。このため，この 2 つの帰結節の表す出来事の実現可能性の違いがこの二つの法助動詞によって示されているということになります。(文脈や話者によって多少の差がありますが，could, might, **may**（**may** と might はほぼ同程度のことが多い），can（否定・疑問文で），should, ought to, **would**, will, must の順で話し手の確信度が強くなります（『ジーニアス英和辞典』*would* I, *might* I. 1)。) このことは，話し手が表そうとする帰結節の実現可能性によっては，法助動詞が if + were to 節の仮定法過去と必ずしも一致するとは限らないということを示唆します。

　このように，(8) と (10)–(14) の if + were to 節を伴う条件文が表す出来事はすべて実現可能性のある仮定です。しかしながら，(8) と (10)–(11) の例文と (12)–(14) の例文とは伝達される意味がやや異なります。それは，(8) と (10)–(11) の were to には「そんなことはないだろうが…」という聞き手に対する控え目な態度が示唆されていますが，(12)–(14) にはそれがないということです。

　ちなみに，(1) の前提節 **if** you **were to** give Joseph ... の were to も実現可能性のある出来事で，「そんなことはないだろうが…」という意味合いが含意されていますが。帰結節の he **has** no incentive ... が法助動詞のない直説法現在で，he **would** have no incentive ... のように，仮定法過去の法助動詞が現れないのは，この帰結節の予測内容を話者が強く断定しているためです。筆者はこの直説法現在に交渉人の冷徹な判断力を感じます。

　(12)–(14) についてさらに付言すると，if + were to 節 (「櫛のような物体を帯電させ，離れた所に帯電した一枚の紙を置き，その櫛を前後に動かしてみると」，「硬貨を続けて n 回放り上げて，コインの表が出る確率を p とすれば」，「緊急事態が起これば」，「悲劇的な事態が起これば」) は実現可能な出来事であり，教室や実験室，実社会などで日常的にいくらでも起こることです。そのため，were to を削除し，直説法現在にしても，伝達される意味内容は変わりありません。当然，その帰結節も直説法現在となり，(13) のように，法助動詞さえも現れないことがあります。(14) の if + were to 節を伴う条件文が表す出来事の実現可能性は (3b–d) のような (5e) 型の 20% よりも高く，(5a, b) 型の 60%，

40%に近くなり，(12)–(13)に到っては100%になるはずです。

● 帰結節が直説法現在となる場合 (2)

さらに興味深い実例を検討します。(15)は，物理学者たちが原子炉を使って原子爆弾の開発をChicagoという大都市の中心部（Chicago大学）で秘密裏に行っていた時の描写です。

(15) To keep the reaction from running away, the scientists had developed crude control rods—sticks of wood covered with sheets of neutron-absorbing cadmium metal. Once enough uranium and graphite was in place, they would pull the control rods out—very gently. **If anything were to** go wrong, said Enrico Fermi, the refugee from Fascist Italy who was the project's guiding genius, "I **will** walk away—leisurely."
(*U.S. News & World Report*, Oct 25, 1993: 54–6)

第3文のgo wrongは臨界に達した原子炉が暴走して，大事故に繋がることを意味します。第1文の形容詞crude（「雑な作りの」）が表すように，原子炉の緊急停止装置は大まかなものだったようです。そのため，第3文の前提節で「そんなことはないだろうが…」という含意を持つwere toが使われていると思われます。（さらに，このifはその意味を強めるevenの意味も帯びています。）新たな装置や設備などの開発は失敗する可能性が常にありますから，当然，このif + were to節の意味内容は可能性が低くても，実際に起こり得る出来事です。

帰結節には意志未来を表す直説法現在の法助動詞willが現れています。"I **will** walk away—leisurely."はFermiのことばを直接引用したものです。(2c)に従えば，法助動詞はwillではなく，仮定法過去のwouldのはずです。Wouldでは，原子炉は暴走しないという想定になりますが，willでは，原子炉の暴走が起こり得ることになるため，Fermiは原子炉の事故の可能性をあり得るものとし，「（原子炉が暴走したら，）慌てずにその場を離れよう」と考えていることになります。

(16)は神経症の天才的チェリストについて述べたことばです。

(16) "You've built up all this trust with him," she says, telling me that **if I were to** now force him to do something against his will, **I could** drive him away for good, and he's **likely to** get worse.

(Steve Lopez, *The Soloist*: 135)

この帰結節では，仮定法過去と直説法現在という異なった法性の動詞(句)が and で結ばれています。If + were to 節の表す出来事(「今，彼に自分の意思に反することを強いることがあれば」)は実現不可能な仮定ではありません。Were to は「私はそんなことをしないだろうが…」という好ましくない出来事に対する話し手の気持ちを示唆し，その気持ちが最初の帰結節の could にも反映されています。この点で，if + were to 節と仮定法過去の could を伴う帰結節の意味関係は (3b–d) や (4) と同じ (5e) 型の条件文です。この could が直説法現在の is likely to と共起し，if + were to 節と意味的に繋がっているのは矛盾しているように見えます。

しかし，出来事の起こる可能性を判断する語(句)という点では，どちらも同じです。一般的に，could は実現する可能性が比較的低い法助動詞，likely はそれが比較的高い法的な形容詞と見なされています。(このような法的な形容詞には apparent, certain, evident, likely, probable, possible, obvious などがあります(村田 1982: 150)。)このため，could と be likely to はそれぞれの帰結節の出来事が起こる可能性の違いを対照的に表しているだけで，情報伝達上は問題ありません。

(17) は，2015 年当時，まだ大統領候補の一人に過ぎなかった Trump がイスラム教徒を排斥すべきだと言ったことを念頭に置いて，大統領の Obama が人の見かけや宗教に関わりなく，自由という信念で国民が互いに連帯すべきだと述べたことばの一節です。

(17) We **would** do a disservice to those warriors of justice—Tubman, and Douglass, and Lincoln, and King—**were** we **to** deny that the scars of our nation's original sin are still with us today. (Applause.) We condemn ourselves to shackles once more if we fail to answer those who wonder if they're truly equals in their communities, or in their justice systems, or in a job interview. We betray the efforts of the past if

第 15 章　Were to が前提節に現れる条件文の特徴とその帰結節が直説法現在となる場合　225

we fail to push back against bigotry in all its forms. (Applause.)

　But we **betray** our most noble past as well **if** we **were to** deny the possibility of movement, the possibility of progress; **if** we **were to** let cynicism consume us and fear overwhelm us. If we lost hope. For however slow, however incomplete, however harshly, loudly, rudely challenged at each point along our journey, in America, we can create the change that we seek. (Applause.)
(Remarks by the President Barack Obama at Commemoration of the 150th Anniversary of the 13th Amendment on December 9, 2015)

　第1文は，(3a) のような実現可能性が 0% の (5f) 型の条件文です。なぜなら，伝統的なアメリカ民主主義では，if + were to 節の「我が国民の原罪［この場合，人種差別］による心の傷跡が今でも存在することを否定する」ことは絶対にあり得ないことで，そんなことが起これば，これまでの米国の社会構造を根底から覆すことになります。帰結節の「歴代の正義の戦士たちに仕打ちを与える」ことなど，当然のことですが，考えられないからです。

　同様に，第4文の二つの if + were to 節の「(公民権) 運動の可能性，進歩の可能性を否定すれば」，「不信感に駆られて，恐怖心に圧倒されたままにしておけば」も，伝統的なアメリカ民主主義の観点では，あってはならないことです。このため，この if + were to 節も実現可能性は (5f) 型の 0% です。しかし，帰結節の動詞は法助動詞さえもない直説法現在の betray で，第1文の would do と対照的です。(2c) に従えば，仮定法過去の would betray になるはずですが，この betray の直説法現在は出来事が未来に起こることを強く断定する言い方です。ある英語話者は，第4文の直説法現在の帰結節には，どちらかというと切迫感とか，何か危険が差し迫っているというような響きを感じると述べています。Obama はこのままでは「崇高な過去も否定してしまう」(帰結節) ことになりかねないという危機感を強く感じていたのかもしれません。

　このように，話し手の情報伝達の意図によっては，if + were to 節との意味的な結び付きの度合いが低くなり，帰結節が直説法現在になることがあります。その場合，帰結節の実現可能性は (5a, b) 型に近くなると思われます。

● まとめ

If + were to 節を伴う条件文では，(3a–f), (4), (6) のように，その帰結節は大多数が仮定法過去になりますが，次のような場合には直説法現在になります．

- (1), (8), (10), (11), (12)–(17) のように，頻度が非常に少ないながらも，帰結節の動詞が直説法現在になることがあります．これは，if + were to 節の表す出来事の実現可能性が低いとしても，多くの場合，話し手が少なくとも実現可能だと判断するためです．
- (12)–(14) のように，物理学や数学，法律・行政の事例などの文章では，if + were to 節を伴う条件文であっても，were to を外し，直説法現在にしても，伝達される情報の意味内容に実質的な差はありません．この場合，直説法現在の帰結節は普遍的な事実や真実，主語の性質・特徴を表し，仮定文の出来事の実現可能性は 100% です．(14) では，(5a, b) 型に近くなります．
- (1), (8), (10), (11), (15)–(17) では，if + were to 節を直説法現在にすると，were to は「そんなことはないだろうが…」という意味合いを含意します．(その一方で，(12)–(14) にはそれがあまり感じられません．) これらの if + were to 節は (5e) 型だとしても，直説法現在の帰結節の出来事が実現する可能性は少なくとも (5a, b) 型に近付くか，(10) ではそれ以上になります．
- (17) のように，if + were to 節の表す出来事が意味的に実現不可能な (5f) 型だと考えられる場合でさえも，この前提節の仮定法過去に影響されることなく，帰結節が直説法現在となることがあります．

東北地方のある高校の学力考査試験で，「有名人と 1 時間過ごせるとしたら，誰とどのように過ごしますか．80 字程度の英文で答えなさい」という問題が出題されたことがあります．その採点結果の講評は「if 節を仮定法過去で書き始めたにもかかわらず，主節が仮定法過去となってない英文が非常に多かった」というものでした．高校や受験参考書では，if 節が仮定法過去なら，帰結節も仮定法になると教えるのが基本ですから，この講評は全く適切です．同様に，この「if 節を仮定法過去で書き始めたにもかかわらず」を「if + were to

節で書き始めたにもかかわらず」に変えても，講評は全く同じになっているはずです．

　しかし，英語力が身に付いてくれば，高校生に限らず，意識の高い英語学習者は教科書やサイドリーダー以外に雑誌やペーパーバックなどを読み始めます．そうすると，本章で扱った例に早晩出会うことになります．その時，なぜ主節が仮定法になっていないのかと考えることでしょう．前後の文脈から，無意識のうちに理由がわかるかもしれないし，直説法の方がむしろ自然だと感じるかもしれません．（そのために，ここでは前後の文脈も加えました．）本章で取り上げた仮定法の例は「文法規則」の例外や応用例として扱うことができるかもしれません．しかし，数が少ないだけのことで，極めて自然で豊かな英語表現の一つです．（実は，他にも興味深い例がありますが，紙幅の都合で省略しました．）それを感じ取っていただきたいと思います．こうして知識としての文法規則が英語話者の英語感覚に少し近づくのだと思います．

＊本章は欧米言語文化学会第 133 回例会（2016 年 12 月 4 日，日本大学芸術学部），連続シンポジウム「学問的知見を英語教育に活かす」での発表内容（「were to が現れた条件文の帰結節は仮定法だけなのか」）の一部を例文も含めてほぼ完全に加筆修正したものです．また，例文 (1) は畏友の藤田崇夫氏に提供していただきました．

参考文献
浅川照夫・鎌田精三郎 (1986)『助動詞』大修館書店．
安藤貞雄 (2005)『現代英文法講義』開拓社．
Declerck, Renaat (1991) *A Comprehensive Descriptive Grammar of English*. Kaitakusha.（レナート・デクラーク（著），安井稔（訳）(1994)『現代英文法総論』開拓社．）
垣田直巳（編）(1989)『英語指導ハンドブック 5 英文用例編』大修館書店．
柏野健次 (2012)『英語語法詳解』三省堂．
柏野健次 (2018)「未来を表す仮定法表現の使い分け」『英語教育』第 66 巻 13 号，78–79．大修館書店．
河上道生 (1996)『英語参考書の誤りとその原因をつく』（第 4 版）大修館書店．
Larsen-Freeman, Diane and Marianne Celce-Murcia (2016) *The Grammar Book*, 3rd ed. National Geographic Learning.
Swan, Michael (2016) *Practical English Usage*, 4th ed. Oxford University Press.（マ

イケル・スワン（著），吉田正治（訳）(2018)『オックスフォード実例現代英語用法辞典』(第 4 版) 研究社.）
田中茂範 (1990)『データに見る現代英語表現・構文の使い方』アルク.
村田勇三郎 (1982)『機能英文法』大修館書店.
八木克正 (2011)『英語の疑問 新解決法』三省堂.
綿貫陽・宮川幸久・須貝猛敏・高松尚弘 (2000)『徹底例解ロイヤル英文法』(改訂新版) 旺文社.

辞書
『ジーニアス英和辞典』(第 5 版) (2014) 大修館書店.

（桐生大学）

第16章

日英語の音韻論／音声学的比較に基づいた音声指導

森 景 真 紀

● はじめに

　日本語母語話者に，英語の4技能の中でどれが一番苦手であるかを尋ねれば，その多くはリスニングやスピーキングが苦手だと答えます。リーディングやライティングのテストでは良い点数を取る自信がある人でも，「英語の音が聞き取れない」，「他の語彙と聞き違える」ということを頻繁に経験しているからです。大学で筆者の担当する授業でも，学生らに聞き取りの練習をさせると表1のような誤答例に出くわすことは珍しくありません。

表1　授業中に観察された学生による聞き間違い

正しい英語	誤答例
full moon	for moon
vitamins	by the means
reusable bag	use for
rethink	"re" の部分が聞こえない
marathon	「メーリファイ」と聞こえた
silver	「蕎麦（ソバ）」と聞こえた
health	不明（答えが見当もつかない）

これらはどれも，大学生なら誰もが知っているはずの簡単な語ばかりですが，日本語に存在しない音が含まれているために，正しく認識できないのです。このように日本語母語話者にとって英語の音声認識が困難になる理由は，主に次の4つだと考えられます。

　(1) a. その単語自体を知らない。
　　　b. 英語の音声的特徴に慣れていない。（p.230「● 日英語の音体系の違

　　　　い」参照）
　　　c. 英語の音を日本語の音に置き換えて記憶しまう。(p.235「●「カタ
　　　　カナ発音」の弊害」参照)
　　　d. 単語が文中で使われたときの発音の変化がわからない。(p.236「●
　　　　音の連続における音変化」参照)

　「実践的なコミュニケーション能力の向上」という文言をいたるところで目にする昨今ですが，はたして英語教育に変化は見られているのでしょうか。中学校及び高等学校において6年間の英語教育を受けてきた大学生の音声認識能力の実態に基づけば，音声指導はこれまで十分に効果的に行われてきたとは言えません。
　筆者は，2017年度，大学の教養科目としての「英語」の授業において，音声重視の指導を行いました。本章では，その実践結果をふまえ，日本語母語話者の英語音声認識を困難にしている日英語の音声的，音韻的特徴の比較に基づいた音声指導の一案を提示します。なお，本章で挙げる具体例は，特に記さない限り，筆者が授業中に実際に観察したものや，学生に対する調査結果によるものです。

● 日英語の音体系の違い

1. 音素 (phoneme) 数の違い
　ある言語において意味を区別する最小の単位を**音素 (phoneme)** といいます。日英語の音素数を比較すると，日本語は，子音が17音素，母音が5音素であるのに対して，英語は，子音が24音素，母音が11音素あります。(音韻理論や表記方式により多少の差はありますが，本章で日英語を比較する目的においては重要ではありません。なお，母音に関しては，アメリカ英語の発音を代表に論を進めます。) それぞれの言語の子音体系は図1及び図2，単母音 (monophthong) の体系は，図3及び図4のようになります。

子音体系の比較（囲みは相手の言語には存在しないもの）

図1　日本語　　　　　　　図2　英語

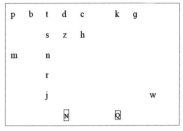
（竹林 1996: 151）

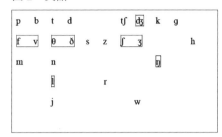
（竹林 1996: 151）

単母音体系の比較

図3　日本語（音素表記）　図4　アメリカ英語（IPA 表記）

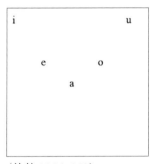
（竹林 1996: 153）

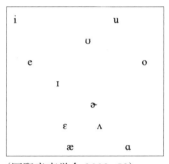
（国際音声学会 2003: 59）

母音，子音ともに，英語には日本語よりも多くの音が存在するため，学習者は似ていると判断した英語音を混同し，日本語音の中の類似した音素で代用してしまう傾向があるのです。(2) は子音における混同・代用の傾向をまとめたものです。

(2) a. /l/ と /r/ を混同する，または日本語のラ行の音で発音する。
　　b. /b/, /v/ を混同する，または /v/ を日本語のバ行の音で発音する。
　　c. /s/ と /ʃ/ を混同する，または日本語の「シ」で発音する（後続の母音が「イ」の場合）。
　　d. /z/ と /dʒ/ を混同する，または日本語の「ジ」で発音する（後続の母音

が「イ」の場合)。
　　　e. /θ/, /ð/ を日本語のサ行，ザ行の音で発音する。
　　　f. /f/ を日本語の「フ」の音で発音する。

母音については，英語の 11 音素を日本語の「ア，イ，ウ，エ，オ」に当てはめて認識してしまう傾向があります。特に，/ɑ, æ, ʌ, ə, ɚ/ をどれも「ア」と認識してしまうと，(3) の発音の違いが区別できなくなります。

　　(3) a. hot [hɑ́t], hat [hǽt], hut [hʌ́t],
　　　　b. hard [hɑ́ɚd], heard [hɚ́ːd]
　　　　c. father [fɑ́ːðɚ], further [fɚ́ːðɚ]
　　　　d. cot [kɑ́t], cat [kǽt], cut [kʌ́t], Kurt [kɚ́ːt]

表 1 で挙げた聞き間違いの例のうち，full が for に聞こえてしまうのも，母音の聞き取りが正確にできておらず，かつ子音 /l/ の発音が，母音に近い "dark L" (/ɫ/) になるため，聴き取りに困難が生じるのだと考えられます。

2. 分節単位と音節構造の違い

　分節単位と音節構造にも日英語間には大きな違いがあります。英語は，**音節 (syllable)** という単位を用いて単語を分節し，それにより語全体の長さを認識する音節言語であり，子音で終わる**閉音節 (closed syllable)** 構造を主体とします。一方，日本語は，音節よりもモーラ (mora) という単位のほうが分節単位として意識されるモーラ言語で，母音で終わる**開音節 (open syllable)** 構造を主体とします。1 モーラは，撥音「ん」，促音「っ」，長音「ー」を含む 1 つ 1 つのかな文字(「ゃ，ゅ，ょ」の拗音を除く) と対応するため，その文字数で語の長さを認識できますが，英語では語の長さは音節数で認識され，音節の長さは，母音とそれに続く子音によって決まるため，語の長さはアルファベット文字数では測れません。(4) は日本語の音素配列例，(5) は英語の音素配列例です (V は母音 (vowel) の略，C は子音 (consonant) の略)。

　　(4) a. V　　(例：「尾 (オ)」= 1 モーラ)
　　　　b. C＋V　(例：「木 (キ)」= 1 モーラ，「花 (ハナ)」= 2 モーラ)

c. C + j + V（j = 拗音）（例：「茶（チャ）」= 1 モーラ）
　　　d. C + V + C　（例：「缶（カン）」= 2 モーラ）
　(5) a. V　（例："I"）
　　　b. C + V　（例："see"）
　　　c. V + C　（例："add"）
　　　d. C + V + C　（例："put"）
　　　e. C + C + V + C　（例："clean"）
　　　f. C + C + C + V + C　（例："spring"）
　　　g. C + C + C + V + C + C　（例："strict"）
　　　h. C + C + C + V + C + C + C　（例："scramble"）
　　　i. C + C + C + V + C + C + C + C　（例："strengths"）

　日本語のほとんどの音節は (4b) のように子音と母音をセットにした構成で全体の約 90％を占めます（窪薗 1998: 66）。一方，英語では，外来語を除けば母音で終わる構成は少なく，(5e–i) のように，子音連続 (consonant cluster) が起こるという特徴があります。(5a–i) は音素配列の長さはまちまちですが，どれも 1 音節です。例えば，(5f) の例 "spring" [sprɪŋ] は 1 音節の語ですが，日本語母語話者は子音の後ろに不要な母音（下記，下線部）を挿入して，日本語の特徴である開音節構造を作り出そうとするため，"spring" は 1 音節の語であるにもかかわらず 4 音節 5 モーラの「スプリング (s<u>u</u>・p<u>u</u>・ri・n・g<u>u</u>)」という発音になってしまう傾向があります。

3. リズム

　言語において**リズム (rhythm)** というのは，ある決まった音声的な型 (pattern) がほぼ等間隔で繰り返し現れる現象のことです（竹林 1996: 116）。英語は強勢のある音節から次の強勢のある音節の直前までの時間的な長さが等しくなるように繰り返される**強勢拍リズム (stressed-timed rhythm)** ですが，日本語は各音節が等しい長さになるように刻まれる**音節拍リズム (syllable-timed rhythm)** に分類されます。ただし，日本語の場合は音節に相当するものがモーラとなり，そのモーラごとにリズムの拍が置かれることになります。1 モーラはかな 1 文字分に相当するので，1 文字ごとに等間隔でリズムが刻まれることになります。例えば，英語は強勢拍リズムなので，(6a) は 7 音節ですが 2 拍となりま

す。一方，日本語はモーラ拍リズム (mora-timed rhythm) なので，(6b) は 8 音節 8 拍となります。

(6) a. an interesting story (an・in・ter・est・ing｜sto・ry)
　　b. おもしろいはなし（お｜も｜し｜ろ｜い｜は｜な｜し）

今度は，(7) の文を「●」の音節を強く，「・」の音節は弱く読んでみましょう。それと同時に，文中の強音節から次の強音節までの時間が等間隔になるように発音することを心がけるとよいでしょう (cf. 川越 1999: 184)。

(7) What a｜beautiful and｜good｜time we｜had!
　　●　・　●　・・　●　●　・　●

4. 語アクセント

諸言語の中には，**語アクセント (word accent)** を持たない言語も存在しますが，日本語と英語はともに語アクセントを持ちます。しかし，アクセントの種類が異なります。日本語は音の高さによる**高低アクセント (pitch accent)**，一方，英語は主として**強勢アクセント (stress accent)** を用います。強勢を受ける音節は（そうでない音節とくらべて）音程が高く (higher)，大きく (louder)，長く (longer) 発音されます。

(8) a.「箸」(ˉ ˍ),「橋・端」(ˍ ˉ)
　　b.「雨」(ˉ ˍ),「飴」(ˍ ˉ)
(9) a. image [ímɪdʒ]
　　b. internet [íntɚnèt]
　　c. vanilla [vənílə]
　　d. McDonald's [məkdánəldz]

(9) の例をカタカナ英語で発音すると強勢が無いため，英語母語話者に聞き取ってもらうことが困難になると考えられます。

● 「カタカナ発音」の弊害

　前節で，日英語の「音素数」，「分節単位と音節構造」，「リズム」，「語アクセント」の違いについて述べました。これらの違いは日本語母語話者にとって，英語の聞き取りや発音を困難にする要因となっています。なぜ困難になるのでしょう。それは，英語の音韻的特徴をほとんど無視し，日本語のそれの影響を大きく残したままで英語を活用しようとするからです。つまり，いわゆる「カタカナ発音」という矯正しがたい悪癖が邪魔をするのです。表1で挙げた聞き間違いの例のうち，例えば vitamins という英単語は (1) で述べたように「ビタミン」というカタカナ語とセットで記憶しているため，（カタカナ語の「ビタミン」とはかけ離れた）英単語 vitamins の実際の発音を耳にしたとき，カタカナ語の知識が実際の英単語の発音を聞き取る際に邪魔・障害になると考えられます。Marathon「マラソン」, silver「シルバー」等についても同様のことが言えます。

　(10) の前置詞のような，現れる音声環境によって発音が異なるものでも，一様に「トゥー」や「フォー」という「カタカナ発音」で覚えているため，聞き取れないことがあります。

(10) a. to　強く発音さた場合：[túː]
　　　　　　弱く発音された場合：[tə]（子音の前），[tʊ]（母音の前）
　　 b. for　強く発音された場合：[fɔɚ]
　　　　　　弱く発音された場合：[fɚ]

　現代日本語では，外来語の様々な音を48文字のカタカナの中の類似したものと長音記号「ー」で置き換えて頻繁に会話の中で使用しています。(11) は日本の社会に定着して久しいもの，(12) は比較的最近になって一般化したものです。(12g) は，実際の発話では短縮された「リスケ」という形になることがほとんどですが，この現象はモーラ言語特有のメカニズムによるものです。純粋な外来語としてのステータスは失われ，代わりに日本語としての市民権が与えられた例であるといえるでしょう。

(11) a. career [kɚríɚ]「キャリア」

　　　　b. computer [kəmpjúːtɚ]「コンピュータ(ー)」
　　　　c. marathon [mǽɚrəθən]「マラソン」
　　　　d. silver [sílvɚ]「シルバー」
　　　　e. virus [váɪərɚs]「ウイルス」
　　　　f. vitamin [váɪtəmɪn]「ビタミン」
　　　　g. water [wɑ́tɚ]「ウォーター」
(12) a. commit [kəmít]「コミット」
　　　　b. user [júːzɚ]「ユーザ(ー)」
　　　　c. evidence [évədn̩s]「エビデンス」
　　　　d. spec [spék]「スペック」
　　　　e. fix [fíks]「フィックス」
　　　　f. share [ʃéɚ]「シェア」
　　　　g. reschedule [rɪskédʒuːl]「リスケジュール」→「リスケ」

　これらの例のように，外来語はその表記を簡単にカタカナという形式に変えて日本語の社会に受け入れられていきます。元の綴りや発音，そして時には，元の意味にも注意を向けられることがほとんどないまま馴染んでいくのです。

● 音の連続における音変化

　実際の発話では，発音された音が隣接する音の影響を受けて変化する現象があります。英語の発話にこの現象が起こるとき，日本語母語話者は，すでに知っているはずの簡単な語句でも聞き取りにくさを感じます。以下で具体的な現象の例をいくつか見てみましょう。

1. 連結

　音の連続において，ある語の最後の音が次の語の最初の音と連続して発音される**連結 (linking)** という現象があります。これが起きて，語の切れ目が認識できないと，発話内容が理解できないことがあります。(13) は語の繋ぎ目が「子音＋母音」だと，連結して1つの音のように聞こえる連結の例です（下線部は連結部分）。

(13) a. I like it, take out, once upon a time
　　 b. It's not just a meal or a break time.
　　 c. Childhood obesity is almost unknown in Japan.
　　 d. What exactly I'm eating

2. 脱落

(14) は，語の繋ぎ目が「子音＋子音」となり，片方の子音が**脱落 (elision)** する例です（下線部は脱落される音）。特に，(14c) のように，他動詞とその目的語が代名詞の場合にその繋ぎ目で起こることが多く，その部分の聞き取りに失敗すると文の要点を理解することができません。

(14) a. next time, good day
　　 b. Don't mind.
　　 c. Tell him ...

3. 同化

同化 (assimilation) は，隣接する音の性質に近い音に変化する現象です。比較的速いテンポの発話において，発音を楽にするためのごく自然な音韻現象であるため，様々な音連鎖において起こりますが，ここでは特に日本語母語話者の英語音声認識において障壁となる例を示します（下線部は同化が起こる音）。(15a) は，/s/ が後続する /j/ と同化して /ʃ/ になっている例です。(15b) は，前方の語末の子音が後方の語頭の子音に同化している例です。

(15) a. miss you, this year
　　 b. Let me ... → Lemme …, Give me ... → Gimme …

(16) は，アメリカ英語で起こりやすい**たたき音化 (flapping)** の例です。前に強勢を持った母音があり，後ろに強勢を持たない母音があるとき，/t/, /d/ は [ɾ]（日本語の「ラ行」の子音に似た発音）になります。

(16) a. body, pattern, water
　　 b. get out, put off, not alone

仮に，辞書である単語の意味と綴りを調べ，音声記号を見て発音を確認しても，その語の情報を完全に習得したとは言えないのです。実際の発話において各音素は前後の音素の影響により，その姿を変えて現れることまでを予測できるようになって初めて「実践的な英語力」を身に付けたことになるのです。

● 今後の音声指導へ向けて

　英語の発音・語彙・文法を従来のようにただ「覚える」方法から，他言語との比較をすることでその言語の特徴として学ぶという方法へと転換することが望ましいと筆者は考えます。英語という外国語の学習を通して普段何気なく使っている母語への意識を高めることで，正しい日本語の習得にも繋がるのではないでしょうか。なお，文部科学省策定による 2020 年度の英語教育改革が計画されていますが，様々な体制整備が完了していない現段階では，英語が教科化されていない小学校における指導については言及せず，中学校・高等学校の生徒及び大学生対象の指導内容に絞って考えることにします。

1. 指導の提案——音韻的違いについて

　本章で挙げたような日英語の違いを，学年や英語習熟度に応じて学ばせることが必要です。

Ⅰ. 子音・母音の音素数と体系の違いについて

　図1－図4のようなチャートを提示し，日本語の音素とその異音との関係を含めて音素体系の違いを理解させて，英語の音を日本語の音，つまり「既知の音」に置き換えるのではなく，「未知の音」を習得するのだということを意識させます。まずは，子音の指導を優先し，母音についてはその体系の違いを認識させる程度にとどめ，日本語の母音体系の範囲内で識別できればよいでしょう。というのは，意味の理解（語の識別）に関しては母音より子音のほうが重要であり，母音については英語母語話者間でも方言差があるためです。

Ⅱ. 分節単位・音節構造・リズムの違いについて

　分節単位や音節という用語を覚えさせる必要はありませんが，日本語には母音で終わる語が多く，英語には子音で終わる語や子音が連続する語が多いとい

うことを，具体例を示して比較させます。子音音素の発音練習を徹底し，前母音の前で /s/ を /ʃ/ に転ずるなどの日本語の特徴を英語の発音に持ち込まないように指導することで，語末に不要な母音挿入をさせないように意識させます。身近な歌を用いて分節単位が異なっていることに気づかせるのも効果的です。例えば，"Twinkle, Twinkle, Little Star"(「きらきら星」)のような歌の五線譜に日英語それぞれの歌詞を表示して比べると，英語版では音節を単位として音符が付与されているのに対し，日本語版ではモーラごとに音符が付与されていることがよく理解できるでしょう (cf. 窪薗 1998: 48–54)。

英語の強勢拍リズムによる**等時性 (isochrony)** を意識させるためには，(17) のような例を挙げて，各語を発音したときの時間的長さを比較させます。

(17)   ●   ●   ●
   a. | CATS | CHASE | MICE.
   b. The | CATS   have | CHASED | MICE.
   c. The | CATS   will | CHASE   the | MICE.
   d. The | CATS   have been | CHASing the | MICE.
   e. The | CATS could have been | CHASing the | MICE.
          (Celce-Murcia et al. 1996: 152，縦棒は筆者による)

学習者は，日本語の音韻的感覚が働き，音節数に比例して時間的長さが異なると考えるでしょう。ところが実際は，(17a–e) はどれも強い強勢は3つしか持たないため，時間的長さにそれほどの違いはありません。その結果として途中にくる弱音節は速く不明瞭に発音されるので聞き取りにくさを感じるのです。この学習の際に，名詞，動詞などの**内容語 (content word)** に対して，冠詞，助動詞などの**機能語 (function word)** の文強勢が相対的に弱くなる傾向があることにも気付かせることができます。

Ⅲ. 語アクセントの違いについて

日英語の語アクセントの違いについて，日本語の高低アクセント，英語の強勢アクセントの具体例の提示をして認識させます。英語の強勢アクセントには方言差がほとんどなく (窪薗 1998: 83)，例えば単語 permit (名詞は [pə́ːmɪt]，動詞は [pəmɪ́t]) や attribute (名詞は [ǽtrəbjùːt]，動詞は [ətrɪ́bjuːt])，複合語

greenhouse [grí:náʊs]（名詞句 green house は [grí:n háʊs]）のようにその位置が品詞及び意味の識別の上で重要な役割を果たすため，早い段階から意識させることに意味があります。

2. 指導の提案——音声記号について

辞書を引いたときに，音声記号を見て正しい音をイメージできるように，最小限必要な音声記号は覚えさせます。しかし，辞書によって使用されている記号方式が異なっている現状もあり，学習者の混乱を招くことが予想されます。教育に取り入れるためには統一した記号方式の設定が求められます。また，電子辞書のおかげで発音を耳で確かめられるようになったので，音声とそれに対応する記号とを結び付けて学習することがより容易になりました。

音のイメージを記憶するために，多くの学習者が漢字にルビを振るようにカタカナを使いますが，これは「カタカナ発音」を助長させる要因となりますので，メモの取り方にも工夫が必要となります。例えば (18) のように，/b/ と /v/ は「バ行」と「ヴァ行」で区別し，一部の子音は音声記号で記すようにすることによって，完全にとはいかないまでも，余分な母音挿入や (2) で示したような子音の混同はかなり減らすことができると期待できます。

(18) a. squid：「スクイド」→「スクイ d」
　　 b. silver：「シルバー」→「シ l ヴァ」
　　 c. mouth：「マウス」→「マウ θ」

3. 指導の提案——音声からの導入について

CD のような音声のみの教材ではなく，できれば DVD などのような映像教材を用いて発話の場面や文脈を意識させながら，音声インプットから始めます。視覚からの情報に字幕の文字は含めず，映像から得られる場面や登場人物の関係などの情報のみに限定します。インプットを数回繰り返す間に，学習者の発話内容理解度が深まるのを確認し，それが飽和状態になった頃に初めてスクリプトを見せ，再び文字を追いながら聞かせます。日英語の音韻的違いについての学習も進めていれば，聞き取りが困難だった部分の特定や理由の分析を学習者自身が行うことも可能です。

(19) は，明治初期の日本人が，英語は文字からではなく，耳からの情報に

頼り，それを真似て発音していた時代の名残の例です。「メリケン」「ラムネ」のほうがそれぞれ「アメリカン」「レモネード」という，現代になって改めて入ってきたものよりも原語の発音に近いように思われます。

(19) a. American [əmérɪkən]「メリケン粉」「アメリカン・コーヒー」
　　 b. lemonade [lèmənéɪd] [léməneɪd]「ラムネ」「レモネード」

また，(20)も同様な例で，現代であれば，「ホワイトシャツ」「ブックキーピング」と表記されたであろうと想像できます。

(20) a. white shirts [hwáɪt ʃɚ:ts]「ワイシャツ」(cf.「ホワイト・シャツ」)
　　 b. bookkeeping [bʊ́kkìːpiŋ]「簿記」(cf.「ブック・キーピング」)

4. 指導の提案──提示する映像・音声について

非英語母語話者に向けた教材用として，意図的に明瞭にゆっくり発話して収録したものではなく，できる限り英語母語話者が自然な場面で自然な発話を行っているものを使用することが望ましいです。

● おわりに

言語によるコミュニケーションを考えるとき，音声から文字へという順序での習得が妥当であると考えます。また，自ら調音法・調音点の違いを（理屈ではなく感覚的にでも）自覚できない音は，聞いて識別することはできないはずですので，語学学習において音声学習は極めて重要なのです。

しかし，本章で提案した指導法はより良き指導法への第一歩に過ぎず，今後より入念な精査が必要であり，各項目の導入時期，音声記号の設定，更には効果的な音声指導ができる教員の養成など課題は山積しています。

「日本の英語学習者の多くが，英文の意味を正しく理解できても音読が正しくできない」という現状の打破に向けて，本章が少しでも貢献できることを願います。

参考文献

Celce-Murcia, Marianne, Donna M. Brinton, and Janet M. Goodwin (1996) *Teaching Pronunciation: A Reference for Teachers of English to Speakers of Other Languages*. Cambridge University Press.
川越いつえ (1999)『英語の音声を科学する』大修館書店.
国際音声学会編,竹林滋・神山孝夫訳 (2003)『国際音声記号ガイドブック――国際音声学会案内』大修館書店.
窪薗晴夫 (1998)『音声学・音韻論』くろしお出版.
竹林滋 (1996)『英語音声学』研究社.

(北里大学非常勤)

第 III 部

英語教育学
英米文学
実践研究

第 17 章

言語学習とモチベーション：
英語授業における英文履歴書作成活動

岩 本 典 子

● はじめに

　国際化が進む日本では，これまで以上に英語の重要性が叫ばれてきており，英語ができる日本人を育成するという目標の下，学校での英語教育にますます注目が集まってきています。長らく英語授業は中学校から開始されてきましたが，10年ほど前からは小学校で外国語活動としての英語教育が始まり，2020年度には外国語活動は小学3年生からの必修化（学習内容や教材は教員が決められるが，必ず教えなければならない科目になること），小学5年生からの教科化（検定教科書を使用し，試験を実施して通知表に成績を付与する科目になること）を完全実施することになりました。このように近年，日本の英語教育には大きな変化が起こっており，日本人の英語力を向上させようという意気込みがうかがえます。実際，ここ数年で小学校から始まる外国語学習の活動は整いつつあります。しかし同じような環境で学習していても，全ての学習者が第二言語習得に成功するとは限りません。では，そもそも第二言語習得に成功する学習者とそうでない学習者にはどのような違いがあるのでしょうか。

　第二言語教育学において，言語の習得における学習者要因は早くから研究されてきました。学習者要因の例として，言語適性 (language aptitude)，学習方法 (learning strategy/style)，そして第二言語不安 (L2 anxiety) などの情意要因が挙げられます。その中でも研究者たちの注目を集め，多くの研究が行われているのが，**第二言語学習動機づけ**（モチベーション）**(L2 motivation)** です。通常，モチベーションの高い学習者の方がそうでない学習者よりも，言語習得により早く到達すると考えられています。では，学習者たちはどういった要因に動機づけられて第二言語を学習するのでしょうか。そしてどのような動機づけが言語学習を継続させ，習得を促進させるのでしょうか。英語の習得がどうしたらうまくいくのか，第二言語習得の理論を元に考察していきましょう。

　本章では言語学習とモチベーションの関係について説明していきたいと思い

ます。最初にいくつかの主要な第二言語学習動機づけ理論を取り上げ，学習者のモチベーションについて概観します。次に，学習者のモチベーション向上を目指して，英文履歴書作成活動を導入した英語授業について紹介します。最後に，授業内で実施したアンケート調査結果から，英文履歴書作成活動が学生のモチベーションにどのような影響をもたらしたのかについて分析結果を報告します。

● 第二言語学習動機づけ理論

　1970年代以前の研究者たちは言語適性の重要性を唱えていました。すなわち，言語習得の適性を持つ学習者たちが，第二言語習得に成功するという考え方でした。しかし1970, 80年代になって，ロバート・ガードナー (Robert Gardner) を中心とした研究者たちが第二言語習得における動機づけ（モチベーション）の概念を広めて以来，言語適性よりもモチベーションにより関心が向けられるようになりました。たとえ言語適性が高くなかったとしても，学習者が第二言語習得に対して高いモチベーションを持っていれば，その習得に成功するという考え方もあるほどです。

　ガードナーは1985年に著書の中で，第二言語学習が行われる環境に目を向け，学習者の態度とモチベーションが目標言語の習得にどのような影響を与えるかという点に注目し，社会教育モデル (socio-educational model) を構築しました。そして2つの重要な第二言語学習動機づけである，**統合的動機づけ (integrative orientation/motivation)** と **道具的動機づけ (instrumental orientation/motivation)** を紹介しました。ガードナーによると，統合的動機づけとは，学習者たちが学習する第二言語の文化やその言語の話者たちに近づきたい，同化したいという気持ちから第二言語の学習をするという動機づけのことです。一方で道具的動機づけは，例えば試験に合格したい，より良い仕事に就きたいというような，ある目標を達成する手段として第二言語を学習する動機づけのことを指します。ガードナーは統合的動機づけの優位性を主張し，道具的動機づけよりも統合的動機づけが強い学習者の方が，第二言語習得に成功すると考えました。

　ガードナーによる動機づけ研究は，カナダのフランス語学習者を対象として行われたもので，目標言語の文化や話者が学習者の身近にありました。こういった環境下の学習者を調査対象としたため，ガードナーは統合的動機づけの優

位を唱えたと言えるでしょう。しかし，例えば日本のように英語が外国語として使用されている環境においては，身近に英語の文化や話者は存在しません。そのような状況で外国語として英語を学んでいる日本人学習者に，はたして統合的動機づけのコンセプトを当てはめることはできるのだろうかという疑問が生じます。実際に統合的動機づけの優位性に異論を唱える研究者は多くいました。その一人がハンガリーの研究者ゾルタン・ドルニエイ (Zoltan Dörnyei, 1960–) です。彼は 1990 年の論文で，ハンガリーで英語を外国語として学ぶ学習者を調査し，ある一定の英語レベルに到達するまで学習者は道具的動機づけにより強く動機づけられているという結果を報告しています。

　このようなことから，その後，ガードナーの社会教育モデルを修正するモチベーション理論の構築が多くの研究者によってなされました。例えば，日本人研究者の八島智子は，日本人英語学習者を対象に調査を行い，ガードナーの統合的動機づけに代わるものとして，国際的志向性 (international posture) という概念を打ち立てました。八島 (2009: 84) によると，国際的志向性とは，「日本において『英語』が象徴する『漠然とした国際性』，つまり国際的な仕事への興味，日本以外の世界との関わりをもとうとする態度，異文化や外国人への態度などを包括的に捉えようとした概念」です。そして八島 (2009) の調査の結果，この国際的志向性は英語学習意欲に結び付き，さらに国際志向性の高い人は英語のコミュニケーションを要する職に従事する傾向が強いことがわかっています。

　次に，学習者の自律性 (autonomy)，有能性 (competence)，関連性 (relatedness) に焦点を当てた自己決定理論 (self-determination theory) (Deci and Ryan 1985) を取り上げます。キンバリー・A・ノエルズ (Kimberly A. Noels) はこの自己決定理論を第二言語習得に応用し，**内発的動機づけ (intrinsic motivation)** と **外発的動機づけ (extrinsic motivation)** が言語習得に影響を与えることを明らかにしました (e.g., Noels, Clément, and Pelletier 1999)。内発的動機づけとは，興味・関心や意欲など自分自身の内から生じる動機づけです。すなわち，英語学習そのものが楽しい，英語に触れることが好きだという理由で英語を学習することを指します。その一方で外発的動機づけは，外的な要因，すなわち義務，賞罰，強制などによってもたらされる動機づけを指します。例えば授業のテストや就職のために英語を勉強することがこれにあたり，ガードナーの道具的動機づけとの類似がしばしば指摘されています。

外発的動機づけは，同一化調整 (identified regulation)，取り入れ調整 (introjected regulation)，外的調整 (external regulation) の3つに下位分類されます。1つ目の同一化調整とは，ある行動が自分にとって重要であると考え，その価値を認めた上で行動を実行に移すという動機づけです。つまり国際化の進む日本において就職するためには英語能力が自分にとって重要であると考え，英語学習に励む場合が挙げられます。2つ目の取り入れ調整は，行動の理由が自分の内部にあるが，内的プレッシャーや義務感を伴う状態を言います。例えば英語がしゃべれないと恥ずかしいと思うので勉強する場合が挙げられます。3つ目の外的調整は，報酬を目的とする，罰を避けるといった外的要因によって行動をする状態を指します。例えば英語授業の単位を落としたくないために英語を勉強するという場合です。

　内発的動機づけは学習者の自己決定性が高いため，第二言語習得をより促進するとされ，多くの研究論文で内発的動機づけの優位性が報告されています。外発的動機づけの中では，同一化調整は自己決定性が最も高く，外的調整は最も低くなっています。そして日本のように外国語として英語を学習する環境の下では，内発的動機づけよりも外発的動機づけの同一化調整の方が，英語学習を促進するという結果も出ています。その一方で外的調整は，結果として英語学習に悪影響を及ぼすことがあります。例えば必修英語クラスを単位のために仕方なく取っており，授業に全く関心が持てない状況などにおいては，英語学習のモチベーションの低下を引き起こしてしまう可能性があります。

　最後に紹介するのは，ドルニエイが認知心理学の可能自己 (possible selves) のモデルを使って構築した，**L2 モチベーショナル・セルフシステム (L2 motivational self system)** です (Dörnyei and Ushioda 2009)。これは第二言語における理想自己 (ideal L2 self)，義務自己 (ought-to L2 self)，学習経験 (L2 learning experience) の3要素から成り立っています。1つ目の理想自己とは，将来第二言語を使用する自分自身に関して学習者が持つ理想の姿のことです。例えば「アメリカの大学に留学する自分」「外資系の会社で英語を使って働く自分」というような理想自己を持っている学習者は，現実の自分とのギャップを埋めようとして英語の勉強を頑張るという場合がこれにあたります。2つ目の義務自己は，学習者が「なりたくない自分」を避けるため，あるいは周りからの期待に応えるために，自分の「なるべき姿」をとらえ，義務感や責任，強制などによって言語を学習する場合を指します。例えば，「英語ができないために希望

の職に就くことができない自分」を避けるために，または両親から英語力を伸ばすように期待されているといった時に英語学習に励む場合が挙げられます。3つ目の「学習経験」は，現在の言語学習体験，すなわち授業内容，教科書，教員，クラス環境などが含まれます。

　この理論で用いられている「理想自己」では，ガードナーの理論のように統合的動機づけ・道具的動機づけといった区分をする必要がありません。よって第二言語学習のモチベーションを，将来の自己の理想の姿という，より大きな範囲で捉えることができるため，しばしば動機づけの種類を分類する際に起こっていた混乱を避けることができます。近年の第二言語教育学研究では，このL2モチベーショナル・セルフシステム理論が多く使用されています。

● キャリア教育と英語授業

　最近，キャリア教育をカリキュラムに導入する大学が増えています。大学生の中には，将来について漠然とした考えのまま大学生活を過ごし，就職活動開始間際になっても，自分がどんな仕事に就きたいのか，どんな仕事に向いているのかわからないという人がいます。そのような学生の多くは就職活動の準備もきちんとできておらず，必要な資格や経験がないまま就職活動に突入し，結局就職がうまくいかなかったということがあります。キャリア教育ではこのような学生の意識改善を目標としています。その方法として，例えば中原・溝上 (2014) は，大学生のキャリア意識において重要なことは，「未来のライフ」と「現在のライフ」であるとし，ただ漠然と将来の見通しを持つのではなく，毎日の生活の中で将来を意識し，行動に移して努力することにより，知識や能力の獲得に結び付くと述べています。さらに梅崎・田澤 (2013) は，授業外学習時間が短い大学生は，知識や技能が身につかず，就職に対する意識も低くなるという調査結果から，授業内で現在の学びと将来の学びの結びつきを明示することが重要だと示唆しています。

　上述のキャリア教育研究者たちの調査結果から，将来とのつながりを授業の中で示していくことが自主的な学習を促すということが分かります。この考えに基づいて，英語ライティング授業に，現在と未来の英文履歴書作成活動を導入することにしました。英文履歴書のテンプレートは，*Key English for Science: Writing Skills Level 2* (Schulman and Yoshida 2014: 57–58) を使用しました。授

業ではまず，学生に現在の履歴書を作成させます。しかし多くの学生がほとんど記入する事項がなく，空欄の多い履歴書が出来上がります。これにより学生は，過去の自分を見つめなおして現在の自分を知ること，すなわち現状把握をすることができます。次に未来の履歴書は3年次の終わりの自分，つまり就職活動直前の自分を想像して，その時点の履歴書を作成していきます。これにより，3年後になりたい自分・なるべき自分を想像させることができます。ただし，いきなり未来の履歴書を書くのは難しいため，その前に，グループでのアクティビティーをさせると良いでしょう。例えばグループごとに将来の可能なキャリアについて考えさせ，その仕事に就くためには大学時代にどのような経験をしておくべきかブレインストーミングしてもらいます。希望する企業のホームページや求人広告を調べて，どんな資格や経験が必要になるかを調査させると，より現実的に考えることができるでしょう。あるいは高校生にも，将来のキャリアについて考えさせることは有益です。大学進学を希望する生徒の中には，大学や学部を，自分が学びたい事柄よりも偏差値で選んでしまう生徒がいます。しかし将来の自分のキャリアのためには，どの大学のどの学部に進学すると良いのかということを考えることで，偏差値よりも各大学が提供するカリキュラムや大学独自のプログラムに目を向けることになり，大学受験が自分の将来のキャリアにつながるものとして認識できるようになるでしょう。

　履歴書には日付も記入しますので，大学生のこの時期に留学をする，インターンシップをする，資格を取る，この時期までにTOEICテスト700点を取得するなど，未来の目標を作成することができます。そして半年あるいは1年ごとに履歴書の更新をしていきます。この際に未来の履歴書で計画した事柄を遂行できていれば，現在の履歴書に書き移します。もし新たな目標ができたならば，未来の履歴書に記入します。定期的に履歴書を見直すことで，自分の行動の振り返りと将来の新たな目標設定を行うことができます。

● 英語履歴書作成活動と英語学習モチベーション

　ここでは，現在と未来の履歴書作成活動を実際に英語授業の中で実施し，学生の英語学習モチベーションにどのような影響を与えたのかについて，筆者が行った2つの調査結果を紹介します。最初の調査 (Iwamoto, Yoshida, and Schulman 2014) では，理工学部1学科の1年生126名（実験群）を対象とし

て，2学期の英語ライティング授業で英文履歴書作成活動を導入しました。3回の授業を使って，将来のキャリアについて考えるグループ活動，現在の履歴書作成，未来の履歴書作成を実施しました。これらの活動の前後にアンケート調査を行い，八島の「国際的志向性」(e.g., 英語圏の人や文化に興味がある，できれば留学したいと思っている) と自己決定理論の「内発的動機」(e.g., 英語を聞いたり話したりするとわくわくする，英語を勉強するのは英語ができるようになっていくと楽しいからだ) と「外発的動機」(e.g., 英語は今日の国際社会で必要なものである，英語を勉強するのは英語ができると就職に有利だからだ) に変化が現れるかを調べました。そしてその結果を他学科1年生585名（対照群）と比較をしました。統計分析の結果，実験群の「国際的志向性」と「外発的動機」において良い結果が見られました。まず「国際的志向性」ですが，実験群の学生にのみ有意の上昇が見られました (t = -2.40, p < .01. r = .21)。おそらくキャリア教育により，国際社会に対する認識が高まり，留学や異文化への関心が増したためだと考えられます。次に「外発的動機」については，対照群の学生の外発的動機は学期中に有意の低下が認められましたが (t = 5.74, p < .01, r = 23)，実験群の学生の外発的動機は元の水準を保っていました (t = .86, p = .39, r = - .08)。彼らは特に「同一化調整」が強いこと，すなわち国際社会で英語が必要であるという認識が高い傾向にあることがわかりました。履歴書作成活動の中で会社の求人広告の調査をしたことなどで，ツールとして英語を使用する重要性を認識したからだと言えるかもしれません。

　2つ目の調査 (Iwamoto 2018) では，理工学部1年生835名に，1学期の英語ライティング授業で履歴書作成活動を実施しました。そして自己決定理論の「内発的動機」と「外発的動機」，さらにL2モチベーショナル・セルフシステム理論 の「理想自己」(e.g., 日常会話レベルの英語を話せる将来の自分を想像することができる，将来仕事で英語を使っている自分を想像することができる) と「義務自己」(e.g., 周りの人たちが英語を重要だと考えるので自分は英語を勉強している，英語を勉強しないと人生に不利益がある気がする) が，「英語学習行動」(e.g., 英語の授業に集中し熱心に取り組んでいる，英語の授業の課題以外にも自分で英語を勉強している) に与える影響について調べるため，授業開始時（4月）と学期末（7月）にアンケート調査をしました。t 検定を行った結果，英語学習行動は4月よりも7月が有意に高くなっており (t = -7.11, p < .01)，学生は1学期末には，入学時よりも英語の勉強に力を入れるように

なったことがうかがえます。次に回帰分析をしたところ，4月には，「内発的動機」「外発的動機」「理想自己」が「英語学習行動」を予測していましたが (R^2 = .39)，7月には「義務自己」も含まれ，4要因すべてが「英語学習行動」に影響を与える結果となりました (R^2 = .53)。4月の時点で，義務自己は英語学習行動につながっていませんでしたが，おそらく英文履歴書を書かせて将来について考えさせた結果，多くの学生が「なるべき自分」について認識するようになり，それが英語学習行動へと結びついたのでしょう。

次に TOEIC テストの結果に基づいて，被験者のうち英語能力上位の 105 名の学生と下位 101 名の学生を抽出し比較しました。回帰分析の結果，上位学生は 4 月には「内発的動機」「理想自己」「外発的動機」が「英語学習行動」を予測していましたが (R^2 = .51)，7 月には「理想自己」のみが予測要因となっていました (R^2 = .46)。4 月の時点で，英語力上位学生の英語学習行動へ導く要因はさまざまでしたが，7 月には自分がなりたい将来の姿がもっぱら英語学習へと結びつくようになったことがうかがえます。おそらく，履歴書作成を通じて，将来自分が英語を使用して就職活動や仕事をすることを想像することが出来たためだと言えるでしょう。それに対して英語能力下位学生は，4 月の時点では「理想自己」と「内発的動機」が「英語学習行動」を予測していましたが (R^2 = .43)，7 月はこれらに「義務自己」が加わりました (R^2 = .47)。上位学生には「義務自己」の要因は見られなかったのに対し，英文履歴書作成を経験した下位学生は「義務自己」の影響が見られるようになっています。おそらく英語力の低い学生ほど，「英語ができなくて不利益を被る自分」を避けるため，義務や強制により英語学習をする傾向にあるのかもしれません。また，上位学生・下位学生共に，「理想自己」が最も強い予測要因であることから，理想自己こそが英語学習行動に影響を与える重要な要因であることがうかがえます。

● おわりに

学習者の第二言語習得に影響を与える情意要因の中でも，モチベーションは重要な要因と考えられており，モチベーションの上昇や低下が学習者の言語習得に多大な影響をもたらすことが明らかとなっています。よって学習者のモチベーションを考慮に入れた授業を実施することは，大変有効なことだと思われます。

本章で紹介した英文履歴書作成は，学生のモチベーション向上を目指して，東洋大学理工学部の英語授業で実際に実施している活動です。前節で紹介した2つの調査結果によると，英文履歴書作成を通じて現在と未来の自分について考えさせることが，学生の英語学習モチベーションにポジティブな影響をもたらすことが分かりました。しかしこれらの調査は共に，東洋大学理工学部1年生を対象にしたものです。他大学や他学部の学生にもこの結果を当てはめることは難しいかもしれませんが，モチベーション向上を目指した授業の一例として，参考にしていただけますと幸いです。

参考文献
Deci, Edward L. and Richard M. Ryan (1985) *Intrinsic Motivation and Self-Determination in Human Behavior*. Plenum.
Dörnyei, Zoltan (1990) "Conceptualizing Motivation in Foreign Language Learning." *Language Learning* 40: 45–78.
Dörnyei, Zoltan and Ema Ushioda (eds.) (2009) *Motivation, Language Identity and the L2 Self*. Multilingual Matters.
Gardner, Robert C. (1985) *Social Psychology and Second Language Learning: The Role of Attitude and Motivation*. Edward Arnold.
Iwamoto, Noriko (2018) "Enhancement of Possible L2 Selves through Career Education Exercises in English Classes." Second Language Research Forum (SLRF) 国際大会発表ハンドアウト．
Iwamoto, Noriko, Hiroyo Yoshida, and Michael Schulman (2014) "Influence of Global Career Education on EFL Student Motivation." 大学英語教育学会第8回関東支部大会発表ハンドアウト．
中原敦・溝上真一 (2014) 『活躍する組織の探求：大学から企業へのトランジッション』東京大学出版会．
Noels, Kimberly A., Richard Clément, and Luc G. Pelletier (1999) "Perceptions of Teachers' Communicative Style and Students' Intrinsic and Extrinsic Motivation." *The Modern Language Journal* 83: 23–34.
Schulman, Michael and Hiroyo Yoshida (2014) *Key English for Science: Writing Skills Level 2*. Macmillan Language House.
梅崎修・田澤実 (2013) 『大学生の学びとキャリア：入学前から卒業後までの継続調査の分析』法政大学出版局．
八島智子 (2009) 『外国語コミュニケーションの情意と動機』関西大学出版部．

（東洋大学）

第18章

語学教育で文学を
―― 引用句辞典の活用を中心に

植 月 惠 一 郎

● はじめに

　ティファニーで朝食をゆったりと味わえるように，忙しない語学教育の中で文学という言語芸術作品を優雅に賞味することなどできないのでしょうか。本章では，以下の引用にしたがって，語学の授業で文学を取り入れつつも排除するというやり方を，具体的には**引用句辞典の活用**を提案しようと思います。どうしてそういう撞着語法的な言い方になるのかと言いますと，それは文学という言語芸術をどう捉え，それをいかに学生のためになるように加工していけるのかという可能性の追求がある一方で，実際の授業で文学以外の専攻学生を対象にし，時間的な制約もある中では，そういう方法しかないのではないかという限界を感じているからです。まずは，引用句辞典の効用についてです。

> (1) 元来 *Dictionary of Quotations* にのせる引用句は必ずしも「名言」でなくてもよいのである。さまざまな分野の人々（一般には著名人）がいろいろな場面で発した言葉や，さまざまな書物の中のいくつかの記述を集めたものなのである。したがって引用句辞典を読めばいろいろな書物の概要をある程度把握できる場合もあり，引用句辞典がその書物を読むきっかけになって欲しいという意図もある。　　（奥津 2000: 257）

ここでいう引用句には文学以外も含んでいますが，本論ではもちろん文学作品からの引用句を対象にしています。要点は「読むきっかけになって欲しい」という箇所です。仮に一年間かけて『ハムレット』(*The Tragedy of Hamlet, Prince of Denmark*, c. 1600–02) か，その retold を読んだにしても，イギリス文学作品の総体という大海のほんの一滴にしかすぎません。ならば，限られた授業時間の中で短い引用句だけ取り上げても五十歩百歩。英文学専攻以外の学生に対して文学の中のほんの一節を，彼らがこれから文学に接するどれほどの

契機とすることができるのかという議論でもあります。

　さて，英語教育の現場で（英語圏）文学を教えるといっても，各大学間での差はもちろん，同じ大学でも各学科，各クラスなどでレベルの差があり，その教材の選定から，理解のためのプリント作成，場合によってはパワーポイントでの提示，実際の教室での運用など，まったく異なってきます。語学の授業で文学を読むことの提案は，たいていの場合，ある意味当然ですが，教員自身が受けもっているある特定のクラスを想定の上のことでしょう。たとえば，相当レベルも高く，学生も興味をもつのであれば，授業の展開次第で，シェイクスピア (William Shakespeare, 1564–1616)，ミルトン (John Milton, 1608–74)，オースティン (Jane Austen, 1775–1817)，ディケンズ (Charles Dickens, 1812–70)，ウルフ (Virginia Woolf, 1882–1941)，オーウェル (George Orwell, 1903–50)，ジョイス (James Joyce, 1882–1941) なども原文で読む楽しさを味わえるでしょう。読みやすさという点で，モーム (William Somerset Maugham, 1874–1965) やヘミングウェイ (Ernest Hemingway, 1899–1961) の短編を使う場合もあれば，推理ものの展開で学生を引き付けようと，ポー (Edgar Allan Poe, 1809–49)，ドイル (Sir Arthur Conan Doyle, 1859–1930) やクリスティ (Agatha Christie, 1890–1976) が選ばれることもあるかもしれません。誠に羨ましい状況ではありますが，その教員の特定のクラスでしか通用しない特別な方法を，あたかも普遍的でもあるかのように紹介している例も多いのではないでしょうか。

　いずれにしても，どれかの作品を選び，冒頭から逐一読むにせよ，抜粋で飛び飛びに読んでいくにせよ，retold で読むにせよ，まれにはレベル別読本 (graded readers) を使い，学生の自主性に任せ個人別にどんどん読ませていく方法もあるにせよ，いわゆる訳読形式に還元される場合がほとんどかと思われます。本論でも，逐一日本語にしてみるという作業は，重要な作業であるという位置づけです。数年前の TOEIC の研究会で，講師はある信託銀行の方でしたが，いわゆる帰国生はたしかに英語はできるがきちんとした日本語になっていかない，お客さんはほとんどが日本語しかできない状況では，英語の運用能力だけにたけていても，現場では使いものにならず，当行では訳読の訓練は欠かせないという話をしておられました。やはり，英語・日本語間を自由に相互に行き来できることが肝要です。本論では，それほど訳す必要もなく，レベルの高低に関わらず実施可能で，文学に興味を引き寄せ，大げさに言えば，普遍性のある方法論を展開してみたいと思います。

● 語学教育における文学の露出調整

　たとえば，英語教育で英文学を扱ういろいろな試みが提案されている昨今，賛否両論が拮抗しているように思います。個々の教員の文学への熱意溢れるアプローチ，現場での苦労や工夫が各論考から滲み出ています。それぞれの著者の体験談的な語り口や全体のトピックの多様性・雑然さを魅力的にうまく読者に伝えられているものもあると思います。文学研究者はどういうことを考えているのか，といったことを知るのには役立ちますが，結局，文学とは何か，文学が何の役に立つのかといった問いに答えているようには思えません。

　英語教育で英文学を扱う意義を問うという問いかけ自体，中々成果を上げないと言われる英語教育の中でどうしても文学を扱いたいという抑圧された欲望を露わにしていたり，そういう教育を施しても実学面では中々成果が見られない，新たな失敗例を再生産しているだけかもしれません。本章の議論は例外であるなどと傲慢なことはもちろん申しません。ある意味，1975 年の平泉・渡部論争に象徴される英語教育に関する論争の変型であり，おそらく今後とも，個別性と公共性の，学問的と実用的との，そして冷笑と共感のはざまで揺らぎ続けることでしょう。

　語学教育には文学をという状況は，逆に，語学教育に英文学を用いる必要はないという根強い見解を露呈してしまっているのではないでしょうか。英語教育で英文学を用いると効果的であるということを「実証」すべきなのに，まるで何か実践的な効果が実際あるかのごとく，統計的有意差など無視して，英文学なるもののすばらしさを説こうとしているようにしか思えません。語学教育は語学を基盤として，文学などほんの調味料程度でいいのではないでしょうか。しかし，それがないと非常に味気ない，無味乾燥な例文が並んでしまうことにもなるでしょう。そのあたりの微妙なバランスを調整してくれるのが引用句辞典に他なりません。

　語学教育で文学を強調すればするほど，英文学畑で育ってきた教員が，英語教育の現場で，英文学など何の関心もない学生に，自分の趣味を押し付けようとしているようにも思えてきます。もし単に英文学なるものの延命策を試みている哀れで不毛な試みであるとすれば，英文学はもとより英語教育をも裏切っていることになりはしないでしょうか。

　本章では，もちろん，全否定しているわけではありません。語学教育での文

学の扱い，露出の調節が必要，節度が肝心だと申し上げたいのです。たとえば，国語教育での日本文学の扱いを考えてみましょう。読者のみなさん方の，小学校，中学校，高等学校のどの学年を思い起こしてもらっても構いませんが，さまざまなジャンルの文章が並んでおり，すべて文学作品で揃えましたという国語教科書があるとすれば，それは偏っていると判断されるのではないでしょうか。英語圏の学校の教科書もすべて検証したわけではありませんが，やはり似た状況にあると思われます。

　実のところ，語学教育の現場で文学は扱いにくいのも事実です。「文学」は言語芸術であって，日常言語からこの芸術言語までなだらかに続いているので，教員も学生も勘違いしてしまう面もあるのではないかとも思います。たとえば，音楽教育や美術教育を考えてみましょう。

　語学教育で「文学」とは，たとえば，音楽教育でバッハ (Johann Sebastian Bach, 1685–1750)，モーツァルト (Wolfgang Amadeus Mozart, 1756–1791)，ベートーヴェン (Ludwig van Beethoven, 1770–1827) などの名曲鑑賞に留まり，一部演奏の練習もしているようなものではないでしょうか。たしかに，そういう経験も必要でしょう。しかしそれで終わっては音楽教育の本来の目的を果たしているとは言えないでしょう。実際，下手でも歌を歌い，リコーダーやハーモニカを演奏し，和音を聞き取ったりするというのが，音楽教育の本領であるはずです。

　美術教育でも同じでしょう。ミケランジェロ (Michelangelo di Lodovico Buonarroti Simoni, 1475–1564)，ブリューゲル (Pieter Bruegel de Oude, c. 1525–1569)，ルノアール (Pierre-Auguste Renoir, 1841–1919) などの作品鑑賞もたしかに重要です。しかし，教員の熱意だけ空回りして，関心のない学生には，どこがいいのかほとんどわからないで終わる作品もあるでしょう。やはり，単なるお絵描きであっても，水彩で写生したり，彫刻刀を使って版画作成などがそこでの主たる作業でしょう。いきなり，油絵で，モネ (Claude Monet, 1840–1926) やピカソ (Pablo Picasso, 1881–1973) を模写させるようなことはしないはずです。

　オースティン，ディケンズ，ウルフなど英文学の作品は素晴らしい，あなたにも読めます，さあ読んでみましょうと教室で押し付けられても，パワハラ，アカハラとまでは言いませんが，かつての文学少女，文学青年の趣味の押し付けとも取られかねません。実際，他分野の専門の学科の教員で，そう受け取る人も

存在します。語学の授業は，どんなにやさしくわかりやすく語ろうと，文学批評論，文学鑑賞の時間ではありません。

著名な英文学者が，かつて日本ロレンス協会のシンポジウムの冒頭でこう述べていました。一人の作家を奉って協会を結成するのは一種の「宗教」で，そういう名称を冠した会の会合にでるのは誠に不本意だが，知己を得た先生との人間関係から出席することにしたと。考えてみれば，一口に同じ文学研究者といっても，自分の専門とする作家こそ尊重はするものの，他の作家詩人に対して嫌悪感を示す場合があることも否めません。とすれば，英文学などに触れたこともない学生が違和感をもつのは当然のことではないでしょうか。しかし，だからといって，語学教育で文学なんて止めましょうということは，本章の趣旨ではありません。あくまで，こうした違和感などをできるだけ払拭して文学教育を模索するのが，本章の目的の一つです。

結局，語学教育の現場で教員が文学を語ることができるのは，大作傑作へのほんの導入にすぎず，その奥深さの一端を伝えられるに過ぎないのではないでしょうか。このあたりを語学教育の限界ととらえ，同時に可能性を探っていきたいと思い，以下の提案を行う次第です。

● 引用句辞典の活用（その1）— sound and fury

ボブ・ウッドワード (Bob Woodward) の『恐怖』(*Fear: Trump in the White House*, 2018) が2018年9月11日に出版され，17年前の同時多発テロを上回る，トランプ政権の〈恐怖〉と危うさを訴え話題になっていますが，同年1月に出たばかりで，やはりトランプ政権の内幕を暴露したマイケル・ウォルフ (Michael Wolff) の著書のタイトルは『炎と怒り』(*Fire and Fury: Inside the Trump White House*, 2018) でした。この題名が，騒音と怒り sound and fury の変形であり，それは次の『マクベス』(*Macbeth*, c. 1606) 5幕5場からの有名な一節に由来し，また，アメリカの小説家フォークナー (William Faulkner, 1897–1962) が，小説『響きと怒り』(*The Sound and the Fury*, 1929) のタイトルにしていることは，英文学を学んだ者なら周知の事実です。ここで引用句辞典の登場です。

因みに，筆者は語学教育では，日本の「教育に新聞を」(NIE: Newspaper in Education) に倣って，新聞やニュース記事を読むのがよいと考えています。

ここでの授業展開は，たとえば，金星堂の時事英語の教科書の1つ，外国語教育メディア学会で 2010 年度教材開発賞を受賞した『ABC World News 20』(2018) などを使用していて，トランプ大統領が言及された場合を想定しています。大統領から，批判的な書物の出版，そのタイトルから『マクベス』の引用 ((2) 参照) へという流れです。

(2) Tomorrow and tomorrow and tomorrow,
    Creeps in this petty pace from day to day
    To the last syllable of recorded time,
    And all our yesterdays have lighted fools
    The way to dusty death. Out, out, brief candle!
    Life's but a walking shadow, a poor player
    That struts and frets his hour upon the stage
    And then is heard no more: it is a tale
    Told by an idiot, full of sound and fury,
    Signifying nothing   (*Macbeth* 5.5)

明日そして明日を重ね，
日一日と小きざみに這いよる先は，
歴史の最後の一節である，
そして，過去の日々すべてが愚者たちに照らし出したのは，
塵まみれの死へ至る道。消えろ，消えろ，つかの間の燈し火！
人生など歩きまわる影で，あわれな役者にすぎない，
自分の番の舞台になると，威張って歩き，やきもきもするが，
やがてもう聞こえなくなる。それは，一つのお話で
白痴の語るもの，騒音と怒りに満ちていて，
何の意味もない。   （拙訳）

人生の虚しさを語るには打ってつけの一節で，シェイクピア的レトリックに満ち，人間の生涯など歩きまわる影に過ぎず，人はあわれな役者であり，その人生は白痴のおしゃべり同然で，「騒音と怒り」に満ち，無意味であることを訴えています。おそらく少しでも文学を読もうという貪欲な授業であれば，この一

節を読んだ上で,さらに『マクベス』全体に広げたり,他のシェイクスピアの作品を読んだりするのでしょうが,本論ではそこは禁欲するか,あるいは最初から諦めて,sound and fury だけ確認したら,徹底して辞書を活用し,**語学的解説**に移ることになります。

まず sound に注目すると,melody を語源とする「音」の意味と healthy, strong を語源とする「健全な」意味もあることを確認します。当然,sound と noise の違いや,「熟睡」a sound asleep は後者の方から来ていることを説明する授業展開が,本論で主張したいことの一つなのです。

語学教育で文学を読もうなどという行為,上の例でいえば,魔女やその予言の話に転じたり,マクベス夫人との関係からジェンダー,セックスの話に移ったり,シェイクスピア当時の時代背景との関連に移ったりは捨象しています。それは,教員側の自慰／示威／辞意行為にしか思えないような場合もあるからです。文学を学んだ者が,自分の職業の中で文学を生かせず,ようやくかろうじてそうできたことへの慰めであり,教養のひけらかしでもあり,当局からは,TOEIC などの授業展開を要請されているのに,あえて文学をもち出すのは,もはや自分の信奉する文学なるものに殉じてでも,それを講じたいとさえ主張しているようにさえ思えるのは筆者だけでしょうか。

本章で申し上げたいのは,授業では文学のほんの一節をきっかけとして用いるだけで,その解説には**語学辞書を駆使**し,その方が学生には記憶に残るだろうし,後々,機知に富んだ会話や挨拶などにも使えるのではないかと思うからです。先日の週刊誌にも「雑談上手は人生上手」の見出しが見えました。この sound and fury では,シェイクスピアの『マクベス』から来ていて,新聞の見出しや本のタイトルで似た表現を見たとき,そういう由来を思い起こしたとき,文学の奥深さを思い知り,学生本人の役に立つのではないでしょうか。

● 引用句辞典の活用（その 2）— Brevity is the soul of wit

結婚式のあいさつでもよく使われる Brevity is the soul of wit「簡潔は知恵の精髄」,他にも「機知は簡潔が肝心」,「言は簡を尊ぶ」などと訳される一文を取り上げてみましょう。実際のあいさつで,こう断った以上は,早く切り上げるべきですが,多くのあいさつは長引くことしきりで皮肉にしか思えません。

そういう実情はともかくこれは『ハムレット』2幕2場からの引用です。時間があれば、『ハムレット』という劇そのものにも言及してもいいかもしれませんが、脇役のポローニアスとレアティーズという父子の会話、留学に旅立つ子に与える父の指南の中の一節であることくらいは説明しておいてもいいかもしれません。

まずは、この一文に関して、それを構成する一語一語について展開します。ここで使用する辞書は『新英和大辞典』（研究社、第6版）ですが、そこからまず the brevity of human life「つかの間の人生」などの例文を紹介します。名詞 brevity は brief が形容詞であり、より使用頻度の高い brief に説明の軸を移します。同時に動詞だと「…に前もって手短に情報を与える、要点をかいつまんで話す」意味だし、名詞だと「［通例 pl.］ブリーフ《男子または女子用の短いパンツ》」ですし、時間次第では、日英比較として、日本語の「ブリーフ」と違い男子用とは限らないことも説明することも可能でしょう。同義語の short についても話す機会はあります。引き続き同辞書を使って説明しますと、前者 brief は「時間的に短い；〈言葉や文章が〉簡潔な」意味だし、用例としては a brief interview「短時間の会見」、a brief description「簡潔な記述」などの紹介もできます。一方 short は、brief と同じ「時間的に短い、長さが短い」ですが、ニュアンスは、《しばしば不完全・省略を暗示する》で、用例としては、a short vacation「短い休暇」／a short man「背の低い男」などが挙げられます (2275)。

さらに、次の単語 soul に移りましょう。一つの単語 soul だけでなく、同義語 mind, spirit, heart などと関連づければ、たちまち広がりが出ますし、比較することで記憶にも定着しやすくなり一石二鳥です。ここでは『ルミナス英和辞典』（研究社）を使います。まず soul は、「人間の身体に宿り、死後も滅びないとされる霊魂、魂」の意で、宗教的・道徳的な感じを伴います。次に mind ですと「心を表わす一般的な語」ですが、「特に頭の働き・知力に重きをおく語」で、例文だと、Don't fill your mind with useless ideas「心（頭）をつまらぬ考えでみたすな」などになります。さらに、heart だと、mind に対して、「心の感情的な面を強調する語」で、「情熱・愛情・勇気などに関する場合」に用います。例文だと、His heart was filled with anxiety「彼の心は不安で一杯だった」となります。最後に、spirit ですと、「神が人間に吹き込んだとされる魂、精神」で、本来「生命の息吹」の意であることを確認します。例文では、the spirit of independence「独立の精神、独立心」が挙げられます。

最後に Brevity is the soul of wit の wit になります。「知的なおかしみをいい，即妙であるがしばしば表面的で冷たい感じを与えるようなものをいう」(2040) ことはおおよそ把握しているので，いわゆる「ユーモア」との違いも伝えておかねばなりません。すると，humor は，「情的なおかしみをいい，おかしみの底には深い思いやりがこめられていて心に訴えるものがあるようなものをいう」ということになります (2040)。

本節での例では，一つの作品『ハムレット』の中の一文に端を発し，語学的説明を施す展開を考えました。これも実際は，時事英語の授業で，brief が出てきたら brevity へ，『ハムレット』の一節へという流れで，何のことはない，いわゆる「脱線」なのですが，学生は「脱線」が好きです。

次節の例では，有名な一文ではありますが，複数の文学作品を横断する例を考えてみましょう。再確認しておきますが，本論では，英語も必修だから仕方なくやっている，文学にとくに興味などないといった学生に，どういうふうな読み方を伝えられるかを提案しました。外山滋比古『日本の英語・英文学』（研究社，2017）の「ことわざ」の項目でも，小学校の話ですが，計 200 余りのことわざでも覚えさせた方がいいと述べています (116–17)。大学でも，短い，できればそこに作品が凝縮されていて，それだけで独り歩きするような一文がいいのです。

● 引用句辞典の活用その３ ─ Art is long, life is short

いよいよ，本節で引用句辞典を活用する授業の真骨頂を述べてみましょう。正確には，引用句辞典に加え，複数の語学辞書を駆使することになります。語学教育で辞書を活用することは自明の理のように言われていますが，なぜ重要なのでしょう。それは事典辞書類が，人文学のアルファでありオメガであるからだと考えます。つまりそこから発して，様々な知識を確認し，また獲得した知識を整理整頓するのが人文学の目的の一つで，発着点が事典辞書なのです。自然科学で言えば，既知の原理，原則，法則から始めて，未知の原理，原則，法則を発見し，技術に応用し我々の生活に役立てようとしています。社会科学で言えば，法学がわかりやすいかもしれません。そこでは，法律や判例集が法学の基礎となっています。つねにそこから発しそこに戻っているはずなのです。

本節では，まず始めに「芸は長く，人生は短し」という有名な一節について考

えてみましょう。『新英和大辞典』の巻末には "Foreign Phrases and Quotations" というものがあります。これは「ラテン語を中心に，人口に膾炙した外国語慣用表現約 800 を選ん」だもので (2879)，ラテン語，英語，出典，そしてごくわずかですが，必要に応じて日本語の補足の順で書かれています。本節ではこれを基に説明していきます。

(3) *ars longa, vita brevis*. (L) Art is long, life is short.

(『新英和大辞典』(第 6 版)：2879)

これは，本来は医術を習得することの難しさをたとえて言ったものですが，二種類の読み方が可能です。一つは「芸術作品は半永久的に存在するが，人生は儚く短いものだ」で，もう一つは「(医学的) 技術の習得には長い時間がかかるのに，人生は短くのんびりしてはいられない」です。ふつう「芸術」の意味しかないと思い込んでいた art という単語が，語源に「技術」の意味があったことを，語学辞書で確認することができます。もし対象学生が芸術系の学生なら，「芸術とは何か」を問うてみるのも面白いでしょう。おそらく学生の数だけ解答があるはずですが，この辞書の説明から直ちに想定できる，もっとも簡単明瞭な「芸術とは技術なり」という解答は中々出てこないでしょうし，芸術学と題した授業でもおそらく得られないでしょう。語学の授業でしか得ることができない，一つの解答がここにあり，辞書で語源に還ることでそれが可能となります。音楽で言えば，精妙な〈技術〉に支えられた楽器の演奏こそ，〈芸術〉的音楽になりうるということです。

ars longa, vita brevis. の本来の典拠は，西洋医学の祖ヒポクラテス (Hippocrates, 460BC–370BC) ですが，さらに引用句事典をひも解くと，チョーサー (Geoffrey Chaucer, c. 1343–1400) の The lyf so short, the craft so long to lerne. に転移していることも紹介できます。さらにはアメリカに飛び，ロングフェロー (Henry Wadsworth Longfellow, 1807–82) の Art is long, and Time is fleeting という一節にも言及することができます。ついには，東洋にまで話は及び，朱熹の「少年易老學難成，一寸光陰不可輕」まで言及することもできるでしょう。

実際，ふつうの平均的レベルでのクラスの語学の授業では，文学作品のほんの一節でいいので丁寧に語学的解説をしてやることが大切です，授業内で作品

を逐一読んでいって「賞味」するよりも，授業では，「予告編」程度に触れるくらいで，逆にその作品への興味を喚起し，その一節をしっかり理解し，記憶しておくこそ，後々役立つことになるのではないかということです。

もう少し時間やレベル的余裕があれば，次のように，この一節が登場する前後の文章も紹介していきます。

(4) Vita brevis,
　　ars longa,
　　occasio praeceps,
　　experimentum periculosum,
　　iudicium difficile.

　　Life is short,
　　and art long,
　　opportunity fleeting,
　　experimentations perilous,
　　and judgement difficult. 　　　　("An Aphorism" by Hippocrates)

　　人生は短く，
　　術のみちは長い。
　　機会は逸し易く，
　　試みは失敗すること多く，
　　判断は難しい。
　　　　（石渡隆司（訳）「箴言」i.1., 大槻真一郎（編）（翻訳責任）1985: 517）

仮に習熟度が低くても，ラテン語を入れることで，大学の語学クラスらしき雰囲気は醸し出すことは可能になり，ある程度の高級感もでてきます。たとえば，次の例などいかがでしょうか？

(5) *carpe diem* (L) Seize the (present) day, trust the least possible of the future. —Horace, *Odes* 1. 11. 8 　　（『新英和大辞典』（第6版）: 2880）

これは「（将来を気にせず）現在を楽しめ；現在の機会をとらえよ」という意味です。「一期一会」、「日々是好日」とも通底する考え方ですが、やがて楽しめるのは今しかない、つまり「命短し恋せよ乙女」というような快楽主義的な意味合いも確認できます。

(6) *meménto móri* (L) remember (that you have) to die
　　　　　　　　　　　　　　　　（『新英和大辞典』（第 6 版）：1544）

これは「死の警告、死の表徴、《特に》しゃれこうべ (death's-head) の意で、要するに「汝はやがて死すべき運命にあることを記憶せよ」（『旺文社英和辞典』(1998 年版)：1168）という意味で、芸術作品のモチーフとしてもお馴染みですが、同時に「人間は間違いを犯すものだということを思い出させるもの」（『ジーニアス大英和辞典』：1371）でもあります。この他にも、Hasten slowly《ゆっくり急げ、急がば回れ》（『新編英和活用大辞典』：1179）と言い換え可能な *festina lente* (L) Make haste slowly.（『新英和大辞典』（第 6 版：2881）くらいは、大学生なら基礎教養として覚えておいてもいい語句ではないでしょうか。

　さらに広げてみましょう。チョーサーの『鳥たちの集い』(*The Parlement of Foules*, 1380–90, ll. 1–7) からです。中世英語なんて語学の授業と何の関係が…と思われるでしょうが、まず、タイトルの「鳥」が fowls であるとともに brid でもあったことが学生には面白いのではないかと思います。もちろん fowl と bird の違いもさらりと触れられますが、ここでは音位転換 metathesis の方が面白いでしょう。今は bird と綴るのに中世では brid であったということです。他に tax から task などの音位転換も、学生への「課題」は「税」でもあったとなると笑いも誘うのではないでしょうか。日本語の例も楽しいでしょう。「新しい」ではアラタシからアタラシに、「秋葉原」はアキバハラからアキハバラへと変化します。

(7) The life so brief, the art so long in the learning,
　　the attempt so hard, the conquest so sharp,
　　the fearful joy that ever slips away so quickly—
　　by all this I mean love, which so sorely
　　astounds my feeling with its wondrous operation,

that when I think upon it
I scarce know whether I wake or sleep.
(Title: Also known as *The Parlement of Briddes, Assembly of Fowls* …, *The Parlement of Foules* ll. 1–7.)

人生は短く，学びの技の修得には長い時間がかかる，
試みるものの中々困難であるし，獲得となると困難を極める，
つねにすり抜ける恐ろしい喜びもすぐに去りゆく——
これはつまりは愛のことなのだが，それはとても激しく，
不思議な作用で私の感情を驚かせる，
それに思いを馳せると
夢か現かわからない。 　　　　　　　　　　　　　　　　　　（拙訳）

　教室で（英語圏）文学を教えるといっても，各大学，各学科，各クラスでいろいろ差があり，相当レベルの高いところであれば，授業の展開次第で，シェイクスピア，ミルトン，ディケンズなども原文で読む楽しさを味わえることでしょう。しかし英語も必修だから仕方なくやっている，文学にも興味はないといった学生に，どういうふうな読み方を伝えられるかを本章では考えていますが，その一つが上の例になるのです。本来は，すでに触れたようにロングフェローなどから始めた方がいいのかもしれませんが，あえて，ラテン語や中世英語の例を出し，紙幅の関係でロングフェローは省略します。
　最後は，さらに行き過ぎの感もあるかもしれませんが，東洋の文献にまで言及可能です。

(8) 少年易老學難成
　　一寸光陰不可輕
　　未覺池塘春草夢
　　階前梧葉已秋聲 　　　　　　　　　　　　　　　（柳瀬 1989: 98）

青年時代は時の経過が早く思え，すぐに年老いた時を迎えがちなものであるが，それに反して学業は中々成就しないものである。
それゆえ，若い時代には，わずかな時間でもゆるがせにしてはならない。

池のほとりの堤に萌え出る若草のような，青年時代の夢がまだ覚めきらないうちに，
階段の前の青桐の葉は，はやくも秋風に吹かれてさびしく音をたてて散っているのであるから。　　　　　　　　　　　　　　　（大意拙訳）

奥津は，引用句辞典を勧めて，次のようにも述べています。

(9) われわれが一生の間に読むことのできる書物の数には極めて限りがある。しかし引用句辞典をとおして，相当の数の書物のエキスを味わうことができる。また多くの人々の思想や主眼に触れることができる。
(奥津 2000: 261)

こうして，art is long, life is short に関連したあらゆる文とその前後も，時間や学生の能力が許せば，古い時代の作品も扱えるでしょう。

● おわりに

　以上，語学教育で文学を扱う限界と可能性を述べました。ティファニーで朝食をゆったりと味わえるように，語学教育で文学をのびのびと鑑賞できないのだろうかというのが，本章の問いかけです。残念ながら，結論としては，文学を扱うにしても，今の日本の平均的大学の平均的授業では，引用句辞典に出ている程度の分量と解説が，限界だろうということになります。が，教室以外ででも本格的文学作品に親しむ契機を学生の中で醸成する可能性はもちろん大いにあります。ほんの短い一節ではありますが，珠玉の一節であり，それを記憶に残しておく方が，後々一人一人の学生の人生で生きてくるのではないだろうかという可能性を述べたわけです。
　じつは，英語だけでなく，いわゆる未修外国語の先生方にも使ってほしい方法論なのです。まったく機械的な反復に終わってしまいがちな初級の語学の授業ですが，たとえば，ゲーテの有名な一節から始めて，逆に文法的展開を試みたらどうでしょうか。
　因みに，オードリー・ヘプバーン主演の映画『ティファニーで朝食を』(*Breakfast at Tiffany's*, 1961) の公開から半世紀以上を経て初めて，トランプ・タワー

に隣接している，ニューヨーク5番街の米高級宝飾大手ティファニーは，本店4階に「ザ・ブルー・ボックス・カフェ」をオープンさせ，そこで朝食を摂れるようになったのは，ごく最近の2017年秋のことでした。商品の包装や広告で使われる淡い青「ティファニーブルー」で内装を統一してあり，クロワッサンやフルーツなどの朝食は税抜きで29ドル（交換率1ドル114円で約3,300円），ランチ（39ドル）やティーセット（49ドル）などもあるそうです。語学教育でこそ文学を。

＊本章は，「語学の基礎教育に関する一考察――辞書の活用について」と題して，欧米言語文化学会関西支部設立20周年記念大会（2016年9月10日，同志社大学良心館436教室）において発表した原稿を加筆修正したものです。

参考文献

ホーン，ハリー (1985)『映画のクォート（引用）事典――いつか，どこかで，このセリフ』高橋千尋，袴塚紀子（訳・編），フィルムアート社．
カミンズ，アントニー・ジョン (2012)『引用だらけのイギリス英語事典――会話力200％アップ！』東京堂出版．
光延明洋 (2000)「英語引用句辞典さまざま（特集 辞書をめぐる7つの闘い）」『言語』29 (5), 76–77. 大修館書店．
大槻真一郎（編）（翻訳責任）(1985)『ヒポクラテス全集』第1巻 エンタープライズ．
奥津文夫 (2000)「引用句辞典」，大学英語教育学会文学研究会（編）『〈英語教育のための文学〉案内事典』彩流社．
Shakespeare, William (1962) *Macbeth*. Edited by Kenneth Muir. Methuen.
鄭讃容（著）・金淳鎬（訳）(2001)『英語は絶対，勉強するな！ 応用編――学校行かない・お金かけない・だけどペラペラ』サンマーク出版．
外山滋比古 (2017)『日本の英語・英文学』研究社．
鳥飼玖美子 (2014)『英語教育論争から考える』みすず書房．
柳瀬喜代志 (1989)「いわゆる朱子の『少年老い易く学成り難し』(『偶成』詩）考」『文学』57 (2), 97–113. 岩波書店．

辞書

The Concise Oxford Dictionary of Quotations. (3rd ed. Rev.) (1997) OUP.
The Dictionary of Film Quotations: 6,000 Provocative Movie Quotes from 1,000 Movies. (1995) Three Rivers Press.
The Penguin Dictionary of Jokes, Wisecracks, Quips and Quotes. (2009) Penguin.
『英語名句事典』(1984) 大修館書店．

『旺文社英和中辞典』(1998) 旺文社.
『ジーニアス英和大辞典』(2001) 大修館書店.
『新編英和活用大辞典』(1995) 研究社.
『新英和大辞典』(第6版)(2002) 研究社.
『世界の名文句引用事典』(1986) 自由国民社.
『ルミナス英和辞典』(2001) 研究社.

(日本大学)

第19章

一般教養英語の教材としての文学
―― 『ドラキュラ』を使用して

江 藤 あ さ じ

● はじめに

　授業初日,「なぜこの世に言葉が生まれたのでしょうか」と学生に尋ねます。その答えは，恐らくどの言語についてもあてはまることだと思います。人類が何らかのコミュニティを築き，そしてそこで共同生活を始めたばかりの頃，その中では非常に重要な意味を持つ宗教的な儀式が誕生し，また独特の規範というものが生まれ，暗黙の了解のうちにその中にいる者たちはその規範を遵守することを求められるような社会が誕生しました。そしてそういった儀式や規範を周知させ，また後世へと引き継がせることも一つの原動力となり，言葉が発達したのでしょう。中にはコミュニティ以外へ伝わることを恐れたのか，言葉は洗練されていったものの，文字を使用しない選択をしたケルト人のような例も見られますが，大方の民族は，何かしらの意図を持って，木片や石板などに言葉を文字や記号にして記しました。

　それらに刻み込まれた文字や記号が示す内容は，最初はメモのような，例えば何かの方法を伝授するだけのものであったかもしれません。しかし，太古に描かれた洞窟の壁画から芸術が始まったのと同じように，時代が大きく流れる中で，文字は事実の記録のみならず，虚構の世界も描き出す術となっていきました。その描き方は洗練され，全てを語らずとも読者の心の想像力を刺激し，巧みに文字の背後にある筆者の隠された真意を伝えることができるようになりました。特にその描き方が素晴らしいものには，文学的価値の高さが認められるようになりました。

　ところが，この洗練された技術は，時としてその文化を共有している者同士でなければ共感できないことが多々あるわけです。使用言語が異なる場合はもちろんのこと，宗教，倫理，社会規範，気候風土などが共有されていなくては，共感することがかなり難しいのです。昨今，世界のグローバル化に伴い，

日本でも**異文化間コミュニケーション (cross-cultural communication)** の重要性が注目されています。では，異文化間コミュニケーションに必要なこととは何でしょうか。もちろん，異文化に対する理解でしょう。しかし，これは，表面的な理解であってはいけないのです。歴史や精神文化の深いところに触れずして，本当の**異文化理解 (cross-cultural understanding)** を語ることはありえないと断言してもよいと思います。その欠落，あるいはそれに対する不寛容さが，理性的生き物である我々人間同士の間に不和や摩擦を生じさせてきたということは歴史を省みれば一目瞭然です。若者たちが今後活躍する社会は，急速にグローバル化しています。これまでのグローバル化は経済的側面が主であったことから，どちらかと言えば経済的強者の文化が支配的となり，文化的縮小，及び均一化の道を辿ってきたように思われます。しかし今後は，文化を温存しつつ多様性を重視するグローバル化へと変化していくと考えられています。そのような世界に羽ばたいていく若者たちに一体何が必要か。過去と同じ過ちを繰り返さないためにも，自分たちの価値判断のみを基準としない文化的知識，そして自分たちの価値判断とは異なる文化への寛容さを身に付けていくことが不可欠だと思うのです。

例えば文化人類学といった専門的学問分野も存在します。しかし，専門外の学生は，自力で高い意識をもって異文化理解を深めようとしない限り，なかなか自分中心的な判断基準から抜け出すことは難しいでしょう。そういった若者たちにも，グローバル化する社会でのコミュニケーションに必要な知識の一片を，英語の習得と同時進行で獲得できる授業の展開を筆者は目指しています。そして，筆者が目下，英語力養成と上記の知識の獲得に最も有効であると考えているツールが**文学 (literature)** なのです。なぜなら，文学にはその時代の日常をはじめ，歴史，そして文化固有の価値観が凝縮されているからです。そして，言葉のキャッチボールこそできませんが，作者とのコミュニケーションをじっくりととることができるのも文学の大きなメリットです。表面的に読んでいるだけでは見えてこない作者の真の声を，繰り返し読むことによって聞くことができるようになります。この，対話している相手の真の声を聞けるという力は，英語のみならず，母語でのコミュニケーションにおいても強く求められている能力だと思います。

そういったことを念頭に置いてテクストを選ぶ際，もちろんどのような文学であっても非常に有益ではあるのですが，やはり昨今の学生の英語力の変化に

対応する形で選ぶ必要があります。英語を基礎からやり直さなければならない学生を対象とする授業では、これからお話しする内容は不向きかもしれません。あるいは、学生の英語力に応じで、精読する箇所とそうでない箇所をあらかじめ分けておく必要も出てくると思います。それらの点ご理解いただいたうえで本章を参考にしていただければと思います。

● 導入

　文学を**教養英語 (English for Liberal Arts)** の教材として扱う授業では、なぜ文学を扱うのかを学生に意識してもらうために、まず日本語の「文学」にあたる英単語について考えることから始めるとよいでしょう。literature という英単語を日本語に訳すよう学生に求めると、その答えは十中八九「文学」だと思います。もちろんこれには何の間違いもないのですが、それだけでは、literature 及び「文学」という言葉の意図するところが明確に見えてきません。「文学」という日本語の響きからは「読み物」というイメージしかなかなか湧いてこないからです。そこで学生に他の訳しかたを期待して辞書を引かせてみます。「学識」という答えを学生が得ることができたら、今度はなぜ「文学」と「学識」が同じ literature という単語で表されるのかを考えてもらうために、さらに語源の説明が書かれている箇所を見てもらいましょう。辞書にもよりますが、例えば『ジーニアス英和大辞典』（以下、『ジーニアス』）でしたら、「ラテン語 litteratura（書くこと、文法、学ぶこと）より。「literate（読み書きできるようにする）＋ ure（結果）＝学問、学識」」(1286) という説明があります。これにより、「文学」とは学問であり、知識の宝庫なのだと、文学を教材として使用する目的を学生に伝えることができます。

　また文学は、対象とする読者が作者と同じ文化を共有している場合がほとんどであるために、作者は他文化の人々に対して、自分たちの文化的要素を作中で具体的に説明することがあまりありません。従って、背景にある**文化的知識 (cultural knowledge)** を理解できる者のみが作品の意図を理解し、楽しむことができるといった排他的側面があるということも学生に伝えなければなりません。換言すれば、知識がなければ楽しみが半減、あるいはそれ以上に損なわれてしまうものがあるということなのです。

　学生の中には「本を読まないからそうした知識がなくても全然困りません」

といった知的好奇心があまり見られない発言もあるかもしれません。まず何よりも，文学を通して得られる知識は，文学を理解するためだけに必要なものなのではなく，国際化する大学やグローバル化する社会における異文化間コミュニケーションにおいて，非常に重要な役割を果たすということを伝えなければならないでしょう（第21章も参照）。それから，文化や**歴史的背景 (historical background)** を知る前後では同じストーリーがどれほど違って見えるか，そして背景を知ったからこそ「文学がわかる」という実感を喜びとともに体験し，学生の「知る」ことに対する知的好奇心を刺激するという方法を取ることがよいと思います。literature を単に「文学」と置き換えてしまうのと同じように，作品の英語を辞書の頭に見られる日本語に置き換えていく，ただそれだけの連続作業では作者の真意が見えてこないという箇所を作品中から重点的に取り上げて，単語の語源や原義，そしてその中心的な意味をさぐり，そこから文化的背景を知ることで解釈がどのように違ってくるのかを学生に体験させていくのです。

　今回は，ブラム・ストーカー (Bram Stoker, 1847–1912) の小説『吸血鬼ドラキュラ』(*Dracula*, 1897)（以後は『ドラキュラ』とする）を使用した例を紹介します。この小説は怪奇小説としてあまりにも有名なので，学生は読む前から予備知識があり，ある程度の親しみもあります。しかし，この小説が文化的知識習得という目的に有益である理由はそれだけではありません。作者であるストーカーが，ジャガイモ飢饉に未だ苦しんでいた時代のアイルランドに生まれ，若者たちが革命を起こすまさにその瞬間にダブリンのトリニティー・コレッジ (Trinity College) にて青年期を過ごしたこと，後に英国に定住したことで，大英帝国の繁栄ぶりを目の当たりにし，その変化しゆく文化にも精通することができたこと，またそれと同時にその文化を客観視できる立場であったこと。そのような背景から，実はこの小説にはキリスト教，またそれに対する異教の文化，そしてジェンダー，英国人が抱くオリエンタリズム，といった様々なテーマが至る所にちりばめられているのです。それゆえ，そういった背景を知る前に読んだ印象が，知った後ではどのように変化するのか，つまり，単なる恐怖小説だと思っていたものが，実は洋の東西の関係性を問う小説であったことなどを学生は身をもって体験できるのです。では，実際にどのようなことを授業で実践できるのかについて，一部を紹介させていただきます。

● 作者が単語に込めた意味を知る授業の展開例

　作家は，限られた文章の中で，自分の伝えたいことを読者に伝えるために最も効果的であると判断した言葉を選択して文章を編んでいきます。ですから，その単語を自国語へと訳す時，私たちは作者になり代わって言葉を選択していかなければなりません。学生には，辞書の最初に出てくる日本語訳にすり替えて並べていくというだけでは，全く不完全なのだということを，念を押して伝えておきましょう。というのも，とにかく英単語を日本語に置き換えることが授業の目的であると勘違いしている学生はまだまだ多いからです。AIを使った自動翻訳でもできないことを授業で実践していることをまず理解してもらいます。そこで，作者が単語に込めた意味を正確に読み取るための学習の一例をご紹介します。例えば，以下の例文をご覧ください。

(1) The women looked pretty, except when you got near them, but they were very <u>clumsy</u> about the waist. They had all full white sleeves of some kind or other, and most of them had <u>big</u> belts with a lot of strips of something fluttering from them like the dresses in a ballet, but of course petticoats under them. The <u>strangest</u> figures we saw were the Slovaks, who are <u>more barbarian</u> than the rest, white their <u>big</u> cowboy hats, <u>great baggy</u> <u>dirty-white</u> trousers, white linen shirts, and <u>enormous heavy</u> leather belt, <u>nearly a foot wide</u>, all studded over with brass nails. They wore high boots with their trousers tucked into them, and had <u>long</u> black hair and <u>heavy</u> black moustaches. On the stage they would be set down at once as some old <u>Oriental band</u> of brigands.

(Stoker: 11, 下線筆者)

「女たちは見た目には美人。ただし，遠目に見れば，だ。どうも腰のあたりが非常に不格好。何の生地かはわからんが，みんな真っ白のダブダブの袖。女たちのほとんどが，おおきな帯をしめていて，そこからは何か細長いひらひらするものがバレエの衣装のようにたくさん垂れ下がっている。もちろん下にはペチコートを履いているが。我々が見る中で最も風変わりな身なりをしていたのはスロヴァキア人。彼らは

他のどの民族より野蛮だ。白くて、彼ら独特の大きな鍔広帽、かなりダブダブの黒ずんだズボン、白い麻のシャツ、そしてやたら幅のひろい皮のベルト。1フィートはあるんじゃないかな。真鍮の鋲がどのベルトにもちりばめられている。膝まであるブーツにズボンの裾をたくし込み、黒い髪はのび放題、口髭も生えるがまま。彼らは珍奇な点では人目をひくが、それも決して好印象を持てるものではない。舞台なら、昔の東洋の山賊団役ですぐにでも出られそうだ。」

(以降も含め、全て拙訳)

この箇所は小説『ドラキュラ』の冒頭部の、ジョナサン・ハーカー (Jonathan Harker) による旅行誌の一部です。彼がドラキュラ城へ向かったのは、大英帝国が最も栄えていた19世紀という時代で、それまでは貴族階級の専売特許であったツアーが中流階級の間にも広まっていった時でもあります。従ってこの時代にはジョナサンが書いているような内容の旅行誌がよく売れました。もちろんジョナサンの旅は、決して見聞を広めたり、あるいは余暇を楽しんだりするものではなく、あくまでも仕事なのですが、見たものを詳細に記していくという、いわゆるツーリズムの視点が彼の旅行誌にもよく表れています。ちなみに、ジョナサンの仕事はsolicitorで事務弁理士と訳されます。弁護士と訳すことも可能なのですが、英国ではsolicitorの他にもう一種barristerという法廷弁護士がおり、書類作成を担う事務弁理士が法廷弁護士と共同して訴訟準備を行うというシステムになっていることも学生に紹介するといいでしょう。その職業柄か、ジョナサンは、自分が目撃した人物や衣装などを細かく記していますが、ジョナサンの記述を主観の部分と客観の部分に分けて、特に主観で述べられている部分を列挙するよう学生に求めます。その目的は、主観が入る場合とそうでない場合で、その主観が修飾している単語の印象がどう変わるのかを知ることと、もう一つは、その主観の解釈が、新たな情報を得ることで変化する可能性があるということを体験させるためです。大体以下のような分類になるよう指導します。

主観	客観
clumsy	なし
big	belts

strangest	figures
more barbarian	なし
big	cowboy hats
great baggy dirty-white	trousers
enormous heavy	leather belt
nearly a foot wide	なし
long	black hair
heavy	black moustaches
Oriental	band

ここまで来たら，学生にはもう一度，先に引用した英文の少し前の部分に立ち戻り，ジョナサンとともに再び西ヨーロッパから東ヨーロッパへ空想上の移動をしてもらいます。今回は時間をかけて，ジョナサンの主観が表れている部分（以下の(2)）を特に注意して読むよう促します。すると学生は様々なことに気付きます。

(2) a. The impression I had was that we were leaving the West and entering the East; the most Western of splendid bridges over the Danube, which is here of noble width and depth, took us among the traditions of Turkish rule. (Stoker: 9)

「西を離れて今まさに東へ入る。そんな印象を私は抱いた。そう，ダニューブ川の上に架けられたいくつもの見事な橋の中で最も西側の橋，これは見事な広さと深さを持つのだが，その橋を渡るといよいよかつてのトルコ支配の伝統が残る場所に突入だ」

b. ... one of the wildest and least known portions of Europe.
(Stoker: 10)

「ヨーロッパの中でも最も未開で未知の地帯だ」

c. I was not able to light on any map or work giving the exact locality of the Castle Dracula, as there are no maps of this country as yet to compare with our own Ordnance Survey maps. (Stoker: 10)

「ドラキュラ城の場所を正確に知ることのできる地図や出版物を見つけることはできなかった。というのも，この国の地図には，我が英国陸地測量部の地図に匹敵するほどのものがまだ一つもないからだ」

d. It seems to me that the further East you go the more unpunctual are the trains. What ought they to be in China? (Stoker: 11)

「どうやら東へ行けば行くほど列車の時間にはだらしなくなるみたいだな。中国なんかに行った日にはどうなることやら」

　(2a) は，小説の冒頭でジョナサンがブダペストの街に降り立った時に抱いた印象を述べたものです。ジョナサンがどのような気持ちでこの言葉を記しているかを考えてもらいましょう。ドイツ系ヨーロッパの人々とその他の民族がちょうど入り混じるあたりです。ジョナサンの，自分たちの文化からは隔絶した場所へ入る期待と不安が感じとれるでしょう。さらにここでは West と East という単語に注目させましょう。学生は，西，東といった方位を指す言葉というイメージを最も強く持っていると思いますが，その他の意味も辞書を引いて調べさせましょう。この箇所における East は，辞書にも説明があるように東欧を指しているのですが，東は他にも 近東 (Near East)，中東 (Middle East)，極東 (Far East) に分けられます。そして日本は極東に位置していることを確認しておきましょう。方位には常に中心があります。それではこの場合，どこを中心として Near → Middle → Far と東が移動していくのでしょうか。おわかりのように英国ですね。英語なだけに，中心が英国にあることは当然のことと言えます。英国に最も近い東が近東であり，最も遠い東が極東，すなわち日本になるわけです。英国で販売されている地図などを用意して，学生に日本を探させてみても面白いかもしれません。日本は決して中心で赤い色をしているわけではないことを知るでしょう。また，日本を中心とすると近東も中東も方位的には全く意味をなさないのですが，その言葉を違和感なく使用しているのは，我々が当たり前のように眺めている世界地図が，実は英国に，さらには西洋に支配された歴史の反映であることに気付いていない証拠なのかもしれません。

これは，英語の文化が，日本語が持つ東は東，西は西という自明の理と思われる意味のルールを逸脱し，無意識のうちに日本文化に浸透しているよい例だと思います。さらに，West の原義が「太陽が沈むところ」であり，その外来形容詞が Occidental であるということ，また East の原義が「輝く」であり，その外来形容詞が Oriental であるということも，後に出てきますのでここで押さえておきましょう。Orient が太陽が昇る状態を指す言葉であることから，聖徳太子の話をしても面白いかもしれません。聖徳太子が日本の天皇を日出る処の天子，そして中国の皇帝を日没する処の天子と書簡にしたためた話は小学校で学習することですが，これは英国でなく日本を中心とした方位の捉え方です。英国を中心とすれば，双方ともに日出る処の天子となるわけです。

　(2b)は，これからジョナサンが向かうドラキュラ城のあるトランシルヴァニアについての印象を述べたものです。ここでは，portions という単語が使用されていることに注目させましょう。そして，region や area，part という単語と portion がどのように違うのかを学生に辞書で調べさせます。例えば『ジーニアス』では，この中では region が最も広大な地域を指し，続いて area が「region より狭い区域」(117)を指すとあります。しかし両者とも，一定の領域，範囲全体を指す言葉であるということがわかります。一方，part と portion については，日本語訳のみを見れば一見同じような使い方ができると思われるのですが，こちらも『ジーニアス』にありますように，part は全体の中の一部を指す(1601)のに対し，portion は全体から「切り離された一部」(1697)を指すことがわかります。portion という単語が使用されることにより，ドラキュラ城のある場所が，いっそう文明から隔離された印象を読者にあたえています。

　(2c)からは，大英帝国の技術的優越性を感じるとともに，トランシルヴァニアに対する優越感もジョナサンが感じていると読めるとよいでしょう。

　(2d)からは，表面上は列車の時刻に対する感想なのですが，ジョナサンが東に対して一定のだらしの無さを感じていることがうかがえます。しかし実際のところ，ジョナサンはこの土地よりさらに東へ赴いたわけではありませんので，これは一種の偏見ということになるでしょう。偏見は，異文化間コミュニケーションでもっとも危険視されるものの一つです。学生への注意喚起にもなる箇所です。

　以上のジョナサンの言葉の中に窺える印象をまとめると，ジョナサンが小説中，西ヨーロッパの終わりと位置付けたあたりからジョナサンにとっての東が

始まり，ヨーロッパにおける東の端を，目的地であるトランシルヴァニアと位置付けている．また，そのヨーロッパ最東端のトランシルヴァニアについては，ヨーロッパのうちでも，文明からはもっとも離れた場所，となるでしょう．

　ここで，なぜ「東」と「西」という描写をジョナサンが何度もしているのかを学生に考えてもらいましょう．ヨーロッパのうちで最も高等な文明を保有しているのは西で，東へ行くに従って野蛮化する，すなわち，ジョナサンはもしかすると無意識のうちに，東の国に属する人々を，高等文明国に属する自分たちとは異なる非文明的な人種としてみなしているのではないか，そしてそれは一種の蔑視なのではないか．そのような答えが学生の間からでてくるかもしれません．しかし，善良な一英国民であるジョナサンにとっての東に対する一種侮蔑的な感情は，決してジョナサンの人格を小説内において損なわせるものでもなく，またジョナサン特有の感情というわけでもありません．そのことを知るために，多少の歴史的，文化的背景を学生に教えます．

　17世紀のクロムウェル政権下で行われたアイルランドへの虐殺を伴った植民地活動から大英帝国時代までの英国拡大の歴史と，それに伴う侮蔑意識と搾取といった話から，サイード (Edward Wadie Said, 1935–2003) が再定義したオリエンタリズム，すなわち，オキシデンタル (Occidental) である自分たちの西洋中心主義を振りかざし，それ以外は全てオリエンタルであり，そこは未開の地であるから西洋人による開拓に値する場所であるといった考えが根底にあることを学生に紹介します．またこの言葉は過去の歴史の中のものなのではなく，現在にも否定的な意味を伴って使用されてきたこと，そしてだからこそ，オバマ大統領はその言葉の公的機関での使用を，Negroという言葉とともに禁止する決定を下したことについてもふれるとよいでしょう．

　さらに，19世紀において，それまでは「栽培」が主であったcultureの意味の定義が，マシュー・アーノルド (Matthew Arnold, 1822–1888) による『教養と無秩序』(Culture and Anarchy, 1869) の出版を機に，現代的な意味での「文化」へと大きく変わっていき，アーノルドが「蛮人」と定義した中産階級に教養をつけることで英国の輝きを取り戻したいと願った彼自身の意図とは違い，英国のみならずアメリカでもヨーロッパ文化こそが高尚 (high culture) であり，それ以外は野蛮な文明後進国 (barbarian/low culture) とみなす考え方が生まれたことなども紹介します．小説では，ジョナサンは決してアジアへは足を運んでいませんが，彼の口から，「東」「オリエント」という言葉が何度も出てくる

ことから，ジョナサン，もしくは作者であるストーカーが，この東ヨーロッパの国をオリエントと見立てているのではないかということが学生も推測できるでしょう。

　学生がこういう文脈に気付き始めたら，もう一度主観と客観にわけた表に戻りましょう。そして，特にジョナサンの主観が述べられている単語に注目させましょう。すると，もともと否定的・批判的・差別的な意味合いの濃い clumsy や strangest，barbarian，そして oriental という単語の間にある，必ずしも否定的・批判的意味合いを持たない，あるいは比較的中立的な意味合いを持つ big や great, enormous, heavy, long などといった英単語も，若干否定的・批判的な色合いを帯びてきているのではないでしょうか。さらに，そういった単語，すなわち形容詞などの有無により，文章がどう変化するか，実際に学生たちに検討してもらいましょう。学生は，形容詞がある方が具体的に想像しやすいということ，しかし，それと同時にジョナサンの主観による描写は，彼の価値観に基づいていることなどにすでに気付いているでしょう。ジョナサンの価値観を理解した今，学生が文字から想像するしかなかったスロヴァキア人は，最初に想像していた客観的姿とことなっていることでしょう。

　ここで，形容詞や副詞が異文化間コミュニケーションに限らず，あらゆるコミュニケーションにおいて非常に大きな影響力を持っているということを学生は学習することができます。相手の使用した形容詞などの修飾語から，様々なコンテクストを読み取ることができます。また，時にはその修飾語により自分が不快な思いをするかもしれません。しかしそれは，自分の相手の文化に対する理解不足によるものかもしれないし，もしくは相手が自分の文化を理解していないことから生じているかもしれないと考えることもできます。さらに，自分が使用する単語の選択についても，和英辞書で最初に出会う英単語を簡単に使用してしまうことで時には大きな誤解につながる可能性があるかもしれないことにも気付きます。そして，自分にとって当然の価値判断から出た形容詞などが，実は広い世界から見ると決して当然ではない可能性があるということも，この主観のニュアンスを帯びてしまう形容詞の意味をとる学習を通して認識していきます。

　さあ，そのような学習をした後で再び最初に挙げた英文の箇所に戻ってきます。辞書の最初あたりに出てくる単語をただ単にあてはめて訳すだけでは作者が伝えたい雰囲気が伝わらないことに念を押し，今回は引用の下線を引いた部

分の形容詞の訳に特に注意するよう促しましょう。学生たちは作者の気持ちに成り代わって，一生懸命にぴったりの言葉を日本語の中から探し出そうとします。自分たちの辞書もくまなく見ます。そこで必ず原義と本義を確認し，そこから逸脱しなければ必ずしも辞書と同じ訳をしなくても構わないと私は考えています。ただし，学生の思い込みによる訳になっていないかを教員が責任をもって見る必要があるということは言うまでもありません。

さて，以上見てきたような形容詞は，ジョナサンという善良な一英国人の深層心理を描写していると考えられるわけですが，それは果たして作者の意図的なものなのか，あるいはこれもまた作者の深層心理によるものか，といったことも学生と考えてみても面白いかもしれません。作者であるストーカーは，長年英国に虐げられてきたアイルランドで，しかもジャガイモ飢饉の傷癒えぬ時に誕生しました。当時の『ロンドンタイムズ』(*The Times* (London))がこの飢饉の惨状を，「天の偉大な恵み」と書いたことは有名な話です。ジャガイモのみを糧として許されていたアイルランド国民に対し，救いの手を差し伸べなかったばかりか，相変わらずジャガイモ以外の作物を取り立て続け，この間，アイルランドの国民数は激減しました。それほど英国に虐げられていたアイルランドの出身であるストーカーが，善良な英国市民の深層心理に悪意なく，無意識的に存在していたオリエントの国々に対する差別意識を描き出すために，このような形容詞を意図的にはめ込んだ可能性も十分考えられます。このようなことを考えることで，学生は，作品中の登場人物のみならず作者とも，二重にコミュニケーションをとることができます。これは文学教材の難しくも楽しいところであります。

さて，この流れに乗ってその後も読み進めていくと，例えばジョナサンが先述の引用の (2a) において，ドナウ川を Donau とドイツ語表記せず，Danube と英語表記していることの背景には英国の帝国主義があるということに気づいたり，また，現地で飲んだワインについて a queer sting (Stoker: 13)「怪しい刺激」と評したりすると，その queer という単語の原義が「中心からはずれた」であることを知ったり，さらには I am writing up this part of diary whilst I am waiting for the coach, which is, of course, late. (Stoker: 13)「私は馬車を待っている間にこの日記のこの部分を書いているのだが，もちろん馬車はまだ来ない」と書かれている場所では，of course というジョナサンが挿入した一言に注目したりと，学生の読みも訳もいっそう充実したものになっていくことだと

思います。

　本章で展開したのは，主に『ドラキュラ』の冒頭を例とした作品の語学的精読から，この作品はヴァン・ヘルシング教授がドラキュラ伯爵を退治する恐怖小説というよりもむしろ，洋の東西の確執を描いた，現代風に言い換えれば，移民・難民論としての読みの可能性の探究とも言えましょう。実際，谷内田 (1994) という先行研究が存在しています。

　こうした異文化間の離齬から生ずる得体の知れなさが恐怖心をあおることになり，書簡体や日誌体を主とする作品構成も，たしかに事実をありのままに記したものかもしれませんが，個人の主観的な記録にすぎない側面も否定できず，主観と客観の揺さぶりの中で文学作品を読解していかねばならない批評行為の難しい部分もご理解いただけたかと思いますが，それだけにいっそう正確な語学的教養が必須であることを証明したことにはならないでしょうか。

　ジョナサンから見ればドラキュラ伯爵は東に位置していましたが，そのモデルとなったワラキア公ヴラド三世は，さらに東のオスマン帝国の侵入にひたすら抵抗し続けた西に位置する人物だったことを付け加えて本節を終えたいと思います。

● 最後に

　以上，歴史的，文化的知識があれば読みが変わるという授業の展開例をほんの少しだけ紹介させていただきました。こういった知識はどれだけあればよい，というものではなく，たくさんあればあるほど異文化間コミュニケーションを楽しむことができるようになるのだと思います。また先生方の授業では，先生方が得意とされる分野の知識が満載されている文学を是非教材としてご活用ください。それに対して学生も大いに関心を抱き，知的好奇心が刺激され，さらなる語学学習への意欲が湧いてくることでしょう。そして学生とともに，先生方も得意分野をさらに勉強し，そして大いに楽しんで授業をなさってください。そうすれば，学生もいっそう先生方の授業を楽しんでくれることと思います。

＊本章は，「*Culture Informs Literature*——文学を通して言語が果たす役割を知る」と題して，欧米言語文化学会関西支部設立 20 周年記念大会（2016 年 9 月 10 日，

同志社大学良心館 436 教室）において発表した原稿を大幅に加筆修正したものです。

参考文献
Stoker, Bram (1997) *Dracula*. W. W. Norton & Company, Inc.
ブラム・ストーカー (1997), 平井呈一訳 (1999)『吸血鬼ドラキュラ』創元社.
谷内田浩正 (1994)「恐怖の修辞学——『ドラキュラ』と世紀転換期イギリスの東欧ユダヤ人移民問題」『現代思想』22 巻 8 号, 232–248. 青土社.

辞書
『ジーニアス英和大辞典』(2001) 大修館書店.

（京都大学非常勤）

第20章
英語教員の役割について

江幡（山田）真貴子

● Introduction

　中学校，高等学校で少なくとも6年間も英語の授業を受けているにもかかわらず，外国人相手となると英語への苦手意識を感じてしまう学生は少なくないでしょう。筆者の教えている大学にはたくさんの国からの留学生が在籍していますが，留学生と交流したいものの自分の英語力に自信がないため，日本語が通じる人とだけしか付き合わない学生も少なくありません。筆者は英語クラブというものを設立し，学生の英語力向上を目指していますが，参加する8割が留学生で，クラブの時間はまるで海外に英語留学しに来ているかのような環境です。それだけではありません。ディスカッションやディベートを行うと，留学生は率先して意見を述べるのに，日本人の学生は静かに聞いている場合が多く，もどかしさを感じてしまいます。なぜ口を開かないのでしょうか。なぜ素晴らしい意見を持っているのに，**自己評価 (self esteem)** が低いのでしょうか。なぜ声が小さく自信がないように話すのでしょうか。日本語を学ぶ留学生が日本語でコミュニケーションをとる場合でも同じことが言えるのかもしれませんが，英語の教員としても一日本人としても，日々悔しさに似た気持ちで日本人の学生を見ています。

　諸外国では，コミュニケーション重視の教育が主流です。日本の文法中心の英語教育は，特に「話す」能力が身に付かないものでした。そこで文部科学省は外国語教育改革として，日本がアジアでのトップクラスの英語力を目指すべく，2011年より小学5，6年生から英語教育を始めることを決定しました。現在外国語指導助手 (Assistant Language Teacher，以下 ALT) と日本人教員がティーム・ティーチングをしています。生徒の年齢が低ければ低いほど，英語に取り組みやすいことが期待されてのことなのでしょう。このような考えを第2言語習得における**臨界期仮説 (critical period hypothesis)** といいます。小川 (2013: 3) は人間の言語習得の場合，臨界期（2歳から12歳ごろ）以降にどんなに訓練を行ったとしても言語を習得するのが困難であると言っています。小川

(2013: 5) によると数多くの学者たちがこの臨界期の研究を行っていて、一定の年齢を超えると外国語習得がほぼ不可能になると結論付ける学者もいる一方、「開始年齢」のみを決定的要因であるとすることは不可能であり、モチベーション・学習適正・学習方略・訓練方法などにより外国語習得は可能であると結論づける学者もいると述べています。英語の学習開始時期は2019年の時点では小学校5年生からですが、2020年からは小学校3年生になります。そして、習い事の一つとして子供たちに英語を学習させる親も数多くいます。

しかし、早期に英語教育を始めALTを増員したり子供を英会話教室に通わせたりすれば、英語でコミュニケーションがとれて、自分の意見をはっきりと相手に伝え、時にはディベートやディスカッションをして相手の意見を理解し、語り合い、国を越えた友人を作ることができるのでしょうか。筆者は容易ではないと思います。なぜならば、全てのALTが適切な研修を受けた上で教えているとは言えないからです。黒澤 (2011: 31) によると、文部科学省のプログラムから派遣されているALTの数は減少しており、民間業者から直接雇用されているALTが多くいます。黒沢は、この問題点はALTの質が保たれない、そして彼らが授業を簡単に投げ出してしまうことだと述べています。文部科学省 (2003: 7) は「英語が使える日本人」育成のための行動計画として、「優れたネイティブスピーカーを正規教員として活用することを促進する」ことを目標としていますが、授業を簡単に投げ出すALTが多くいる現状で、どうしてそれが実現できるのでしょうか。そうした状況を考えると日本国民の中には、ALTばかりに頼らず、日本人の英語教員が英語の授業を実りあるものにし、生徒・学生に実践力を付けさせればよいのではないかと考える人も少なくないと思います。しかしながら、日本人の英語教員が英語の授業をコミュニケーション中心型にはできない現状があります。例えば、日本の中学校の英語教員の英語力は、『日本経済新聞』「英語力、教員も底上げ必要 政府目標の資格取得は中学30%」(2016.4.5) という記事によると、英検準1級以上かそれに相当する資格を取得している中学校の英語教員は30.2%となっています。英検準1級というのは、文部科学省 (2003: 5) の『「英語が使える日本人」の育成のための行動計画』によれば「概ね全ての英語教員が、英語を使用する活動を積み重ねながらコミュニケーション能力の育成を図る授業を行うことのできる」英語力で、コミュニケーション中心の授業をするためには必須の能力でしょう。

そこで本章では，筆者が英語教員（時には母親）として，多くの学生が真の国際人になれるようにと試行錯誤した授業実践の中から，その一部を紹介したいと思います。言うまでもなく，これは「こうすれば必ず成功する」といったことを主張するものではありません。筆者はデジタルハリウッド大学で必修英語（英会話と，プレゼンテーションやディベートなどのスキルを教える授業），選択英語（異文化コミュニケーション），英語圏へ留学する学生の準備授業，およびビジネス英語を教授しています。また，2児の母であり，子供たちをケンブリッジ式の国内インターナショナル・スクールに通わせています。ケンブリッジ式教育とは，IGCSE (International General Certificate of Secondary Education) という国際中等普通教育証明書を取得するためのイギリス式カリキュラムに沿って授業を行うもので，IGCSE 取得後の日本の高校 2, 3 年生で IGCE A レベル (International General Certificate of Education, Advanced Level) を受講するために勉強するカリキュラムになっています。そのカリキュラムの中で，日本の英語教育に取り入れてもよいのではないかと思われるものも紹介します。

● Do You Like Your Students?

当たり前に聞こえるかもしれませんが，教員として最も大切なことは，学生を大好きになり，学生が授業に行くのが楽しみになるように指導することです。そして学生の名前や趣味をいち早く覚え，より深く知ろうとする態度を見せ，自分のことも学生に知ってもらうよう努力しなくてはなりません。なぜならば，教師と学生は同じ部屋で 90 分を過ごす仲間同士なので，お互いをよりよく知って居心地のよい雰囲気を作ることが英語力向上への近道になるからです。坪根・小澤・八田 (2013: 69) は「学習者の動機付け」の要素として，「学習者の名前を憶えて呼ぶ」，「学習者との人間関係を構築する」を挙げています。大学生ともなると英語嫌い（もちろん大好きな学生も多くいますが）が凝り固まっていて，教師と学生はなかなか理解し合えないものです。つまらない授業では学生は欠席し，受講の目的も卒業単位取得のためだけになってしまう可能性があり，せっかくの 90 分が無駄になってしまいます。しかし，つまらないと思っていた英語の授業が楽しく有意義なものであるとわかると，学習意欲が高まり，受講態度も変わってきます。教員は学生を大好きになり，楽しい

授業をしなくてはなりません。筆者の場合，学生の多くが利用しているソーシャル・ネットワーキングサービス (SNS) を通じて学生の趣味や活動を知り，その学生がどのような性格なのか，そして何を考え，将来何を目指しているのかを理解するように努めています。また，SNS を利用してクラスのグループを作成し，グループ内で授業外に英語や日本語で様々な話をしています。学生の意見や変化を敏感に察知できますし，彼らの本音もわかるので効果的です。また，学生の意見を取り入れて授業内での英会話のトピックを決め，彼らと一緒に授業を作っていく形も取っています。中学校，高校では SNS の利用は難しいかもしれません。その場合は英語で生徒と歌や広告などを一緒に作ったり，劇を演じたりと，一つ目標を定め，英語を使いながらそれを目指すのも効果的です。

しかしながら，毎回の授業で全ての教員が楽しい雰囲気を提供することが可能なのでしょうか。ここで興味深い研究結果があります。玉置・高原 (2012: 37) の調査結果によると，義務教育に携わる教員の身体的，肉体的ストレスはかなりなもののようです「仕事を終えたとき疲れきっている」という項目に対し，小学校の教員の 72.0% が，中学校では 69.4% が，高等学校では 56.3% が同意しました。「疲れてぐったりすることがある」という項目でも，ほぼ同様の数値が出ています。また「ゆううつな気分である」では，小中高の順で 30.7%, 33.1%, 29.4%，「自信が持てなくなってきた」では，同じく 28.5%, 29.5%, 22.4% となっています。これらのデータからは，教員全員が毎日前向きな気持ちで元気に教鞭を執っているとは言えません。玉置・高原 (2012) は以下のようにも述べています。

> 教員のストレスにどのような要因が影響しているかを分析するのに，今回調査では一般的な要因と教員独自の要因から検討した。その結果，……小学校，中学校，高等学校の 3 校種に共通する要因として，「仕事が忙しいので睡眠時間を削っている」という「時間的仕事強度」と，「自分が理想としている仕事状況と，現状とのギャップが大きい」という項目が強く影響を及ぼしていた。また，小学校，高等学校で「私という存在は児童・生徒たちから必要とされている」，中学校では「児童・生徒との関係を結ぶのが難しくなっている」があがっているように，児童・生徒との関係性もストレスに強く影響していることが確認された。……「自分が理想とし

ている仕事状況と，現状とのギャップが大きい」ことは病気休職，精神疾患休職のいずれに対しても最も相関が高く，特に精神疾患休職との相関が非常に高いことが明らかになった。　　　　　　　　　　（玉置・高原 2012: 38-39）

　これらから考えられるのは，教えることを自ら楽しみ，学生が英語を学ぶのにふさわしい環境を作るのは，そう簡単ではなさそうだということです。このような過酷な職場環境では，教員自身が自分を見つめ直し，教育への情熱や理想を持ち続け，そして教育の重要性を常に考え続けるのは難しいのかもしれません。
　筆者が高校の教員だった時，自分の英語教育への情熱と生徒の英語への意欲がうまくかみ合わず悩みました。授業だけでなく校務にも忙殺されて，授業準備さえろくにできず苛立ったこともあります。しかし，教員の道を選んだ時の情熱を忘れないよう，そして，一人でも多くの生徒が英語に興味が湧くよう心がけました。特に公立中・高では，英語を教えることを楽しめない状況にいる教員もいるかもしれません。しかし，なぜその道を選んだのか，なぜ英語の教員になったのかを常に思い出し，英語が好きな生徒のためにも楽しい授業をし続け，自分自身も教えることを楽しもうとする意欲が重要だと思います。

● Create a Relaxing Learning Atmosphere

　学生同士の居心地がよくなる工夫をすることが教員がなすべき第2のことです。お互いが赤の他人のような雰囲気では居心地が悪く，沈黙に終始し，発信型の授業にはなりにくいものです。それでは英語のコミュニケーション能力は上達しないでしょう。筆者は学生がいち早くお互いを知ることができるように，椅子を円状に置いて全員を見渡せるようにしたり，学生がお互いに話し合えるようなゲームをしたりと，学生の緊張をほぐす工夫を心がけています。学習環境をよりよくするためには，学生が英語の授業をどう感じているのかを知ることも大切です。野口 (2006: 70) は学生が抱いている英語への不安や悩みを学生同士で率直に話し合わせ，自己分析させることで英語学習に対する意欲が高まり，英語への意識が明確にわかり効果的であると述べています。筆者の大学では，毎回授業後に学生は評価用シートというものをオンライン上に提出するようになっており，そこに授業や教員へのコメントを残すことができま

す。質問項目は「1. 授業を理解できましたか？　2. 授業に興味を持てましたか？　3. 次回の授業に向けて準備すること・学ぶべきことを理解しましたか？　4. 今日の授業のよかった点，要望があれば，あげてください。5. 連絡や質問など何でも自由に書いて下さい」の5つです。評価用シートは，学生が授業をどのように感じているのか，そして授業をどの程度理解しているのか，さらには授業への関心度までよくわかるので，次回の授業計画に大いに役立っています。また，直接，授業は楽しいのか，授業でどのようなことに取り組みたいのか，どのようなトピックを話したいのかなど，率直に学生に尋ねてもよいでしょう。彼らの要望の全てを取り入れるわけにはいきませんが，なるべく楽しく学べる環境や教材を準備するように心がけるべきでしょう。

　授業中，BGM を流すのも効果的です。特にディスカッションやディベートといった，自分の意見を全面的に出す練習の際，BGM を使用することにより緊張がほぐれるメリットがあります。静かな教室より音楽が流れている教室の方が，学生がより多く発言する傾向があるので効果的です。もちろん流す音楽のジャンルや歌詞，そして音量にも配慮しなければなりません。

● Skills Based Instruction

(1) Discussion

　英語が得意な学生が多いクラスでは，**グループ・ディスカッション (group discussion)** を毎回行い，意見の交換をさせることにより，クラス内に仲間ができると（できれば全員が全員と仲よくなるのが好ましい），授業がより楽しくなります。また，仲間作りのためには**グループ・ワーク (group work)** も大切です。**グループ・プレゼンテーション (group presentation)** やディベート**(debate)** を用いて，お互いに助け合い，一つの課題や目標を達成させることができると，仲間も増えて授業が楽しくなります。トピックを選ぶ時，筆者が気を付けているのは，学生の興味や関心に近くて知的好奇心をくすぐるような，そして家族・金銭感覚・異文化・教育・生活・将来・結婚・趣味など，議論になりやすいものを選ぶということです。いち早く学生の好みを察知し，彼らに合ったトピックを提供しなくてはなりません。例えば筆者の教えている留学生と日本人が半々のクラスでは，異文化に関するトピックに関心がある学生が多く，日本と他の国々の事情や価値観の相違点を楽しそうに，時に熱く話し合っ

ています。また英語が得意でないクラスでは，学生の趣味や生活に関することをトピックに選ぶようにしています。他方，状況によっては彼らにトピックを選ばせる，または考えてもらうのもよいかもしれません。常に教員が何かを与えるのが教育なのではなく，一緒に考えていくのも大切なことではないでしょうか。また Ferris and Tagg (1996: 298) は，トピックやテーマを選択する際，「教員は学生に必要とされるスキルを見分けながら選ぶ必要がある」と述べています。学生の批判力や批評力を養うことが必要なケースでは，それに適するテーマを選ぶことにより，考える力や4技能のうち「話す」以外の英語力の向上を狙う必要があると述べています。

　グループやペアを組む時も様々な配慮が必要です。第1に，毎回同じメンバーでグループやペアを組ませないことが大切です。仲間が増えるように，教員は毎回異なるグループやペアを作らなければなりません。仲間が増えることにより，クラスの雰囲気はよくなり，リラックスできる学びの場になることでしょう。英語力の異なる学生同士でグループを組ませることも，お互い学びあうために必要です。英語力の高い学生が英語力の低い学生と組むことにより，自分の弱点や得意な点を再確認し，英語力のさらなる向上が期待できます。また，英語が苦手な学生も力のある学生から学ぶことにより，表現力や語彙力の向上が期待できます。もちろん英語が苦手な学生が劣等感を抱くことより，学習意欲が低下するという懸念はありますが，これは教員の力量と観察力により，グループを作る上で配慮するなど，工夫次第でかなり解決します。例えば筆者は，個人へのアドバイスを積極的に行っています。英語が苦手な学生はとりわけ英語で話す自信を失っており，この能力の高い学生に抱く劣等感も相当強いようです。そこでプレゼンテーション後，1人ずつ，どこが前回より改善されて素晴らしくなったかについて話し，今後の課題を具体的に教え，メモを渡すこともあります。自分と他人を比較するのではなく，自分がどのように英語力を向上させればよいのかを詳しく助言することにより，学習意欲を保つことは可能と思われます。

(2) Speech and Presentation

　学生の英語の**アウトプット・スキル (output skill)** の中で最も重要なのは自分の意見を述べるスピーチと情報を提供するプレゼンテーションです。授業の内外でこの二つに何度も挑戦させることは極めて重要で，これは**インプット・**

スキル (input skill) 向上にも役立ちます。例えばスピーチとプレゼンテーションのテーマに関することを調べる過程で，新聞などいろいろな資料を読まなければならないので**読解 (reading) 力**が身につきます。そして，リサーチをするためにニュースなどを見たり聞いたり，クラスメートと意見を交換するためには**リスニング (listening) 力**を向上させなければならないので，インプット・スキルも身につくわけです。さらには情報をまとめたり，自分の考えを文書で述べたりするための**作文 (writing) 力**も習得できます。そして最後に最も大切な発表や発言のための**会話 (speaking) 力**と，4技能全ての向上が望めるのがスピーチやプレゼンテーションを行う最大のメリットと言えます。しかもこの練習はジェスチャー，アイコンタクト，立ち振る舞い方，（強弱を含めた）声の出し方などの練習にも最適です。授業内では，アイスブレーカーとして1人ずつに短めのスピーチを，そして中間課題や期末課題として何分かのスピーチを行わせるのもよいでしょう。スピーチの際に学生が心掛けなければならないのは，自信を持って自分の意見をしっかり相手に伝えることです。そのためには，メモを読まず，聞き手の目を見て話すことにも挑戦しなくてはなりません。そして導入・本論・結論の構成や話し方・伝え方・独自性など，様々な面を自分なりに改善していくことも大切です。また学生のやる気を向上させるために，筆者は年に一度，学内スピーチ・コンテストを開催しています。より多くの聞き手に自分の意見を伝える場を設けています。正式なコンテストなので，参加者の緊張感は計り知れませんが，終わった時の達成感は非常に大きいです。また，他の話者の発信力を観察できる刺激的な機会でもあるので，英語力向上への意欲が上がることも期待できます。プレゼンテーションに関してもスピーチと同様，4技能を駆使しなければならないので，学生の英語力が総合的に高まるのは間違いありません。

　Ferris and Tagg (1996: 300) によると，**第2言語としての英語（English as a Second Language，以下 ESL）**を学ぶ学生は作文力と会話力以上に，読解力とリスニング力を向上させるべきだと主張する講師もいるそうですが，先にも述べたようにプレゼンテーションの準備をする際に読み書きの練習もできますし，意見の交換やプレゼンテーションの構成を練るのも英語で行われるために，リスニング力も向上します。つまりプレゼンテーションの授業は，インプット・スキルを取り込みながら発信力を飛躍的に向上させることができるのです。藤田・山形・竹中 (2009: 48) は，プレゼンテーションの授業形態は学生

に達成感を与え，英語学習へのさらなる動機付けとなるものだと述べています。また，Ferris and Tagg (1996: 300) の調査を見ると，両氏が ESL を学ぶ学生にきちんとメモを取る能力，すなわち**ノート・テーキング (note taking)** 力を習得させ，かつメモを取ることを促した上でディスカッションに参加させることが必要と考えていることがうかがわれますが，非常に大切なことだと思います。プレゼンテーションを授業で扱う際，一人で行わせるのか，グループで協力させるのかについては，学生の意見を取り入れながら教員の観察に基づいて決めればよいでしょう。グループで話し合いをしている学生をよく観察し，グループ内で意思の疎通が十分に図られている場合はグループでのプレゼンテーションを続ければよいでしょう。他方，意見の衝突が見受けられる場合や個人的な情報を提供するトピックの場合は単独で行わせるのが望ましいです。筆者の授業でも，グループ・ワークを嫌う学生はいますが，そのような時は，1人でもできるようにしています。このような学生に無理やりグループ・ワークに参加させるのは逆効果です。なぜなら，ひどく緊張してたちまち英語が嫌いになってしまうからです。英語の授業で最も大切なのは，リラックスして楽しみながら学ばせるということです。英語嫌いになってしまえばこちらが提示する目標に到達させることもできません。もちろんグループで行う方が効果的ではありますが，1人でのプレゼンテーションであっても，メモを読まずに聞き手の目を見ながら，また必要に応じてジェスチャーを交えながら，話題や情報を提供する練習をさせることは可能です。パワー・ポイントを効果的に使って聞き手の理解度を上げる練習もできるでしょう。もちろん教師がその模範を示す必要があるのは言うまでもありません。

　学生のグループ・プレゼンテーションを評価するのは普通，教員ですが，時には学生同士で**相互評価 (peer evaluation)** をさせるのもよいでしょう。予め学生に評価用紙を配っておき，自分がどのように仲間を評価するか，または仲間にどのように評価されるのかを考えることにより，発表力向上への意欲が高まります。仲間を評価しなくてはならないので，少々心苦しいところもあるようですが，グループ・ワークを行う際に必要なスキルが具体的にわかりますし，どのような発表を求められるのかがよくわかり，また Otoshi and Heffernan (2008: 74) も述べているように，どのような発表をするべきなのかということも明確になるので非常に効果的です。

(3) Debate

　英語力が高いクラスではディベートも英語力向上に効果的です。もちろん英語力が低い学生にも挑戦してもらいたいのですが，ディベートはある程度自分の意見を表現できる学生の方がより適し，向いています。それにしてもなぜディベートが効果的なのでしょうか。それはディベートでは，トピックについての十分な下調べが必要であり，それを元に，決められた時間内にいかに相手に論理的に意見を伝え，またいかに相手に反論するか，そしていかに妥当な結論を導き出すかといった高度な力が求められるからです。学生は下調べをする際，トピックに関する様々な英文を読み，知らない単語はもちろん，文中の様々な情報や事実も調べなければなりません。しかもそれらをどうまとめるか，その上で自分の意見をどう述べるか，つまり文章構成や表現方法をも学ばなければなりません。相手が言ってくるであろう様々な意見についても予測して，反論を考えておく必要があります。ゆえに困難を伴うこともありますが，それでもディベートを行うと，学生はいやでも質問や回答を迫られるので，これら不得意な分野をスキル・アップすることができます。加えてディベートはスピーチやプレゼンテーションと同様に4技能の向上にも役立ちますし，とりわけ**準備なしでのスピーチ (unprepared speech)** の習得と向上には最適のものと言えるでしょう。スピーチやプレゼンテーションは言わば**準備した上でのスピーチ (prepared speech)** であり，要するに暗記に基づくものなので，本当に学生が英語を使えるようになっているのかどうかを正確に判断することはできません。しかしながら，ディベートでは，相手の言っていることに即座に対応する能力も求められるので，事前の準備や調査力・分析力・理解力・判断力・暗記力などに加えて即応力も求められます。それゆえにディベートは本当に英語力のある学生にとっては自分の力を試せる場となりますし，ある程度の力がある学生にとっては英語力を飛躍的に向上させる機会となるのです。そのようなディベートが将来，社会に出た時にどれだけ役に立つかわかりません。筆者がディベートを重視する理由もそこにあります。しかしながら英語に自信のない学生もいるので，普通のディベートですと取り組むのが難しい場合もあります。そこで筆者は，簡単で**気軽なディベート (casual debate)** と**学術的なディベート (academic debate)** の2つに分けて行っています。前者では教員はアイスブレーカーとして学生をリラックスさせ，また楽しませながらグループまたは単独で行わせています。トピックも多くの学生が関心を持つものに限定し，教員

の方から冗談を飛ばしたりして気楽に，しかしできるだけ即興で発言してもらえるように誘導しています。そして徐々に難度を上げて学術的なディベートに近づけていき，最終的には期末試験として，かなり本格的な形でグループによるディベートを行っています。この頃には例えば死刑制度・動物実験といったやや重いトピックも扱いますし，日本国内のみならず世界各国の資料も読んで，その内容をまとめてもらい，その上で議論させています。またディベートにおいても相互評価は行っており，評価シートにどのチームがより具体的で説得力のあるスピーチをしたのか，話者の素晴らしかった点はどこか，改善点は何か，ということについて書いてもらい，参加者はディベート後に自分のスキルを確認します。聞き手がいると，学生はさらに一層真剣に取り組みます。

● Be a Creator: Effectiveness of Project Work

　筆者の教えているデジタルハリウッド大学は，3DCGや映画・映像・デザインのクリエーターのプロを養成する大学です。学校のポリシーが「全てを娯楽にせよ」(Entertainment is everything) であり，常に何か斬新でユニークなものを作りたいと思っている学生が数多く在籍しています。そこで筆者は専門科目と関連させる形で，英語の授業の中に，ポスターやパンフレット作り，広告作り，映画やドラマの脚本制作，新しいゲームや漫画の企画，そしてミュージック・ビデオの制作などを取り入れています。英文法や文章読解を受け身で受講させるのは筆者のスタイルではないため，ある程度の英語を吸収したら，すぐそれを発信させるようにしています。こうすることによって知識を定着させ，同時に学習意欲を一層高めることができます。例えば，大学3，4年生向けのビジネス英語の授業では，新しい製品を企画・立案させ，商品開発に必要な市場調査のプランも出してもらいます。さらに新商品の広告も企画・制作させています。また異文化コミュニケーションの授業では，国内の製品を外国で販売するというテーマで，各国民に好まれそうな広告を制作させています。もちろん基本的には英語を使って作業してもらいます。広告作成の際，その情報収集や完成までのプラン，広告の見出しを考えたりデザインをさせたりもします。従って英語の4技能だけでなく，専門科目と関連する多種多様な分野のスキル・アップも期待できます。また自分の得意分野や不得意分野も実感としてわかります。実際 Beckett and Miller (2006: 8) も，制作を授業で行うメリ

ットは英語レベルが異なる学生も自分の英語の知識や技能を存分に発揮できることであると述べています。加えて制作発表は何よりも刺激的であるため，学生は楽しみにしています。そして他のグループの作品を見ることがさらなる動機付けになっています。筆者は英語教員として，このような授業形態を通じて，英語は難しく考える必要はなく，知っている語彙や表現を存分に使うことに本当の意義があることを，また言語を問わずコミュニケーションは楽しいものであるということを学生に伝えたいと心から願っています。

● English Summer / Winter Camp and English Club

　前節で述べたこと以上に学生に英語の楽しさを伝えられるものとして，筆者は年に2回，夏と冬に英語力向上のための合宿を毎年開催しています。夏は千葉県の海で，冬は様々な地域のホテルで行っているのですが，参加者は日本人の学生が半数，留学生が半数くらいで使用言語は8割方英語です。特に課題を与えず，一緒に泳ぎ，スポーツを楽しみ，食事をし，バーベキューをし，寝る間を惜しんで語り合っています。こちらがわざわざ英語を使うように仕向けなくても，参加者，特に留学生の意欲が高いため，日本人の学生も必然的に英語を使用しています。合宿での学生のリラックスした楽しそうな顔を見るたびに，安心して楽しく英語を話せる場を与えることが教員の務めではないかと思います。自分が相手にどう評価されているのかを気にせず，ただ誰かと友達になりたい，話したい，考えを伝えたい，一緒に楽しみたいと感じるのがコミュニケーションの第一の目的であるはずです。北岡 (2009: 69) は，課外活動を行うことによって外国語への動機付けを与えることができると述べていますし，普段授業内で学習している外国語を授業外で実際に使用する機会があると，学生の意欲も向上します。もちろん文法や語彙が中心の授業，訳読や文章読解などを蔑ろにするわけにはいきませんが，毎年合宿を行い，学生の普段より生き生きとした顔を見るたび，英語教育の第一の目的はコミュニケーションにあるのだということを再確認させられます。

　そして英語を楽しく話す場を提供するのが英語クラブです。火曜日から木曜日のお昼休みに活動しています。本学は6割が日本人学生，4割が留学生という比率ですが，英語クラブへの参加者の8割が留学生，2割が日本人学生です。活動内容はゲーム，ディスカッション，フリー・トーキング，そしてディベート

で，その日の学生の雰囲気により臨機応変に内容を決めています。少なくとも週に1回はディベートを行い，学術的なトピックについても討論させています。このクラブは8割が留学生ということもあり，海外のESLのクラスとさほど変わりがなく英語のみでのコミュニケーションを行い，リラックスした環境になっています。学生は英語のみならず，異文化に触れてそれを理解することを楽しんでいます。また様々な国の学生が参加しているので，お互いの文化の紹介を自然に行い，価値観の違いを容認し合っています。むしろ多種多様な意見に触れ合うこと自体が刺激的だと言えます。このような形の異文化理解は外国語教育と深く結びついています。言い換えれば異文化に対して寛容な人間性を育んでいくことも外国語教育には必要であると思います。

● Is Bilingual Education Possible in Japan?

　筆者には子供が2人おり，自分の子供への英語教育については，彼らが生まれる前から真剣に考えた上でいろいろ調べてみました。自分が英語教員ということもあり，子供たちを英語と日本語のバイリンガルに，またそれ以上に子供たちに小さい時から異文化や多言語に触れさせ，世界を舞台に活躍できる人間に育てたいと思っていたからです。筆者はハワイの大学でESLのライティング・クラスと同州の中学校のESLクラスで教え，さらに日本で十数年英語教育に携わった経験から，日本の公教育を受けている学生の多くが英語で発言することに慣れていない理由は，自分の意見を英語で表現する機会が他の国の学生と比べ少ないためではないかと考えています。そして，他と異なることや間違うことを過剰に嫌う人が多いため，日本人の学生は英語力，特に発信力が身に付かないのではないかと考えるようになりました。バイリンガル教育については様々な意見があり，メリット，デメリットがあるのは確かですが，様々な国の友達ができて外国語習得や多文化理解への近道であるというメリットは簡単に思いつくでしょう。生徒や学生に「英語を話せれば，世界が広がる」と多くの英語教員は言いますが，その通りではないでしょうか。

　しかしながら，メリット以上にデメリットも研究されています。例えば，小川 (2013: 7) が述べているように「母語の言語喪失」や「セミリンガル」という両言語が中途半端な状態に陥る恐れもあります。ちなみにバイリンガルというのは両言語をネイティブスピーカーと同等のレベルで話せることを意味する

のに対し,「セミリンガル」とは両言語が中途半端な状態に陥っていることを言います。筆者はメリット,デメリットを比べた上で,リスクはあるものの,自分の子供には日本の教育ではなく国際的な教育を受けさせ多様な価値観を身に付けさせようという結論に至りました。そして長男が保育園の年長の時に,思い切ってケンブリッジ式のインターナショナル・スクールに入学させてみました。現在小学校2年生の長男は,当たり前ではありますが全ての教科を英語で学習しており,実用英語技能検定試験（英検）準2級に合格する程度にまで英語力が身に付きました。長女は同スクールに入園して約2年ですが,独り言も英語で言うくらい,英語で話すことを当たり前と思っているようです。インターナショナル・スクールに通い始めてからは,筆者はなるべく日本語で話すようにして,子供たちの日本語の語彙力が低下しないよう努めています。加えて日本に住んでいることにより,学校外では日本語に触れているため,読み書きを努力して自己学習していれば,日本におけるバイリンガル教育は可能であると強く考えます。

● Input and Output Skills Everyday

　筆者の子供たちが通うスクールでは,英語の宿題として,毎日「読む」宿題が出ます。「読む」力は大切であると考えられているためです。教師は,ラズ・キッズというオンラインのリーディング教材を自習用教材として子供たちに与えています。子供たちは自分のペースで教材をまず聞き,読み,そして質問に答え,終わるとポイントが集められる仕組みになっているので,子供たちは楽しく取り組んでいます。長男はその教材を一日一つ聞き,読み,それに関する質問に答えています。ただ,それだけでは本当に理解出来ているのかわからないので,私は読んだものを毎回要約させています。つまり読んだ内容を言わせたり書かせたりしています。英語力がほぼ皆無だった長男が,聞いて,さらに読むという受信,そして要約するという発信の流れを毎日コツコツと積み重ねることにより,リスニング力,語彙力,読解力,理解力,会話力を習得したように見えます。リーディング教材は簡単な単語と絵から始まりますが,長男は約2年間で日本の高校レベルの英文が読めるようになりました。この他にもプレゼンの練習 (show and tell) や制作課題 (project work) の機会といったことも行われます。つまり何かを紹介し,自分の意見を述べ,研究結果の発表をした

り，そして聞き手からの質問に応えたりすることを幼稚園から挑戦する素晴らしい機会があるのです。こういったことが基礎となり，やがては彼らの将来に大いに役立つのは間違いありません。また自己評価を高める効果も期待できます。自分の意見を受け入れてもらい，共感，賛同を得ることができれば，自信にもつながります。

　もちろんここで述べたことを公教育で全て実践するのは不可能です。しかしながら，日本でも小学校の3年生くらいと比較的早い時期から英語教育が行われるようになりますし，部分的であってもできることはあるのではないでしょうか？　また筆者が主宰している英語クラブのような場では，小中高大を問わず，実践可能な事柄も多いのではないかと思います。

● Sum Up

　第2言語習得のためには，決められた方法や手段などないのかもしれません。本来は自分に合った方法や手段を自分で選び，それらを試しながら習得を目指すのがベストなのでしょう。日本の公用語は日本語であり，日本で生活をするのであれば英語を学ぶことは必要ではないのかもしれません。また，外国語は英語だけではなく他にも様々な言語があり，英語を習得すれば必ず国際人とみなされるわけでもありません。しかしながら，日本の学校では英語の授業を履修するケースがほとんどである以上，英語の教員が授業の中で外国語学習は楽しく，意味のあるものであると伝えるのは義務に近いと思います。その上で学習者の多くが英語でコミュニケーションを図れるように工夫や研究を続け，授業を充実させるのが英語教員の仕事だと思います。

　本章で述べたことは，筆者の英語教授の経験の中で培ったものであり，全ての英語教員の皆さんの賛同を得るものではないかもしれません。しかしながら，筆者がここで述べさせて頂いた方法が一つでも教授法として，あるいは誰かの英語習得に役立つことを願っています。日本の英語教育に不足しがちな発信の機会を学習者に多く与えること，そのためにディベートやプレゼンテーションなどを積極的に行うこと，その際に学習者には充分に下準備をさせて各自の知識量を増やしていくこと，そして知識と発信を繋げていくこと——それらが学習者の英語力を向上させる重要なポイントです。

＊本章の内容は 2015 年 9 月 6 日，欧米言語文化学会第 7 回年次大会（於日本大学芸術学部江古田校舎）で，「大学の英語教育におけるアウトプット力向上方法」について発表した内容に加筆修正を加えたものです。

参考文献

Beckett, H. Gulbahar and Chamness Paul Miller (2006) *Project Based Second and Foreign Language Education: Past, Present, and Future.* University of Cincinnati, Information Age Publishing.

Ferris, Dana and Tagg Tracy (1996) "Academic Listening/Speaking Tasks for ESL Students: Problems, Suggestions, and Implications." *TESOL Quarterly* 30(2): 297–320.

藤田玲子・山形亜子・竹中肇子 (2009)「学生の意識変化に見る英語プレゼンテーション授業の有用性」『東京経済大学 人文自然科学論集』第 128 号，35–53.

金子智香・君塚淳一 (2007)「日本の大学英語教育におけるディスカッションの指導法とは (1): 授業における効果的方法を考える」『茨城大学教育実践研究』No. 26: 75–87.

北岡千夏 (2009)「モチベーションをはぐくむ——関西大学ロシア語教室の挑戦——」『関西大学外国語教育フォーラム』第 8 号，63–76.

小泉聡子 (2010)「日英バイリンガルの言語と情意に関する一考察：複言語主義的観点から」『桜美林言語教育論議』6: 17–27.

黒澤純子 (2011)「小学校外国語活動（英語活動）における問題と教員研修講座の提案」『鳴門教育大学小学校英語教育センター紀要』No. 2: 29–38.

文部科学省 (2003)『「英語が使える日本人」の育成のための行動計画』[http://www.mext.go.jp/b_menu/shingi/chukyo/chukyo3/004/siryo/04031601/005.pdf]

森脇真由 (2014)「グローバル化と日本の英語教育：コミュニケーション志向の観点から」[http://repo.kyoto-wu.ac.jp/dspace/bitstream/11173/1613/1/0060_013_003.pdf]

日本経済新聞 (2016)「英語力，教員も底上げ必要 政府目標の資格取得は中学 30%」2016 年 4 月 5 日付『日本経済新聞』ウェブ版．[https://www.nikkei.com/article/DGXLZO99283940V00C16A4CR8000/]

野口朋香 (2006)「英語学習における不安とコミュニケーション能力：不安軽減のための教室環境づくりへの提言」『外国語教育メディア学会機関紙』No. 43: 57–76.

小川修平 (2013)「早期バイリンガル教育の潜在的リスク：セミリンガル生成のメカニズムと二つのリスク体系」『盛岡大学紀要』第 30 号，1–12.

Otoshi, Junko and Neil Heffernan (2008) "Factors Predicting Effective Oral Presentations in EFL Classrooms." *The Asian EFL Journal Quarterly* 10(1): 65–78.

階戸陽太 (2012)「外国語活動に対する小学校教員の意識に関する質的研究——必修

化後の現状──」『小学校英語教育学会誌』12 巻, 102–114.
玉置千歳・高原龍二 (2012)「教員の働きがいに関する意識調査報告」『Int'lecowk ──国際経済労働研究』通巻 1016 号, 34–39. [http://www.mext.go.jp/component/b_menu/shingi/giji/__icsFiles/afieldfile/2012/03/08/1317311_2.pdf]
坪根由香里・小澤伊久美・八田直美 (2013)「韓国人経験日本語教師のビリーフを探る──「いい日本語教師」講座の構成を目指して──学生からの断続的フィードバックの活用」『大阪観光大学紀要』第 13 号, 67–78.

(デジタルハリウッド大学)

第 21 章
シェイクスピアの講読で
英語・文化・人間を教える

遠 藤 花 子

● はじめに

　学生からよく聞かれる質問に,「どうすれば英語ができるようになりますか？」というのがあります。英語の教員であれば同様の質問を何度も受けていると推察します。日本語でも,活字嫌いで本を読まない学生に,英語の本を沢山読むように助言しても,それは苦痛を与えることにしかならないので,おしゃべり好きの人には会話から始めることを薦めています。人の話をよく聞く人や音楽好きの人にはリスニングを強化するのがお薦めですし,書くことが好きな人にはライティング（例えば英語で日記をつけること等）から始めると良いと思われます。もちろん読書好きという人にはその人のレベルに応じたリーディング教材を薦めています。この中で,リーディングは教材を最も入手しやすく,レベル別になっているものも多く,一般教養の授業でも多読や速読を取り入れているところが多いので薦めやすいのです。原田 (2017: 22-29) も英語の勉強について「最も確実で簡便なのは,経済でも,政治でも,数学でも,医学でも,音楽でもなんでもよい,ともかく個々の学生がそれぞれ関心をもっている領域を中心に,短めの,語彙レベルも易しい英文を数多く読む」ことを推奨しています（第 25 章も参照）。

　現在の日本では,全国の大学の学部・学科で英語が必修（あるいは選択必修）になっているところは非常に多く,一般教養の英語の時間数はそれなりに確保されているところが多いにもかかわらず,「文学作品を英語で教える」ことは,かなり減少しています（第 22 章も参照）。むしろ,文学作品を読む授業自体が稀なものになってきているかもしれません。授業で文学作品を扱わなくなってしまったのは,本を読むことが億劫になっている学生に便乗して,文学作品を読むことを放棄してしまったのではないか,とさえ思われます。例えば,TOEIC で一定の点数を取れば単位として認めている大学も散見されます。

一見，モチベーションを高めるためには良いことかもしれません。しかし，ここにおける最大の誤解は，TOEIC で高得点を取得することが，英語を身に付ける方法であるとみなされてしまうことです。

大学の英語の授業のやり方を例にとってみますと，授業の中で訳はなるべくしないようにと指示があったり，テキストが指定になっていたり，TOEIC が中心になっていたり，学生の学力低下から，ひたすら文法問題を解くことに特化しているところもあります。テキストの内容が良ければともかく，文法中心で内容が薄い場合は，問題を解く形式のものが多くなり，授業が単調になってしまいがちです。加えて，英語嫌いの学生にとって，ひたすら問題を解くことは苦痛を招くことになりかねないでしょう。

2015 年 6 月に全国 86 の国立大学に向けて文部科学省が求めた「国立大学法人等の組織及び業務全般の見直しについて（通知）」の中で，特に教員養成系の学部・大学院，人文社会科学系学部・大学院については，「組織見直し計画を策定し，組織の廃止や社会的要請の高い分野への転換に積極的に取り組む」よう求めています。このような政府の方針では，文学作品に触れる機会が減少してしまうのは当然です。社会に出て役に立たないという理由で人文系を排除するというニュースは，2015 年 9 月 26 日付の『ガーディアン』紙 (The Guardian) をはじめ，世界各地で報じられました。実際に，筆者のところにも，イギリスの友人から，この報道は確かなのか，と問い合わせがあり，世界中の文学部の学生や教員にとって驚愕のニュースとなったようです。

そこで本章では，英語の授業で文学作品を扱うことの必要性について述べ，その上で，文学作品の中でも，特にシェイクスピアの作品を扱う授業を例に挙げ，筆者の実践している具体的な授業の進め方と文学作品を英語の授業で扱うことの意義について考察します。

● 授業で文学作品を扱うことの意味

文学作品を英語の授業で扱いにくい状況が加速している社会状況ではありますが，文学作品を読むことは英語力の向上につながると思われてなりません。一冊を通して読むと，何度も同じ単語が出てきますので，難しい単語であっても自ずと覚えたり，前後の内容から単語の使い方を習得したりすることができます。単語が分かれば，読解力が身に付きますし，一文ずつ精読することで，

文章全体の構造をも理解することができるようになります。あるいは，書物全体を通して，書かれている内容を英語から考察することも可能になります。

　英語を読んで理解することの中には，作品の中で描かれている人々の生活の様子や歴史が含まれます。従って，エリザベス1世 (Queen Elizabeth I, 1533–1603) からジェイムズ1世 (King James I, 1566–1625) にかけての時代の文化を教える場合にはウィリアム・シェイクスピア **(William Shakespeare, 1564–1616)** と演劇文化は必須であり，ヴィクトリア朝文化を教える場合には，エリザベス・ギャスケル (Elizabeth Gaskell, 1810–1865) やチャールズ・ディケンズ (Charles Dickens, 1812–1870)，シャーロット・ブロンテ (Charlotte Brontë, 1816–1855)，ジョージ・エリオット (George Eliot, 1819–1880) 等の執筆した作品が効果的で，学生にこの時代の人々が何に関心を持ち，どのような時代であったのかを作品を通して伝えることができます。もちろん，現代のイギリスやアメリカの作品を通してそれぞれの国の文化事情を学ぶこともできます。文学作品は，一般的に，その厚みや文字の細かさ，取っ付きにくさから敬遠されがちではありますが，史実や人々の生活・風俗の歴史を教えてくれます（第19章も参照）。また，書かれている英語から，その時代の英語の特色を見ることもできます。作品の中では，その登場人物の動きや感情が直接描かれているため，その当時の人々の考え方や，人々が何に苦しみ，何に楽しみを見出していたのかも分かるのです。更に，作品の背景を分析してみますと，その時代に起きていたことや，歴史が見え隠れしているのが分かります。つまり文学作品を読むと，その内容だけでなく，歴史まで学べるのです。文化を文学と切り離して考える人もいるかもしれませんが，その考えは明らかに不自然です。

　つまり，文学研究は人間そのものの研究と言っても過言ではありません。特に，人生における悲劇を研究することにより，悲劇が起きる原因をも突き止めることができます。イギリスの文化や歴史，人々の生き様を知るには，やはり文学は必要なものであると判断できます。実際に，文学作品を読む授業をしたところ，それほどの嫌悪感を抱くことなく取り組んでいる学生たちの姿を目にしました。

　以下，筆者が行っている「シェイクスピアの作品を読む」授業を実践例として，シェイクスピアを教えるのに効率的と思われる授業方法を紹介し，そこから何を学ぶことができるのかについて述べていきます。シェイクスピアの英語は難解であると言われているにもかかわらず，なぜシェイクスピアの作品を選

択するのかについては，第一に，レベルに応じたテキストが入手しやすいこと，第二に，ラウとツォ (Lau, L. C. M., & Tso, W. B. A.) (2017: xxviii) が指摘しているように，シェイクスピアの作品は，時代や文化を超えた普遍的なテーマを含意していること，すなわち，「争い，見せかけと現実，秩序と混乱，変化」(conflict, appearance and reality, order and disorder, change) といたるところで見られる人間的なさまざまな心理がテーマになっていることが挙げられます。

● 授業方法

　原文では読解困難なシェイクスピア作品をどう理解させ，授業をするかについては大きな課題です。しかしながら大学の 15 回と決められている授業回数の中でも，多読を扱う中高の英語の授業であっても，レベルに適したテキスト選びをし，計画的にうまくこなせば，精読とその他のエクササイズを合わせても，うまく期間内に読み終えることができます。クラスのレベルに応じて，初級・中級クラスでは，戯曲の形になっていて，分かりやすい英語に書き直された「オックスフォード・ブックワームズ・ライブラリー」(Oxford Bookworms Library) シリーズや旧「ペンギン・リーダーズ」(Penguin Readers) と呼ばれた「ピアソン・イングリッシュ・リーダーズ」(Pearson English Readers) 等があります。また，「バロンズ」(Barron's) の原文と現代の英語が見開きになっている「シンプリー・シェイクスピア」(Simply Shakespeare) シリーズは作品の始終を，現代文で，あるいは現代文を参照しながら原文で読むことができますので，上級クラスで使用できます（第 25 章も参照）。原文テキストで，日本語の詳細な解説が出ている「大修館シェイクスピア双書」もあります。更に，原文で英語の解説が出ているテキストは，「オックスフォード・シェイクスピア」(The Oxford Shakespeare)，「ニュー・ケンブリッジ・シェイクスピア」(The New Cambridge Shakespeare)，「アーデン・シェイクスピア」(The Arden Shakespeare) を中心に数多くの選択肢があります。そして，何より，レベルはともかく，1 冊全てを読み切ることで学生は達成感を味わうことができます。実際に初級レベルのクラスで「オックスフォード・ブックワームズ・ライブラリー」(Oxford Bookworms Library) の『**ロミオとジュリエット**』(***Romeo and Juliet***) や『**空騒ぎ**』(*Much Ado about Nothing*) を使用した時，易しい英語であるとは言っても，作品の内容をしっかり理解できたことに学生たちが喜びを

感じていたことは事実です。

　筆者が実践した，効果があると確信している具体的な授業の進め方は以下の通りです。テキストのレベルに関係なく授業をすることができます。

　① 精読
　② 映画（精読で扱ったところのみ）鑑賞
　③ ライティング課題（読んだところから課題を提示し，自分の言葉で考えて書く）

① 精読

　まず，①に挙げた精読についてですが，一語一句に至るまで訳をしていく授業形態には賛否両論があることと思います。英語を英語で理解する重要性から，精読が推奨されないのは，十分に納得できます。英語を身に付けた時に，訳を考えながら会話をするのではないことも事実です。しかし，読解力を求める授業では，理解しているところと理解していないところを，はっきりさせる必要があります。訳の上手さは，内容を理解しながら読むことができている証拠とも言えます。更に，一行一行丁寧に精読していくことで，戯曲であるシェイクスピアの作品の登場人物の内面的変化等も感じることが可能になるのです。

　教室内でのディスカッションやディベート，グループ・ワークを中心とする「アクティブ・ラーニング」を取り入れることが求められている授業であれば，グループに分かれて各場面についての話し合いをしたり，「演技」を取り入れたりすることも可能です。その都度，登場人物ごとに担当者を決めて，テキストを見ながら読んでもらっても，棒読みになる可能性は大いにありますが，少なくとも演じることの一環にはなるでしょう。自分が担当した登場人物に愛着が湧くこともあるかもしれません。登場人物の会話や使われている単語の奥深さに英語で触れ，その英語を理解するのは大変意義があることと思われます。この精読の作業を丁寧に行うことは，次の映画鑑賞から学べることにも自信を持たせてくれると言えます。

② 映画鑑賞

　②の映画鑑賞は，その回の授業で精読をした部分のみ，毎授業 10 〜 15 分くらい時間を取るのが良いと思います。精読前に映画を鑑賞すると映画の印象が強くなりすぎてしまいますし，授業時間が 50 分であろうと 115 分であろう

第21章 シェイクスピアの講読で英語・文化・人間を教える　305

と，15分を超えて映画の時間を取るのも長すぎると思われます。映画を見ることの利点の1つ目は，内容の把握の他にもリスニング力を高める効果が期待されることです。①の精読の作業の中で日本語に訳した箇所がそのまま字幕になっていることに気付くこともできますし，せりふが読んだ通りの英語であることに気付くことで，知らない間に英文が頭に入ってきます。学生のリアクション・ペーパーから，映画の中で，しゃべっていた内容が分かって嬉しかった，という意見は毎回のように聞かれます。

　映画鑑賞の2つ目の利点としては，授業に変化をもたらすことができ，なおかつ読むことを苦手とする学生にとっては救いの時間となることです。英文を読んでいる時は理解できなかった箇所が，映画を見て分かることもあります。また，映像化されたものを見ることにより，登場人物の雰囲気や衣装や家（部屋）の造りや家具の形等から当時の様子についてイメージを膨らませたり，あるいは想像と異なるイメージのキャラクターにがっかりしたりと，映像そのものを楽しむこともできます。加えて，シェイクスピアの作品の多くが映画化されていますし，人気のある作品であれば複数回映画化されていますので，授業でも同じシーンを見比べる等，多様な使用方法があります。英語が苦手であったとしても，映画を通して内容の理解ができますので，読んでいるテキストが全く分からないままになることは回避できます。

　同じシーンを見比べる時の具体例を挙げますと，『ロミオとジュリエット』(1595)のジュリエットが「おお，ロミオ，ロミオ！　どうしてあなたはロミオなの？」(O Romeo, Romeo, wherefore art thou Romeo?)とため息まじりに話す，あの不滅のシーンの映画の見比べも非常に面白いものです。シェイクスピアの活躍していた時代のバルコニーを持つ張り出し舞台式の劇場の舞台構造が，憂いを持ったジュリエットの美しさとそれを見上げるロミオの設定を作ったことは確かですが，映画ではそれぞれの監督が場面作りを楽しんでいると言えます。ジョージ・キューカー (George Cukor) 監督の『ロミオとジュリエット』(1936)は，姿を隠すものが何もないところにロミオが突如姿を現し，視聴者をはらはらさせながらジュリエットに話しかけます。レナート・カステラーニ (Renato Castellani) 監督の『ロミオとジュリエット』(1954)では宮廷のバルコニーと階段を利用し，互いの姿が見えぬまま会話が続きます。フランコ・ゼフィレッリ (Franco Zeffirelli) の『ロミオとジュリエット』(1968)ではジュリエットのせりふが終わるなりロミオは木陰から飛び出しますが，木陰に守られて

いる安心感はあります。バズ・ラーマン (Baz Luhrmann) の『ロミオ & ジュリエット』(1996) では，舞台設定が現代であり，ジュリエットの屋敷のプールサイドで会話が繰り広げられ，突如ロミオが現れた驚きでそのままプールの水の中に落ちます。その様子は監視カメラで見張られています。このように，全く同じせりふで会話が繰り広げられていても，ロマンティックな雰囲気から滑稽なシーンに至るまで，映画によって様々であることが分かります。

　同様に，『ハムレット』(*Hamlet*, 1600–1601) において「生きるか死ぬか，それが問題だ」(To be, or not to be; that is the question:) とハムレットが思い悩むシーンも，映画により様々な解釈や舞台設定が見られます。ローレンス・オリヴィエ (Laurence Olivier) 監督・主演の『ハムレット』(1948) では，断崖絶壁で落ちれば即死という，死の恐怖と隣り合わせの状態で述べられます。生きるか死ぬかの選択肢の中で彷徨っているハムレットの様子が伝わってきます。「BBC シェイクスピア名作選」(BBC Television Shakespeare) の『ハムレット』(1980) では，ハムレットに深刻な様子はなく，むしろ現実に向き合うかのように，場所も城の中で，カメラに話しかけるかのようにこのせりふが述べられます。マイケル・アルメレイダ (Michael Almereyda) 監督の現代のアメリカが舞台のモダンな『ハムレット』(2000) では，このせりふがレンタル・ビデオ・ショップの中で述べられ，虚構と現実の世界を彷徨っているかのような設定になっています。舞台設定は全ての映画で異なっていますが，いずれも自らが抱え込んでいる問題を解決しようと悩んでいる様子が分かります。

　『ハムレット』の日本語訳については，1874 年のチャールズ・ワーグマン (Charles Wirgman) の訳を始め，これまで 30 人以上の訳者が手がけており，それぞれが様々に "To be, or not to be; that is the question" の解釈をしています。現在手軽に入手できる翻訳本を中心に紹介します。

　　坪内逍遥「世に在る，世に在らぬ，それが問題ぢゃ。」1933 年
　　市河三喜・松浦嘉一「生きるか，死ぬか，そこが問題なのだ。」1949 年
　　本多顕彰「長らうべきか，死すべきか，それは問題だ。」1951 年
　　福田恆存「生か，死か，それが問題だ。」1959 年
　　小津次郎「やる，やらぬ，それが問題だ。」1972 年
　　小田島雄志「このままでいいのか，いけないのか，それが問題だ。」1972 年
　　松岡和子「生きてとどまるか，消えてなくなるか，それが問題だ。」1996 年

多くの日本語訳の解釈は，be を「生存」しているという意味でとっていますが，その理由は恐らく，マローン (Edmond Malone)，ブラッドリー (A. C. Bradley)，ウィルソン (Dover Wilson) などの批評家やテキストの編纂者たちが，be の意味は「存在すること，あるいは生きること，あるいはそれに近いもの」(to exist or to live, or something similar) と表記していることに起因しているものと思われます。to be について江川 (1991: 317) が，不定詞の表す動詞は時間的に未来を指向していると述べている通り，これから先，生きるべきか，死ぬべきかという解釈が日本語訳として馴染みのあるものになっていると思われます。

しかし，この中で誰が死に，誰が生きるのかということについてはいくつかの解釈があります。ハムレット自身が「生存」していくのか「自死」するのかという be の解釈がある一方で，ハムレットが叔父のクローディアス (Claudius) を殺害するのかやめるのかという解釈もあります。これは be が「存在」の意味だけでなく，「実行する」(to act) あるいは「やる」(to do) という意味もあるからです。この意味で解釈をして翻訳したのが，上記に紹介した小津次郎と言えます。このように，日本語訳だけでも様々な解釈が存在するのです。

ここで再び映画のことに戻りますが，『ロミオとジュリエット』にしても，『ハムレット』にしても，どの作品も少しずつ異なり，制作者の好みが出ていると言えます。このように映画を比較すると，映画そのものの歴史にも触れることができますし，石塚 (2017: 154) が述べているように，シェイクスピアの作品が「それぞれの時代の社会，思想，政治，文化を反映させながら，同じ作品とは思えないほど多様な演出が試みられ」てきたことが分かります。せりふは同じでも，背景を様々に設定することができるのが映画なのです。授業の中で，どの映画が一番しっくりきたか，自分が監督だったらどのように制作するか，といったことを考えたり，映画に対する好き嫌いや役者の良し悪しを述べたりするのも楽しいものです。I like …'s film because …. あるいは，There are three reasons I like …'s film. First reason is that …. Second reason is that …. Third reason is that …. というように，…に自分の意見を当てはめて述べるだけでも英語の勉強になります。作品の解釈は，監督や読む人によって異なることや，人間の感性は人それぞれ異なることも伝えられます。映像の力を利用して，語学力と理解力を深めることに繋げられるのは，経験から確かなことと言えます。

③ ライティング課題

　授業の中で，最も力を入れるべきところであり，学生にとって最も難関なのは，③に示した，思考力が試されるライティング課題（リフレクション・ペーパーやリアクション・ペーパーに相当する課題）です。課題はどれもテキストの中に答えを見つけるものではなく，考えて書く形式の質問で，レベルの高いクラスでは英語で，そこまでレベルが高くないクラスでは日本語で取り組んでもらいます。このライティング課題は，途中と最後の授業で2回に分けてまとめて返却するか，毎時間，その前の週の課題を返却するのがいいと思います。教員は良く書けているものには good / very good と記すと，学生は「やったー，goodだ。」等と言いながら受け取っていきます。goodと書かれていない場合は，悔しそうにする学生もいますが，それが次に繋がれば，こちらの目標は達成されます。ただ，大事なのは，授業で扱ったところをそのままにしないこと，その日のうちに考えをまとめることです。これにより，思考力のアップにつながり，同時に表現力も身に付いていきます。学生の中には，この課題があるが故に，精読を真面目に行い，映画も細かいところまで観察しながら鑑賞する人もいるようです。何より，作品の内容への理解が一層深まります。英語が苦手な学生が活き活きと課題に取り組んでいたり，訳は優れていても課題に難色を示したりと，学生の別の一面を見ることができるという利点もあります。『ハムレット』の授業をした時の課題の内容の具体例として下記のようなものがあります。

　　・亡霊からのメッセージについてどう思いますか？
　　　(What do you think of the message of the Ghost?)
　　・ガートルードとハムレットの関係性についてどう思いますか？
　　　(What do you think of the relationship between Gertrude and Hamlet?)
　　・ハムレットが剣術試合に応じたのはなぜだと思いますか？
　　　(Why did Hamlet decide to accept the invitation of swordfight?)

　また，文章を書かせるだけでなく，絵を描かせることにより，モチベーションを高めることもできます。例えば『ハムレット』の中でガートルードがオフィーリアの死の様子を描写する場面では，そのせりふの美しさから大勢の画家がその場面を想像して描いています。既に描かれた絵を見せる前にどのような絵

が描けるか学生に想像してもらい，描いてもらいます。この作業は，絵画の作成能力よりも，むしろ読解力を必要とし，それまでのオフィーリアの言動を理解していないと描くことはできません。描いてもらった直後に画家たちによる絵画 20 数点ほどを見せ，自分の絵と比べてもらいます。すると自分の絵と似ていた嬉しさや，あまりにも異なる世界をイメージしてしまった反省等で，歓声が上がります。文章にせよ，絵画にせよ，どの課題も英語力，読解力，思考力を必要とするものばかりです。最初は全く意見を述べることができない学生も回を追うごとに書けるようになり，授業への満足度が上がっていくことも確認されています。

● シェイクスピアを教材に使う授業の目標と意義

　精読を通して，あるいは映画鑑賞を通して，更には課題を通して，シェイクスピアのテキストに書かれている内容の理解を深めるにはどうすればいいのかを述べてきましたが，ここからは，英語でシェイクスピアを読むことは何に役に立つのか考察していきます。シェイクスピアの作品を精読することは，次の3点も同時に教えることができると考えられます。

　　A) 英語：散文だけでなく，英詩を身に付けることができる
　　B) 文化：イギリスの文化を知ることができる
　　C) 人間：倫理観や品性を育成することができる

　A)の中で，「英詩」を身に付けることができると述べましたが，シェイクスピアの作品は詩と散文で書かれています。文学作品と言うと，小説を思い浮かべる人がほとんどかもしれませんが，文学作品には，小説のほか，戯曲，詩，随筆等が含まれます。それぞれ形は異なりますが，作者が言いたいことを表現する手段として読者に訴えるという意味では同じです。言葉の肝心な部分を凝縮したものが詩であり，そこに言葉が肉付けされると戯曲になり，更に筋書きを細かく記せば小説になります。シェイクスピアの場合は，詩の形で劇が進むところがあります。詩の形が使われている場合，登場人物の身分が比較的高いことを表していますが，シェイクスピアの作品ではあらゆる階層の様々な人間を表現するのに，一つの劇の中でせりふの使い分けがされているのです。

シェイクスピアのせりふは言葉の音楽と表現する人もいますが，**弱強五歩格 (iambic pentameter)** という詩の形式になっているところがあります。弱強弱強のリズムが五歩格になっている詩のことを言いますが，例えば『十二夜』(*Twelfth Night*, 1601) では，作品の冒頭から弱強五歩格になっています。ボールドになっているところはアクセント，| | は格の区切りを示しています。日本語訳は福原・大山訳を使用しています。

If mu|sic **be** | the **food** | of **love**, | play **on**,
Give **me** | excess | of **it**, | that, sur|feiting,
The **ap**|petite | may sick|en, **and** | so die.　　　　　　(I. i. 1–3)

音楽が恋の糧(かて)となるならば，もっと続けてくれ。
わしに食べきれないほど，食べさせてくれ。それに食べあきて
恋が病気になって，やがては死んでしまうまで。

恋に悩む公爵が1幕1場の出だしで述べる3行です。劇の最初から劇全体が音楽的要素を含み，このせりふも楽師(musicians)の演奏に続いて述べられます。楽師による音楽だけでなく，せりふの内容も，またそのリズムにも音楽を感じることができる作劇構造になっています。

特に詩は，悲喜劇を飛び越えたもう一段高い表現形式によって，総合されているところがあります。普通の文章では説明的になってしまうことが，特定の型にはまり，且つシンプルに表現されたものであるため，読者はそれぞれの解釈をしながら読むことになります。そのため，読者独自の世界観と想像力によって，作者が意図したものから更に深まった解釈が可能となるのです。学生一人ひとりの持ち味を引き出し，想像力を養成するためにも，詩文に授業で触れることは大いに意味のあることと言えます。

そもそも英語は非常に詩的な言語であり，英語がネイティブでもネイティブではなくても言葉を覚え始めの頃から，英語を習得する過程で自然に詩を学んでいると言えます。例えば，「ABCの歌」は「きらきら星」と同じ旋律の曲調になっていますし，歌の中で韻を踏むことを覚えたり，一定のリズムを習得したりしているのです。このように考えますと，難しいと思われているシェイクスピアの英語も，リズムで英語を覚えるきっかけをつかめますし，歌を歌うこ

とや，朗読や暗記をして楽しむことにも繋がると期待できます。

　B) の英国の文化を知ることについては，英国のことを知りたい，英国に興味があるという学生にとって，シェイクスピアを学ぶことは近道であると言っても過言ではありません。例えば，『ヘンリー四世・第2部』(*King Henry IV, Part 2*, **1597–1598**) の居酒屋のシーンは当時の庶民のお酒を楽しむ人々の姿が反映されていますし，この作品は，英国の王様を描いた歴史劇の一つですが，当時の人々の暮らしぶりが十分に楽しめるものになっています。同時に何世紀も前の時代が舞台になっているにもかかわらず，現代と少しも変わらぬパブでお酒を楽しむ人々の姿をそこに見出すことができるのです。

　また，『夏の夜の夢』(*A Midsummer Night's Dream*, **1595**) の劇中劇で人々が演劇を楽しんでいるシーンは，当時の人々の姿そのものと言えます。演劇はロンドン市民の最大の娯楽であり，1600年頃のロンドンの劇場は3,000人を収容でき，週に10,000〜20,000人が劇場に足を運んだと言われています。中でもシェイクスピアの芝居を観る事は，当時の人々の生活の一部になっていました。現代においてもこの文化はイギリスに根強く残っており，ロンドンの**グローブ座 (The Globe Theatre)** や，シェイクスピアの生まれたストラットフォード・アポン・エイヴォン (Stratford-upon-Avon) の**ロイヤル・シェイクスピア・シアター (The Royal Shakespeare Theatre)** とスワン・シアター (The Swan Theatre) を始めとして，イギリス各地に劇場があります。そして何より，安価で様々な劇を楽しむことができます。例えば2018年の夏のグローブ座の価格は，立見席 (Yard) が£5（約850円），普通席 (Gallery) は£22（約3,740円）から，18歳以下は£3（約510円）引きとなっています。ロイヤル・シェイクスピア・シアターでも16〜25歳は£5（約850円），曜日や年齢等によっても割引があり，普通席も£10（約1,700円）くらいからチケットを購入することができます。

　そして，3点目のC)に挙げたように，英語の授業で文学作品を扱うことによって，英語力の向上が望めるだけでなく，書かれた時代を学び，そこに登場する人々を通して人間がどのような存在であったのかについて教えることが可能です。作品の講読から，今も昔も変わらない人間の良い／悪い性質に気が付くことができたり，自分に似ている登場人物を発見したり，また登場人物を見てこうなりたい／こうなりたくない等，登場人物の人間性を直に感じることができます。作品の中では，時に，知識というよりも，知恵と愛を基盤として生

きようとしている，全ての人にとって手本となる人の姿があるのです。

　イギリスではシェイクスピアは「人間性」(human nature) を学ぶ手段としても教えられています。シェイクスピアを専門とするイギリスの先生から，日本では，シェイクスピアを用いずして，どのように人間性について学ぶのかと質問を受けたことがあります。それだけシェイクスピアの登場人物は多様な人々が反映されていて，大勢の人々を魅了し続けていると言えます。文字を通して，あるいは芝居や映画を通して，私たちは登場人物と知り合うことができ，また，日本にいながら，あるいは狭い世界に暮らしていながら，広い世界に触れることができるのです。

　人間力を育成するには，人間の善悪や人間の無情さ，不条理等が述べられた作品に出会うことが有益です。特に悲劇の中では，人間の怖さや醜さ，その中で光る美しさが語られています。『マクベス』(*Macbeth*, 1606) は，見かけは良くても，人間は腹の底では何を考えているか分からない内面の恐ろしさを持っていることを伝えています。『オセロー』(*Othello*, 1603–1604) からは，嫉妬の怖さと，おだてに乗せられ，罠に嵌められることの恐ろしさを思い知らされます。『リア王』(*King Lear*, 1610) は，自分の娘たちに裏切られて，住む家を失う老人の惨めさと，人間としての行為を逸脱した恐ろしい姉妹が描かれています。『ロミオとジュリエット』は，いがみ合っている家庭同士の一人息子と一人娘が恋仲になってしまったことから生じた悲劇です。『ジュリアス・シーザー』(*Julius Caesar*, 1599) では，人はすぐに他人の意見に流されてしまうこと，その他の悲劇・歴史劇からもおごれる人の悲惨な悲劇的結末が描かれています。悲劇は，人間の醜さや恐ろしさに焦点が当てられていますが，言い換えれば，どうすれば幸福を追求することができるのかについて教えてくれるものなのです。すなわち，悲劇の原因を知ることで，悲劇的な結果を免れるにはどうすれば良いのか考えるきっかけを与えてくれます。

　喜劇でも，人間味あふれる登場人物が様々な涙と笑いに満ちた破天荒なことをするため，一緒になって人をいじめたり，同情したり，笑ったり悲しんだりする機会を与えてくれます。心優しい登場人物も，決して人間離れしたような天使ではなく，一人の人間として描かれています。喜劇の結末は結婚式の場面のことが多いのですが，人生の幸せの一つを掴み取ったところで物語が終わるハッピーエンドとなっているからこそ喜劇なのです。そこには，わがままもあり，優しさもあり，感動と幸福感にあふれたストーリーが展開されています。

このようなことを授業でできることほど楽しいことはないと思えて仕方がありません。

授業で一冊の作品を精読する場合，大変だったという感想も多く出るかもしれませんが，記憶に残ることも確かです。大学時代にシェイクスピアを読破したという事実は，卒業後も覚えていられるかもしれません。その場限りで忘れてしまう英語ではなく，生涯記憶に残る授業をすることにこそ価値があると言えます。

● 結論

シェイクスピアの作品を例に取って論じてきましたが，最後に，文学作品を英語の授業で扱うことは何に役立つのかという問いについて，改めて考察します。第一に，文学作品は人間そのものを扱っているため，また，人間が生きるのに必要な全てが込められているため，英語を通して人間性を学ぶことが可能なのです。生きる上で人は悲しみや苦しみを経験しますが，英語を通して世界中の悲喜劇に出合うことができます。作品の中には，悪がどのようにして悪になるのか，人はどのような状況で追い詰められていくのか，うまく逃れようとする人はどのような手段を使うのか，といったことが含まれています。病気になっている人，生きる気力をなくしている人，騙されて困っている人等が，時代や国境を越えて書物の中で苦しみ，それぞれが何とか解決策を見出そうとしています。また，悪いことだけではなく，良い人間の生き方や目に見えない決まり事，良い意味での伝統等も含まれています。このようなことから，世界の事を理解するためには，英語は最も必要な言語なのです。

更に，英語で書かれた文学作品の多くは，国境や時代を越えて，現代を生きる人たちに生きるヒントを与えてくれます。登場人物を通して，海外の人々の生活や人生を見ることが可能となるため，幅広い視野を身に付けることもできます。書物を通して，作品中の登場人物に出会うことで，言葉だけではなく，感情のコミュニケーションが可能になるのです。従って，海外に行きたい，海外で働きたい，国際化に興味がある，と思っている人ほど，多くの文学作品を英語で精読すべきなのです。

もちろん，作品を精読することにより，英語の授業の最大の目標である語学力の向上も見込めます。読む作業を通して，美しい言い回しなどの表現力を身

に付けることができます。また，内容が毎回関連し合っていますので，内容も頭に入ってきやすいというメリットもあります。

このように，英語で文学作品を読むことは，人間研究，文化的知識の獲得，英語力の向上に欠かすことができないものです。一見，授業で扱うにはハードルが高そうなシェイクスピア作品さえも，テキストは先に述べたように，易しいものから原文のテキストまで様々あり，クラスのレベルにあったものを選ぶことが可能です。また，人間力の向上の面から見ても，文学は人間そのものについて学ぶことが可能であることから，各大学・各学科に設置されているディプロマ・ポリシーやカリキュラム・ポリシーに応じた授業をすることが可能と言えます。一人の人間が英語の授業の中で経験できることは微々たるものですが，作品を通して他人の人生を多角的に見ることで，経験を豊かにしてくれるのではないでしょうか。

参考文献
江川泰一郎 (1991)『英文法解説』(改訂三版) 金子書房．
原田範行 (2017)「英語力の不十分な学生に，文学テキストを使って教えるために」日本英文学会（関東支部）編『教室の英文学』22–29. 研究社．
石塚倫子 (2017)「シェイクスピアと映画」サウンディングズ英語英米文学会編『書斎の外のシェイクスピア』116–157. 金星堂．
Lau, Leung Che Miriam and Tso, Wing Bo Anna (2017) *Teaching Shakespeare to ESL Students: The Study of Language Arts in Four Major Plays*. Springer.
Rosenthal, Daniel (2007) *100 Shakespeare Films: BFI Screen Guides*. British Film Institute.
Shakespeare, William / 福原麟太郎・大山敏子（訳）(1950)『十二夜』角川書店．
Shakespeare, William / 坪内逍遥（訳）(1933)『ハムレット』中央公論社．
Shakespeare, William / 市河三喜・松浦嘉一（訳）(1949)『ハムレット』岩波書店．
Shakespeare, William / 本多顕彰（訳）(1949)『ハムレット』思索社．
Shakespeare, William / 福田恆存（訳）(1959)『ハムレット』新潮社．
Shakespeare, William / 小津次郎（訳）(1968)『ハムレット』筑摩書房．
Shakespeare, William / 小田島雄志（訳）(1977)『ハムレット』白水社．
Shakespeare, William / 松岡和子（訳）(1996)『ハムレット』筑摩書房．

（日本赤十字看護大学）

第22章
語学の授業で英文学作品（小説）をどう教えるか
（総論）

奥井　裕

● はじめに

　一昔前，1980年代の後半くらいまででしょうか？　大学の英語の授業で小説（英文学作品）の講読をするのはごく普通でした。ところが今やすっかり衰退し，正に風前の灯火です。残念なことだと思います。なぜならば，作品の選択とやり方さえ間違わなければ，小説の講読は英語力を向上させる上で非常に役立つからです。そこで本章では，①なぜ小説の講読は有益なのか，②なぜ小説の講読は衰退したのか，③小説を教室でどう読むか（講読方法）について述べたいと思います。尚，本章における小説とは，標準的な英語で書かれた比較的平易なものを指すとお考え下さい。というのは，小説の講読と言っても，本章では大学と難関高校での英語の授業を想定しているからです。従って，英文学科の授業だけでしか扱われないような極端に難しい作品は対象外となります。尚，本章で述べることの多くは，優れた評論・エッセイなどの講読にも当てはまるのではないかと思います。

● なぜ小説の講読は有益なのか

　まず第一に「面白い」ということが挙げられます。英語学習者の大きな不満の一つに「教材がつまらない」というのがありますが，好みの問題はあるにしても，小説（物語）をつまらないと思う人はあまりいないはずです。なぜならば，面白い話を聞きたいというのは人間の本能だからです。そして一流の作家は常に面白い話をしてくれます。ですから「読んで面白い」＝「楽しみながら学習出来る」ということだけでも，小説は英語教材として好適なのです。加えて色々な小説を読めば，色々な人生を疑似体験することも出来ます（だから一層面白い）。ところが，その面白い小説を教室で徹底的につまらないものにし

て，小説を読む意義までぶち壊してしまったのは，実は数多くの英文学者達でした。このことについては後で少し述べますが，決して「小説」の方に罪があるわけではありません。

　小説の講読が有益な第二の理由は，文章の質の高さにあります。英語力を向上させるにはよい英文に接することが大切ですが，一流の作家の文章は言葉の使い方が的確です。単語の選択にも誤りがありません。また文自体がしっかりしているので，文法の理解が内容の理解に直結することも多く，それゆえに学習者の達成感も大きくなります。教える側にしても「なぜこのような単語・構文が使われたのか？」ということを実証的に説明しやすいです。もちろん時には文法的に破格なケースも出て来ますが，それにも必然性があります。ですから当然その理由も説明出来るわけで，これが学生の知的好奇心を刺激することも少なくありません。

　そして三つ目ですが，小説では様々な場面で様々な会話が交されます。時にはそれが議論や論争に発展することもありますが，こういった小説中の会話文が（TOEIC などの実用英語とは別の）**対人関係のコミュニケーション能力 (communicative competence of personal relationships)** の習得・向上に役立つのは言うまでもありません。つまり，しっかりした議論をするための英語力を習得させる，あるいはその下地を作ることが出来るのです。これに優れた評論などの講読を加えれば一層効果的と言えるでしょう。また今残っている小説の英語テキストには音声教材が付いている場合が多いので，リスニングの学習も可能ですし，音読をきちんとやれば発音や会話の練習にもなります。こうなると，講読と言っても授業は総合英語に近いものになります。加えて英作文が上達するかどうかは，優れた英文をどれだけ読んでいるか，ということにかかっているのは論を俟ちません。以上のように，授業で小説を講読することには様々な利点があるのですが，先にも述べたように，今ではすっかり衰退してしまいました。そこで次にその理由について考えてみたいと思います。

● なぜ小説の講読は衰退したのか

　まず第一に，1980 年代に入って本格的な国際化の時代を迎え，**実用英語 (practical English)** の必要性が高まったことが挙げられます。それで文部科学省（文科省）の後押しもあり，教室でも TOEIC などをはじめとする実用英語

が積極的に取り入れられるようになりました。それ自体は大変よいことなのですが，今の英語教育は実用英語に偏り過ぎていて，これを唯一の「コミュニケーションのための英語」と信じている教員も少なくありません。それで「シェイクスピアの英語はいらない」＝「英語は日常生活や実務のコミュニケーションのために学ぶものであって，高度の読解力や教養を習得するために学ぶものではない」といったことが声高に叫ばれ，実用英語だけの統一カリキュラムが組まれることも珍しくなくなりました。こうして小説や優れた評論などの講読は，次第に教室から締め出されていくようになりました。

　第二の理由は学生の著しい学力低下です。その原因としては，①文科省（文部省）が中高で学ぶべき英単語の数を次第に減らし（語彙を軽視し），[1] 特に1978年以降は，英文法さえ軽視していると思わざるを得ないような政策を打ち出したこと。[2] さらにいわゆる「ゆとり教育」を推進したこと。[3] ②「人権」の名の下に教員の権威を失墜させ，学生を甘やかす教育体制が作られたために，学生が一層勉強しなくなったこと——このことに触れるのはタブーなのかもしれませんが，教員がまだ学生にとって怖い存在であった（教員に権威のあった）1980年代の中頃までは，「学級崩壊」とか「学力崩壊」といった現象は今ほど顕著ではありませんでした。大きな変化が起こったのは1990年代に入ってからでしょうか？　以下は「いじめ問題」の文脈でのものですが，諏訪哲三氏は次のように述べています。

　　今から12, 3年前の生徒たちから様変わりした。多くの教師がそう感じている。遅刻する子に「ちょっと職員室においで」と言っても「嫌だよ」「行く理由がねえよ」と言って来ない。結局，教員が引くしかない。要求を下げるしかない。（中略）世の中全体が変わった。親も「先生の言うことを聞きなさい」とは言わない。子供も，学んで自分を変えようとしない。自分の欲求を主張し続けるだけだ。　　　　（『読売新聞』1997.3.3）

　多くの生徒・学生にとって，勉強はそれほど愉快なものではないし，辛いことも多いので，「出来れば勉強を避けたい」と思うのは当然です。従って時にはそれを強制するのも教員の重要な仕事なのですが，今日では教員の指導に従わない生徒・学生を厳しく指導すると，ともすれば「体罰」，厳しく注意すれば「ハラスメント」として生徒や保護者に受け取れかねない事態になり，その

結果，いずれも「人権侵害」として訴えられる可能性があります（これは恐らく 1990 年代以降）。つまり「教師「訴訟保険」急増――都の公立校　加入者 3 割超え」（『読売新聞』2007.7.24）のような状況下では，教員が生徒・学生のために厳しい指導をするのは極めて困難であり，だから教員は「引くしかない。要求を（取り）下げるしかない」のです。大学でも，特に熱意のある教員ほど「人権侵害」という言葉に怯えているのではないでしょうか？「一人で悩んでいませんか？　あなたは悪くない。相談して下さい」「大学はあなたの人権を守ります」「本人にはその気がなくてもハラスメントになることがあります」「相手のためを思っての指導なども，その場の状況やお互いの力関係によっては，ハラスメントになることがあるのです」――数多くの教員がそのようなパンフレットを読んでから授業に臨むことになっているのです。「人権尊重」は当然ですが，最近ではそれが過度に（しかも生徒・学生の人権を守ることばかりが）強調されているように思います。しかし，その結果「人権尊重」を盾に「教員の指示など従わなくてもよい」と思う生徒・学生が急増した（そのような風潮が蔓延してきた）のは明白であり，もうそろそろそれに対して手を打つべき時ではないでしょうか？　なぜならばそれが「学力崩壊」の原因の一つになっているからです。教員の指示を無視して勉強をやらなくても，義務教育はもちろん高校も卒業出来て，かつ大学にも進学することが可能で，さらにそこでろくに勉強しなくても，よほどのことがない限り卒業出来てしまうという「システム」が事実上出来上がっていて，どうして「学力崩壊」を止めることが出来るのでしょうか？　加えて少子化により「大学・高校全入時代」を迎え，受験勉強までが楽になっているのです。[4]

　そうしたことから多くの大学生が，原文だけでは難度の高い英文を読むことが出来なくなってしまいました。内容が豊かですばらしければ，その英文がいつも平易であるというわけにはいきません。ゆえに今日ではいわゆる難関大学やごく一部の高校を除いて，授業で小説や優れた評論などを扱うのが難しくなりましたし，残念ながらそれが完全に不可能なケースも出てきてしまいました。

　余談ながら，最近の文科省の大学への締めつけは異常としか言いようがありませんが，そんなことをする前に小中高のひどい教育の現状に手を打つべきだと思います。なぜならば，高校を卒業してもアルファベットの順序も be 動詞の活用も知らない，辞書も引けない，国語力・数学力は小学生レベル――そう

いった若者(大学生)を大量生産した最終責任は文科省にあるからです。これは小中高の授業運営が部分的に機能不全に陥っていることを意味するので,教科書を厚くして授業時間を増やすだけで解決する問題ではありません。従って基礎学力の習得を確実にするためにも,小中高の教育改革をするのが先のはずです。ところが文科省はこれにはほとんど手を付けず,それどころか大学が仕方なく中学の復習をやれば「それは大学の授業ではない。大学の授業をしろ」と「指導」するのですから開いた口が塞がりません。[5] 恐らく文科省は,小中高と12年間続けてきたいい加減な学習姿勢を大学でいきなり変えさせるのは不可能に近く,従って学力の低い大学生に高校までの再教育をするのがいかに困難か,ということさえ分かっていないのでしょう。

そして三つ目ですが,先にも触れたように,これは数多くの英文学者が小説を読む楽しさと意義をぶち壊したからです。まずは教科書の注釈(Notes)から見てみましょう。英文の難しい箇所の理解を助ける注釈の役割は極めて大きいのですが,小説の講読が全盛だったころ,注釈は劣悪極まるものが圧倒的多数を占めていました。それは不必要な箇所に付いていて,肝心な所には付いていないのが「常識」と言ってもよいほどのひどさでした。英語という言語を解き明かす姿勢も,作品の面白さを教える姿勢もないものが大半を占めていたのです。加えて硬い日本語で訳すだけの劣悪な授業も多く,そのために「教室で読む」という意味での小説への信頼性は地に落ちてしまいました。一流の作家の作品は,内容のすばらしさと豊かさゆえに難しいことも少なくありません。しかしそれが理解出来た時の喜びと面白さは経験した者ならば誰でも分かるはずです。そしてそれが次の難所へ挑む励みとなり,その積み重ねが物事を深く考える力(論理的思考力)をも高めていくわけで,これは大きな財産になります。しかもそのためには何よりもまず書かれている英文,つまり英語自体が分かっていなければならないので,注釈と授業がしっかりしていれば,小説の講読は教養のみならず,(英語の運用能力を高めるという意味で)実用的にも大いに役立つのです。ところが実用的にも教養的にも役に立たない注釈を付け,またそのような授業をすることによって,多くの英文学者が小説講読の有用性を徹底的にぶち壊してしまいました。学生が一生懸命予習をして授業に出ても「分からない」「つまらない」「役に立たない」では,教室から締め出されても仕方ないでしょう。そのような授業をして「文学」=「わけの分からないもの」といったイメージを植え付けてきた英文学者の罪は大きいと言わざるを得ませ

ん。今日，英文学科が大きく衰退したのも，このことと無縁ではないと思います。

　すると「なぜそんなことになってしまったのか」ということが次に問題になりますが，これについては既にあちらこちらで書きましたので，ここではごく簡単に触れるだけに留めます。一つは日本の英文学研究の多くがどんどんミクロ化して——もっとストレートに言えば，重箱の隅を突いたり，シンボル・ハンティングに狂奔したりするようになって，作家・作品の本質，つまり文学研究の本質からどんどん離れていったからです。そしてもう一つは，極論すると，日本の英文学界には，筒井康隆の『文学部唯野教授』(1990) で描かれているような面があったからです。

　以上のような小説講読の衰退要因を考えると，これが教室で生き残るのは難しいような気もします。しかしながら小説の講読には実に数多くの利点があり，本質的な英語力の習得と向上に必須であると言っても過言ではありません。さらに日本の企業で経営者として責任ある立場にいる人達に意外と英文学のファンが多いということも忘れてはなりません。例えば日本モーム協会にはNHKの元解説委員，新聞社の相談役，各企業の（元）重役，元外交官といった方々も在籍されていますが，その多くが学生時代に授業で，あるいは自発的にモーム (William Somerset Maugham, 1874–1965) の作品を，そして当然モーム以外の英文学作品も原文で読み（勉強し），欧米人の物の考え方を学ぶなど，大きな影響を受けたのです。そのような人材をこれからも輩出するという意味でも小説の講読が教室から消滅するのは防ぎたいものです。それに実用英語だけでは，先に少し触れた「対人関係のコミュニケーションの能力」を習得することが出来ません。この能力の習得は極めて重要で，これを欠いた英語教育は危険と言ってもよいくらいです。そこで次になぜこれが必要なのか，なぜ実用英語だけではいけないのか，ということについて考えてみたいと思います。念のためにお断りしておきますと，筆者は決して実用英語を否定しているわけではありません。ただ小説・評論などをはじめとするしっかりした文章の講読，つまり**教養英語 (English for Liberal Arts)** も必要であり，実用英語と教養英語は相互に補完し合うものだということを主張しているに過ぎません。

● 小説で学ぶ対人関係のコミュニケーション

　TOEICをはじめとする実用英語をしっかり学べば，(買い物や事務手続きなどの)日常生活や実務面で必要なコミュニケーションの能力は習得出来るでしょう。これは今の若者にとって非常に大切なことですし，それゆえに実用英語は大いに学ぶ価値があります。しかし，それで日常生活やビジネスの現場ではかなりの英語力を発揮出来たとしても，それ以外の場でも同じように英語力を発揮出来るでしょうか？　即ち知的な会話やきちんとした議論などが出来るでしょうか？　その答えは，もし実用英語だけしか学んでいなかったとするならば，恐らく「全く出来ないか，不十分にしか出来ない」ということになります。なぜならば実用英語の世界では，高度の論理的思考力は求められないからです。裏の意味や行間を読む必要もありません。書かれている文章(リスニング用の台本を含む)は内容そのもので，含蓄や教訓はもちろん曖昧さや解釈の多様性なども全くありません。実用英語教育の目的が(買い物や事務手続きなどの)日常生活や実務面で必要な英語力(コミュニケーションの能力)を習得させることである以上，それは当然のことです。

　しかしながらコミュニケーションというものは，日常生活や実務的な場面だけに限定されるものではありません。むしろそれ以外の場面で行われることの方が多いのです。昼休みや休憩時間での会話，会議や交渉に入る前の雑談，パーティーでの歓談など，日常生活や実務的な場面以外でも様々なコミュニケーションの機会があり，そこから人柄，知性と教養，誠実さなど，その人の全てが判断されます。従って，そこで内容のある話が出来なければ，いくら実務の場面で英語に堪能であっても相手の信頼を得るのは難しいでしょう。加えて当たり障りのない会話しか出来ない人と真の友情を育むことなど，まず不可能です。また先にも述べたように，実用英語の文章は内容そのものであり，大半はそのまま額面通りに受け取ってよいのですが，生身の人間を相手にする場合はそうはいきません。本音と建前が違っていることなど日常茶飯事ですし，行間から相手の立場や様々な状況などを読み取る力も必要となります。込み入った難しい議論をすることもありますし，時には本音と建前を使い分ける相手を理詰めで追い込んだり，逆に相手の気持ちを推し量ったりしなければならない場合もあるでしょう。しかしそのような場面で適切に対応する英語力(対人関係のコミュニケーション能力)も実用英語ではあまり学べないのです。

結局のところ，対人関係のコミュニケーションの能力を習得するには，内容のある優れた英文を多読し，英語で様々な人生を疑似体験し，その過程で物事を深く考える習慣をつけるしかありません。その意味でも小説の講読は極めて有益ですし，優れた評論やエッセイなどの講読にも同じことが言えます。加えて英作文が上達するかどうかは，優れた英文をどれだけ読んでいるか，ということにかかっているのです。いずれにしても英語によるコミュニケーションの方法は，リスニング・スピーキングを含めた実用英語によるものだけではありません。小説をはじめとする優れた文章を読むことも必要不可欠である，ということを私達は忘れてはならないと思います

　というわけで，これまで「なぜ小説の講読は有益なのか」「なぜ小説の講読は衰退したのか」ということについて考えてきました。そして，様々な困難はあるにせよ，これを失ってはならない，ということを確認しました。しかし学力低下の問題により，現実的には小説の講読が不可能なクラスもあるというのもまた事実です。そこで次節では「小説の講読はどの程度の学力のクラスから可能か？」ということについて考えてみたいと思います。

● **小説の講読はどの程度の学力のクラスから可能か？**

　学生の英語力については，大学（学部・学科）ごとに大きな差があるのは言うまでもありません。これまで筆者は英語の学力が中1レベル（be動詞の活用も怪しいレベル）のクラスも数多く担当してきましたが，さすがにこのレベルでは小説の原典講読は不可能です。はっきり言って前期は授業の受け方や予・復習など学習姿勢への指導から始めて**「英語の5文型」**(five sentence patterns) を理解させるのが精一杯です。その後でようやくごく簡単な読み物（対話教材を使う場合もあり）に入るのですが，最終的に高1レベルに近づくことが出来れば御の字というところです。ちなみに以前，中3の範囲を超える語句・文法事項などを全て解説したプリントを事前に配布した上で，ジョージ・オーウェル (George Orwell, 1903–50) の『動物農場』(*Animal Farm*, 1945) を高校生用にリトールドしたもの（美誠社，1996年）を使ったことがありますが，第1章（6頁分）を読了するのがやっとでした。従って，河合塾（旺文社パスナビ）が発表している「入試難易予想ランキング表」（＝各大学の偏差値）でBF（Border Free の略で，合格率50％の偏差値を算出出来ない場合）～偏差値

第22章　語学の授業で英文学作品（小説）をどう教えるか（総論）　323

40の学部・学科のクラスでは，小説の原典講読は不可能と言えます（注，以下偏差値は全て河合塾発表のもの）。但し5文型を習得後に中2〜3レベルの英語でリトールドされたものであれば，小説の講読も可能です。また中3の範囲を超える語句・文法事項などを全て解説したプリントを事前に配布すれば，高1〜高2レベルの英語でリトールドされたものも一応可能と言えるでしょう。

　次に偏差値45未満のクラスですが，ここでも小説の原典講読は厳しいです。筆者の経験則では5文型の習得を中心とする中学英語の復習を終えた後に，高校レベルの英語でリトールドされたものを読めるようにするのがやっとです。現時点で筆者が小説の原典を講読しているのは偏差値で45以上のクラスであり，このあたりが下限になると思います。このレベルのクラスですと，さすがに中学英語が全く分かっていないという学生は少ないのですが，そのほとんどが極めてあやふやであるというのもまた事実です。従って5月の終わりころまでは，やはり5文型の習得を中心とした中学英語の復習をしなければなりません。それ以後は講読に入りますが，このレベルのクラスでは，標準的な高校教科書で高1〜高2を超える語句と文法事項などについては，学生が習熟または習得していないことを前提に授業を行う必要があります。そこで筆者は，これらを網羅・解説した予習用の補助プリント（教科書の「注」(Notes)を非常に詳しくしたもの）を事前に配布しています。これを使わないと授業はほとんど進みません。またこれを使った場合でも，年間で10〜12頁くらいの物語を2編読むのがやっとです。46〜50のクラスでも状況はほぼ同じですが，うまくいくと3編読めることもあります。尚，補助プリントでは多くの学生が苦手とする事項については，中学レベルのことであっても積極的に取り上げており，50を超えるクラスに配布する補助プリントでもその方針に変わりはありません。

　偏差値で50を超えるクラスでは，さすがに中学英語の全復習まではしませんが，これが怪しい学生もいるので随時，授業の中に織り込んでいます。また高校英語の復習にも力を入れています。予習用の補助プリントの施注対象は高2〜高3を超える語句と文法事項となり，これを使った場合，年間で10〜12頁くらいの物語を3〜4編読むことが可能です。偏差値で60を超えるクラスでも，場合によっては中学英語の復習をすることはありますし，高校英語の復習も織り込みますが，施注対象は高3を超えるものが中心となり，読了作品の数も4〜5編と増えます。但しこのレベルでも，同一クラス内の学力差が大

きい場合は，施注を含めて英語を苦手とする学生を意識した授業を行っています。65 を超えるクラスでは，基本的に補助プリントは最小限度のものとなります。

● 小説講読の前に「英語の 5 文型」の習得は必須

　実のところ，これは小説の講読だけに限ったことではありません。英語（の 4 技能）を習得する上で絶対に必要なのが英文法の基本中の基本，即ち「英語の 5 文型」であることは論を俟たないのですが，文科省の文法軽視の姿勢により，これがもう随分前からなおざりにされています。その弊害は計り知れません。これがあやふやなために一体どれだけの学生が「読み書き」で不必要な苦労をしていることでしょう！　恐らく部分的にはリスニングの習得の妨げにさえなっていると思いますし，偏差値 60 以上のクラスでも，5 文型が完全に理解出来ていないために伸び悩む学生が少なくありません。ところが新聞報道によると「2022 年度から順次実施される高校の学習指導要領の改定案が (2018 年 2 月) 14 日，文部科学省から公表され」(『読売新聞』, 2018.2.15)，それによると英語については以下のようになるらしいです。

　　　3 年間で学ぶ英単語の数は今の「1800 語程度」から「1800～2500 語程度」となる。中学校までの分と合わせると，高校卒業時には現状の「3000 語程度」から「4000～5000 語」程度に増える。<u>全体として「文法的正しさ」を過度に強調せず</u>，会話や討論の場で伝える力の育成に重点を置く。新設する「英語コミュニケーション」のⅠ～Ⅲでは，「読む・聞く・話す・書く」の 4 技能を総合的に扱う。特に「話す」技能を重視し，日常会話などの「やり取り」と「発表」に分けて，それぞれ目標を設定する。Ⅰは必修とする。新しい選択科目「論理・表現」のⅠ～Ⅲは，ビジネスの交渉や研究発表などを想定し，論理的に表現，発信する力を養う。

　　　　　　　　　　　　　　　　　　　(『読売新聞』2018.2.15, 下線筆者)

　学ぶべき単語数を大幅に増やした（戻した）のは大変結構ですが，会話重視の方針でそれが可能なのか疑問です。また，少なくとも文法を扱う時くらいは「文法的正しさを過度に強調」していただきたいものです。というのは「文字

指導に当たっては，生徒の学習負担に配慮し筆記体を指導することも出来ること」[6]になったとたん，筆記体の読み書きの出来ない学生が激増したことからも分かるように，「文法的正しさを過度に強調せず」では，文法がいい加減な学生が大量生産されるのは自明だからです（既にそうなっています）。それでは英作文も含めて「論理的に表現，発信する力を養う」ことなど望むべくもありません。これでは（文科省が大学ではやってはならないと指導する）中学英語の復習を今後も大学で続けざるを得ないでしょう。

　「英語の5文型」が理解出来るということは，文構造が理解出来るということです。文が成立する上で，絶対に必要な語（「主部」及び第5章，第11章で「補部」とされているもの）と修飾語の区別が出来るということです。動詞の活用はもちろん，自動詞と他動詞の区別も出来るし，形容詞・副詞の役割も，「補語とは何か？」「目的語とは何か？」ということも，「『句』・『節』とは何か？」ということも分かるということです。これらが習得されていれば，「分詞・分詞構文とは何か？」「不定詞とは何か？」「その役割は？」ということを理解するのも難しくありません。この段階で「英語の5文型」の習得は一応終わったと言えるでしょう。辞書も正しく引けるようになり，後は本人の努力次第で英語力は飛躍的に伸びていきます。しかし，5文型があやふやですと英語力が伸びることはまずありません。

　そもそも「英文法」とは，英語という言語の運用原則をまとめたものです。従って1日の大半を日本語で過ごす若者が，この言語の本質を最短距離で学べる便利かつ必修のものなのです。ゆえに最低限度，5文型の習得なくして，真のコミュニケーション能力を身に付けることなど出来るはずがありません。にもかかわらず「コミュニケーション重視」の名の下に英文法を軽視し，5文型の習得さえないがしろにする現状は全くおかしいと思います。まして小説の原典講読は，英語の学習の中では難しい部類に入るのです。従って5文型がいい加減では原典の講読など到底不可能で，筆者が5文型を非常に重視する理由の一つもそこにあります。5文型がいかに役に立つかということは，これさえ習得すれば，かなり学力の低いクラスでも原典講読が出来るということからもお分かりいただけると思います。さて，これでようやく教室で小説を読むお膳立てが整いました。そこで次節からは授業のやり方・進め方について考えていきたいと思います。

● 使用可能な教材について

　まず始めに使用可能な教材についてですが，各出版社から出ている大学用の小説教材ならば大半のものが使えます。ですが音声教材付きのものがよいのは言うまでもありません。また使われている英語が多少古くても構わないと思います。英文が古いと使用頻度の低い語句も出て来ますが，それらは補助プリントに記しておけばよいでしょう。また古い英文は一文が長くなる傾向がありますが，これもあまり問題になりません。むしろ好ましいくらいです。というのは**直読直解**をせざるを得なくなるからです。英語を読む上で一番大切なのは，書かれている語順に従って読み，ピリオドで全てを理解することです（この読み方は英作文やリスニングにも活きます）。つまり，英語を日本語の語順に合わせて，行ったり来たりしながら読んではいけないのですが，この悪癖はなかなか直りません。しかし一文が長いと最早直読直解するしかなく，ゆえに英文の正しい読み方を促すという点でも，古い英文には長所があることになります。また古い英文は，今のような映像の時代に書かれたものではないので，物語の舞台設定はもちろん，様々な情景や登場人物の様子や心理状態などが詳しく述べられます。従って，英文を通じてそれらを頭の中で映像化する（考える）訓練を自然に行えるというご利益もあります。もちろん最新の小説でもよいのですが，多少古いからと言って優れた作品を敬遠する必要はありません。古いと言っても，モームやオー・ヘンリー (O. Henry, 1862–1910) あたりの英文でしたらば，全く問題ないと思います。

● 予習の指導について

　演習方式のどの授業でも言えることですが，講読の場合は特に学生に予習をさせることが大切です。と言っても，これは正に「言うは易く行うは難し」ですが，筆者は「欠席をしないで毎回きちんと予習をし，一定回数の発表を行った場合は試験の結果を問わず単位を保証する。但し予習を怠ったり，著しい不備があったりした場合，また他人のノートや翻訳の丸写しなどの不正行為をした場合は減点」という平常点重視の評価方法で予習率を上げています。学生に対する動機づけの手段としては感心出来るものではないのですが，後は作品のすばらしさと面白さを伝えることによって，予習の動機が高い次元のものにな

るように努力しています。学生の発表（和訳）については，よく出来ていれば当然高評価となりますが，間違っていても，学生が十分に努力したことが立証された場合（どこがどのように分からないのかを言えた／自分が考えたプロセスを言えた場合）は合格として加点しています。逆に和訳は上々でもそのプロセスを言えなかった時は加点せず，場合によっては減点することもあります。予習については次のようなやり方を推奨しています。

> 最初はいきなり和訳をするのではなく，まず教科書の注（原注）と補助プリントの注釈だけを頼りに書かれた語順に従って（直読直解で），半頁くらい読む（和訳はせず，メモも取らない。英文が意味不明でも構わない）。二度目は辞書を引きながら同じ方法で読む。但し今回も和訳はしない。他方，辞書で調べた語句などはノートに記録する（教科書には何も書き込まない）。どうしても書き込みたい場合は原文をコピーしてそうする。三度目は和訳をするが，分からなかった箇所・うまく訳せなかった箇所は質問箇所としてノートにまとめておく。四度目は音読で，音読だけで大意が取れるまで繰り返す。音読だけで意味が取れない場合は予習ノートや和訳などを参照してよいが，その後はまた書き込みのない英文の音読に戻る。
> 　　　　　　　　　　　　　　　　　　　　　　　　　（配布プリントの抜粋）

　従って授業は，予習に基づく学生の発表（和訳）から，学生が英文をどのように読んだかを推し量り（あるいは質疑応答し），間違いがあれば正し，その原因を説明するという形を取ることになります。また教室を活性化するために，他の学生に質問をしたり訳させたりすることも多いです。尚，発表については挙手制と指名制を併用し，最低限度の発表回数を確保すると同時に，やる気のある学生には出来るだけ多く発表の機会を与えるようにしています。指名制の場合は授業当日に発表者を決めることが多いのですが，緊張しやすい学生もいるので，前の週に発表者を割り当てておくこともあります。

● 語句の指導について

　優れた小説は語彙が豊かな上にその使い方が実に的確です。例えば「驚いている」「疲れている」にしても，驚き方・疲れ方が違えば，それに応じて表現

も変わりますが，小説では最適の表現が選択されます（場面や状況説明などについても同様）。これを授業で活かさない手はありません。例えば I'm amazed. を「私は驚いた」と訳した学生に「どのような驚き方か？」「I'm surprised. とどう違うのか？」といったことを訊くと，大抵は答えに窮するのですが，[7] これは「いかに楽をするか」ということばかり考えて，辞書の訳語だけしか見ない学生が増えた結果，多くの学生が類語や類似表現を苦手とするようになったからです。しかもすぐに訳語（それも太字の日本語訳）に飛びつくのが習慣になっているので，この悪癖を直すのも容易ではありません。ですが，小説の講読では類語や類似表現の問題に直面するのは日常茶飯事です。ゆえに学生に対してこの問題に敏感になるように，さらには気持ちや状況が異なれば表現も異なる（例えば I'm tired. と I'm exhausted. は同じではない）ということを常に意識させる方向に持って行くのは，それほど困難ではありません。その結果，類語や類似表現に関心を持つ学生が増えますし，辞書の引き方も変わってきます。そして次第に訳語より使い方の方が大切であることにも気付くようになり，辞書の語法説明や例文を参照する学生も出て来ます。それを促すために，筆者はしばしば授業中に類語や類似表現に関する質問をして，正答した学生には加点するようにしています。

　それにしても今日の（特に英語を苦手とする）学生の単語へのアレルギーは相当深刻です。小説は語彙が豊かなので，講読をしていると一層そのことを強く感じるのですが，それを緩和する補助的手段としては次の方法が有効です。英語を苦手とする学生はしばしば「一つの単語に色々な意味があり過ぎて嫌になる」とこぼしますが，これに対しては「原則として**単語の中心となる意味（中心義）(core meaning)** は一つしかないので，特に**多義語 (polysemous word)** はまず中心となる意味を押える。後は派生的な意味（転義）なので，あまり神経質になる必要はない」と指導するのがよいでしょう。次に例として日本語の「とる」を挙げて，これが「取る」「捕る」「採る」「撮る」「録る」「意味を取る＝考える」「時間を取る＝要する」などいかに多くの意味で使われるかを説明します。そして take の中心的な意味は日本語の「とる」に近い，ということを付け加えると，学生は多義語の仕組みが分かって多少は安心し，類推力を働かして辞書を引くようにもなるようです。また**形態論 (morphology)** の一部を紹介するのも有効です。単語はでたらめに綴られているのではなく，漢字と似た側面があることを教えると学生は案外喜びます。最初は homework や passport な

ど独立した単語の組み合わせで出来ているものから入り，次に代表的な接頭辞とその意味を（pro- / pre- / dis- / co- などは特に喜ばれる），そして接尾辞について説明し，最後に語根のうち頻度の高いもの，例えば (pre)scribe / (re)spect / term(inal), (re)cede / (pro)ceed / (pro)cess といったものなどを教えるとよいでしょう。形態論は普通の学生がどっぷりつかって学ぶものではないと思います。しかし，これには綴りから意味を類推出来たり（初見で単語の意味が大体分かったり），最も重要なものだけを覚えるだけでも語彙数が相当増える，といったご利益があります。加えて学生の単語に対する恐怖心を和らげる効果もありますので，授業で適宜紹介するのはよいことだと思います。

● 訳読と内容理解の指導について

　講読の目的は英語力（特に読解力）の向上にあり，和訳自体にあるわけではありません。しかし，だからと言って和訳（訳読）を目の敵にするのはおかしな話です。なぜならば優れた訳文は，原文の単語・文法や語法，さらに内容をも完璧に理解した証だからです。従って，優れた訳文を作るために努力すれば，それが英語力の向上に直結するのは言うまでもありません。加えて訳読は学習者に精読を促す点でも好ましいですし，間接的には英作文にも役立ちます。訳読は 2 言語の対比作業でもあるので，母語（日本語）の再発見にも繋がります。さらに学生がどの程度英文を正確に掴んでいるかを把握する上でも，和訳させるのが効率的であるのは言うまでもありません。以上のように訳読にも様々なメリットがあるのです。

　ところで和訳の指導方法ですが，先に学生に推奨した予習方法を前提に述べますと，日本語と英語では文構造が違うので，英文を正確に読み取った後ならば，完全な日本語に訳させて（翻訳させて）よいと思います。特に平易な文の場合はそうさせるべきでしょう（これは日本語の運用能力やコミュニケーション能力の向上にも繋がります）。しかしその一方で，日本語が不自然にならない範囲で，書かれている英文の語順を活かしながら訳させることも大切だと思います。これは何よりも英語の自然な読み方を習得させたいからですが，その方がかえって分かりやすい訳文になる場合もあるからです。いずれにしても教員が絶対やっていけないのは「ただ読んで訳すだけ」の授業です。まして教員が教室でしか通じないようなおかしな日本語訳を提示したり，学生がそのよう

な訳をした時に放置したりするのは論外と言えるでしょう。また教員が最終的に提示する和訳は翻訳レベルに近いものでなければならないのは言うまでもありません。またせっかく優れた作品を読んでいるのですから，少なくとも読了後は「物語の主題は何か？」「問題点は？」「どこが面白いのか？」といったことを解説する必要があります。但し教員が一方的に話すのではなく，適宜質疑応答を挟むべきでしょう。時間に余裕があれば，学生に読了後の感想を述べてもらう機会も持ちたいものです。作家についての解説は，もちろんあるに越したことはないのですが，場合によっては割愛してもよいでしょう。というのは，作家と作品を切り離して，あくまで一つの作品として鑑賞することも大切だからです。

● まとめ

　本章では，危急存亡の秋を迎えた「小説の講読」（教養英語）の現状分析から出発し，これが英語力の向上にいかに有益であるか，これを教室で生き残らせるためにはどうすべきか，ということについて述べてきました。ですが，本章は言ってみれば「小説の講読」を存続させる方法について述べた概論ですので，具体性と実践性には欠けると思います。そこで学生に配布する補助プリント（注釈）などを含めたより具体的かつ実践的な事柄については稿を改め，次章で述べたいと思います。

● 補足

1. 中学・高校で学ぶべき英単語数の推移については村田 (1999)，長谷川（他）(2010: 24) を参照しました。後者の「表1　中高の学習指導要領における「英語」で学習する語彙数の時代的変遷」によると，中学と高校合計で，1958/1960年（左側は中学，右側は高校でいずれも告示年）では4,700〜4,900語だったのが，漸減して1998/1999年では2,700語となっています。尚，2008/2009では3,000語となっていますが，これは文科省が「ゆとり教育」の失敗に気づいたことによるものでしょう。
2. 久保野 (2016) によると，従来の「文法・作文」という1冊の教科書が「文法」と「作文」の2冊に分離されたのは，1973年からであり，「このよう

にして導入された文法の検定教科書は，1981年度の高校入学者まで9年間使用されて姿を消した」(p.17) ということです。久保野は「文法教科書の廃止は，「会話（オーラル）重視の文法軽視」という文脈で語られることが多く，学力低下の戦犯とされてきた」(p.18) ことに疑問を呈し，論拠を示した上で「高校生の学力低下の原因を，1982年の文法教科書廃止に求めるのは短絡であろう」(p.18) とも述べています。それには耳を傾ける点がありますし，文法教科書廃止後も実際は「文法の準教科書（副教科書）と呼ばれるものを各社が発行し，大部分の高校がそれを副教材として使用することになった。加えて多くの高校が，指導要領改定前と同様に文法1単位を時間割に設定して指導することになった」(p.24) のも事実です。さらに「この流れが1989年告示（1994年実施）の改訂指導要領で「オーラル・コミュニケーション (OC)」が導入されても変わらず，OCの1時間を文法に割く高校が多数に上ったため，「オーラルG」と揶揄されることになった」(p.24) ことも，事実としては正しいと思います。しかし，もし文部省が文法を重視していたのだとすれば，文法の検定教科書を廃止しなかったはずです。また文法の検定教科書が廃止された後も，さらに次第にコミュニケーション重視の教育が要求されるようになっても，文法教育が一応守られてきたのは（その背景に「受験」があったとはいえ），中高教員の努力のお蔭なのです。しかしその後も文科省の「コミュニケーション重視，文法軽視」の方針は基本的には変わらず，むしろ2000年以降は一層強まっていき，それが大学で文法の初歩から教え直さなければならないケースが続出する原因の一つになったことは否めません。それは中堅以下の大学で特に顕著です。尚，この問題を考える上で，江利川 (2011) の「日本における学習英文法 関連年表（戦後編）」も極めて有益と思われます。

3. 「ゆとり教育」の弊害については新聞紙上でも盛んに論じられてきましたが，その見出しのごく一部（全て『読売新聞』）を10点ほど時系列で紹介しておきます。

　　　「どうなる学力　不安抱え「ゆとり」始動――「底辺」都立高憂うつ――「ひらがな」も危うい」(2002.3.6)
　　　「日本の15歳学力ダウン（国際学習到達度調査）」(2004.12.8)
　　　「「ゆとり」転換　授業時間増　文科省検討「学力低下」に対処」(2004.12.15)

「私大生・短大生「学力不足」教員 6 割痛感――理数系は 70％超す」(2005.7.21)

「先生も生徒も大転換――高校新指導要領案――「脱ゆとり」へ「歯止め」撤廃」(2008.12.23)

「ゆとりが「ゆるみ」に――戦後教育：知識偏重→個性重視→学力低下→軌道修正」(2010.1.3)

「算数解けない大学生――国立含む 3 割 新入生に補習」(2010.1.5)

「就活「生きる力」不足「2010 年問題」企業は危機感」(2010.1.6)

「ゆとり教育の反省――数学教育で生きる自信」(2014.10.4)

4. 日本私立学校振興・共済事業団 (2017: 2) によると「入学定員充足率が 100％未満の大学は 28 校減少して 229 校となり，大学全体に占める未充足校の割合は 5.1 ポイント下降して，39.4％となった」ということです。ということは，ほぼ「全入」状態になっている大学の数はもっと多いということです。

5. 例えば文科省の「設置計画履行状況等調査の結果等について」(平成 25 年度) に於いて，ヤマザキ学園大学に対して以下の指示が出されました。

○ 入学者の状況について，受験者のほとんどが合格していることや，必修科目として配置している「イングリッシュスキルズ（基礎）」については，Be 動詞や文の種類（単文から複文）から仮定法までの内容とせざるを得ない状況と推察すると，入学者選抜機能が働いているとは考えられないため，アドミッションポリシーに沿って適切な入試を行うこと。

○ 「イングリッシュスキルズ（基礎）」については，大学教育にふさわしい水準となるよう内容を修止し，必要に応じ正課教育外での補習教育を整備すること。

また『読売新聞』(2016.2.20) によると，文科省は 2 月 19 日に新設の大学などの今年度の運営状況を調べた結果を発表し，英語の授業内容が水準に達していないなどを理由に複数の大学に是正意見を出したとのことです。

6. 以下は『学研出版サイト』(2010) の「編集部によく来る質問」第 16 回から必要な部分を抜き出し，かつ圧縮したものです。

「中学校学習指導要領」では，1962 年（昭和 37 年）4 月に文部省（当時）が施行したものからずっと，学習すべき言語材料として「アルファベ

ットの活字体及び筆記体の大文字及び小文字」と明記されていた。この流れが変わったのは 2002 年（平成 14 年）で，同年の 4 月に完全実施された「中学校学習指導要領」では「アルファベットの活字体の大文字及び小文字」となり，筆記体は削除された。そのかわり，「文字指導に当たっては，生徒の学習負担に配慮し筆記体を指導することもできること」という一文が加わった（「基本的にブロック体だけでよいが，教員の裁量で筆記体を教えてもよい」というスタンス）。

このため，1989 年（平成元年）4 月以降に生まれた人（中学入学が 2002 年 4 月以降の人）は，学校の授業では筆記体を習っていないのが普通であり，実際にはその 2 年前からすでに移行措置として「筆記体の指導を省略することができる」という告示が出ているので，1987 年（昭和 62 年）生まれでも習わなかった人もいる。

7. surprise は「「驚かす」を表す最も一般的な語で意外性に重点がある」(GLB, RHD) のに対して，amaze は「驚異的なことで当惑するほど驚かす」(RHD) の意。従って amaze は surprise よりも意味が強いことになります。また各辞書の例文を見る限りでは，amaze は比較的良い意味で使われる場合の方が多いようです。例えば You amazed me.「すごい」(NCD), I was amazed at (by) how well she sang.「彼女の歌のうまさに仰天した」(OLX), You are amazing.「大したものだ」(GNS) など。また『プロシード和英辞典』は，「驚く」の訳語の 1 つとして be amazed を挙げていますが，この場合「感心する」の意としています。また形容詞としての amazing を引くと「驚くべき」の他に「すばらしい」(NCD, WSD),「目覚ましい」(GLB),「見事な」(GNS) と言った訳語が見られます。尚，辞書の略号については次章の「実践編」を参照して下さい。

* 本章は書下ろしですが，次の参考文献中の拙論に基づいていることをお断りしておきます。

参考文献
江利川春雄 (2011)「日本における学習英文法 関連年表（戦後編）」
　https://blogs.yahoo.co.jp/gibson_erich_man/27135023.html?__ysp=6auY5qCh5paH5rOV5pWZ56eR5pu4IOa2iOOBiOOCiw%3D%3D (2018. 8.26)

学研出版サイト (2010)「編集部によく来る質問」第 16 回
　　https://hon.gakken.jp/reference/column/Q-A/article/100721.html (2018. 8.26)
久保野雅史 (2016)「高校文法教科書はなぜ 9 年で消えたのか」『神奈川大学心理・教育研究論集』第 40 号，17–27.
長谷川修治・中條清美・西垣知佳子 (2010)「日本の英語教育における語彙指導の問題を考える」『植草学園大学研究紀要』第 2 巻，21–29.
文部科学省 (2013)「設置計画履行状況等調査の結果等について」(平成 25 年度)
　　http://www.mext.go.jp/b_menu/houdou/26/02/1344114.htm (2018. 8.26)
村田年 (1999)「中・高学習指導要領の語彙数を検討する」『言語文化論叢』第 6 号，173–186. 千葉大学.
日本私立学校振興・共済事業団 (2017)『平成 29 (2017) 年度 私立大学・短期大学等 入学志願動向』日本私立学校振興・共済事業団 私学経営情報センター.
奥井裕 (2002)「大学に於ける教養英語の意義」『ふぉーちゅん』第 13 号，9–52. 新生言語文化研究会（現 欧米言語文化学会).
奥井裕 (2004)「大学英語教育の諸問題」『ふぉーちゅん』第 17 号，15–41. 新生言語文化研究会（現 欧米言語文化学会).
奥井裕 (2010)「「実用英語教育」偏向への批判的考察」藤田崇夫・鈴木繁幸・松倉信幸（編)『英語と英語教育の眺望』35–51. DTP 出版.
筒井康隆 (1990)『文学部只野教授』岩波書店.
『読売新聞』（日付は本文参照).

　　　　　　　　　　　　　　　　　　　　　　　　　　　　（和光大学非常勤)

第 23 章
語学の授業で英文学作品（小説）をどう教えるか（実践編）

奥 井　　裕

● はじめに

　本章は前章の「語学の授業で英文学作品（小説）をどう教えるか」（総論）に基づく実践編（授業報告）で，以下のような構成になっています。

[原文] 引用した原文は，大学用教科書の『コスモポリタンズ』（岩崎良三編注，金星堂，1951 年）からのものです。これは，ウィリアム・サマセット・モーム (William Somerset Maugham, 1874–1965) の短編小説集『コスモポリタンズ』(*Cosmopolitans*, 1936) から 8 編選んで注釈を付けたもので，発売後半世紀以上経った今でも使われている超ロングセラー教材です。本章では，その中から授業で最も人気の高い「物知り屋さん」("Mr. Know-All," 1925) と「約束」("The Promise," 1925) の 2 作品を取り上げました。尚，原書の *Cosmopolitans* (Arno Press, 1977) も参照しました。

[注釈] 学生に配布する予習用補助プリントの一部で，配布用（特に英語を苦手とする学生を対象としたもの）では，ここにはない事項も多数記載されています。[注釈] で取り上げる語句の訳語を 2 つ以上示す場合，必要に応じて適当と思われる訳語に下線を施してあります。本章で使用した辞書・文法書の略号は章末に示してあります。

[解説] 原文の内容や英語の諸事項などについての説明です。引用文中の [　] は，筆者による補足です。

[和訳] 拙訳ですが，龍口直太郎の 1962 年版の訳を参照しています。

[補定] 必要に応じて関連事項などを述べています。

　本章の主な目的は，前章を踏まえた上で英文学作品を教材に用いて，英語をどのように教えているか（英語をどのように学生に理解させているか）を報告す

ることにあります。そのために純粋に英語学的な立場から見た場合，厳密性に欠ける部分があると思いますが，その点はご容赦いただけましたらば幸いです。

● 受動態の仕組み

[原文]

I was prepared to[1] dislike Max Kelada even before I knew him.

("Mr. Know-All")

[注釈]

1. prepared〔形〕「～の用意，覚悟が出来た，～する気のある《to do》」(DGR) 用例 be prepared to do「～の覚悟をしている」「～することを予期している」「進んで・喜んで～する（ことが出来る）」(CHS)

[解説]

　　原文はモームの「物知り屋さん」の冒頭部です。主人公の語り手は「マックス・ケラーダ」という名前から，2週間の船旅の同室者が同国人（イギリス人）ではないということを知り，憂鬱になっています。ここで問題となるのは be prepared to do です。[注釈]にもあるように prepared は形容詞で，be＋形容詞＋to 不定詞の形です。受動態の過去分詞には He was killed in an accident. (OALD) の killed のように，動作（殺された）を伝えることに重点を置くものと，本例や She is dressed in red.「彼女は赤い服を着ている」(GNS) の dressed のように動作によって生じた結果状態を表すもの（形容詞化するもの）があります。ところが，受動態の意味が希薄になる後者の方は，学生にとって大変分かりにくいらしく，時々（本例の prepared に限らず）「受動態なのになぜ能動的に訳さなければ（理解しなければ）ならないのか」という質問を受けることがあります。そのような時は大体以下のような説明を試みています。

　　prepare の原義（語源的な意味）(original meaning/etymology) は「pre-（前もって）＋ pare（準備する）」(GNS) です。そこから「用意する」「（やがて起こることに対して）心の準備をさせる，覚悟をさせる」「予測する」(WSD) といった意味が出て来ます。語り手は「こんな奴とうまくやっていけるわけがない」と腹を括っているわけですが，自発的にそういう気持ちになったのではあ

第 23 章　語学の授業で英文学作品（小説）をどう教えるか（実践編）　337

りません。それは「ケラーダ」という名前，すなわち相部屋の人が同国人ではないということによって「引き起こされた」結果状態です。従って受動態にならざるを得ません。これと同じことは I'm tired.「私は疲れた」(OLX) などにも言えます。この文において話者はただ「疲れた」と思っているのであり，特に「疲れさせられているのだ」といった意識はないでしょう。しかし，事実としてはわざと自分を疲れさせたのではなく，何らかの原因により，そういう状態を引き起こされたわけで，例えば I was tired by the length of the ceremony.「式典の長いのにくたびれた」(DGR) ということです。従って記述法としては受動態になります。考え方としてはかなり強引になりますが，先の She is dressed in red. (= She wears in red. (GNS)) にしても，通例人前で裸でいることは許されませんし，状況によっては「赤い服」を着るのが望ましいということもあるでしょうから受動態が用いられても不思議ではありません。他方，話者に「外圧によって服を着せられている」という強い意識はないので，日本人の学習者はこれを能動的に訳して（解して）よいことになります。

　英語は，ある結果・状態が自発的なものなのか，それとも外的要因によって引き起こされたものなのか，ということを厳密に区別する言語のようです。感情を表す表現が原則的に受動態になるのは，本人が自発的に感情を表す動作をしたわけではないからです。例えばおなじみの I'm surprised. ですが，本人は自発的に驚いているわけではありません。何らかの原因によって「驚かされている」（そのような状態を引き起こされている）わけです。従って surprise には「驚かせる」の意味はあっても「驚く」の意味はありません。理由・原因もなく「驚く」ことなど，況して自発的に「驚く」ことなどあり得ないからです。excite「興奮させる」や disappoint「がっかりさせる」などについても同様です。原則として「興奮する」「がっかりする」といった意味はありません。受動態になって初めてそのような意味になります。

　主語が人でなくても，例えば The train was terribly crowded. (JOLX) のように，外的要因によって引き起こされた状態も受動態になります。また They are very happily married. (JOLX) や He is engaged in business. (LNS) のように，結婚や仕事などは受動態でも言い表せますが，これは，昔は結婚や職業の自由がなかったことに加えて，意識はしていなくても「神や運命，あるいは誰かの導きによってそうなった」という思いが心の奥底に隠れているからでしょう。以上は目新しいことではありませんが，a surprising actor「（観客を）びっ

くりさせるような役者」(GNS) を「驚いている役者」，また You are amazing.「本当に偉いよ」(JOLX) を「君は驚いているんだね」と訳す（誤読する）学生が多いことを考えると，受動態の仕組みについては，改めて触れておいた方がよいかもしれません（能動態の確認にもなります）。ついでにその際，「分詞とは何か？」ということを改めて解説しておくとなおよいでしょう。ちなみに分詞派生の副詞も能動・受動の意味をそのまま保持しています。

(1) a. He said disgustedly.「むかついた口ぶりだった」
    (He was disgusted by someone. の意を内包)
   b. He said disgustingly.「人をむかつかせるような口ぶりだった」
    (He disgusted someone. の意を内包)　　　　　（埋橋 2011: 226）

[和訳]
私は知り合う前からもうマックス・ケラーダとはうまくいかないような気がした（うまくいかないものと決めつけていた）。

● 訳は同じでも意味は違う（go と make one's way）
[原文]
I made my way[1] into the smoking-room.　　　　　　　　　("Mr. Know-All")

[注釈]
1. make one's way「進む，行く」「（苦労して）進む，行く」「（社会で）自力でのし上がる，自活する（努力して）出世する，成功する」(GLB, DGR)

[解説]
　引き続き「物知り屋さん」からの文で，語り手がケラーダさんの荷物を見て「こいつは成金の俗物だ」とさらに嫌悪感を強める場面です。多くの学生がこれを「私は喫煙室に入って行った」と訳しますし，それでよいのですが，こういう時には「なぜ went でなく，わざわざ made my way を使ったのか？」と質問し，学生に**「形が異なれば，意味も異なる」("one form for one meaning, and one meaning for one form")** (Bolinger 1977: x) ということを意識させる

とよいと思います。授業中に同様の質問を繰り返すと一層効果的で，学生は次第に類似表現にも敏感になっていきます。make my way は，go と置き換え可能なことも多いのですが，to go towards something, especially when this is difficult or takes a long time (LDOCE) とあるように，どこか困難や手間を感じさせる表現で，各辞書の用例を見てもその傾向があります。だから「（努力して）出世する，成功する」という意味にもなるのでしょう（高見・久野 (2001: 81–132) も参照）。ここで go ではなく make one's way が用いられたのは，語り手の頭の中で「この場を離れたい」という気持ちが強く働いたからだと思われます。つまりその必要はないのに「自分の道を作って」わざわざ喫煙所に行ったわけです。あるいは初めての場所だったためにスムーズに行けなかった（少し迷ってしまった）ということも考えられますが，いずれにしてもここで go を用いると，客観的にただ「行った」という意味になってしまい，そのような含みを持たせることが出来ません。ちなみに語り手はケラーダ氏に会うまいと，せっかく喫煙室に逃げ込んだのに，ほぼ同時にケラーダ氏が訪ねて来るという憂き目を見ることになります。

[和訳]
そこで私は喫煙室に入って行った。

[補足]
「物知り屋さん」は，明るい「人情もの」の物語で，前半はコメディーの要素もありますが，後半は推理小説的で，「真珠の真偽」をめぐって嫌われ者のケラーダさんの意外な面が明らかになります。後味も非常によく，龍口はこの作品の解説（1962 年版, p.191）の中で「数百ページに及ぶ長編でもこれだけの感動を与えるものはそうざらにあるまいと思う」と述べています。そのような感動をたった 10 頁ほどの短篇で味わえるのですから「物知り屋さん」は大変お得な作品と言えます。ただ，「真珠の真偽」を読み誤ると面白くも何ともなく，また多くの学生が読み誤るので，読了後の雰囲気はあまりよくありません。ところが順を追って解説すると，それまでつまらないと思っていた物語の内容が激変するので驚いたり，自分の読みの甘さに呆れてくやしがったりする者が続出し，一気に人気作品となります。「物知り屋さん」は，学生に**精読 (intensive reading)** と物事を深く考えることを促すという点でも格好の教材と

言えるでしょう。この作品を読了すると，次の作品の予習の仕方や読み方までが変わってきます。やはりテキストが面白いということは大切だと思います。

● 中心義（本義・中核的意味）と原義（語源的な意味）の重要性（of について）

[原文]

① Mr. Kelada was short and **of**[1] a sturdy **build**[2], clean-shaven and dark skinned, ….　　　　　　　　　　　　　　　　　　("Mr. Know-All")
② They were slim and pleasant to[3] look upon[4], well dressed and carelessly at ease, but they were for the most part[5] **of**[6] **a pattern**[7].　　　("The Promise")
③ And for me, you know, it isn't **of**[8] **the smallest**[9] **consequence**[10]: one divorce[11] more or less[12]….　　　　　　　　　　　　　("The Promise")

[注釈]

1. of〔前〕ここでは「～という性質・特徴を持つ」(GLB, GNS)。
2. build〔名〕ここでは「体格，体つき」(LNS)。
   用例 a man of (a) strong build「がっしりとした体格の人」(LNS)
3. pleasant to do「～して楽しい」(PRG)
   例文 This music is pleasant to listen to.「これは聞いていて楽しい音楽だ」(PRG)〔注〕pleasant〔形〕は「人を楽しませる」の意。従って I'm pleasant. は不可 (GLB)。
4. look on/upon ここでは「見る，眺める，見物する」(PRG, WSD)。
5. for the most part「大抵は，ほとんどの場合は，一般に」(WSD)
6. of〔前〕「～の性質を持つ」(GNS)
7. of a pattern「一つの型の，(服装も行動も) 型にはまった，型通りの」
   〔注〕pattern〔名〕ここでは「(行動などの) 型，様式」(LNS)。また冠詞の a は the same の意。
   参考例文 Birds of a feather flock together.「同じ羽毛の鳥は一つに集まる。類は友を呼ぶ」(RHD)
8. of〔前〕ここでは of ＋抽象名詞で形容詞を作る用法 (REG)。
   用例1 of importance = important　　用例2 of use = useful (REG)
   例文 It is much of consequence.「それは非常に重要だ」(CHS)

〔注〕of consequence = consequential「重要な，重大な」(CHS)
9. smallest を直訳すれば「最小限度の」。従って not of the smallest consequence は，「最小限度の重要性もない」と考える。従って not the smallest を = not at all と考え，it isn't consequential at all と解するとよい。
  例文 I have not the smallest regard for the Grundy tribe.
  「グランディの輩には些かの関心も持たない（世間の口などなど少しも気にかけない）」(NED)〔注〕Thomas Morton (1754?–1838) の喜劇 *Speed the Plough* (1798) の中の人物 Dame Ashfield が，"What will Mrs. Grundy say?" と言って，いちいちその隣人 Mrs. Grundy の思惑を恐れたことから。そこから Mrs. Grundy〔名〕「世間の口，世間，因習的な上品ぶった人」の意が生まれた (NED)。
  参考用例 not ... in the slightest/least/smallest degree「少しも～ない (= not at all)」(GNS)
10. consequence〔名〕「結果，成行き，結論」「重要性，重大さ」「尊大さ」(PRG)〔注〕importance が「重要（性）」を表す一般語であるのに対し，consequence は「生じ得る結果を考えての重要性」や「影響などの重大性，重要さ」を表す (CHS, NED)。
11. この divorce は名詞。「1 回離婚が多かろうと少なかろうと…」(試訳)
12. more or less ここでは成句の「多かれ少なかれ，幾分」「大体，おおよそ，ほとんど」(RHD) ではない。従って本文においては次の例文をもとに考えるとよい。
  例文 Oil is more or less expensive depending on global production levels.「石油は世界の生産水準の変化に応じて高かったり安かったりする」(RHD)

[解説]
　最初の文は引き続き「物知り屋さん」からで，ケラーダ氏の外面描写の一部分です。次の 2 つは「約束」という作品からです。学生に疑問点を明確にして授業に臨むことを求めると，それは自分に跳ね返って来るようです。つまり答えにくい質問が増えてしまうのです。それで（言語学ではなくて）文学専攻の筆者には，逆に学生から鍛えられているような気がすることがあります。そして質問頻度が高く，かつ答えるのに苦労するものの中に of があります。かなり前の話ですが，たまたま同一教科書で上の引用文が（つまり同種の例文が

3回も）出たためでしょうか？ 熱心な学生から「この of は何なのか？」と訊かれました。それで「of ＋抽象名詞などで形容詞句を作る」(CHS) 用法と答えたのですが，今度は「なぜ of ＋抽象名詞などで形容詞句になるのか？」と訊いてきます。しかもこれが契機になって，「それならばこの of は何か，そもそも of とは一体何なのか？」ということにまで質問は広がっていき，閉口しましたが，大変勉強になりました。of について辞書や文法書などに当ってみると，以下のような記述があります。

(2) 語源的には off と同じ。　　　　　　　　　　　　　（江川 1991: 418)
(3) of の中核的な意味は〈起源〉である。(of は語源的には off の弱まり形である。　　　　　　　　　　　　　　　　　　　　　　　　　（安藤 2012: 54)
(4) ［of の中心義は］〜から分離しながらも関連を保っている。　　(OLX)
(5) 「離れて，〜から離れて」が原義。そこから根源・所属の意が生じ，さらに分離・所属から部分の意を，原因・理由から関連の意を表すようになった。　　　　　　　　　　　　　　　　　　　　　　　　　　(GNS)

以上のことから of の本質がいくらか見えてきます。まず**中心義（本義・中核的意味）(core meaning)**「〜から分離しながらも関連を保っている」(OLX) ですが，「やや堅苦しく主に英用法」(GNS) になるものの，次の例文はそのことをよく表しています。

(6) a. He comes of a noble family.「彼は高貴の家柄だ」　　　　(JNED)
　　b. He was from Oregon but was of New Orleans.
　　　「オレゴン出身だが，ニューオーリンズの人間だった」　　(GNS)

(6a) では「彼」が自立して家を離れていたとしても，家族関係までがなくなったわけではないので，正に「〜から分離しながらも関連を保っている」ことになります。また (6b) のように「出生地を from，長年住んで帰属意識の強い地を of で表すことがある」(GNS) ことから，from が起点（〜から）を表すに対して，of は関連と繋がり，あるいは結びつきの色合いが濃いことがうかがわれます。このことから「材料がすっかり姿を変えてしまう場合は from を，その形状をとどめている場合は of を使うことが多い」(PRG) 理由の説明もつ

きます。

(7) a. Miso is made from soybeans.「味噌の素は大豆だ」　　　　（JNED）
　　 b. The chair is made of wood.「その椅子は木製です」　　　　（GNS）

同様に，例えば die の原因が「通例直接的・近因的であれば of，外部的・遠因的であれば from を用いる」(GNS) 理由も説明出来ます。

(8) a. He died of cancer.「彼はがんで死んだ」　　　　　　　　（NOAD）
　　 b. They died from cold and hunger.「彼らは飢えと寒さで死んだ」
　　　　　　　　　　　　　　　　　　　　　　　　　　　　　　　（NOAD）

　今日では (7), (8) における of と from の区別は曖昧になっていますが，正規の用法から見れば，of の中心義が拡張されて「～で出来ている」「～が原因で」の意味でも使われるようになったことを学生に納得させるのは難しくありません。of がなぜ「根源」「所属」「性質」「特徴」「部分」「関連」「理由」などの意味も表すことが出来るのか，ということについても同様です。このことから，先の原文（①,②,③）で使われた of は，最終的には「～の性質・特徴を持つ」の意味で使われていることが分かるのですが，その結果 of 以下の名詞は自動的に形容詞化されます。ゆえに of a sturdy build は「がっしりとした体格の特徴を有する」→「がっしりとした」の意となり，of a pattern は「同じ型の性質・特徴を持つ」→「同じ型の」→「型にはまった」，そして isn't of the smallest consequence は「最小限度の重要性の性質・特徴さえ有しない」→「全然重要ではない」という意味になるわけです。

[和訳]
① ケラーダさんは背が低く，非常にがっしりとした体格をしていた。ひげはきれいに剃ってあり，肌の色は浅黒かった。
② そこにいる人達はすらりとしていたし，見ていて気分がよかった。身なりも申し分ないし，気楽にくつろいでもいた。けれどもその大部分は型にはまったような人達だったのである。
③「それに私の方はそんなこと，これっぽっちも問題にならないでしょ。今

さら離婚が1回多かろうと少なかろうとね…。」

[補足]

　言うまでもないことですが，原義や中心義を探ればその単語の全てが分かるというわけではありません。ofについても江川 (1991: 420) は「［非修飾語との意味の関係・主格関係・目的関係などの例を見ると］いかに of がその原義を離れてさまざまに使われているかが理解されよう。これらの用法と意味を系統的に説明することは不可能に近いであろう」と述べています。意味の拡張が進んでいくうちに，元の意味からすっかり離れてしまう場合がある以上，これは止むを得ないでしょう。従って「原義と中心義をもとに単語の本質を探る」ことにも限界はあります。しかしながら，ある単語を本当に理解するにはこれが一番の方法であることに変わりはありません。様々な応用も利きますし，ネイティヴ感覚でその単語を使いこなす力もつくので，学生にはぜひこれを勧めたいものです。

● 1 文が長い場合の処理（直読直解の重要性）

[原文]

I was engaged with[1] these reflections[2] when an attendant[3] came up[4] and with that hushed significance[5] that hotel attendants affect[6] (as though their message held[7] a more sinister[8] meaning than their words suggested[9]) told[10] me that a lady had just telephoned[11] to say that she had been detained[12] and could not lunch with me. ("The Promise")

[注釈]

1. be engaged with ～「～で手がふさがっている，～で忙しい」(RHD, GNS) の意だが，ここでは「（時間を潰すために）～に没頭している，～に励んでいる」という感じ。

　　例文 At present I am engaged with the revision of that book.
　　「目下その本の改訂に従事している」(KDEC)

2. reflection〔名〕ここでは「考えに耽ること，熟考，悪口」(RHD)。

　　〔注〕いずれの意味でもよいと思う。ここでは「色々な情景が頭の中で映し

出されること」。「悪口」の場合は「不利なはね返り」の意から (GLB)。
3. attendant〔名〕ここでは「係員，接客係，店員，案内係」(WSD)。
4. come up ここでは「近づく，やって来る」(CCD)。
5. significance〔名〕「重要さ」「意味ありげなこと」(PRG)
6. affect〔他〕ここでは「～を装う，～の振りをする，好んで用いる，～であるように見せかける」(RHD, NED)。
7. hold〔他〕ここでは「(物が神秘・恐怖などを) 内在する」(WSD)。
〔注〕hold の中心義は「保つ」「保持する」(VST, LNS)。訳語は文脈からそのような意味でも使い得ることを示しているに過ぎない。
8. sinister〔形〕「不吉な，縁起の悪い，運の悪い，不幸な，悪意のある」(RHD)
9. suggest〔他〕ここでは「示唆する，～であると婉曲に言う《that》」(RHD)。
10. told の主語は an attendant である。
11. telephone〔自〕《格式》「電話をかける，電話で話す」(LNS)
例文 He telephoned to say that he'd be late.「彼は遅くなると電話した」(LNS)
12. detain〔他〕「(人を) 引き止める，手間取らせておく，待たせておく」(RHD)

[解説]
　原文は「約束」の初めの部分です。主人公の語り手はホテルで妻と一緒に昼食を取ることになっているのですが，約束の時間になっても妻は現れません。それでいらいらしながら待っているうちに頭の中で，日頃の妻への不満が次々と思い浮かんでくる（reflection する）場面の続きがこの文です。
　長い上になかなか骨のある文章です。それで今日ではこのような文章を授業で扱うと，「古い」「長すぎる」「難しすぎる」と非難されることも少なくありません。ですが，多くの学生は英語の語順を無理やり日本語の語順に合わせて読みながら，しかも同時に単語調べと和訳もしようとします。この悪癖は相当重症で，口を酸っぱくして言っても改まりません。それは短い文の場合はそのやり方でも何とかなるからですが，1 文が長いとそうはいきません。いわゆる「漢文読み」を強行すれば，以下のような訳になってしまうでしょう。実際そのような訳をする学生はかなりいますし，それ以前に和訳を諦めてしまう学生も少なくありません。

(9) 1人の接客係がやって来て，ホテルの接客係が好んで用いる，（あたかも彼らの伝言が彼らの言葉が示唆している以上に，より不吉な意味を内在しているかのように）あの静かな意味ありげさをもって，1人のご婦人がちょうど電話で，彼女が引き止められて，私と一緒にランチを出来ないと言った，と私に伝えた時，私はこういった熟考に従事していた。

　実のところ，上のような訳をする学生は一定の英語力を持っており，読み方を変えれば飛躍的に伸びるのですが，苦労の末に上のような訳になってしまって初めて「もはや直読直解するより他はない」ということを思い知ります（和訳を放棄した学生も同じ）。長い英文には，嫌でも学生に**直読直解 (direct reading and direct solution)**（＝英文の正しい読み方）を促すという大きな長所があると言えるでしょう。ついでながら大半の学生が「日本語と英語の単語は意味的にイコールの関係で，1対1で対応する（場合が多い）」と思っているので，これも是正したいものです。その最も代表的なのはtheyで，ほとんどの学生が「彼ら」と決めつけます。もうtheyを見ると直ちに「彼ら」になってしまうのですね。筆者は1年中，学生に対して「theyは複数のものを受けて主語になる代名詞なのだから，theyを見たらとりあえず「彼ら」という日本語は退けること。そしてtheyが何なのかを確認すること」と言い続けています。類例は代名詞だけに限らず，例えばand＝「そして」のケースなどいくつもありますが，和訳をさせると学生が単語をどのような意味に取っているのかが分かるので，このようなケースではその都度しつこいくらいに直すのがよいと思います。尚，日本語が不自然にならないのならば，英文の語順を活かして訳すことも大切だと思います。

[和訳]
こんなことに思いをめぐらしながら時間を潰していると，ボーイがやって来て，例の気取った意味ありげな低い声で（まるで言伝(ことづて)の内容が文面以上に悪いものでもあるかのように）ご婦人からたった今，お電話がありまして，外出に手間取ってしまい，昼食はご一緒出来ないとのことです，と告げた。

● 鍵となる単語の理解

[原文]

But Elizabeth Vermont painted[1] not to imitate[2] nature[3], but to improve it; you did not question the means but applauded the result[4].　　　("The Promise")

[注釈]
1. paint〔自〕ここでは「化粧する」(CHS)。
2. imitate〔他〕「手本にする，真似る」「模写・模造する，似せて作る，あるものを見本として従おうとする」(RHD, NED)
3. nature〔名〕ここでは「(人間の) 本来の姿，実物そのまま」(NED, CHS)。
4. the result　ここでは「(その化粧の) 結果」。

[解説]
　原文はやはりモームの「約束」からです。妻との昼食をすっぽかされた語り手の作者は，たまたま1人でいた主人公のエリザベス・ヴァーモント夫人（50歳）と相席することが出来ます。引用部は，会食中に作者が「どうも化粧の下手な女が多すぎるが，それに引き替えエリザベスの何と化粧の上手なことか」と感心している場面からのもので，文学作品ならではの，頭を使って考えることが要求される文だと思います。あまり考えないで訳すと「けれどもエリザベス・ヴァーモントが化粧をするのは，自然を模倣するためではなく，それを改善するためだった」となりますが，どこかおかしいです。「自然を模倣する」というのが腑に落ちません。ということはどこか読み方が間違っている，つまり英語が分かっていない箇所があるわけですが，和訳して初めてそのことに気づく場合も少なくありません。何かと目の敵にされる和訳ですが，和訳は精読を強制するので，英文を正確に読む力を習得する上でも極めて有益です。これが出来ていないまま「速読」するのは百害あって一利なしだと思います。
　本題に戻りますと，ここで鍵となる単語は nature です。nature の原義は「生れる」(GNS) です。そこから今日では「生まれたままの状態」即ち「自然」の意味で使われることが多くなりました。ちなみに形容詞形の natural の中心義は「本来あるままの」(OLX) です。すると本文の nature は「持って生まれた顔，何も施していない自然な状態の顔」，つまり「素顔」の意味で使われてい

ることになります。それを「imitate する（真似る・模写する・似せて作る）ためではなくて」と言っているわけです。従って but Elizabeth Vermont painted not to imitate nature, but to improve it. は「けれどもエリザベス・ヴァーモントは，元の顔形（素顔）をなぞるような化粧をする＝してもしなくても同じような化粧をするのではなくて，素顔をもっとよくするために化粧をするのだった」くらいの意味になります。

[和訳]
けれどもエリザベス・ヴァーモントが化粧をすると素顔が一変し，輝けるものになるのだった。それで誰もがどうするとそうなるのか，ということなど訊きもせず，その結果だけを賞賛するのであった。

● 精読の重要性

[原文]
　"Why should[1] you allow[2] yourself to be divorced[3]?"
　"Robert Canton is a stuffy old thing[4]. I very much doubt if[5] he'd[6] let Barbara marry Peter if I divorced him[7]. And for me, you know, it isn't of the smallest consequence: one divorce more or less ..."
　She shrugged her pretty shoulders.　　　　　　　　　　　　　("The Promise")

[注釈]
 1. should〔助〕ここでは「一体〜かしら」「一体〜」(PRG)。
　　〔注〕疑問詞を伴って不可解・驚きを感情的に表す用法 (PRG)。
　　例文 Why should he say that to you?
　　「どうしてあなたに向かってそんなことを言うのだろうか？」(PRG)
 2. allow 〜 to do「〜に…することを許す，…させる，…するに任せる」(GLB)。
　　例文 The teacher allowed me to leave school early.
　　「先生は私が学校を早退するのを許してくれた」(GLB)
 3. be divorced 受動態になっていることに注意。
 4. thing〔名〕ここでは「（軽蔑・愛情を籠めて）人，者，奴」(PRG)。
 5. doubt if/whether 〜「〜かどうかを疑う」(NCD)

第 23 章　語学の授業で英文学作品（小説）をどう教えるか（実践編）　349

|例文| I doubt if she will be present.
「彼女が出席するかどうか疑問だ」(NCD)
6. he'd = he would
7. if I divorced him 今度は能動態になっていること，仮定法になっていることに注意。

[解説]
　「約束」の後半部からです。エリザベスは貴族出身の大変な美貌の持ち主ですが，18歳で結婚した後は，恐るべき男性遍歴を始めるなど放蕩な生活を続けます。ところが40歳の時に10歳年下のピーター・ヴァーモントと結婚すると完全な良妻に生まれ変わります。以後幸せな結婚生活が10年続くのですが，やがて夫のピーターが貴族の娘のバーバラ・キャントンと激しい恋愛関係に陥ってしまいます。原文は，会食をしながら作者とエリザベスがそのことについて話し合う場面からのもので，受動態と能動態の使い分けをよく考えないと内容をつかむことが出来ません。
　鍵となるのは2箇所で，1つは作者がエリザベスに Why should you allow yourself to be divorced?「なぜ離婚される形でよいというお気持ちになられたのです？」と尋ねる場面です。離婚をする権利はエリザベスにはあっても，不倫をしている夫のピーターにはありません。にもかかわらず受動態に，つまり「夫によって離婚される」という表現になっています。もう1つはそれに対するエリザベスの答 if I divorced him「もし私の方から離婚をしたら」です。こちらは能動態でかつ仮定法になっています。ということはエリザベスが離婚されることはあっても，彼女の方から離婚することは絶対ないということです。
　これはどういうことかと言うと，もしエリザベスの方から離婚すると，離婚訴訟で夫とバーバラの浮気が発覚するために，堅物のバーバラの父親が不倫絡みの2人の結婚を許すことはあり得ません。そこでエリザベスは，自分の方が不倫をしたことにして，夫から離婚される形を取り，2人を一緒にしてあげるつもりだと言っているわけです。そして「私の方はそんなこと，これっぽっちも問題にならないでしょ。今さら離婚が1回多かろうと少なかろうとね…」と照れているわけで，物語の中でも感動的な場面だと思います。
　もっとも受動態と能動態の使い分けに気づいていても，エリザベスの真意を全て読み取るのは容易ではなく，自分も当初はうっかり見落としていました。

日本モーム協会会長の行方昭夫氏のご教示により，ようやくそのことが分かりましたが，改めて精読の重要性を教えてくれる箇所だと思います。

[和訳]
「なぜ離婚される形でよいという気持ちになられたのです？」
「ロバート・キャントンは古臭い堅物でしょ。もし私の方から離婚をしたらあの人がバーバラをピーターと結婚させるかどうか全くわかったものではありません。でも私の方はそんなこと，これっぽっちも問題にならないでしょ。今さら離婚が1回多かろうと少なかろうとね…」
　彼女は美しい肩をすくめてみせた。

● "shall" と "should" について

[原文]
"Why should[1] you make this sacrifice?"
"When he asked me to marry him ten years ago I promised him that when he wanted his release he should[2] have it. You see, there was so[3] great a disproportion between our ages I thought that was only fair."　　　　("The Promise")

[注釈]
1. should〔助〕既出の疑問詞を伴って不可解・驚きを感情的に表す用法。
2. should < shall〔助〕ここでは《話し手の意志・穏やかな約束・保証》「～させてあげよう，～してよろしい」(PRG)。
　　例文1 If you are a good boy, you shall have a cake.
　　「いい子にしていたらケーキをあげるよ」(WSD)
　　例文2 He said to his daughter, 'You shall have my answer soon.' = He told his daughter that she should have his answer soon.
　　「彼は娘にいずれ返事をするよと言った」(REG)
3. There was so great a disproportion between our ages (that) I thought that was only fair.
　　〔注〕so ～ that…の構文の場合 so の直後に形容詞または副詞が来るが，本文のようにその後に名詞が続くのは格式ばった（改まった）言い方 (LNS,

REG)。

例文 He was so tall a boy that everybody noticed him. = He was such a tall boy that everybody noticed him.

「彼はとても背が高かったので，誰の目にも留まった」(LNS)

[解説]

　引用した原文は（本章の）前節からの続きで，作者が「なぜそのような犠牲を払うのです？」と訊いている場面です。最初の should は，疑問詞を伴って不可解・驚きを感情的に表す用法で，訳せば「一体（全体）」というところです。次の should は「話し手の意思を表す shall の時制の一致による過去形」(WSD) で，「～させる」の意です。しかしながら should は「～すべき」という意味にもなりますし，要求・提案などを表す動詞の目的語節でも使われます。この他にも「驚き」「意外」「疑問」「不可解」など様々な「感情」の意味でも用いられる一方，「判断」を示す場合もあれば，「万一」の意味を表すこともあります。かと思うと，「婉曲」「控えめな表現」に用いられたり，さらには「見込み」「推量」「予期」を表したりもします。このように should の用法は非常に広範多岐にわたるので，法助動詞の中でも難しい部類に入ると思います。ゆえに多くの先生方がこれを教えるのに苦労しているではないでしょうか。そこで，少し長くなりますが should について考えてみたいと思います。

　今日では，should は独立した義務・当為の法助動詞と捉えられることの方が多いようですが，本来 should は shall の過去形です。従って，最近はそのことを知らない学生も増えてきましたが，should を理解するには，たとえ使用頻度は低くても，まず shall を理解することは非常に大切だと思います。shall の中心義は，「神あるいは権威の意志でそうなる」→「決まっている，決めてある，必ずなる」(VST)，あるいは「必然性や（強い）意志」(OLX) です。そして should は「[shall の] 過去形なので少々意味が弱くなる」(VST) わけですが，『オーレックス英和辞典』では should の中心義を「実現が必然だ（だった）という見方を表す。実現可能性が低いと想定される場合は，逆に『実現されない』ということの必然性を表す」(OLX) と定義しています。この他，shall の原義について，桝井 (1959)，中野 (2014)，朝尾 (2019) は次のように述べています。

(10) (OE において) shall は 'to owe money' の意味を持つ動詞であった。…不定詞と共に shall が用いられることは多かった。その場合，種々の義務 (obligation) があらわされた。そのもとになる意味は shall によってあらわされる行為が主語となる人の意志ではなく，他の人，物などの意志に依存しているということである。その行いを規制する他のものの意志が運命のようなものであったり，情況による強制であったり，神か人間の意志であったりする。これが最初から shall の持つ法の意味 (modal meaning) であり，それは他のどの時代よりも OE において最も強かったと言える。そしてこの意味は OE より ME，更に ModE にその後を残すことになる。 (桝井 1959: 1532–33)

(11) shall は，must や should が表す義務とは異なり，人知を超えた何らかの力によって「〜することになる」という意味であり，命題の実現することが（運命のように）不可避であるというニュアンスがある。過去形の should は遠隔形 (remote form) なので，ほかの法助動詞の過去形同様，tentative の意味を帯びる。 (中野 2014: 146)

(12) 古英語 sceal（シェアル）は（to のつかいない）不定詞を目的語にとり，「(しかるべく)…べし」と義務を負う意を表しました。これはさらに「(そのような) 定めとなっている」という意味に発展し，そこから未来の意味につながりました。 (朝尾 2019: 77)

これらをまとめると，shall と should の中心義は「神の意志」(「摂理（神の配慮や神意）」と言ってもいいかもしれません)，あるいは「必然性」「定め」ということになりますが，そこから意味の拡張が起こり，様々な用法が出て来ます。例えば，次の未来形の shall の例を見てみましょう。

(13) I shall be twenty-eight tomorrow.「あす 28 歳になります」(←神の意志によって 28 歳と決まっている) (VST)
（注．(13), (14a), (18), (19a), (21c) の例文の「←」の後に続く記述もまた『ヴィスタ英和辞典』(VST) に記載されているもので，筆者によるものではありません。）

いわゆる単純未来ですが「アメリカ英語では形式ばった文体以外では will

が用いられ，イギリス英語でも will が用いられる傾向が強い」(PRG) のは，shall を用いると堅苦しくなったり，必要以上に意味が強くなったりするのでしょう。このことは shall 中心義が「神の意志」「必然性」「定め」であることと無関係ではないように思われます。このことを踏まえ，次の意志未来の shall と will の例を見てみましょう。

(14) a. I shall go, rain or shine.「雨であろうが晴れであろうが私は行くんだ」
　　　（←行くと決まっている）　　　　　　　　　　　　　　　(VST)
　　b. Rain or shine, I will go.「降っても照っても（どんなことがあっても）行きます」　　　　　　　　　　　　　　　　　　　　　(RHD)

いわゆる意志未来の shall は，「一般的には will で代用してよいが，意味的には will より強い」(PRG) 上に，shall には「決定済なので変更できないという含みがある」(PRG) のですが，これらも shall の中心義を考えると納得がいきます。ちなみにプロテスト・ソング (protest song) でお馴染みの『勝利を我等に』の *We Shall Overcome* ですが，この shall には「神の意志によりわれわれは勝つことに決まっている」(VST)，つまり「そうでなければおかしい」「それが必然だ」という思いが籠められているので *We Will Overcome* では少し様にならないのかもしれません。ちなみに若林 (2018) と朝尾 (2019) は次のように述べています。

(15) Where shall we go? と Where will we go? との意味の違いを考えてみましょう。…まず Where shall we go? です。直訳すると，「私たちは，神の意志で，どこに行くのでしょうか」です。…次は，Where will we go? です。直訳すると，「私たちは，私たちの意志で，どこに行くのでしょうか」です。…言ってみれば，予定の確認というところですね。
　　　　　　　　　　　　　　　　　　　　　　　　（若林 2018: 156）

(16) 異説もあるのですが，この歌は黒人霊歌が起源で，その元の歌詞は I'll overcome someday であったと言われています。その後，労働運動のなかでこの歌は We will overcome, and we will win our rights someday という歌詞になりました。そして，さらにフォーク歌手のピート・シーガー (Pete Seeger, 1919–2014) が歌詞に手を加えて We shall overcome と

し，これが広く歌われるようになりました。助動詞 will が shall に変わったこのとき，歌はゆるぎない決意，力強さにあふれるものとなりました。

(朝尾 2019: 78)

意志未来についてはもう一例挙げておきます。

(17) a. Shall we dance?「踊りませんか？」　　　　　　　　(NED)
　　　b. Will you dance with me?「踊っていただけますか？」　(NED)

当然のことながら (17a) の方が，意味が重いことになります。そうでなければ (17a) は気取った言い方と言えるでしょう。ちなみに邦画『Shall we ダンス？』(1996) の最終場面のセリフはもちろん (17a) の方でしたが，映画のストーリーを考えると，その方がふさわしいのは言うまでもありません。

このように授業では，まず shall と should の中心義を説明します。その後で以上のような形で各**転義 (transferred meaning)** を必要に応じてその都度，個別に説明しています。これは (18) 以降についても同様です。

(18) You shall die.「必ずお前を殺してやる」（←神の意志により，お前は死ぬに決まっているのだ（ただし，その実行者は，この文を言っている人））

(VST)

これが仮定法になって意味が弱まると You should die.「死ぬべきだ」になります。つまり「神はそれを望んでいるはずだ」ということから，この should は「～すべきだ」の意味になるわけです。従って（やはり仮定法で「そうしないとよくないことになる」という意味を内包する）had better よりも should の方が穏やかな言い方ということになります。ところが学生に訊くと，恐らく日本語訳からそう思うのでしょうが，「had better の方が穏やかな言い方」と答える場合が少なくありません。ゆえに had better は実際には脅し，警告などの命令に近い言い方で，むやみに使わない方がいいということを改めて伝えておいた方がよいでしょう。既に多くの辞書に書いてあることですが，これを言うと驚く学生もかなりいて，こちらの方がそれに驚くことがあります。

次に，(19a, b) のような構文に現れる「仮定法代用の should」「仮定法現在」についても言及しておきます。

(19) a. I insist that he should do that.「私は，彼こそそれをすべきだと主張する（下線部ママ）」(←決まっている)　　　　　　　　　　(VST)
〔注〕「私は，彼がそれをするように主張する」（試訳）
b. I insist that he do that.「私は，彼がそれをするように主張する」
（自作）

　(19a) は提案・要望・要求・命令などを表す節の後に用いられる should で，英用法（イギリス英語の用法）です。米用法では (19b) のように仮定法現在が用いられますが，最近ではイギリスでも仮定法現在が使われることが多くなりました。(19b) の構文は特に命令的仮定法 (Mandative Subjunctive) と呼ばれています（野村 (2017: 98) 参照）。
　ところで『ヴィスタ英和辞典』(VST) にはいくつかの特徴があって，その中に「「語義」を表や〈中心〉の形で示す」(VST: 6) というものがありますが，「入門期の学習者にとっては，ある一つの語で数多くの「語義」を覚えるのは，並大抵のことではない。その記憶の負担をできるだけ減らしたいという願いから，この試みは始まった」(VST: 6) ということです。要するに中心義 (core meaning) を非常に重視するのがこの辞書の特徴の一つなのですが，この方針は (19a) においても（それもかなり大胆な形で）踏襲されていると言えます。もし単なるミスでないのだとすれば『ヴィスタ』の編著者は，恐らく「(should の中心義から) 英用法で should が付け加えられたのは，『そうでなければおかしい』『当然』『決まっている』という気持が働いたことによる」と考えているのでしょう。そして (19a) の構文をそのように教えること自体に，大きな問題はないと思います。むしろそう教えれば，学生にとっては分かりやすいことでしょう。
　但し，先にも述べたように「原義と中心義をもとに単語の本質を探る」ことにも限界はあるのであって，(19a) における『ヴィスタ』の should の解釈が妥当であるかどうかは議論の余地があります。例えば (19a, b) の構文では，野村 (1999) が指摘しているように，①should があるか，ないかにかかわらず，知的意味は同一である（野村 1999: 215)。②仮定法代用の should は意味的にゼロであり，義務・当為の意味は全くない（野村 1999: 218)，とも言えるからです。加えて，そもそも insist や suggest を使った時点で，既に「やってくれ」とか「やるべきだ」という気持ちが出るのは当然であり，that 節の動詞が仮定法

現在であろうと，should が加えられていようと，その気持ちは英米人とも同じはずです（つまり should の意味はゼロということになる）。更には (19a) と同一の構文においては，他の多くの辞書では『ヴィスタ』のように「～すべき」とは訳されていません。従ってこの should は「神の意志」とは別系統のものであることも考えられます。しかしながら，先にも述べたように (19a) における『ヴィスタ』の解釈は，「教室で教える」という観点から見た場合，決して悪いものではないと思います。

ところで，(19b) はしばしば should の省略形と言われており，これもまた「教室で教える」分にはそれでも構わないと思いますが，この件については（割愛しますが）朝尾 (2019: 85) の記述，または以下の野村 (2017) の記述が大変参考になります。結論を先に言えば，(19b) のような仮定法現在の文は should の省略形ではないということになります。

(20) 本来，英語 [= イギリス英語] でも (7b)[= He demanded that the committee *reconsider* its decision.] の仮定法現在構文が存在していたが，それがアメリカ大陸に渡って残存し，米語 [= アメリカ英語] では現在でも生産的に用いられているのに対し，イギリス英語では (7a)[= He demanded that the committee *should reconsider* its decision.] の「仮定法代用の should」が用いられるようになったというのが正しい見解だと思われます。その根拠を一つだけ挙げると，米語より古い (8a) のシェイクスピアの例や (8b) の欽定英訳聖書（1611 年）では，仮定法現在節において should ではなく仮定法現在形（= 原形）が用いられているのです。

(8) a. I charge thee That thou *attend* me:（『あらし』）
b. But I have prayed for thee, that they faith *faile* not.（ルカ伝）

(野村 2017: 98)

次に，「感情の should」についても言及しておきます。

(21) a. I'm surprised that your wife should object.「君の奥さんが反対するなんて驚いた」 (PRG)
b. It is natural that he should complain.「彼が不平を言うのは当然だ」

(NED)

  c. It is unfortunate that he should have been there the moment the earthquake struck.「地震が起こったとき彼がそこにいたのは不運であった」（←その瞬間に彼がそこにいるように決めてあった）(VST)

 これらの例は感情や判断を表す主節の後で用いられる should です。shall と should の中心義は「神の意志」「必然性」あるいは「定め」ですので，そこから「当然」「物の道理（から言って）」という意味が出る一方，「運命あるいは自分には分からない大きな力が働いている」といった気持を表す時にも使われることになります（そのような気持ちになった時，無意識のうちに should が口を衝いて出ると言った方が正確かもしれません）。ゆえに特に自分の予想や認識，あるいは希望と異なる状況においては，should が「驚き」「意外」「疑問」「不可解」など様々な「感情」の意味で用いられても不思議ではありません。さらに話者に「（それが神の意志ならば）神も仏もあるものか」といった気持ちがあれば「『遺憾』『怒り』などを表す主節に続いて用いられる」(NCD, WSD) ことがあるのも大いにうなずけます。ここで取り上げている例文とはタイプが違いますが，原文からの引用文 Why should you make this sacrifice? の should のように「一体（全体）」の意味になることがあるのも当然でしょう。尚，感情や判断を表す主節の後で用いられる should は，(19a) の「仮定法代用の should」と混同して，(19b) のように削除可能であるというような英語参考書の記述を目にしますが，「感情の should」は削除出来ません（野村 (1999) も参照）。
 関連して，「万一の should」についても言及しておきます。

(22) If I should die unexpectedly, please donate my body to science.
   「突然死ぬようなことがあれば，私の体は献体してください」 (RHD)

 「万一の should」にしても，「神の意志により」→「運命により」→「不測の事態によって」→「万一」といった意味の拡張から説明出来るのではないでしょうか？　次の should の用法もお馴染みのものだと思われます。

(23) a. I should like to tell you something.

「ちょっとお話したいことがあるのですが」 (PRG)
b. I should say (think) that about forty people were present there.
「約 40 名がそこに出席していたようですが」 (GNS)

　この should は「say, think, like, prefer などの動詞の前に置いて控え目・ためらい・丁寧の気持を表す」(GNS) 用法で，仮定条件を言外に含んでいます。また『ルミナス英和辞典』(LNS) でも「この should は元来は裏に『もしそういう推量（言い方）が許されるとすれば』といった仮定の気持が含まれている」(LNS) としています。敷衍すれば「神の意志にかなうならば」「（神によって）許されるのならば」というところでしょうか？ だとすれば，控えめで丁寧な表現になるも当然だと思います。最後にいわゆる「推量の should」の例を挙げます。

(24)　a. The bus should be coming soon.
　　　　「バスはもうすぐ来るだろう」 (LNS)
　　　b. His plane should have reached Paris by now.
　　　　「彼の飛行機は今ごろパリに着いていることだろう」 (LNS)
　　　c. The taxi should have arrived at noon, but it didn't turn up.
　　　　「タクシーは正午に来るはずだったのに，やってこなかった」 (LNS)

「見込み・推定・予期を表す」(LNS) 用法ですが，ここでも話者に「神の意志からすると，そうでなければおかしい」→「それが自然だ」といった気持ちがあるとは言えないでしょうか？
　ところで，これまで繰り返し「神の意志」という言葉を使ってきましたが，話者が shall や should を使う時に，実際に「神の意志」を意識することはあまりないと思います。というのは，これまで見てきたように shall や should は中心義が拡張された形で使われる場合がほとんどだからです。さらに今日では should は独立した法助動詞と看做されることが多く，また各辞書に「今日では置き換えても意味があまり変わらない場合は will の方が好まれ，shall を使うと硬い表現になる」といった記述がみられることからも分かるように shall の使用頻度は下がっています。例えば，山口 (2011: 99–100) などは「shall は使い過ぎてはいけない。…ほとんど will でよい，とまず覚える。すると，残

った shall の最も普通の用法として "Shall I ~?" "Shall we ~?"（〜しましょうか）だけが残る。これを口癖にしておく。それでいいのです」と言っているくらいです。それでも「should は shall の過去形である」ということ，また「中心義は『神の意志』『必然』『当然』である」ということを心の片隅に置いておくのは，この2つの単語（とりわけ should）の本質を理解する上で非常に大切なことだと思います。

　それにしてもなぜ shall はここまで廃れてしまったのでしょうか？　そういう研究があるのか筆者は知りませんし，憶測するしかないのですが（つまり仮説にさえなっていませんが），「次第に神を信じる人が減ったからではあるまいか」と感じています。他方 should の方は今でも全く健在ですが，これは should が過去形（仮定法）だからではあるまいか，そのために「神の意志」の意味が弱くなり，shall よりも「意味の拡張」が起こりやすく，要するに「使い勝手」がよいからなのではあるまいか，と勝手に想像を逞しくしています。

[和訳]
　「なぜそのような犠牲を払うのです？」
　「10年前，あの人が結婚してくれと言った時，私，もしあなたが別れて欲しいと思ったら別れてあげると約束したんですの。だって私とあの人では齢が離れすぎているので，そうでもしない限り，この結婚は絶対に公平ではないと思ったのです」

[補足]
　本章で引用した原文は，この小説の題名「約束」の由来となる場面でもあります。こうして主人公のエリザベスは，夫との「約束」を守るために席を立ち，作者のもとを去っていきます。「『正直さ』『誠実さ』とは何か？」ということを読者に問いかけるこの作品は，掌編ながらもモームの文学的主題が集約された傑作で，全体的に英文は難しいにもかかわらず，学生の人気が高いのもうなずけます。

● まとめ

　本章は総論に続く実践編（授業報告）で，学生に事前に配布する予習用補助

プリントを示し，それをもとに教室で文学作品を用いてどのように英語の授業をしているのかということについて述べた，いわば筆者の授業報告です。前章でも述べたように，文学作品はその面白さゆえに，しかも文法や語法などの理解が内容の理解（＝面白さが分かることに）に直結するので英語教材として好適です。これまでの経験から見て学生は「面白い」と思うと，困難を乗り越えて英語を勉強します。ゆえに授業で文学作品の面白さを最大限に引き出すことは非常に大切だと思います。また多くの学生が文法を苦手としており，文法嫌い＝英語嫌いの図式さえ出来上がっているようですが，文法は言葉のロマンスでもあり，一つ一つの単語や語法にもそれぞれ非常に面白い物語があります。繰り返しますが，学生は面白いと思ったら勉強します。従って，作品の面白さだけでなく，英文法の面白さを伝えるのも非常に大切なことだと思います。

　筆者が初めて教壇に立ったのは早稲田大学高等学院でした。ここにはよい意味での「文法オタク」もいたので，ずいぶん鍛えられました。学生からの質問は非常に貴重です。それに答えるために教師は嫌でも勉強をせざるを得ません。それで高等学院を退職した後は，こちらの方から学生の質問を誘発するような授業を心掛けています。高等学院は自分の教員としての原点になりましたが，ここでは文学作品が読解教材として使われることも多く，（本章で取り上げた2作品を含めて）モームの小説もよく使われていました。そしてここで出会った野中久武氏は英語と文学の達人で，どれだけ助けていただいたか分かりません。本章でも野中氏からのご教示が数多く反映されています。野中氏に心より御礼申し上げたいと思います。またモームのみならず，英語全般についても常日頃指導していただいている日本モーム協会の行方昭夫氏にも心より御礼申し上げます。

　特別枠をいただいたとはいえ，紙数の関係から授業のごく一部しか報告出来ませんでしたが，本章が危急存亡の秋を迎えた「文学作品の講読」（教養英語）の復興の一助になれば望外の幸せです。

＊本章は，奥井 (2009, 2011) の一部を大幅に加筆・修正したものです。

参考文献
朝尾幸次郎 (2019)『英語の歴史から考える英文法の「なぜ」』大修館書店．
安藤貞雄 (2012)『英語の前置詞』開拓社．

第 23 章　語学の授業で英文学作品（小説）をどう教えるか（実践編）

Bolinger, Dwight (1977) *Meaning and Form*. Longman.（D. ボリンジャー（著），中右実（訳）(1981)『意味と形』こびあん書房.）

江川泰一郎 (1991)『英文法解説』（改訂三版）金子書房.

桝井迪夫「SHALL と WILL」（第 2 集）大塚高信・岩崎民平・中島文雄（監）(1959)『英文法シリーズ』研究社.

Maugham, W. Somerset (1977) *Cosmopolitans*. Arno Press.

ウィリアム・サマセット・モーム（著），岩崎良三郎（編注）(1951)『コスモポリタンズ』金星堂.

ウィリアム・サマセット・モーム（著），龍口直太郎（訳）(1962)『コスモポリタン I』（モーム短篇集 XI，新潮文庫）新潮社.

中野清治 (2014)『英語の法助動詞』開拓社.

野村忠央 (1999)「命令法接続法節の中に現れる should について」『英語語法文法研究』第 6 号，215–229.

野村忠央 (2017)「言語の古い形が残っているのは中心の地あるいは周辺の地？」高見健一・行田勇・大野英樹（編）『〈不思議〉に満ちたことばの世界（上）』94–98. 開拓社.

奥井裕 (2009)「ウィリアム・サマセット・モーム「物知り屋さん」を読む──教室で読む英文学 (3) ──」*Fortuna* 第 20 号，55–104. 欧米言語文化学会.

奥井裕 (2011)「サマセット・モーム「約束」を読む──教室で読む英文学 (5) ──」*Fortuna* 第 22 号，66–112. 欧米言語文化学会.

高見健一・久野暲 (2001)『日英語の自動詞構文』研究社.

埋橋勇三 (2011)『英語 語法漫筆』私家版.

若林俊輔 (2018)『英語の素朴な疑問に答える 36 章』研究社.

綿貫陽・宮川幸久・須貝猛敏・高松尚弘 (2000)『ロイヤル英文法』（改訂新版）旺文社.

山口俊治 (2011)『英文法 TRY AGAIN!』語学春秋社.

辞書・英文法書（略号を用いたもの）

CCD：『カレッジクラウン英和辞典』／CHS：『旺文社英和中辞典』／GLB：『新グローバル英和辞典』／DGR：『リーダーズ英和辞典』／GNS：『ジーニアス英和辞典』（第 3 版）／JNED：『新和英大辞典』／JOLX：『オーレックス和英辞典』／KDEC：『新英和活用大辞典』／LDOCE：『ロングマン現代英英辞典』／LNS：『ルミナス英和辞典』／NCD：『新英和中辞典』（第 6 版）／NED：『新英和大辞典』（第 6 版）／NOAD：『オックスフォード米語辞典』／OALD：『オックスフォード現代英英辞典』／PRG：『プログレッシブ英和中辞典』／RHD：『ランダムハウス大英和辞典』（第 2 版）／VST：『ヴィスタ英和辞典』／WSD：『ウィズダム英和辞典』／REG：綿貫陽・他 (2000)『ロイヤル英文法』（改訂新版）旺文社.

（和光大学非常勤）

第24章
英語でひらく他言語への扉

藤原　愛

● 「外国語＝英語」のイメージ

　「外国語」ということばを聞いて，真っ先に思い浮かぶ言語は何でしょうか。おそらく日本では，多くの方が「英語」を思い浮かべるのではないでしょうか。また「海外」と「英語」の結びつきも強く，例えば，「Aさんは帰国子女なんだよ」とか「Bさんは大学3年のときに留学してたんだって」という発言に対して，「じゃあ，英語がペラペラなんだね」と応えるような場面に出会います。しかしみなさんもお気付きの通り，AさんやBさんが英語圏にいたとは限りません。ではなぜ，「外国（語）」と「英語」は人々のイメージの中で強く結びついているのでしょうか。その理由の一つとして，日本における外国語教育の現状が挙げられます。

● 「英語」は必修ではない

　日本の中学校・高等学校の授業科目には英語が必ずあります（ありました）。これに反論する人はまずいないでしょう。今は小学校で**外国語活動**の授業がありますが，それ以前は，「中学生になったら英語の授業が始まる」というのが皆の共通の認識でした。しかしながら，学校の教科には「英語科」という科目はありません。学校または自治体が「外国語科」の授業で「英語」という言語を選択しているにすぎないのです。教育に関わる仕事をしていない場合（場合によっては関わりがあっても），日本の教育現場では「英語」が必修であると信じている人も決して少なくありません。しかしながら，文部科学省の**学習指導要領**を見る限り，「英語」は必修ではないのです。ではなぜ日本における外国語教育では「英語」が必修であるかのような状況になっているのでしょうか。

● 「原則として英語」の現状

　実は学習指導要領では，必修となっているのはあくまで「外国語」（小学校では「外国語活動」）であり，「〇〇語」というように特定の言語を必修として定めているわけではありません。

　実際に『中学校学習指導要領解説 外国語編』(2008) を見てみると，第3章の「指導計画の作成と内容の取扱い」で，外国語科については「学校の創設の趣旨や地域の実情，生徒の実態等によって英語以外の外国語を履修させることもできる」としています。しかし，その後に「外国語科においては，英語を履修させることを原則とする」の一文が続くのです。

　日本の小学校では2011年度より，5年生と6年生での「外国語活動」の全面的実施が始まりましたが，これも外国語を英語に限定したものではありません。しかし『小学校学習指導要領解説 外国語活動編』(2008) では，教育課程上の位置づけとして「英語を取り扱うことを原則とした」とあります。なぜ小学校と中学校における外国語が「**原則として英語**」なのでしょうか。その根拠としては，(1) 英語が世界で広くコミュニケーションの手段として用いられている実態，(2) これまでほとんどの学校で英語を履修してきたという現状，そして(3) 中学校では小学校における外国語活動との連動への配慮，が学習指導要領に挙げられています。(1) 以外はあまり積極的な理由とは思えませんが，この義務教育における「原則として英語」の外国語教育が，結果として「外国語＝英語」や「英語＝必修」といった構図を生み出している一因と考えられます。

　実際のところ，義務教育後にあたる『高等学校学習指導要領解説 外国語編・英語編』(2010) では「英語を原則とする」との文言は見受けられませんが，大学受験での英語試験等の実情を考えると，やはりほとんどの学校が外国語として「英語」を選択しています。

● 英語以外の外国語

　日本での外国語教育の現状は「原則として英語」ですので，英語以外の外国語を学ぼうとする学習者は，英語を学んだ後，他の外国語を学習することになる場合がほとんどです。第二外国語学習の機会は多くの場合，早くても高等学校，大半は大学にて初めて提供されるというのが現状です。この第二外国語に

ついて，日本の学校ではどのような言語が学ばれているのでしょうか。高等学校を例にその傾向を見ていきましょう。

　日本全国には5,000校近い高等学校がありますが，文部科学省 (2016) によると，2014年時点で英語以外の外国語を科目として開設している学校は708校（公立512校，私立194校，国立2校）となっています

　言語別にみると最も多いのは中国語 (517校)，続いて韓国・朝鮮語 (333校)，フランス語 (223校)，スペイン語 (109校)，ドイツ語 (107校) となっています。その他の言語としてはロシア語，イタリア語，ポルトガル語を含む13言語が開設されています。英語以外の外国語を開設している学校数の割合としては高等学校数全体の15％ほどに過ぎません。

　2014年時点の英語以外の外国語の履修者数は全国で48,129人でした。中国語が19,106人，韓国・朝鮮語が11,210人，フランス語が9,214人，続いてドイツ語が3,691人，スペイン語が3,383人であり，その他が1,525人となっています。当然のことながら外国語教育はその時代の世界情勢を反映する傾向にあります。中国語の開設クラス数が最も多いのは，中国の経済的発展に伴うニーズの高まりが反映されたためでしょう。2003年までは中国に続いて開設クラス数が多かったフランス語ですが，2005年には韓国・朝鮮語と順位が入れ替わっています。2004年は韓流ブームの火付け役となった韓国ドラマ『冬のソナタ』が，日本のテレビでも地上波で放送され始めた年です。日本で学ばれている外国語としては英語に続いて，中国語，韓国・朝鮮語といった東アジアの言語が学ばれていることがわかります。将来的には，現在の言語別履修者数の順位が変わったり，アラビア語やロシア語など，その他の外国語の履修者が増えたりするかもしれません。

● 外国語教育における「英語」の重要性

　さて，ここまで読んで，なぜ「学問的知見を英語教育に活かす」話なのに，英語は必修じゃないだの，他の外国語の話が出たりしているのかと疑問に思った方もいるでしょう。しかし，日本の教育現場では「外国語」が必修で，その外国語は「原則として英語」であるという構図を理解しておくことが正に英語教育のヒントとなり得るのです。確かに現代社会では「英語」がまず学ぶべき外国語であると認識されており，それは避けようのない事実です。それでもな

お英語は外国語の中の一つであるということもまた事実です。そこで，「外国語」としての「英語」がどうあるべきかについて考えていこうと思います。

　文部科学省による外国語教育の目的はことばの習得に限ったことではなく，その根底には「**国際理解教育**」が掲げられています。小学校・中学校・高等学校の学習指導要領に共通する「外国語」の目標は(1)「外国語を通じて，言語や文化に対する理解を深める」，(2)「積極的にコミュニケーションを図ろうとする態度の育成」の二つです。

　まず，(1)「外国語を通じて，言語や文化に対する理解を深める」についてですが，日本における外国語教育は「原則として英語」であるため，学習者の外国語学習の基礎や基本姿勢は英語教育を通して培われることになります。つまり英語は学習者にとって，まさに数多ある異文化や外国語への入り口となる存在なのです。そう考えると，外国語教育の中で英語教育が果たすべき役割は非常に重要であり，またその影響も大きいことがわかります。また，(2)「積極的にコミュニケーションを図ろうとする態度の育成」についてです（これは外国語に限らず母語でのコミュニケーションであっても必要なことではあります）が，英語の授業で学んだ表現を実際に使うことで，学習者にはまずコミュニケーションをとることの楽しさや難しさを知ってもらい，その上で相手の気持ちを考えた発言をすることや，間違いを恐れることなく英語を使ってみようという気持ちを持てるようになって欲しいと思います。積極的な態度がコミュニケーションの上では不可欠であることを実感できれば，他の言語を学んだ時に，その経験を生かすことができるからです。

● **英語以外の外国語教員の期待**

　上で述べたような，英語教育の重要性を認識しているのは，むしろ英語以外の外国語の教員かもしれません。藤原 (2017) によると，英語以外の外国語の教員は，学習者が，まずは英語という言語を通して，広い世界に目を向けられるようになることを願っています。そして英語という外国語をきっかけに，英語以外の言語や文化にも興味を広げていく，そんな教育を英語教員に期待しているのです。もし学習者が英語教育を通じて「英語だけできれば良い」という態度を身につけてしまったらどうでしょうか。英語以外の外国語を学ぶ機会に恵まれても，その他の外国語に興味を持つことは難しいと考えられます。英語

教育は，学習者の持つ外国語の可能性を狭めることなく，より多くの選択肢に触れることができる道筋を示していく必要があるのです。

　英語の授業では，繰り返し発音練習をしたり，ペアで会話練習をしたり，質問に自分の立場で答えたり，自分の意見を発表したりといった活動をしていることと思います。このような活動を通じて，外国語を学ぶ際は声を出し発話することが大切であり，伝えようとする努力が言語の習得につながることを実感していれば，他の外国語を学ぶときにも学習者はコミュニケーション活動に積極的に参加することが予想されます。実際に，英語以外の外国語の授業では，教員が「英語で習ったよね」や「英語の授業でやったことあるでしょ」と確認することがあります。「原則として英語」の教育を受けてきたのだから，当然英語の授業を通じてこれくらいのことは身につけているだろうという前提の下で授業を行います。ですから，学習者が「そんなことは英語の授業でやっていない」や「英語の先生はそんなこと教えてくれなかった」となると，一体英語教育では何をやっているのですか，という話になります。英語教育における個々の学習活動の意味を，教える側はもちろん，学習者がしっかりと理解し実践できるようになることが，その後の外国語学習においても意味を持つのです。

　英語教員の多くは，英語以外の言語も大学等で履修したことでしょう。英語が得意でも，他の外国語で苦労したという話を耳にしますし，英語と他の外国語の違いを知ることで，「ことば」への興味・関心が深まった人もいるでしょう。しかし中には，英語以外の外国語を学ぶことなく教員になった人もいます。「外国語（英語）」の教員免許を取得する際の科目として，第二外国語が必修ではないためです。英語が好きで，英語が得意で，かつ英語の勉強で苦労をしたことがない人が，他の外国語を学ぶことなく英語教員になるという状況があるのです。しかしその場合でも教員免許はあくまで「外国語（英語）」です。「英語の教員」である前に「外国語の教員」として学習者の可能性を探り，「国際理解教育」に努めることが大切です。

● 英語教育で取り組んで欲しいこと

　ここで実際に，「外国語の入り口」としての英語教育という観点から，他の外国語の教員が現在の英語教育に対してどんなことを望んでいるのかを調査した結果（藤原 (2017)）を見ていきましょう。まず，この調査の目的は，英語教

育とその他の外国語教育の「橋渡し」をするために必要なことを明らかにすることです。そこで，現職の英語以外の外国語教員16名に外国語教育における英語教育のあり方についての調査をアンケート形式で行いました。アンケートの質問項目については，文部科学省の学習指導要領の外国語（英語）を参考に英語教育に限定されないよう「理解」，「習慣」，「態度」，「技能」の4項目について計14の設問を設け，「英語教育の現場で今後更に力を入れて学習者への習慣づけに取り組んでほしい項目」について調査しました。

この調査に協力したのは，日本の高等学校または大学で英語以外の外国語を教える現職教員16名で，全員が日本語母語話者です。この調査の対象者が日本人教員なのは，日本の英語教育を受けてきたことを前提とした調査であるためです。言語別では中国語4名，韓国語4名，フランス語5名，ドイツ語3名で，教員歴については「10年未満」が5名，「20年未満」が8名，「20年以上」が3名で，教員歴の平均は15年でした。また，16名のうち2名については担当言語以外に英語での教員歴もあり，勤務経験先の内訳（延べ）は高等学校14名，大学6名，その他（専門学校等）5名となっています。

では，英語以外の外国語教員が，「英語教育の現場で今後更に力を入れて，学習者への習慣づけに取り組んでほしい」と考えている項目・活動にはどのようなものが含まれているのか，その結果を見ていきましょう。

まず，学習活動の「技能」に関するものとして「音声的な特徴に留意した大きな声での発声練習」や「ペアワークやグループワークに慣れる」ことへの期待値が高い結果となりました。声に出して発音する活動やペア・グループワークは英語学習に限ったものではありません。どの言語を学ぶ上でも授業中の活動として取り入れられています。実は，英語教育への期待度が高いということは，裏を返せば英語以外の外国語の授業で，これらの活動を積極的にこなす学習者が少なかったり，活動への理解が不十分な学習者が見受けられるという実情があるのです。英語の授業でしっかり声に出して発話することで発音や表現が身についた経験があれば，他の外国語を学ぶ際にもしっかりと声に出して練習をし，その活動がどんな結果に結びつくかが理解できるのです。

「習慣」としては「辞書の引き方を理解し，辞書を活用する」や「自主学習について手法を知り，行うようにする」ことが期待されています。言語によって辞書の引き方は異なりますが，辞書を引く目的や，欲しい情報にたどり着くために必要な知識（品詞の理解や例文の活用など）には共通するものがありま

す。英語を学ぶ際に辞書のありがたさや便利さを実感できていれば，他の言語を学ぶ際にも辞書を引くという習慣が生きてくると考えられます。また，言語習得には授業外の学習も不可欠ですので，英語を学ぶ際に予習・復習を始めとした自主学習の習慣を身につけておくことは，他の外国語学習でも有用です。基本的かつ具体的な自主学習の習慣が身についていれば，言語を問わず，「語彙を増やしたい」，「リスニング能力を向上させたい」，「○○語検定を受けたい」などの欲求が生じた際に自分に必要な教材や環境にアクセスすることができることでしょう。

　学習「態度」では「積極的にコミュニケーションを図る」と「外国人に対する積極性を身につける」が求められています。外国語学習とは言っても，言語の知識を身につけることに留まることなく，実際に言語を使うことにより人とのつながりを築くところまで含めて，学習なのです。また，英語の学習を通じて，学んだ表現を使ってみる積極性や，会話することにより相手のことを理解しようと努める姿勢を身につけることが求められています。その姿勢が他の外国語学習の際にも，学んだ表現を実際に使い，伝える難しさ・伝わる楽しさを実感することにつながります。また日本の教育現場では多くの外国人講師が，「語学指導等を行う外国青年招致事業」(The Japan Exchange and Teaching Programme) の **JET プログラム**を通じて教育に携わっています。2017 年の資料では**外国語指導助手 (ALT)** 4,712 人中，英語を公用語とする国からの参加者が 4,692 人と，その大半が英語圏からとなっています。英語以外の外国語では，日本人向けに言語の指導を行えるような母語話者の確保が難しいこともあり，日本国内にいながらにして学習言語の母語話者と接することが難しい場合もあります。まずは英語の授業で，英語母語話者とのコミュニケーションに慣れ親しんでおくことで，その後に，母語を異とする「外国人」とのコミュニケーションをためらわずに行えるような積極性へとつなげていくことが期待されます。

　「理解」としては「異文化への理解」と「外国語を学ぶことで言語への理解を深める」ことが期待されています。国際理解・異文化理解には他者を認める考え方，「好き」・「嫌い」を超えて「理解する」ことに努める姿勢が必要です。また，英語教育を通じた「言語への理解」にもっと力を入れて欲しいと他の外国語教師は思っています。英語は言語であり，それを学んだはずの学生が言語に対する理解が足りないという状況はどのようなものでしょうか。それぞれの言語には発音や語彙，文法など，その言語なりのルールがあります。日本語の

文における単語を，他の言語の単語に順に置き換えていくだけでは，多くの場合，理解できる (intelligible) 表現にはなりません。辞書で最初に出てきた訳を当てはめて安心してはいけません。相手に問いかける表現なのに，イントネーションを無視した発話で，ただ読めば（言えば）いいのでしょうか。言語学習に一時しのぎの態度で取り組む前に覚えておいて欲しいことは，どの言語にもそれを母語とし，誇りに思い，その響きに安心感を覚え，その調べを愛する多くの人々がいるということです。おそらく現在の英語教育では時間的制約や，学生にしてみればテストや入試のため目の前にある英語の知識を学ぶことに必死で，「言語」への造詣を深めることまでは難しい状況であることが考えられます。英語教育では，英語という言語を通して世界について学ぶときに，世界に溢れることばについても理解を促して欲しいと思います。

● 英語と他の外国語の言語的共通点――教育的視点から

　英語教育の場で，具体的にはどのように世界の言語について理解を促していけばいいのでしょうか。選択できるにもかかわらず他の外国語を学ばない理由として，「英語だけで手一杯」や「英語さえできれば良い」をあげる学生は少なくありません。しかし，英語学習が困難だったからといって必ずしも英語以外の言語の学習が困難であるとは限りません。英語を学んでいたことで共通点を見いだせるドイツ語，フランス語，綴りと発音が一致しており発音も比較的容易なスペイン語，漢字という日本語と共通の文字文化を持つ中国語，文法構造に日本語と共通点がある韓国・朝鮮語といったように，英語が基礎になったり，英語とは全く違う側面をもつ外国語に触れたりと，言語に触れることは学習者の言語の扉を開く可能性を秘めているのです。

　英語以外の外国語を学んだ経験のある方は，その言語と英語（または日本語）との類似性や違いを感じながら学習を進めてきたことでしょう。Fujiwara (2016) では，藤原 (2017) で調査に協力したドイツ語，フランス語，中国語，韓国・朝鮮語の教員を対象に，英語の「文字」，「発音」，「語彙」，「文法」について「（あなたが）現在担当する言語とどの程度関連（類似点）があると考えますか」と「以下の項目に対する知識を英語の授業でどの程度学習済みである（学生が知識を持ち合わせている）ことを前提としますか」の二つの質問に4段階の尺度で回答，および「関連ある項目・意見」への自由記述というアンケー

ト形式による聞き取り調査を行いまいした。本章では「文字」,「発音」,「語彙」,「文法」のうち,筆者の専門分野である音声学および音韻論に特に関わりの深い,「文字（大文字・小文字,句読点・記号 (punctuation mark),**発音記号**）」と「発音（母音,子音,超文節的な (suprasegmental) 要素）」の具体的な結果と考察について見ていくことにしましょう。

● 英語と他の外国語の言語的共通点──文字編

まずは「文字（大文字・小文字）」,つまりは**ラテン文字**を使った英語のアルファベットについてですが,共に同じくラテン文字を使うドイツ語とフランス語の教員は類似性の高さを認め（平均値 4.0）,英語の授業で既習であることを前提として授業を行う（平均値 4.0）と回答しています。一方で韓国・朝鮮語の教員は既習であることは前提ですが（平均値 3.13）,類似性は低く（平均値 2.13）授業でラテン文字への言及はほぼないとの回答です。韓国・朝鮮語ではハングルを用いますのでラテン文字が身についているかどうかはさほど重要ではないということです。一方で文字として漢字（簡体字）を用いる中国語はどうでしょうか。実は中国語の教員は,既習であることを前提（平均値 3.75）とし,且つドイツ語とフランス語ほどではありませんが類似性がある（平均値 3.25）との回答をしています。理由として,中国語の学習では,文字としては漢字を使用しますが,その個々の漢字の音を表すために,ラテン文字化した表記による**拼音（ピンイン）**を用いるからです。例えば「こんにちは」を意味する中国語（普通話）の「你好（ニーハオ）」の拼音は「nǐ hǎo」となります。中国語を学んだことがなくとも,拼音から発音を推測することができるのではないでしょうか。一方で「ありがとう」の意味の「**谢谢**（シエシエ）」の拼音は「xièxie」です。拼音から発音の推測は先ほどより困難なはずです。ここで気付いて欲しいことは,ある言語が英語と同じラテン文字を用いて表記されていても,文字（綴り字）と発音のルールは言語により異なるということです。英語の**フォニックス (phonics)**（綴り字と読み方の指導）のルールでは,綴り字 x は基本的に /ks/ と発音されます（例: box）。しかし,先ほどの「**谢谢**」の例からわかるように,拼音で用いられる x は [ɕ]（日本語の「シ」の子音）の音を表します。

このように,英語の授業でアルファベットを導入する際に,「英語の文字だ」と説明するだけではなく,世界の言語の中でラテン文字を使用している言語に

触れることで，英語（圏）への扉だけでなく，数多あるラテン文字を使用する言語・地域への扉も同時に開くことができます。ラテン文字を用いる言語は英語やヨーロッパの言語に限らず，インドネシア語，マレー語を始めとするアジアの言語や，スワヒリ語やズールー語などのアフリカの言語など様々です。また中国語のように，補助的にラテン文字を使用する言語もありますし，日本語のようにローマ字つづりとして利用している言語もあることを念頭において指導してください。

「文字（句読点・記号）」については，類似性の高さは高い数値となっており（平均値はドイツ語（以下，独）4.0，フランス語（以下，仏）4.0，中国語（以下，中）3.25，韓国・朝鮮語（以下，韓）3.0），既習を前提とするかについても比較的高い数値となっています（平均値は独 4.0，仏 3.0，中 3.0，韓 3.25）。疑問符(?)や感嘆符(!)はこれらの言語でも共通です。句読点についてはドイツ語，フランス語は英語と同様にピリオド，コンマを使用します。中国語ではコンマは英語と同様に文内部での区切りに用いられ，「。」は日本語と同様に句点として使用しますが，拼音表記では文の終わりにはピリオドを使用します。さらに「、」は語や句を並列する際の区切りに用いられます。韓国語は，かつて縦書きをしていた時代には日本語同様「、」や「。」を使用していましたが，今やほとんど横書きですので英語同様ピリオドとコンマを使用します。何気なく使用している句読点や記号一つ取っても，言語により相違点を見出すことができます。

「文字（発音記号）」については類似点において数値にばらつきがありましたが（平均値は独 2.67，仏 3.0，中 1.75，韓 3.0），拼音を使用する中国語では英語の教材や辞書で用いられる発音記号を使用しないことから数値が低くなったと思われます。また韓国・朝鮮語以外の言語では既習であることを前提とはしていない（平均値は独 1.0，仏 1.0，中 1.0，韓 2.5）という結果になりました。この結果からは，発音記号の知識がなくても，他の外国語を学ぶ際には大きな問題はないということが示唆されています。

● 英語と他の外国語の言語的共通点――発音編

次に「発音」について見てみましょう。ここでは，日本語母語話者にとって困難を感じると思われる英語の発音を中心に取り上げていきます。まずは「発

音(母音)」のうち,アメリカ英語に特有の母音である「rがかった(rhoticまたはr-colored)発音」についてです(例:bird, sure)。類似性は中国語以外では低い数値で(平均値は独1.66,仏1.0,中3.25,韓1.5),また既習であることもそこまで強くは求められていません(平均値は独1.33,仏1.0,中2.75,韓1.25)。中国語には拼音で「er」と表記される母音があります(例:èr(数詞の二))。また,音節末で英語のrがかった発音のように発音が変化することがあります(表記に「儿(アル)」という漢字が用いられるので「アル化」とも呼ばれます)。このため中国語では類似性の数値が比較的高いと考えられます。

　もう一つ「発音(母音)」の例を見てみましょう。「**円唇化**(唇を突き出すように丸める)を伴う母音」についてです。日本語の「オ」や「ウ」は地域にもよりますが,いわゆる「標準語」ではそこまで唇の丸めを伴いません。英語の「ウ(例:book)」や「ウー(例:food)」は唇を丸めて発音するので,日本語母語話者は唇の形を意識して発音する必要があります。この発音に対する他の言語との類似性は比較的高く(平均値は独3.3,仏2.4,中3.5,韓3.25),既習を前提とするかについては,韓国・朝鮮語でやや高い数値となりました(平均値は独2.6,仏1.4,中2.5,韓3.0)。これら4つの言語とも円唇母音はありますので,日本語母語話者は発音の際に意識して唇を丸める必要があります。韓国・朝鮮語で既習を前提とする数値が特に高い理由として考えられるのは,日本語母語話者には「オ」と聞こえる「ㅗ(円唇)」と「ㅓ(非円唇)」,「ウ」と聞こえる「ㅜ(円唇)」と「ㅡ(非円唇)」のように,それぞれに円唇母音と非円唇母音があり,円唇化するかしないかで意味の違いが生じるので,厳密に区別することが求められるためと考えられます。このように,ともすれば見過ごしがちになる英語の発音における母音の円唇化を意識して練習し,正しい発音を習得することはその他の外国語の学習の際に役立つことがわかります。

　次に「発音(子音)」のうち,まずは4つの言語全てで,類似性の数値(平均値は独1.3,仏1.4,中1.25,韓1.25)も,既習であることを前提とする数値(平均値は独1.3,仏1.0,中1.0,韓1.0)も,非常に低い結果となった「**歯摩擦音 (dental fricative)** (/θ/, /ð/)」について見ていきます。これは英語のつづりでいうとthの発音にあたるものです。歯摩擦音は英語の中では頻度が高く,特徴的である一方で,この音素を備えている言語は少なく,Cruttendon (2008)によると「歯摩擦音 /θ/, /ð/ を持たない母語を持つ英語学習者がほとんどであり,この音を持つのはアラビア語とヨーロッパで話されるスペイン語で

ある」とされています。そのため Jenkins (2007) が提唱した **Lingua Franca Core (LFC)** という基準においても，英語の歯摩擦音 (/θ/, /ð/) は，習得の重要性が低い項目（必ずしも教える必要はない項目）としてあげられています。ちなみに LFC とは，Jenkins (2000) が提唱した共通語としての英語である **English as a Lingua Franca (ELF)** において，発音はどうあるべきかをリスト化したものです。ELF における発音は，ネイティブのような「正しい発音」(correct pronunciation) の習得より，「理解される発音」(intelligibility) を重視していますので，歯摩擦音 (/θ/, /ð/) に関しても，他の発音（主に**歯茎破裂音 (alveolar plosive)** (/t/, /d/)）で代替されても問題がないとされています。要は this を「ディス」と発音しても通じるということです（詳細については，藤原 (2015) を参照してください）。

　日本語にはない発音ということで，「**唇歯摩擦音 (labiodental fricative)** /f/, /v/」についても見てみましょう。類似性（平均値は独 3.33，仏 3.2，中 3.5，韓 1.5）ではドイツ語，フランス語，中国語が比較的高い数値となり，既習を前提とする数値（平均値は独 3.33，仏 1.6，中 3.75，韓 1.0）ではドイツ語と中国語が高い結果となりました。英語の「唇歯摩擦音 /f/, /v/」はドイツ語とフランス語にもあります。フランス語では英語と同様に f の綴りが「**無声 (voiceless)** 唇歯摩擦音 /f/」，v の綴りが「**有声 (voiced)** 唇歯摩擦音 /v/」を表しますが，ドイツ語では v の綴りが「無声唇歯摩擦音 /f/」を，w の綴りが「有声唇歯摩擦音 /v/」を表すというように，英語とは綴りと発音の関係が異なります。また，中国語には唇歯摩擦音のうち「無声唇歯摩擦音 /f/」があります（「有声唇歯摩擦音 /v/」の発音は存在しません）。韓国・朝鮮語には「唇歯摩擦音 /f/, /v/」はありませんので，類似性，既習の前提ともに低い数値になっています。「唇歯摩擦音 /f/, /v/」は日本語にない発音ではありますが，「上の歯で下唇に軽く触れて（息を漏らす音）」という口の形は説明もしやすく視覚的にも示しやすいので，決して物理的に困難な発音ではありません。面倒くさがらずに練習しておくと，他の外国語学習にも活かすことができます。

　ここからは，フランス語以外の 3 つの言語で類似性の数値，既習を前提とする数値が高かった 3 つの項目を示します。一つ目は「**語末の鼻音 (nasal)** /n/, /m/, /ŋ/（日本語だと「ん」に近い音に聞こえる）」です。類似性の平均値は独 3.0，仏 1.4，中 3.25，韓 3.5，既習を前提とする数値の平均値は独 2.33，仏 1.0，中 2.75，韓 3.5 でした。日本語母語話者の耳には「サン」と聞こえてもそれが

sun なのか sum または sung なのかで意味の違いが生じます。ドイツ語と韓国・朝鮮語も「語末の鼻音 /n/, /m/, /ŋ/」があり，中国語には「語末の鼻音 /n/, /ŋ/」があります。フランス語では語末の鼻音に関しては「語末の鼻音 /n/, /m/, /ɲ/」があり [ŋ] が軟口蓋鼻音であるのに対し，[ɲ] は硬口蓋鼻音で，言うなれば「ニャ行」のような音です。語末の鼻音に関しては，**調音点 (place of articulation)**（口や口の中のどの部分を用いて音を作るか）を意識して発音する必要がありますし，意識して発音していると聞き取る際にも区別できるようになります。

　二つ目は「英語の r の発音 /r/」です（類似性の平均値：独 2.33，仏 1.4，中 3.25，韓 2.5，既習を前提とする数値の平均値：独 2.33，仏 1.0，中 2.5，韓 2.25）。フランス語の数値が低い理由としては，英語と同じ文字の r で表記される発音が，英語のそれとは全く異なるためであると考えられます。フランス語の r の発音は，よく「うがい」や「いびき」の音のようと形容される「有声摩擦口蓋垂音」になります。

　三つ目は「息を伴う**破裂音 (plosive)** /p/, /t/, /k/」です（類似性の平均値：独 3.6，仏 2.6，中 3.5，韓 3.25，既習を前提とする数値の平均値：独 3.0，仏 1.6，中 2.75，韓 3.0）。英語では /p/, /t/, /k/ の後に強い母音が続く場合，この /p/, /t/, /k/ は強い息（**気音 (aspiration)**）を伴って発音されます（例: park, take, cake）。中国語と韓国・朝鮮語では，このように強い息を伴う（**有気音の**）/p/, /t/, /k/ と，息を伴わない（**無気音の**）/p/, /t/, /k/ は違う音素として存在するため，例えば /p/ の音であっても，有気音か無気音かで意味の違いが生じます。ドイツ語にも有気音の /p/, /t/, /k/ があります。一方，フランス語では /p/, /t/, /k/ は語頭で英語のように気音を伴うことがないのが特徴です。「息を伴う破裂音 /p/, /t/, /k/」ができるようになると，より英語らしい発音となりますし，逆にフランス語では息をともなわないように気をつけないとフランス語らしい発音になりません。

　最後に「発音（超文節的な (suprasegmental) 要素）」から一つだけ例を見てみましょう。「語・句強勢 (word and phrasal stress)」の結果は，類似性の数値（平均値：独 3.33，仏 1.0，中 1.5，韓 1.5），既習を前提とする数値（平均値：独 2.66，仏 1.0，中 1.5，韓 1.0）ともにドイツ語での数値が比較的高いというものでした。ドイツ語のアクセントは**強弱アクセント (stress accent)** で英語と仲間です。日本語は**高低アクセント (pitch accent)** ですので，日本語母語話者が英語の発音を練習する際にはこの「強弱」を意識して発音することで，英語らしい発音に近付くことができます。

これまでの説明で,「発音」に関してはフランス語と英語との類似性があまりないことに気付いたでしょうか。類似性がないわけではないのですが,回答をいただいたフランス語教員のコメントとしても,「音声学上,異なる点が多いため英語の発音の上手な生徒ほどフランス語の発音は苦労する傾向がある」との記述がありました。視点を変えて考えれば,「英語らしい発音」が苦手な学習者が,フランス語の発音に関しては難なく習得できるということもあるかもしれません。

● 外国語教育としての英語教育のあり方

現代社会において,英語は必須のスキルであると言われており,その重要性は今後も高まっていくことでしょう。英語教育の現場でもその使命を果たすべく必死に取り組んでいます。しかし,一方で英語教育は「外国語教育」の一部であるということを忘れないでください。

最後に,本章で繰り返し述べてきた「原則として英語」という現状に対して,パリ第3大学名誉教授(言語文化教育学)のジャン＝クロード・ベアコ氏が対談(西山・大木 (2015))で述べた言葉を引用させていただきます。

> 英語の教員養成で,複言語・複文化の意義について教えるべきです。避けるべきは「英語だけ教えればいい」と思ってしまうことです。言語を教えるということは,その言語が使われている地域の文化的規範も伝えることにもつながるのです。ですから,たとえば「英語だけ教えればいい」という思い込みが,どういう結果を生むのかを良く考える必要があります。
>
> (西山・大木 2015: 23)

日本における英語教育は「異文化や外国語への入り口」です。英語を学ぶことで学習者が「英語だけできればいい」と感じるか,それとも「他の外国語や文化についても,もっと知りたい」と思うか,または英語だけが外国語ではないにも拘らず,「英語が大嫌いだから海外にもいかないし,外国人ともコミュニケーションしたくない」となるか,それは教育の内容如何にかかっているのです。

＊本章は 2016 年 12 月 4 日に欧米言語文化学会第 133 回例会で発表した「外国語教育としての英語教育」の内容の一部をほぼ完全に加筆修正したもので，藤原 (2017) に一部，基づいています。

参考文献

Cruttenden, Alan (2008) *Gimson's Pronunciation of English*, 7th ed. Routledge.
藤原愛 (2015)「共通語としてのコア (Lingua Franca Core) を考える――日本語母語話者における英語の歯摩擦音の代替音素――」『明星大学研究紀要――人文学部』第 51 号，79–87.
Fujiwara, Ai (2016) "Bridging English Education and Other Foreign Language Education." The 14th Asia TEFL International Conference.
藤原愛 (2017)「外国語教育の展望――英語からその他の外国語学習へ――」『明星大学研究紀要――人文学部』第 53 号，95–106.
Jenkins, Jennifer (2000) *The Phonology of English as an International Language*. Oxford University Press.
Jenkins, Jennifer (2007) *English as a Lingua Franca: Attitude and Identity*. Oxford University Press.
文部科学省 (2008)『小学校学習指導要領解説 外国語活動編』東洋館出版社.
文部科学省 (2008)『中学校学習指導要領解説 外国語編』開隆堂.
文部科学省 (2010)『高等学校学習指導要領解説 外国語編・英語編』開隆堂.
文部科学省 (2016)「英語以外の外国語の科目を開設している学校の状況について」http://www.mext.go.jp/b_menu/shingi/chukyo/chukyo3/058/siryo/__icsFiles/afieldfile/2016/05/25/1371098_1.pdf（2018 年 3 月 31 日アクセス）
西山教行・大木充（編）(2015)『世界と日本の小学校の英語教育 早期外国語教育は必要か』明石書店.
The Japan Exchange and Teaching Programme (2017)「JET プログラム参加者数」http://jetprogramme.org/ja/countries/（2018 年 3 月 31 日アクセス）

（明星大学）

第25章
グレイディッド・リーダーを授業の +α に

横山 孝一

● はじめに──グレイディッド・リーダーとは何か

　教室で使う英語の教科書は昔も今も，堅苦しいものが多いです。「勉強」と割り切れば，何の不満もなく取り組めるのでしょうが，先が読みたくて夢中で予習する者はまずいません。ここに，楽しみながら自分の意思で読みつづけることができる「グレイディッド・リーダー」(graded readers) の存在意義があります。つまらなければ，読まなくていい。好みに合ったおもしろい本を探して，自分のペースで読んでいく。これが特色です。グレイディッド・リーダーとは，学習者が辞書の助けなしに楽しく読めるよう，レベルごとに語彙と構文を制限した娯楽性の高い読み物のことを言います。

　筆者が勤務校（5年制の本科と2年制の専攻科からなる群馬高専）の図書館にグレイディッド・リーダーを集めるようになったきっかけは，某出版社が夏休みの課題用として送ってきたペンギン・リーダーズ (Penguin Readers) のチラシでした。最初，大好きな『海底二万里』(20,000 Leagues Under the Sea) を指定しようと思って先輩の教授に相談したところ，学生に選ばせたほうがいいと言われ，1年生全員に好きなものを買わせて読書レポートを課しました。休暇中に英語の本を1冊読ませる試みは概してうまくいったようですが，反省することもありました。選択を誤って，難しすぎたり，内容が好みでなかったりして，挫折した者もいたのです。英語の本が嫌いになっては元も子もありません。自分に合った最適の本が見つかるように，前もってレベルとジャンルを周知すべきでした。そして，読みたい者が自由に読めばいいというグレイディッド・リーダーの原則を痛感した次第です。

　以来，授業の初回に，学校の図書館にあるグレイディッド・リーダーを紹介し，「ライトノベルを読むのと同じ感覚で気楽に読んでみよう。読んだ内容を付属のCDで振り返れば，一石二鳥でリスニング力も伸ばせるぞ！」と奨励しています。あまり干渉せず，自由に借りて読んでもらうのが理想と考え，毎年，自分の教育研究費を使って，おもしろそうなシリーズをCD付でまとめ

て購入し，一通り目を通してから，図書館に並べてもらっています。幸い，ライトノベルと一緒に借りる学生も見かけるようになりました。授業では，大学3年に相当する専攻科1年生に英作文教育を兼ねて，ブック・レポートを英語で書かせ，ABCで評価して，添削して返すといった取り組みもしていますが，こうした強制は理想に反すると感じています。だから1〜5学年では，希望する学生のみを対象に自主レポートを出してもらい，どんどん新しい本を読んでいくよう励ましのコメントをつけて返却しています。高学年の学生には英語で書くことを勧めていますが，高校生に相当する低学年の学生には，「日本語でいいから，簡単なあらすじと感想を書こう」と呼びかけています。1冊読んだことを実感してもらうためです。「時間は，次の本を読むのに使おう」と忠告するのですが，熱心な学生ほど，詳細なあらすじや英語に関する発見を長々と書いてくることが多く，1冊まるごと翻訳してくる努力家さえいます。「それだけ時間をかけたら，何冊も余計に読めるのに」と注意するのがグレイディッド・リーダーの正しい指導法なのでしょうが，"Excellent!" "Amazing!" と褒めたほうがやる気を刺激するようです。

　何はともあれ，学生が進んで学んでくれるのですから，グレイディッド・リーダーは，英語教師にとって非常にありがたい存在です。学校としては，学生が読みたくなるような魅力的なシリーズを図書館に豊富に取り揃えて，大々的に宣伝することが大切でしょう。もちろん，それぞれの学生の好みに合った本を勧めることができるように，どんな本があるのか教員自身も興味を持ってある程度把握しておく必要があります。グレイディッド・リーダーは多種多様です。本章では，楽しく英語力を伸ばしていける，お勧めのグレイディッド・リーダーを概説していくことにしましょう。

● ピアソン（旧ペンギン），オックスフォード，マクミラン

　大きな書店に行けば，グレイディッド・リーダーのコーナーがあります。一般のペーパーバックと比べるとずっと薄いので，びっしりと棚に詰まっています。まず，白い背表紙は，**ピアソン・イングリッシュ・リーダーズ (Pearson English Readers)** です。オレンジ色の有名なペンギン・リーダーズが出版元の名称に改められ，白に変わったのです。2015年6月から併存し，在庫切れと共に入れ替わっています。黒い表紙は，**オックスフォード・ブックワームズ**

(Oxford Bookworms) です。ピアソンは Easystarts と Level 1~6,オックスフォードは STARTER と STAGE 1~6 と,呼び名こそ違っていますが,ほぼ同じ難易度の 7 段階に分けています。冒頭で紹介した高専 1 年生は,Level 2(見出し語 600)か 3(見出し語 1,200)を選びました。比較的易しい Level 2 でも『不思議の国のアリス』(*Alice in Wonderland*) や『クリスマス・キャロル』(*A Christmas Carol*) が英語で読めるので,翻訳本を愛読書にしている女子学生数名がとても喜んでいました。白い背表紙になって現在販売されている Level 6(見出し語 3,000)の『すばらしき新世界』(*Brave New World*) や『ボヴァリー夫人』(*Madame Bovary*) などは,外国文学に興味がある,英語ができる大学生の読書欲をも満たすことでしょう。

　ピアソンは,少し大きめのサイズの**ペンギン・アクティブ・リーディング (Penguin Active Reading)** も,**ピアソン・アクティブ・リーディング (Pearson Active Reading)** と改称しました。フルカラーの挿絵付で練習問題が充実しているのが特徴ですが,特筆すべきは,日本人の好みをかなり意識して小説を集めていることです。アーサー・ウェイリー (Arthur Waley) の英訳に基づいた『西遊記』(*The Monkey King*),矢川澄子訳でアメリカ本国よりも根強い人気があるポール・ギャリコ (Paul Gallico) の『白雁』(*The Snow Goose and Other Stories*),小泉八雲 (Lafcadio Hearn) の再話文学の傑作『怪談』(*Japanese Ghost Stories*),ヒッチコック (Alfred Hitchcock) 監督の恐怖映画の原作「鳥」("The Birds") を含むダフネ・デュ・モーリエ (Daphne du Maurier) 他の短編集『夢,その他の物語』(*The Dream and Other Stories*),グレゴリー・ペック (Gregory Peck) 主演で映画にもなった『子鹿物語』(*The Yearling*),ハヤカワ文庫の赤い背表紙でおなじみのアガサ・クリスティ (Agatha Christie) の『ABC 殺人事件』(*The ABC Murders*),映画が大ヒットして新潮文庫のノベライズ版の評判もよかったウィリアム・コツウィンクル (William Kotzwinkle) の『ET』(*E.T. The Extra-Terrestrial*) など,わが国で好評を博した作品が揃っています。グレイディッド・リーダーはたいてい人気作家の名作のリライトを中心に据えるので,**コリンズ・アガサ・クリスティ ELT リーダーズ (Collins Agatha Christie ELT Readers)** のように「ミステリーの女王」クリスティの推理小説を集中的に扱う出版社さえあるほどですが,多くの英語学習者の関心を引きたい出版社としては,他社と違うおもしろい名作をいかに掘り起こすかが成功の鍵になります。その意味で,発売当時,ペンギン・アクティブ・リーディング

のセレクションはじつに新鮮で魅力的でした。今後も，ピアソン・アクティブ・リーディングとして版を重ねることを願っています。

とは言え，グレイディッド・リーダーの雄はやはり，オックスフォード・ブックワームズです。STARTER は現在形のみ，STAGE 1 から過去形を使用し，STAGE 3 で現在完了形，STAGE 5 で未来完了形を初めて使うなど，文法の使用範囲を徹底的に管理。語彙数も見出し語 250 から始まり，STAGE 6 では 2,500 語（TOEIC 750 点以上相当）に達します。STAGE 1 が TOEIC 250 点以上対象ですから，25 頁ほどの STARTER は，TOEIC を受験しても点にならないような低レベルでも読むことができるということです。最高の STAGE 6 は，『高慢と偏見』(Pride and Prejudice)，『オリヴァー・ツイスト』(Oliver Twist)，『ダーバヴィル家のテス』(Tess of the d'Urbervilles) といった英文学の傑作が約 100 頁にまとめてあります。オリジナルから見れば簡略版に違いありませんが，ここまで来ると，原作の雰囲気が味わえます。筆者は，付属の CD を聴き，テスの激情の物語に深い感銘を受けました。志の高い学生は，理系であっても，シェイクスピアやディケンズのすばらしさを聞きつけて，原書は無理でも，「どんな物語なのか知りたい」「英語で読んでみたい」という者がかならずいます。そうした若者に最適なシリーズです。

オックスフォード・ブックワームズは「本の虫」と言うくらいですから，読書が好きな人たちのあらゆるニーズに応えています。『アラジンと魔法のランプ』(Aladdin and the Enchanted Lamp)，『オペラ座の怪人』(The Phantom of the Opera)，『ドラキュラ』(Dracula) などを含む **Fantasy & Horror**。名探偵シャーロック・ホームズから，知られざる英米の探偵短編集までをカバーした **Crime & Mystery**。『宝島』(Treasure Island)，『ゼンダ城の虜』(The Prisoner of Zenda) などハラハラドキドキの冒険譚を扱った **Thriller & Adventure**。『ある愛の詩』(Love Story)，『赤毛のアン』(Anne of Green Gables)，オー・ヘンリー (O. Henry) の短編集など，恋愛ものを中心に人生の喜怒哀楽を扱う **Human Interest**。『トム・ソーヤーの冒険』(The Adventures of Tom Sawyer)，『不思議の国のアリス』，『クリスマス・キャロル』，『ガリバー旅行記』(Gulliver's Travels) など子供が楽しめるものから，『緋文字』(The Scarlet Letter)，『ジェーン・エア』(Jane Eyre)，『嵐が丘』(Wuthering Heights)，『無垢の時代』(The Age of Innocence)，『高慢と偏見』など，英米文学の傑作が揃う **Classics**。『ヘンリー 8 世と 6 人の妻』(Henry VIII and His Six Wives)，『ウィリアム・シェイクスピア』

(*William Shakespeare*), 『ミステリーの女王, アガサ・クリスティ』(*Agatha Christie, Woman of Mystery*), 『ポカホンタス』(*Pocahontas*), 『エレファントマン』(*The Elephant Man*) など, 興味深い実人生を紹介する **True Stories**。アフリカ, インド, 東南アジアなど, いまなお貧困と戦争がテーマとなる世界の国々の短編小説を集める **World Stories**。シェイクスピアの『ロミオとジュリエット』(*Romeo and Juliet*), 『ハムレット』(*Hamlet*), ウィットに富んだオスカー・ワイルド (Oscar Wilde) の『まじめが肝心』(*The Importance of Being Earnest*) などの名作戯曲に加え, オー・ヘンリーの短編小説や, シャーロック・ホームズが活躍する短編作品を戯曲化した **Playscripts**。アメリカ, イングランド, アイルランド, オーストラリア, ニュージーランドなどの国や, ニューヨーク, ロンドンなどの都市を紹介する案内書,『英語史』(*The History of the English Language*) や『情報技術』(*Information Technology*) のような概説本, その他, 今日の環境問題など, とにかく「事実」をカラー写真入りで記述する **Factfiles**。

　全9つのジャンルに分けて表示し, 読者の好みにきめ細かく対応しているので, 教師は学生に, 好きなジャンルから本を選ぶよう指導するといいでしょう。英米文学に興味のある学生は, **Classics** で一通り原作の雰囲気を知ることができます。文学史のあらすじよりも, はるかに印象に残るはずです。**World Stories** では, 想像を絶する未知の短編小説と出会えます。中でも『心の叫び──世界中から集めた物語』(*Cries from the Heart: Stories from Around the World*) などは発展途上国の今を扱っており, 国際問題を考えたい学生向きです。**Playscripts** は会話の練習にも使えます。陳腐な英会話教材と違い中身があるので, CD を併用して効果的に印象深く学べるでしょう。Factfiles は, 小説が苦手な学生に向いています。情報がぎっしり詰まっているので, 知識も増えます。電子情報工学科のある学生は, コンピュータの歴史を意外にもこのシリーズで知ったそうです。過酷な初登頂の歴史を語る『エベレスト山物語』(*The Everest Story*) に感動した学生もいました。自分の英語力と好みにぴったり合った本を見つけやすく, 知的好奇心を大いに満たしてくれるのが, オックスフォード・ブックワームズの強みと言えましょう。

　黒いオックスフォード・ブックワームズに対して, 赤い背の**マクミラン・リーダーズ (Macmillan Readers)** は, 本の始めに解説と登場人物のイラストをつけているのが特徴です。基本語 300 語でやはり現在形のみで書いた Starter から第 6 段階の基本語 2,200 語の Upper まで, レベル分けは, ブックワームズ

とほぼ対応しています。事実，マクミランで名作のリライトを手掛けているジョン・エスコット (John Escott) は，オックスフォード・ブックワームズにも関わっており，セレクトされた英米文学の名作はオックスフォードとかなり重複しています。『トム・ソーヤーの冒険』，『カンタヴィルの幽霊』(*The Canterville Ghost*)，『フランケンシュタイン』(*Frankenstein*)，『秘密の花園』(*The Secret Garden*)，『オズの魔法使い』(*The Wizard of Oz*)，『ロビンソン・クルーソー』(*Robinson Crusoe*)，『ドラキュラ』，『嵐が丘』，『ダーバヴィル家のテス』，『大いなる遺産』(*Great Expectations*) といった同じ本を読み比べることができます。ただし，オックスフォードが STAGE 1 に分類している『オズの魔法使い』と STAGE 2 に入れた『ロビンソン・クルーソー』がマクミランでは共に第 4 段階の Pre-intermediate に収められているように，作品のレベル分けは，かならずしも一致していません。異なるレベルの英文で，同じ題材を読めるというわけです。また，リライトする著者によってエピソードの選択や強調する点が異なり，受ける印象が違うこともしばしばです。横山 (2015b, 2016b, 2018b) の「*The Secret Garden*——グレイディッド・リーダーの作り方」，「メアリー・シェリーの *Frankenstein*——グレイディッド・リーダーの解釈」，「『オズの魔法使い』と映画，翻訳，グレイディッド・リーダー」をインターネットで参照してみてください。同じ小説を読み比べるのも，グレイディッド・リーダーを読む大きな楽しみの一つになります。実際，オックスフォード版とマクミラン版の『オペラ座の怪人』が全然違うと，びっくりした学生もいました。

　むろんマクミラン・リーダーズも，魅力的なラインアップで他社との差別化を図っています。『バラク・オバマ』(*Barack Obama*) や『スラムドッグ・ミリオネア』(*Slumdog Millionaire*) のように，話題になった人や映画にいち早く注目。『ブリジット・ジョーンズの日記』(*Bridget Jones's Diary*)，『ドーソンズ・クリーク』(*Dawson's Creek*) といった〈恋愛もの〉のシリーズや，映画『007』のイアン・フレミング (Ian Fleming) による原作シリーズをグレイディッド・リーダー化しています。ファンにとっては垂涎の書ですが，今の学生は意外にも映像を知らずにこれらの本を楽しんでいます。感想も様々で，「『ドーソンズ・クリーク』のような恋愛をしてみたい」と書いてきた男子学生には共感できますが，「ジェームズ・ボンドの女性の扱いはひどすぎて理解不能です」と言ってきた男子学生には思わず絶句してしまいました。

● コンパス，ポップコーン，イージー・ストーリー・ハウス

　知名度ではピアソン，オックスフォード，マクミランに劣りますが，この3社に比肩するシリーズが，英語教育に熱心な，お隣り韓国で出版されています。ケン・メソルド (Ken Methold) がシリーズ責任者を務める，世界の名作全60冊を揃えた**コンパス・クラシック・リーダーズ** (**Compass Classic Readers**)。新宿にある Books Kinokuniya, Tokyo や丸善・丸の内本店でも扱っており，黄色い背表紙が目印です。「古典」のみできちんと完結しているのが特色で，各10冊6段階に分けられた設定「レベル」は，見出し語400語の Level 1 から1,500語の Level 6 まで。最高レベルは，他社よりやさしめです。

　収録作品をおなじみの邦題で示すと，Level 1 は，1)『アンデルセン童話集』(*The Emperor's New Clothes*), 2)『黒馬物語』(*Black Beauty*), 3)『グリム童話集』(*Grimm's Fairy Tales*), 4)『アジア民話集』(*Favorite Asian Folk Tales*), 5)『たのしい川べ』(*The Wind in the Willows*), 6)『ドリトル先生アフリカ行き』(*Doctor Dolittle*), 7)『なぜなぜ物語』(*Just So Stories*), 8)『ジャングル・ブック』(*The Jungle Book*), 9)『イソップ物語集』(*Aesop's Fables*), 10)『幸福な王子』(*The Happy Prince*)。Level 2 は，11)『アラビアン・ナイト』(*The Arabian Nights*), 12)『ロビン・フッド』(*Robin Hood*), 13)『不思議の国のアリス』, 14)『オズの魔法使い』, 15)『若草の祈り』(*The Railway Children*), 16)『秘密の花園』, 17)『白い牙』(*White Fang*), 18)『トム・ソーヤーの冒険』, 19)『ピーター・パン』(*Peter Pan*), 20)『赤毛のアン』。Level 3 は，21)『ヴェニスの商人』(*The Merchant of Venice*), 22)『宝島』, 23)『ソロモン王の秘宝』(*King Solomon's Mines*), 24)『タイムマシン』(*The Time Machine*), 25)『ロビンソン・クルーソー』, 26)『ロミオとジュリエット』, 27)『ジキル博士とハイド氏』(*Dr. Jekyll and Mr. Hyde*), 28)『フランケンシュタイン』, 29)『クリスマス・キャロル』, 30)『海底二万里』。Level 4 は，31)『デイヴィッド・コパフィールド』(*David Copperfield*), 32)『39階段』(*The Thirty-Nine Steps*), 33)『オリヴァー・ツイスト』, 34)『若草物語』(*Little Women*), 35)『シャーロック・ホームズ短編集』(*Sherlock Holmes*), 36)『エドガー・アラン・ポー幻想短編集』(*Tales of Mystery and Imagination*), 37)『80日間世界一周』(*Around the World in Eighty Days*), 38)『月長石』(*The Moonstone*), 39)『ゼンダ城の虜』, 40)『分別と多感』(*Sense and Sensibility*)。Level 5 は，41)『透明人間』(*The Invisible*

Man),42)『シェイクスピアの四大悲劇』(Shakespeare's Tragedies),43)『シェイクスピアの喜劇集』(Shakespeare's Comedies),44)『二都物語』(A Tale of Two Cities),45)『虚栄の市』(Vanity Fair),46)『高慢と偏見』,47)『白鯨』(Moby Dick),48)『まじめが肝心』,49)『続エドガー・アラン・ポー幻想短編集』(More Tales of Mystery and Imagination),50)『バスカヴィル家の犬』(The Hound of the Baskervilles)。Level 6 は,51)『嵐が丘』,52)『大いなる遺産』,53)『ニコラス・ニックルビー』(Nicholas Nickleby),54)『三銃士』(The Three Musketeers),55)『オペラ座の怪人』,56)『ジェーン・エア』,57)『ダーバヴィル家のテス』,58)『アメリカの名作短編集』(Classic American Short Stories),59)『イギリスの名作短編集』(Classic British Short Stories),60)『宇宙戦争』(The War of the Worlds)。以上,60冊。まさに,ちょっとした世界名作全集ですが,表紙絵が幼稚なので「表紙にだまされるな」と注意する必要があります。筆者は,これらの名作を日本語で読んでいない学生たちに「英語で今読もう!」と宣伝しています。

　特筆すべきは,それぞれ,本文の朗読と,戯曲化した Playlet の会話を録音した CD が付いていることです。後者の小劇の完成度や,CD の朗読者と音楽には当たり外れがありますが,本編を補う書きおろしの Playlet は,なかなか意欲的で,この英会話 CD が学生の役に立つことはたしかです。収録時間は短めなので,リスニング練習用として,授業の合間に流すこともできます。

　スカラスティック (Scholastic) の**ポップコーン ELT リーダーズ (Popcorn ELT Readers)** は,ハリウッドのアニメ映画を独占的にグレイディッド・リーダー化しています。『マダガスカル』(Madagascar),『アイス・エイジ』(Ice Age),『シュレック』(Shrek),『カンフー・パンダ』(Kung Fu Panda)といった映画館で大ヒットしてシリーズ化した作品を Level 1(200 語)から Level 3(300 語)に分類し,簡潔な英語で内容を小説化。英語が苦手な学生が「完璧に理解できました」と言ったのは,単に,使用されている語彙が少ないからではなく,映画を見ていたからでしょう。好きなアニメを英語で振り返ることができるリーダーです。

　英語が苦手な学生は,オックスフォード・ブックワームズのもっとも簡単な 25 頁でも苦痛かもしれません。そういう読者には,韓国のワールドコム ELT (WorldCom ELT) が出した**イージー・ストーリー・ハウス (Easy Story House)** シリーズがお勧めです。韓国人イラストレーターによるしゃれた挿絵入りで,

グリム，アンデルセンを始めとする，世界的に有名な童話を 100 語レベルの BEGINNER 1 から 350 語レベルの ELEMENTARY 3 までレベル分けしています。シリーズ名のとおり，「簡単」に読めます。CD の朗読はおもしろく，10 分以内で 1 つの話が聴けるので，授業の息抜きに流すこともできます。『ライオンとネズミ』(The Lion and the Mouse)，『都会のネズミと田舎のネズミ』(The City Mouse and the Country Mouse) など単純ながら味わい深い教訓が魅力です。『おおきなかぶ』(The Enormous Turnip) は，幼年期に絵本を読んだ経験のある学生が多く，低学年クラスで CD を聴かせると，カブを引っぱるときの掛け声である "Heave-ho! Heave-ho!" と，引き抜いた後の "Hurray!" がしっかり耳に残り，思わずまねてしまう学生がかならずいます。幼稚な感じもしますが，子供レベルから英語を学び直すのも一つの方法です。

● オックスフォード・リーディング・ツリー

そこでぜひお勧めできるのが，**オックスフォード・リーディング・ツリー (Oxford Reading Tree)** です。イギリスで 8 割以上の小学校が採用している評判の国語教科書ですが，現在では，英語を母語としない子供たちの学習教材としても評価が高く，世界中で愛読されています。わが国でも人気が高く，英語教育に熱心なお母さんたちが子供のために，購入したり，図書館で借りたりしているようです。ネイティブ・スピーカーの子供たちが楽しく読めるように開発されただけあり，初級編としてこれ以上にうまく作ってある教材はないと思います。Stage 1 の『キッパーの物語集』(Kipper Stories) 全 6 冊と，『ビフとチップの物語集』(Biff & Chip Stories) 全 6 冊の薄い本を開くと，字がまったくない 5 枚の絵からなる本でびっくりするかもしれません。文字は，Stage 1 を締め括る『はじめて学ぶ単語の物語集』(First Words Stories) から絵と対応させて登場します。ここに収録されている第 1 話「これはだれ？」("Who Is It?") では，影絵を使って，おなじみの登場人物の名前 'Biff and Chip' を答えさせ，第 6 話「ホットケーキ」("The Pancake") では，'the frying pan,' 'the flour,' 'the eggs,' 'the milk,' 'the butter' と，子供の大好物であるホットケーキを作るときに必要な道具と材料の名詞を絵の下に表記します。イギリスの子供たちは国語の文字をこのように覚えていくのであり，この本を使って英語を学ぶわが国の幼稚園児や小学生も，同様に難なく英単語を読めるようになるとい

うわけです。

　もちろん，低い Stage は簡単すぎて学生の読書用には使えませんが，CD を用いたスピーキングとディクテーションの練習には最適です。朗読はゆっくり，はっきり発音して小休止があるので，あとに続いて発声すれば，英語の音読の基礎が身につくでしょう。ありがたいことに Stage 5 までは，イギリス英語とアメリカ英語の両方が吹き込まれていて，その差異を確認できます。これほど，はっきり違いを比較できる教材は珍しいので，授業で使うと学生が納得してくれます。低学年で使ったとき，「イギリス人の話す英語は変だ」と言い出す学生がいて，何のことやら一瞬びっくりしたことがありました。英語の本場であるイギリスの英語をそれまで聞いたことがなかったのです。日本の教室ではアメリカ英語が主流であることが，みんなで実感できると思います。

　オックスフォード・リーディング・ツリーは，理想の家庭を描くアレックス・ブリクタ (Alex Brychta) のイラストと，ロデリック・ハント (Roderick Hunt) の物語が，なんとも魅力的です。主要登場人物は，クマの縫いぐるみを大事にしている末っ子のキッパー，よくけんかする双子の姉弟ビフとチップ，元気な愛犬のフロッピー，そして，子供思いでユーモアたっぷりの，仲のよいパパとママ。これらの登場人物は，物語中でそれぞれ個性を発揮し，親しみのもてるイギリス人一家を形成しています。Stage 3 では，さらに，ウィルフ（男の子）とウィルマ（女の子）という黒人のきょうだいが友達として登場し，家族ぐるみで親しくつき合います。

　Stage 4 の *Stories* に入ると，キッパーの一家は，古くからある大きな家に引っ越して，前の住人が隠した秘密の小部屋や謎の箱を発見し，物語は長編小説の様相を呈していきます。1 話完結が基本なので主筋とは無関係の脱線もありますが，Stage 5 でようやく謎が明らかになります。ここにきて，家族のほのぼのとした日常をユーモラスに描いていたノスタルジックな物語は，なんでもありのファンタジーと化します。謎の箱に入っていたのは「魔法の鍵」でした。ドラえもんの「どこでもドア」のように，秘密の小部屋に置いてあったミニチュアの家の，別世界に通じるドアを開きます。そこは，老いのために現実世界では失敗を繰り返すおばあちゃんも大活躍できる，魔法の世界です。魔法の鍵は，子供たちにはコントロールが効かず，突然，輝きはじめて，子供たちを別世界に連れ出します。いったい誰が何のためにこの鍵を作ったのか？　大きな謎をはらみながら，印象深いエピソードが続きます。ファンタジー好きに

はたまらないシリーズですが，残念ながら筆者の勤務校では完読した学生はいないようです。英文が簡単なので，「図書館にある英語の本を1冊読んでください」と課題を出したときは，皮肉にも一番人気なのですが。

● インフォ・トレイル

　イギリスのピアソンが出版している**インフォ・トレイル (Info Trail)** も本国の子供用で，「地理」(Geography) と「歴史」(History) と「理科」(Science) を成長に合わせて無理なく学ばせるシリーズです。たとえば，「地理」で教える地図の見方では，家の中での宝探しから始まり，誕生パーティーの会場となる友人宅，さらにはロンドンの名所巡り，サッカー観戦旅行へと広がっていきます。世界への関心は，近所のスーパーに並ぶ数多くの輸入食品から高め，雑学はクイズ形式で学び，国内の有名都市から世界の砂漠，南極・北極まで，ぜひとも行ってみたいと思わせます。そして，その美しい地球を守るため，環境問題にはとりわけ敏感で，日頃から環境にやさしい生活を心がけるよう呼びかけています。

　「歴史」の教え方もじつにユニークです。まず，自分の成長そのものが歴史だと気づかせ，家系図を書くことで，自分が歴史の一部であることを実感させます。おじいちゃんの子供時代の学校生活，中世の騎士の装備，サッカーボールやトイレの歴史などが好奇心を刺激します。古代エジプトのミイラ作り，古代ローマの英国支配と二輪戦車競走，ロンドンの大火などが，昨日のことのように鮮やかに再現されます。今と基本的に変わらない人間の生活があったのだと感じさせ，過去の人々に親近感を覚えるようになるのです。

　「理科」も意外なほど日常生活に根ざしています。けがや病気の対処法，日焼け対策，ヒマワリの栽培，ラットの飼い方，放課後の部活での注意事項，サッカーでゴールを決める練習法など具体的で役に立つテーマが目立ちます。動物の多様な足や舌を写真入りで特集したり，身近な猫や人気の恐竜を取り上げたりして，子供の関心を重視しています。本シリーズではかならず "What do you think?" と最後に自分の意見を求めてきます。「あなたは宇宙開発が必要だと思いますか？」と訊かれたら，普段受け身の学生も，よい刺激を受けるのではないでしょうか。

● ヘルブリング・ヤング・リーダーズ

　グレイディッド・リーダーは，名作のリライトとは限りません。新たに書きおろしたものも多くあります。マクミラン・リーダーズの場合，Starter にオリジナル作品が集中しています。名作をリライトするには語彙と頁数が足りないからに違いありません。しかし，書きおろすと言っても，制限は大きいので，物語と言えるほど発展しないことが多いのです。たとえば，ポリー・スウィートナム (Polly Sweetnam) のミステリー『シューティング・スターズ』(*Shooting Stars*) は，「流れ星」と「スターを撃つ」という２つの意味をかけて一見しゃれています。映画スターの夫婦がギリシャのホテルの一室で口論になり，妻が夫を拳銃で撃つところを，観光にやって来たリサが偶然目撃してしまう。この物語のおちは，あまりにも単純すぎて，せっかく読んだ学生はあきれていました。たしかに，結末は読まなくても想像がつくでしょう。

　これは，ヘルブリング・ヤング・リーダーズ (Helbling Young Readers) の〈フィクション〉にも見られる現象です。レベルａからｅの５段階24冊からなる初級者向けのグレイディッド・リーダーで，イソップによるおなじみの寓話『ウサギとカメ』(*The Hare and the Tortoise*)，英雄テセウスが怪物を退治するギリシャ神話『テセウスとミノタウロス』(*Theseus and the Minotaur*)，ヨーロッパの伝説『美女と野獣』(*Beauty and the Beast*) などが，Retold と断って５冊まじっていますが，他はすべて書きおろしです。頁数と使用語彙が極端に制限されたフルカラーの絵本なので，おもしろい物語にはなかなか発展しにくいのです。都会でヒマワリを育てたり，海水浴場でザトウクジラの子を救出したりする少年の話はそれぞれ実話を思わせる単純さです。『ムーニーの休暇旅行』(*Moony Goes on Holiday*) は挿絵の奇抜さが目を引きますが，月で独り暮らすムーニーの設定はナンセンスそのもので，地球の騒々しさにうんざりして月に帰る結末はひねりがありません。魚が空を飛び，ネズミが猫を追いかける『逆さま』(*Upside Down*) の出だしは，ポール・ジェニングス (Paul Jennings) の奇想天外な物語を髣髴させて引き込まれますが，家にある本の逆さになった文字を入れ替えると元の世界に戻るという結末が急すぎて，納得できません。

　しかし絵本と考えれば，それなりに楽しめます。日頃寝てばかりの飼い猫が，家に忍びこんだ泥棒を，毛糸を張り巡らせて捕まえる『デブ猫大活躍』(*Fat Cat's Busy Day*) は，単純な物語がロレンゾ・サバティーニ (Lorenzo Sabbatini) のユ

ーモラスな挿絵で引き立っています。自動車で家族と海水浴に来た少女と，難民船で家族と新天地にたどり着いた異国の少女が最後に海辺で出会うリック・サンペドロ (Rick Sampedro) の『海水浴場』(*The Beach*) は，淡い水彩画と物語がよくマッチして洗練された1冊に仕上がっています。母を亡くした幼い娘が奇抜な理由で父親をパパ専門店に売りとばすと言い出す『パパ売りたし』(*Dad for Sale*) は，エンリケ・マルティネス (Enrique Martinez) が大胆にデフォルメした絵で奇抜な物語を奇抜に表現していて，じゅうぶん満足できます。このシリーズでとりわけお勧めなのが，マリア・クリアリー (Maria Cleary) の『ヘンリー・ハリスのH恐怖症』(*Henry Harris Hates Haitches*) です。Hで頭韻を踏んでいる題名が凝っていますが，主人公のヘンリーはHを発音することができず，H恐怖症にかかっています。ある出来事をきっかけに，親友の名前をアリーではなくちゃんとハリーと呼べるようになる風変わりでさわやかな結末は，出色の出来栄えです。グレイディッド・リーダーでしか読むことができないすばらしいオリジナル作品なので，学生が図書館で早く発見してくれることを願っています。

● **ファンデーションズ・リーディング・ライブラリー**

　オックスフォード・リーディング・ツリー，インフォ・トレイル，ヘルブリング・ヤング・リーダーズは薄い小冊子で読みやすいですが，子供向けです。実際のところ，「そんな幼稚な本は読みたくない」というのが，妙に格好をつけたがる男子学生の本音のようです。そうした学生たちには，アメリカの架空のハイスクールが舞台の**ファンデーションズ・リーディング・ライブラリー (Foundations Reading Library)** がお勧めです。ベイビュー高校 (Bayview High School) に通う生徒たちを描いた7段階42冊からなるグレイディッド・リーダーです。彼らは，黒人のヘイズ夫妻が経営するカフェをたまり場として，バンドの練習をしたり，ベイビュー公園でスケートボードを楽しんだり，古い難破船が沈む美しい海へボートで探検に出かけて，ギャングと闘ったりもします。もちろん，学校でのプレゼンや試験も描かれ，友情・恋愛・嫉妬もテーマになります。

　フルカラーの挿絵が頁の半分以上を占め，キャラクター・デザインがしっかりしているので，アニメ好きの学生は，頭の中でアニメを見ているような気分

になれると思います。主役は決まっていません。好きなキャラクターを見つけて読むと，再登場するのでさらに楽しめるでしょう。悪役のスコットとジェンマも，不思議と魅力的です。日本人のケンジとヨーコも登場するので，親しみやすいシリーズと言えます。

● ケンブリッジ・イングリッシュ・リーダーズ

　グレイディッド・リーダーでしか読めない小説を集めたシリーズの最高峰は，**ケンブリッジ・イングリッシュ・リーダーズ (Cambridge English Readers)** でしょう。Starter から始まり，1 の Beginner から 6 の Advanced まですべてが書きおろしの完全オリジナル作品，挿絵なしが特色です。常連作家の特色と作品を概説しましょう。筆者が勤務校の図書館に入れた CD 付パック全 84 冊中最も多い 12 冊を書いているのは，リチャード・マクアンドリュー (Richard MacAndrew) です。「ミステリー」と「スリラー」が得意ジャンルで，前者は女性警部のジェニー・ローガン，後者は 007 風の諜報員モンローを主人公にしたシリーズがあります。手堅く情報を集めて推理するジェニーの物語は，推理小説が好きな学生にお勧めできます。次に多く書いているのは，スー・レザー (Sue Leather)。9 冊出ています。短編集『家路』(*The Way Home*) を読むと，彼女の豊かな才能を実感できます。筆者は，自称ブルース・リーが登場する物語に感動しました。マーガレット・ジョンソン (Margaret Johnson) は理想の男性を探す恋愛小説が多く，決まって，見た目のかっこよさは当てにならないという結論に至りますが，ハッピーエンドなので後味は悪くありません。8 冊の本を書いているアントワネット・モーゼス (Antoinette Moses) は，短編集『冷凍ピザとその他の人生のスライス』(*Frozen Pizza and Other Slices of Life*) でイギリスの現実を見据え，世界の問題にも冷徹な目を向けています。さまざまなジャンルを書き，とりわけ SF がうまく，ロボットの暴走を描く『出してくれ！』(*Let Me Out!*) は，機械工学科の学生もおもしろいと言っていました。

　SF とファンタジーが大好きな人は，短編集を 5 冊発表しているフランク・ブレナン (Frank Brennan) も楽しめるでしょう。ホラーや，アジアを舞台にした人生ドラマなどもあり，バラエティーに富んでいるので，自分だけのお気に入りの短編が見つかるかもしれません。

　アメリカの伝統的な探偵小説の流れをくむ，アラン・バターズビー (Alan

Battersby) が創造した，ニューヨークの私立探偵ナット・マーリーを主人公にしたシリーズもなかなかの出来栄えです。一見，典型的ハードボイルド小説のようですが，この探偵は人情家で，感情移入できる魅力的な造形になっています。〈推理もの〉は人気があるので，「ケンブリッジ・イングリッシュ・リーダーズでしか読めない本だよ」と学生に宣伝するといいでしょう。

　ケンブリッジ・イングリッシュ・リーダーズは，大人の女性を読者に想定した作品も目立ちます。本には「成人向け」(Adult content) と注意を促しているものさえあります。筆者はさすがに宣伝を控えていますが，ここを宣伝すれば，手に取る学生が急増するかもしれません。複雑な男女関係を正面から扱い，女性の赤裸々な本音を書き連ねているので，男子学生にはショックでしょう。ヘレン・ネイラー (Helen Naylor) の『夏になると』(*When Summer Comes*) と，ペニー・ハンコック (Penny Hancock) の『ただの親友』(*Just Good Friends*) は特に衝撃的ですが，女子学生は共感を持って受け入れるかもしれません。

　日本人が登場する作品が結構あることも注目すべきです。スー・レザーは，『道場殺人事件』(*Death in the Dojo*) で空手家の暗殺とある日本人女性の過去の秘密を扱っています。マンディ・ローダー (Mandy Loader) の『暴風の目』(*Eye of the Storm*) はハリケーンのなかへ飛行機を飛ばす冒険が読みどころで，さわやかな結末が待っていますが，白人の恋人を持つ日本人女性と，交際に反対する日本人の父親が紋切り型で描かれています。ジュディス・ウィルソン (Judith Wilson) の『一緒にいる』(*Staying Together*) が，驚きの力作です。これは，婚約者がいるのに留学先の英国でアフリカの黒人男性と恋におちた日本人女性と，二人の50年後の孫世代の恋愛物語です。女子学生はどう読むのでしょうか。筆者は，マイケル・オースティン (Michael Austen) のずっと単純な『ベルリン急行』(*Berlin Express*) を学生に推奨しています。日本男児ヒロの侍を思わせる命がけの活躍が，同じ日本人として誇らしく感じられるでしょう。これらの〈日本人もの〉は，熱心に英語を学ぶ日本人学生に敬意を表して書きおろした小説です。とてもありがたいことなので，学生たちには「親日家の作者に感謝して読もう！」と宣伝することにしています。

● 結び——活字離れ時代に最適なグレイディッド・コミック・リーダーズ

　ここまで書いて，喜んで読んでくれる学生がいる一方で，まったく関心を示さない学生が多くいる現実を感じずにはいられません。最近，読書の基本ができていない学生が目立ってきました。活字離れが深刻な問題になっています。じつは，グレイディッド・リーダーの出版社も，そのことに気づきはじめています。韓国の出版社 e-フューチャー (e-future) が「自信を持って提供する」(proudly present) **グレイディッド・コミック・リーダーズ (Graded Comic Readers)** の『魔法の冒険』(*Magic Adventures*) は，邪悪な魔法使いダークが，マジックランドと地球を危機に落とし入れ，ジャックとベラ兄妹が，王女である魔女オリビアを助け，力を合わせて戦うフルカラーのマンガです。物語は，ジェイソン・ウィルバーン (Jason Wilburn) とケイシー・キム (Casey Kim) の合作で，娯楽そのものと言えます。続編の『学校の冒険』(*School Adventures*) 第 2 部《物語本の謎》(Storybook Mysteries) では，ダークが児童文学全集のセールスマンとして再登場します。『ピーター・パン』，『不思議の国のアリス』，『80 日間世界一周』，『オズの魔法使い』，『タイムマシン』，『ロビン・フッド』をジャックとベラが母親にいやいや読まされて，本の世界で登場人物と化し，各物語の悪役として待ち構えるダークと戦う「マンガ」です。つまり，読書嫌いの子供を徹底的に風刺しているのです。この英語マンガは，主題歌まで収録した臨場感たっぷりの CD 付なので，活字は嫌いでもアニメが大好きな，現代の若き英語学習者を対象としているのは明白でしょう。

　普通のグレイディッド・リーダーをどうしても読む気になれない低学年の学生には，空想好きの少女ヴェラがドラえもん風のルーカから猛特訓を受け，地球を守るエイリアンハンターに成長する，マンガ版リーダー『エイリアンハンター，ヴェラ』(*Vera the Alien Hunter*)（全 18 冊）もお勧めできます。同じ e-フューチャーから 2016 年に出版されました。アニメ調の表紙を教室で見せて回ると，「『ドラえもん』のぱくりだ」とあからさまに軽蔑する者もいますが，英語教育が盛んな韓国で出版されたすぐれた教材だと説明すると，たちまち興味を示し，ライバル意識をむき出しにする学生が目につきます。国際競争で英語の習得が必須となった今，グレイディッド・リーダーの役割も大きいと言わなければなりません。

＊本文中，翻訳書のない本にも，筆者が日本語の書名をつけました。本章は，横山 (2011, 2012a, b, 2013a, b, 2014, 2015a, b, 2016a, b, 2017, 2018a, b) の拙論を元にしています。横山 (2011) 以外はインターネットで閲覧できますので，収録作品のあらすじは，そちらを参照してください。

参考文献

横山孝一 (2011)『グレイディッド・リーダーを読む── Oxford Bookworms 案内』全22頁，朝日印刷（私家版）．

横山孝一 (2012a)「グレイディッド・リーダーを楽しむ── Macmillan Readers 案内」『群馬高専レビュー』第30号，91–100．

横山孝一 (2012b)「イギリスの国語教科書を読む── Oxford Reading Tree 案内」『群馬高専レビュー』第30号，101–112．

横山孝一 (2013a)「グレイディッド・リーダーで英語を学ぶ── Penguin Active Reading 案内」『群馬高専レビュー』第31号，43–51．

横山孝一 (2013b)「グレイディッド・リーダーを鑑賞する── Cambridge English Readers 案内」『群馬高専レビュー』）第31号，53–61．

横山孝一 (2014)「グレイディッド・リーダーで世界の名作を知る── Compass Classic Readers 案内」『群馬高専レビュー』第32号，31–42．

横山孝一 (2015a)「Info Trail ガイド──地理・歴史・理科」『群馬高専レビュー』第33号，27–33．

横山孝一 (2015b)「*The Secret Garden* ──グレイディッド・リーダーの作り方」『群馬高専レビュー』第33号，35–46．

横山孝一 (2016a)「EASY STORY HOUSE と Popcorn ELT Readers ──英語絵本教材対決」『群馬高専レビュー』第34号，33–40．

横山孝一 (2016b)「メアリー・シェリーの *Frankenstein* ──グレイディッド・リーダーの解釈」『群馬高専レビュー』第34号，41–52．

横山孝一 (2017)「Helbling Young Readers と e-future Graded Comic Readers ──グレイディッド・リーダーの新しい形」『群馬高専レビュー』第35号，25–32．

横山孝一 (2018a)「*Vera the Alien Hunter* ──英語マンガ教材紹介」『群馬高専レビュー』第36号，21–26．

横山孝一 (2018b)「『オズの魔法使い』と映画，翻訳，グレイディッド・リーダー」『群馬高専レビュー』第36号，27–38．

（群馬工業高等専門学校）

第 26 章

英語講読授業の指導例
―― ヴァージニア・ウルフの「遺贈品」"Legacy" を通じて
話法を学ぶ

吉田 えりか

● 短編小説「遺贈品」("Legacy") を講読授業で使う意義

　本章では，英語講読授業に短編小説を利用する例を紹介します（第23章も参照）。短編小説をテキストに選択する理由として，英米文学に馴染みの少ない学生でも一気に読める分量であること，様々な作家の多彩な作品に触れることができるということが挙げられます。ここでは，ヴァージニア・ウルフ (Virginia Woolf, 1882–1941) の「遺贈品」("Legacy," 1944) を使った授業を紹介します。テキストには，学習者向けの注釈がついている教科書版 *Love and Death: Six British Short Stories*（九頭見一士・Hugh Wilkinson（編注），金星堂，1981年）を使用します。

　「遺贈品」は1940年の秋にアメリカの雑誌『ハーパーズ・バザー』(*Harper's Bazaar*, 1867–) に掲載する予定でウルフが執筆した短編小説です。結局，雑誌側の事情で掲載は見送られ，作品はウルフの死後，『幽霊屋敷ほか短編集』(*A Haunted House and Other Short Stories*, 1944) に収録・出版されました。ヴァージニア・ウルフといえば20世紀前半のイギリスモダニズムを代表する作家で，その小説は難解であることでも知られています。その理由の一つとして，出来事を中心としたプロット（筋書き）よりも，作中人物の意識に浮かぶことをそのまま記録する「意識の流れ」(Stream of Consciousness) の描写に焦点が当てられている小説が多いことが挙げられます。したがって，明快なプロットを持つ小説を読み慣れている学生には難解と感じるかもしれません。しかしながら「遺贈品」は，起承転結のプロットを持ち，数々の伏線や謎が散りばめられた推理小説的な要素を含むので，学生はスリルを味わい楽しみながら読解を進めることができます。

　「遺贈品」のあらすじを簡単に紹介します。主な登場人物は国会議員のギルバート・クランドン (Gilbert Clandon) とクランドンの妻アンジェラ (Angela)

の秘書であったシシー・ミラー (Sissy Miller) で，妻アンジェラは6週間前に自動車事故で死亡しているという設定です。アンジェラはシシーに形見の品を残しており，それを受け取るためにシシーはクランドン邸を訪問します。クランドンはシシーの様子に少し違和感を覚え，それは自分への愛からくるものではないかと考え，それを確かめるべく妻が残した16冊の日記に目を通し始めます。クランドンは日記を読みながら，彼に対する妻アンジェラの尊敬や愛を確信し，幸福だった日々を思い出します。しかし読み進むうちに妻の日記の記述の中心は，クランドンとの結婚生活から，妻が関わるようになった慈善活動や，そこで知り合ったB. M. という頭文字の男性に関する話へと移っていきます。クランドンは妻が秘密を持つことなどありえないと思い込んでいたので，妻に愛人になるよう迫ったと思われるB. M. に対する怒りと，妻に対する疑念が生まれます。そこで，真相を確かめるべくシシー・ミラーに電話をすると，B. M. の正体は妻の数週間前に死亡していたシシーの兄であり，妻が彼の後を追って自殺したことを悟ります。

　この物語の最も特徴的な点は，物語がほとんどすべてクランドンの意識を通じて語られていることです。一般的に広く読まれている小説は，三人称の語り手（通常は作者と同一で，読者は語り手の存在に気づかない）が出来事や作中人物についてすべてを把握し物語を提示します。このような語り手を「**全知の語り手**」(Omniscient Narrator) と呼びます。それに対して「私」が作中人物となって語る一人称の小説や「意識の流れ」の技法を用いた小説では，語り手の視点は限定されています。限定された視点しか持たない語り手は限られた情報しか持たないので，思い込みや偏見に満ちた誤った情報を読者に提供する可能性があります。このような語り手を「**信頼できない語り手**」(Unreliable Narrator) と呼ぶこともあります。「遺贈品」は一見，三人称の全知の語り手による客観的な記述のように思えるのですが，徐々にクランドンの意識を中心とした語りが中心を占めるようになり，それが真相を読者の目から隠します。最後のどんでん返しまで，読者はクランドン同様に真相がわからぬまま連れていかれるのです。それを可能にしているのは，巧妙に配置された話法の使用です。この話法がどのように使われているのかに注目しながら読解するのも，「遺贈品」を読む楽しみの一つと言えます。

　また，本作読解を通じて話法について考えることは，語り手の存在を意識するきっかけにもなります。小説に限らず，一見事実を伝えているように見える

ノンフィクションの書き物やドキュメンタリー番組などにも，公平中立とは限らない発信者・語り手が存在するかもしれないと疑いを持つことで，情報を正しく読み取るための知識や思考力の必要性を学生自らが感じるようになる，という副次的効果も期待できるかもしれません。

本章では，最初に英語講読授業の概略や話法の説明を行ってから，「遺贈品」読解を通じた自由間接話法の導入例を示し，作品中の話法の使用とその効果を考察します。最後に「遺贈品」読了後のディスカッションの実践例や学生の反応を紹介します。

● 講読授業の目的と学習方法

この授業の第一の目的は，英語で書かれた文学作品を読むことを楽しみながら，読解力を向上させることです。英文を読む際には，正確な文法知識・構文把握力・文脈から意味を推測する力が重要です。授業では，これらの点について学生の理解の確認を助けるために補助プリントを作成しています。補助プリントには，テキストで使われている文法事項（分詞構文・関係代名詞・仮定法・話法など）の説明とそれに関する英作文などの応用問題，複雑な構文の説明，熟語などの英語表現の解説などを入れています。ほかに，代名詞が指す内容や行間を読み取る問題などを含んでいます。さらに，テキスト中で使われる単語・熟語のリストの配布とテキスト終了後の確認テストにより，語彙力の強化を目指しています。

授業ではまず音読練習をしてから，学生の理解度を測るために，適宜日本語訳をしてもらい，指示語・構文・単語・熟語などに関する質問をします。授業中に学生が日本語訳を写し取ることだけに集中することがないように，授業終了後に，学習したテキスト範囲の日本語訳を配信するようにしています。学生は自分の理解が正しいかどうか再度確認をして復習し，完全に理解を得られたところで繰り返し音読練習を行い，英文をインプットすることで，英語読解力のみならず発信力も鍛えられます。

● 話法の種類と用法

「遺贈品」を読むうえで，最も興味深いが同時に理解を難しくさせているのが話法の用法です。通常，学校の文法では主に二種類の話法を学習します。引用符などを使って登場人物のセリフをそのまま引用し，「〜と彼は言った」のような伝達節を置く直接話法と，発話内容を語り手の立場から言い換えて表現する間接話法です。次の例文 (1) で見られるように，間接話法においては通常，被伝達節の人称・時制・副詞を場合に応じて変更します。

(1) a. Jane said, "I'm busy now."　　　直接話法
　　　伝達節　　　被伝達節
　　b. Jane said that she was busy then.　間接話法
　　　伝達節　　　被伝達節

そのほか，伝達節を伴わないで登場人物のセリフをそのまま表す**自由直接話法 (free direct speech)** や，間接話法における伝達節を除いた形で，人称と時制はそのままであることが多い**自由間接話法 (free indirect speech)** などがあります。この話法の分類について平塚 (2017: 15–22) では，思考も発話と同様に分類できるかどうか，様々な議論があると説明されています。赤羽 (2017: 49–97) は，発話だけでなく思考の伝え方も表現する用語として「自由間接文体」を使うことを提唱しています。一方，Quirk et al. (1985) などの文法書では一般的に，言葉にしない思考の伝達についても話法 (speech) として解説していることから，本章では発話・思考の伝え方両方について話法という用語を使用することとします。また，自由間接話法については，「描出話法」や「体験話法」と呼ばれることもありますが，ここでは「自由間接話法」を使用します。

● 自由間接話法の特徴と効果

自由間接話法の主な特徴を次の例文で確認します。

(2) Max was feeling remorseful. He **shouldn't** have spoken to them so harshly. He **would** have to apologize to them next time he **saw** them.

(Huddleston and Pullum 2002: 1029, 下線筆者)（下線は自由間接話法であることを示す。太字・日本語訳は筆者による。以下同じ。）

マックスは後悔の念を感じていた。彼らに対してあんなに手厳しく言うべきではなかった。今度会ったら謝らなければならないだろうな。

下線部には明らかな伝達節，たとえば Max thought などはありません。しかし，最初の一文に「マックスは後悔の念を感じていた」とあるので，下線部は語り手の判断ではなくマックスの思考（後悔の内容）であると考えられます。つまり，直接話法であれば，"I shouldn't have spoken to them so harshly. I will have to apologize to them next time I see them." という思考内容が，伝達節を持たない間接話法の形式で表現されていると言えます。人称は間接話法の he で，時制の一致を受けない助動詞過去形の shouldn't には変化がありませんが，would, saw は間接話法の場合と同様の時制の一致が起きています。

次に間接話法か自由間接話法か解釈が分かれる英文を挙げます。

(3) The person most likely to benefit, thought Jill, was herself.
(Huddleston and Pullum 2002: 1024)

一番得しそうなのは私自身だ，とジルは思った。

伝達節がないのが自由間接話法の一般的な特徴ですので，挿入句の形で伝達節が入る上記 (3) のような文を，Huddleston and Pullum (2002: 1024) では一般的ではない間接話法，木原 (1959: 2837) でも不完全間接話法のうちの混合話法と説明しています。しかしながら，Quirk et al. (1985: 1032) や Thompson (1995: 18) では，挿入の形で伝達節が残っている英文も自由間接話法に分類しています。平塚 (2017: 24) は，間接話法に分類する論・自由間接話法に分類する論の双方を紹介しつつ，両者の中間例として捉えることを提案しています。「遺贈品」では伝達節が挿入される文章は頻繁に現れますので，本章ではこの形も含めて考えていきたいと思います。

自由間接話法の効果については多くの研究がありますが，ここでは一般的な説明を挙げるにとどめます。たとえば，川口・岡本（編）(1998: 131) では「キャ

ラクターの言葉の言語的特徴と語りの文の言語的特徴の両方を兼ね備えることによって，語りの文でありながらキャラクターの意識をキャラクター自身の視点で提示することを可能にする」と説明します。ここでいう「語りの文」とは，冒頭で説明した「全知の語り手」による語りのことです。この「語りの文」は，自由間接話法による叙述と区別して「地の文」と呼ばれることもあります。また，木下・他 (2007: 759–760) では，これによって「新しい心理描写の手法が確立」され，「作中人物の言語化されない知覚を表す文も含まれることがある」と説明し，次いでこの話法はフロベール (Gustave Flaubert, 1821–80) の文体論的研究以来注目されるようになったが，イギリスではジェイン・オースティン (Jane Austen, 1775–1817) がすでに広く使用しており，ヘンリー・ジェイムズ (Henry James, 1843–1916) による効果的使用を経て，ジェイムズ・ジョイス (James Joyce, 1882–1941) やウルフの「意識の流れ」の手法へと発展していったと解説しています。

　このように自由間接話法は小説中の登場人物の心理描写など，おもに文体的効果を狙って使用されるので，小説や随筆には使われますが，科学論文など明確さが求められる文では，一般的に使われることはないと言えます。

● 「遺贈品」における話法—自由間接話法の導入

　では実際に，「遺贈品」の中で自由間接話法やそのほかの話法がどのように使用されて，どのような効果を上げているのかを見ていきたいと思います。どのように自由間接話法を見極めるかということは順を追って考察していきますが，実際にテキストを読む場合，形式だけではなく前後の文脈からの判断が重要になることがわかります。

　次の引用は作品の冒頭近く，妻アンジェラの残した形見の品とそこにある言葉を読みながら，クランドンが一人物思いにふける場面です。一文目で初めて自由間接話法が現れますが，ここでは Yet から始まる 2 文目について，補助プリントによる構文解説と自由間接話法の導入例を紹介します。以下は補助プリントからの抜粋で解説部分は (5) に示します。なお，学生に渡す補助プリントには日本語訳をつけていません。

(4) It was like Angela to have remembered even Sissy Miller, her secretary. Yet how strange it was, (Gilbert Clandon thought once more), [that she had left everything in such order—a little gift of some sort for every one of her friends.] It was as if she had foreseen her death. Yet she had been in perfect health when she left the house that morning, six weeks ago; when she stepped off the kerb in Piccadilly and the car had killed her.
("Legacy": 7, カッコ・下線・二重下線・矢印は筆者による。日本語訳は川本訳を参照して筆者が行ったもの。以下同じ。)

秘書のシシー・ミラーのことまで覚えていたなんて，アンジェラらしい。それにしても妙だ，ギルバート・クランドンはまた思った，アンジェラがこんな風に何もかもきちんと残していたなんて―友人一人一人に何かちょっとした贈り物があった。まるで自分の死を予測していたみたいだ。だが，六週間前のあの朝，彼女が家を出たときには全く元気だった。それなのにピカデリーで縁石から足を踏み外して，車にひかれてしまったのだ。

(5) ① カッコ内 (Gilbert Clandon thought once more) は伝達節で，しばしば被伝達節（考えている内容）の間に挿入される。カッコに入れてとばして読むとわかりやすい。日本語に直すときは，「～は考えた」の部分は，文頭や文末に置いてもよい。普通の語順に直すと，Gilbert Clandon thought once more how strange it was that she had left everything in such order … となる。
② 間接話法に伝達節が挿入される形は特殊な話法。登場人物ギルバート・クランドンの心の中の言葉として訳すとわかりやすくなる。また，伝達節のないそのほかの文も，内容から考えて彼の思考と考えられる。
③ how strange it was　感嘆文が間接話法に組み込まれた形。
④ it は [that 以下～ her friends まで] を指す。
⑤ このダッシュは，二重下線部の内容を後半の二重下線部で具体的に言い換えて補足説明する。

「遺贈品」に限らず文学作品では，この例のように発話（思考）の間に挿入的に伝達節が置かれていることが多いので，そのような場合には挿入語句をカッコに入れて文全体の構造を見失わないようにすること，代名詞が指し示す語句を必ず確認することなどを指導します。話法については上記の簡単な説明にとどめます。続けて次の段落を見ていきます。

(6) He was waiting for Sissy Miller. He had asked her to come; ① **he owed her**, he felt, **after all the years she had been with them, this token of consideration**. ② Yes, he went on, as he sat there waiting, **it was strange that Angela had left everything in such order**.

("Legacy": 9，下線・太字は筆者による。)

ギルバートはシシー・ミラーを待っていた。来るように頼んであったのだ。①シシーが自分たちと一緒にいた長い年月を思えば，このような思いやりを示すのは当然だと感じたから。②やはり，とギルバートはそこに座ったまま考え続けた。アンジェラがこんなに何もかもきちんと残しておいたのは妙だ。

下線部①には he felt と伝達節が挿入されているので，クランドンの思考であることがわかります。では，下線部②はどうでしょうか。ここには明らかな伝達節がありませんが，話し言葉の Yes はクランドンの心の中の声と取れますし，地の文である挿入部 he went on「彼は続けた」により，太字部分が心の中の声であることはより明らかになります。

補助プリントでは，下線部①の構文や語句の説明をしてから，Yes という登場人物の言葉，そのほかいくつかの要素が組み合わさって，この後に続く約1ページはほとんどがクランドンの思考であると考えられると解説します。次の例文で，その根拠を確認します

(7) Every ring, every necklace, every little Chinese box—she had a passion for little boxes—had a name on it. And each had some memory for him. ① This he had given her; this—the enamel dolphin with the ruby

eyes—she had pounced upon one day in a back street in Venice. He could remember her little cry of delight. To him, of course, she had left nothing in particular, unless it were her diary. (…) ② <u>If only she had stopped one moment, and had thought what she was doing, she would be alive now.</u> ③ <u>But she had stepped straight off the kerb, the driver of the car had said at the inquest. She had given him no chance to pull up</u> … **Here** the sound of voices in the hall interrupted him.
("Legacy": 7–9, カッコ内省略符号 (…) のみ筆者による中略を示す。太字筆者。以下同じ。)

指輪，ネックレス，入れ子箱——そのどれにも名前がついていた。アンジェラは小箱が大好きだったのだ。そして彼にとっても，それぞれの品に何らかの思い出があった。①<u>これは私がアンジェラに贈ったもの。</u>ルビーの目がついたエナメル製のイルカ，ある日ベニスの裏通りで見つけて，アンジェラが飛びついたっけ。アンジェラのうれしそうな小さな叫び声を今も覚えている。彼自身にはもちろん，特に何も残していない，この日記を除いては。(中略) ②<u>アンジェラが一瞬でも立ち止まって，自分は何をしているのだろうと思ってくれてさえいれば，今頃アンジェラは生きていただろうに。</u>③<u>でも，あの人は縁石からまっすぐ歩きだしました，と車の運転手は検死の時に言っていた。車を止める暇もなかったんです</u>……そのとき玄関で声がして彼の思考は妨げられた。

クランドンは三人称 he で表され，時制は過去形か過去完了形で，地の文と自由間接話法が混在しながら，クランドンが過去を回想する様子が描かれます。自由間接話法と地の文との境界は時制や人称だけからは判断できないのですが，直接話法で使われる now, here, this などの直示的な表現や yes, no などの話し言葉，語り手のものとは思えないような言葉遣いや感情的な発言があれば，自由間接話法の可能性を考えます。たとえば，クランドンが目の前にあるものを取り上げながら現在話しているような臨場感を感じさせる表現 This や，話者の願望を表現する if only などを手掛かりにして，下線部①②は自由間接話法であると考えることができます。また下線部②に接続詞 But を使って続

く下線部③も，妻の死について語った運転手の言葉をクランドンが引用する，自由間接話法と解釈できます。そのほかは自由間接話法と地の文を明確に区別するのは困難であり，個々の読者の解釈に委ねられます。ですが，この一段落がすべてクランドンの思考であるという印象を与えるもっとも大きな要素は，下線部③のあとの省略符号 (...) と Here の使用です。クランドンの思考が妨げられて現実に引き戻される様子が，意識と現実の距離の大きさを暗示する省略符号を使って描かれるので，「そのとき玄関で声がするまでは」ずっと意識の中でクランドンが思考していたことが示唆されます。

　ここで補助プリントでは，自由間接話法と「意識の流れ」の小説について解説を加えます。まず，自由間接話法については，「直接話法と間接話法の中間的な話法で，間接話法から伝達動詞部分を除き，人称と時制は間接話法と同じだが，疑問文の語順や疑問符は直接話法のままであるのが基本形」であると説明します。ただし自由間接話法か地の文かの判断は，形式だけではなく文脈によるものなので解釈が分かれることもあるが，英語ではどちらにもとれるという曖昧さを残したまま読むことが可能であること，ウルフのようなモダニズム作家の場合，その曖昧さを意図的に話法の効果として利用する場合もあることを伝えます。しかし，日本語に訳すときは話し手の人称によって主語や語尾の表現が変わるので，ある程度明確にしなければならないと付け加えます。また「意識の流れ」については，ウルフのような 20 世紀初めの作家たちが，外界の事物の描写よりも，心に思い浮かぶことをそのまま順序通りに記録することに焦点をあてた手法であると解説します。引用 (7) でも，クランドンが入れ子箱を目にして，妻が小箱を好きだったことを思い出したり，イルカの置物をきっかけにベニスでの出来事を思い出したりする描写に，登場人物の心の動きを忠実に描こうとするウルフの意図が感じられると説明します。

　話法については細かく分析することよりも，自由間接話法の部分や上記の臨場感を感じさせる叙述などに注目しながら，全体としてクランドンの心の中の声に引き込まれる感じを体験してもらうことを目指します。「〜と考えた」「〜と言った」のような伝達詞が最小限に抑えられていることによって，意識が連綿と流れる様子が表現されていること，さらに引用 (7) の省略符号の効果も含め，クランドンが浸りきっている意識の世界と外界の現実との距離を感じ取ることができれば，自由間接話法の効果を一つ体感できたと言えると思います。

●「遺贈品」における話法──自由間接話法の発話と直接話法の発話

　ここでは，自由間接話法を使って，心の中の声ではなく発話が表現される場合を見ていきます。発言の場合は地の文のように訳出すると不自然になる場合があるので，注意が必要です。地の文と自由間接話法を見分けるには，それが発言であることを示す言葉が前後にあるかどうかを手掛かりにします。

(8)　① <u>But he could not let her go without saying something about her future.</u> ② What were her plans? Was there any way in which he could help her?

　　③ <u>She was gazing at the table, where she had sat at her typewriter, where the diary lay.</u> ④ <u>And, lost in her memories of Angela she did not at once answer his suggestion that he should help her.</u> She seemed for a moment not to understand. So he repeated:

　　⑤ "<u>What are your plans, Miss Miller?</u>"

　　"My plans? Oh, that's all right, Mr. Clandon," she exclaimed.

("Legacy": 11)

　　① <u>だがギルバートは，シシーが立ち去る前に，彼女の今後のことについて何か言ってあげなければと思った。</u>② これからどうなさるおつもりですか？　何か私にお手伝いできることはありますか？

　　③ <u>シシーはテーブルを見つめていた，彼女がタイプライターを打っていたテーブル，日記が置いてあるテーブルを。</u>④ <u>そして，シシーはアンジェラとの思い出に浸りきっていて，何か援助してあげようという申し出に，すぐには答えなかった。</u>シシーには一瞬なんのことかわからないようだった。そこで，彼は繰り返してたずねた。

　　⑤「これからどうなさるおつもりですか？　ミラーさん」

　　「これからのこと？　ああ，それは大丈夫です，クランドンさん」彼女は驚いたように答えた。

　まず，下線部①で「彼女の今後のことについて何か言ってあげなければ」とクランドンの考えが示されるので，下線部②はアンジェラの今後についてのクラ

ンドンの発言であると考えます。伝達節・引用符なしで，直接話法の語順と疑問符，間接話法の時制と人称を持つ典型的な自由間接話法です。クランドンの言葉は心の中の声と区別のつかない独り言のようであり，何かに気をとられているシシーには届きません。下線部③④は地の文のように思われますが，たとえば④をクランドン自身の推測的判断ととると，実はシシーの心を占めているのは，アンジェラとの思い出ではなくて，日記に書かれている内容かもしれないと，この状況を解釈することもできます。

　一方，下線部⑤ではクランドンの発話が直接話法で引用符を伴い表現され，クランドンとシシーの会話が実際に成り立った様子が描かれます。このように，同じ発話であっても自由間接話法では，発話者の意識に焦点があり，直接話法では現実世界でのコミュニケーションにより焦点が置かれているように感じられます。

● 「遺贈品」における話法　——日記の言葉と心の中の声

　このあとシシー・ミラーが帰ってから，クランドンが妻の日記を読みながら過去を回想する場面が長く続きますが，日記の記述が引用符に入る以外は，ほとんど間接話法や自由間接話法で進みます。意識の流れを誘導するのはアンジェラの日記の言葉です。次の引用は，クランドンの思い出の中で，アンジェラの言葉が引用されて，話法が二重構造のようになっている場面です。

(9) "I plucked up courage and talked to Gilbert at last. He was so kind, so good. He made no objection." He remembered that conversation. ① <u>She had told him that she felt so idle, so useless.</u> ② <u>She wished to have some work of her own.</u> ③ <u>She wanted to do something—she had blushed so prettily, he remembered, as she said it, sitting in that very chair—to help others.</u> ④ <u>He had bantered her a little.</u> Hadn't she enough to do looking after him, after her home? Still, if it amused her, of course he had no objection. What was it? Some district? Some committee? Only she must promise not to make herself ill.　　　　　("Legacy": 14)

「勇気をふりしぼってやっとギルバートに話をした。彼はとても思いや

りがあってやさしかった。全く反対されなかった」その会話は覚えていた。①私は何もすることがないし，何の役にも立っていないような気がするの，とアンジェラは言った。②何か自分の仕事を持ちたい。③何かしたいの——誰かを助けるようなことを。アンジェラがちょうどそこの椅子に座って，そう言いながらとても可愛らしく頬を染めたのを覚えている。④私は彼女を少しからかった。私の世話をしたり，この家のことをしたりするだけでは物足りないのかい？ だけど，もしそれが君の楽しみになるなら，もちろん反対はしないよ。どんな仕事？ 何か地域の仕事？ 何かの委員会？ 体を壊さないということだけは約束しないとね。

　最初の引用符内は，アンジェラの日記の記述です。それに対するクランドンの心の中の発言「その会話は覚えていた」により，次にクランドンの記憶が語られることが示唆されます。下線部①でアンジェラの発話行為がクランドンの回想として自由間接話法で表現されますが，「～とアンジェラは言った」と発話内容は間接話法で表現されます。次の下線部②に伝達節はありませんが，前後の文からアンジェラの発言と考えられます。下線部③は as she said it によってアンジェラの発言であることが明示され，さらに he remembered が挿入されて，アンジェラの言葉とそれを話しているアンジェラの様子が，「ちょうどそこの椅子に座って」とクランドンが今思い出しているような臨場感を伴って描写されます。そして下線部④でクランドンはアンジェラを「少しからかった」と言っていますので，次の文はクランドンのからかいの内容を表す発言，続く Still から始まる3行も内容から考えてクランドンのアンジェラに対する発言を自由間接話法で表現したものと解釈できます。

　このように，発言や思考の行為を示唆する一文や伝達節の挿入を手掛かりにしたり，文脈や内容から判断したりすることで，地の文なのか自由間接話法なのかを判断することができます。この引用では，伝達節が最小限で挿入されるだけで，ほかはすべてクランドンの意識を描く自由間接話法であることがわかります。引用符や伝達節が目立たないことで，切れ目のない意識の流れと生き生きとした会話の様子が効果的に描かれます。

● 「遺贈品」における話法―自由間接話法の事実を隠す働き

　このように，クランドンの心の中の声を中心に話を読み進めていくと，読者は徐々に，客観的な語りでないことに気づき始め，現実や真相は違うところにあるのではないかという疑念を持つようになっていきます。クランドンの語りによれば，アンジェラの価値は，知性や社会における仕事よりも，見た目の可愛らしさやクランドンに従属する妻としての働きのほうにより多くあるような印象です。しかし，真相が明らかになると，クランドンが妻を全く理解していなかったことがわかります。彼を政治家の妻として支えるのだけがアンジェラの仕事だと考え，それ以外の慈善活動などを全く理解しようとも尊敬しようともしていませんでした。一方でアンジェラの愛情をつかむ B. M. はアンジェラの能力を認め，対等に議論することのできる人物であることが読み取れます。

　以上見てきたように，「遺贈品」では地の文と自由間接話法や間接話法が混在していることから，読者は，登場人物の限定された語りなのか全知の語り手による客観的な語りなのかよくわからない状態で物語を読むことになります。これによって最後まで正しい情報を伏せられたまま，登場人物クランドンの語りを信じ込まされるような形になり，最後に一気に真実がわかるという仕掛けができ上がります。つまり，この話法の用法が推理小説的な謎を生み出していたことがわかります。

● 内容に関するディスカッション

　読了後，作品の内容に関するいくつかの問題を提示し，グループ・ディスカッションを行います。問題は必ずしも正解があるものではなく，学生は自由に想像力を働かせて議論は盛り上がります。ただし，必ずテキストをよく読みこんだうえでの根拠を説明できる解答であることが求められます。たとえば，クランドンの回想の中で，シシー・ミラーの兄が死んだときにアンジェラがひどく取り乱したことについて，クランドンは「アンジェラには生まれ持った思いやりの才能がある」("Legacy": 10) からと考えます。ここを読んだ授業回では，この発言が正しいかどうかという質問は保留になっています。読了後改めてここに戻り考え直すと，アンジェラの悲嘆はシシー・ミラーへの思いやりや同情心からのものではなく，恋人の死によるものであったことに気づき，この発言

がクランドンの独りよがりの判断であったことが明らかになります。

　次の引用はアンジェラが死ぬ直前の日記の記述で，この内容からクランドンは，B. M. がアンジェラに愛人になるよう無理やり迫っていたと推測します。しかし，このあと日記には "he has done what he threatened"「彼は言ってたことを実行した」("Legacy": 17)，そして最後の言葉 "Have I the courage to do it too?"「私にもそれをする勇気があるだろうか？」("Legacy": 18) が記述され，クランドンはようやくアンジェラの死の原因に気づき始めます。

(10)　"Dined alone with B. M … He became very agitated. He said it was time we understood each other … I tried to make him listen. But he would not. He threatened that if I did not …" the rest of the page was scored over. She had written "Egypt. Egypt. Egypt," over the whole page.　　　　　　　　　　　　　　　　　　　　　　　("Legacy": 17)

　　　「B. M. と二人きりで食事をした……彼はとても興奮していた。そろそろお互い理解しあってもいいだろうと彼は言った……なんとか聞いてもらおうとした。でも彼は聞きいれようとはしなかった。もし私が……しないと……と言って脅した」ページの残りは線を引いて消してあった。彼女は「エジプト。エジプト。エジプト」とページいっぱいに書いていた。

　この引用に関する質問は，"He threatened that if I did not …" の省略符号 "…" に入る言葉を想像すること，そしてアンジェラが日記に繰り返し書いた "Egypt" は何を意味するのかということです。threaten that～ には「(～するぞと言って) 脅かす」という意味があることを再度確認してから，B. M. は何と言ってアンジェラを脅かしたのか，「…」の部分に入る答えを考えさせます。様々な解答がでてきますが，このセリフのあとに続く上記の二つの日記のセリフから推測するようにヒントを与えると，たとえば，He threatened that he would kill himself if I did not go with him のような解答に辿りつきます。さらには「『エジプト』は二人の駆け落ち先？」など想像力を働かせて様々な解答が出てきます。ほかにも 20 世紀初めのイギリスのいわゆるアッパー・ミドルクラス（政治家・法律家・医者・学者など）の家父長主義的考えを持つ夫と妻の関係が描かれて

いますので，イギリスの階級やジェンダーの視点から議論を引き出すことも可能です。

● まとめ

作品の読後感を学生に尋ねると，「謎がだんだん明らかになっていくのが楽しかった」「最後になってみると伏線がいろいろあったのがわかったので，もう一回戻って読み直したくなった」のような答えがありました。自由間接話法については，「最初は難しく感じたが，慣れてくると登場人物の意識に入りこむ感じが楽しかった」という感想もありました。さらに，「人称代名詞がどの登場人物を指しているのか混乱することがあったが，自由間接話法について理解することで少しわかりやすくなった」という意見もありました。

以上のように，「遺贈品」読解を通じて自由間接話法をどのように導入し理解していくかを見てきました。小説中の様々な話法を理解することは決して容易な作業ではないかもしれませんが，このように手掛かりを読み取りながら読解することは知的好奇心を刺激し，学生にとっては，物語を楽しみながら分析的に読むよい訓練になると思います。語り手や登場人物の声に耳を傾けながら，謎解きをするように作品を読み進める経験は，きっと学生にとって新たな視点や思考方法の獲得につながることになるだろうと思います。

参考文献

赤羽研三 (2017)「小説における自由間接話法」平塚 (編) (2017), 49–97.

川口喬一・岡本靖正 (編) (1998)『最新文学批評用語辞典』研究社.

木下卓・窪田憲子・高田賢一・野田研一・久森和子 (編著) (2007)『英語文学辞典』ミネルヴァ書房.

木原研三「呼応・話法」大塚高信・岩崎民平・中島文雄 (監修) (1959)『英文法シリーズ』(第3集), 2835–2848. 研究社.

九頭見一士・Hugh Wilkinson (編注) (1981) *Love and Death: Six British Short Stories*. 金星堂.

平塚徹 (2017)「自由間接話法とは何か」平塚 (編) (2017), 1–48.

平塚徹 (編) (2017)『自由間接話法とは何か：文学と言語学のクロスロード』ひつじ書房.

Huddleston, Rodney and Geoffrey K. Pullum (2002) *The Cambridge Grammar of*

the English Language. Cambridge University Press.
Quirk, Randolph, Sidney Greenbaum, Geoffrey Leech, and Jan Svartvik (1985) *A Comprehensive Grammar of the English Language*. Longman.
Thompson, Geoff (1994) *Collins Cobuild English Guides: Reporting*. HarperCollins.
ヴァージニア・ウルフ (1944), 川本静子（訳）(2002)「遺留品」,『病むことについて』, 213–227. みすず書房.

（東京理科大学非常勤）

(参考資料) 本シンポジウムの歩み

欧米言語文化学会〈シンポジウム〉「教室で生かす英語学」
欧米言語文化学会〈連続シンポジウム〉「学問的知見を英語教育に活かす」
発表要旨

(※ 2019 年 3 月現在,所属・職位は例大会開催当時)

作成　編集委員長　　野　村　忠　央

第 3 回年次大会(2011 年 9 月 4 日,於:日本大学芸術学部江古田校舎)
☆〈シンポジウム〉「教室で生かす英語学」

司会　北海道教育大学旭川校准教授　　野　村　忠　央

　英語学(応用言語学と英語教育学を除く)・英文学を専攻する人たちの間で研究活動と教育活動の乖離が進んでいる。つまり,専門科目でも受け持たない限り,研究活動と教育活動(英語の授業)が別物になっているわけだが,極めて憂慮すべきことである。自分の専門を教室で生かすことができなければ,早晩,教員としての存在意義が問われ,ひいては教育現場から淘汰されることにもなりかねない。しかし,英語学・英文学は今日の英語教育の場では無用の長物になったのかと言うと,断じてそうではない。むしろ「今」のような時代だからこそ求められている。それ故に私たちは英語学・英文学の有用性をこれまで以上に外に向けて発信し,教室で生かしていく必要がある。今回のシンポジウムでは,〈教室で生かす英語学〉というテーマのもと,出現頻度が高いにもかかわらず,一般向けの英文法参考書(『総合英語 Forest』など)で詳しく扱われない二つの重要項目を研究発表の形で取り上げ,併せて仮定法についての授業報告を行う。

「結果構文における一考察──Time-away 構文および Way 構文との関係性をめぐって──」

津田塾大学助教　　阿　部　明　子

　本発表の目的は,英語の結果構文,Time-away 構文および Way 構文の言語事実を観察し,構文相互の関係がどのようになっているのかを明らかにすることである。これまで,英語の移動表現を結果構文に含めて論じる研究が多くみられるが(Levin and Rappaport Hovav 1999, Boas 2003, Goldberg and Jackendoff 2004, 米山 2007 など),なかでも Goldberg and Jackendoff (2004) は Goldberg (1995) や Jackendoff (1990) の研究成果を踏まえつつ,構文文法と生成文法を融合する方向で移動表現を結果構文に組み込む議論を行っている。本発表では,そのような考え方の妥当性を検証し,Time-away 構文と Way 構文が結果構文であると考えた場合の構文間の位置づけに関して考察する。同時に,生じうる問題についても議論したい。

「英語における「場所句倒置構文」の特性と分析」

文教大学非常勤講師　　山　田　七　恵

　In the corner was a lamp. のような，場所を表わす前置詞句が文頭に現れ後続する主語と動詞に倒置が起こる場所句倒置構文 (Locative Inversion Construction; LIC) についてはその統語的特性・談話機能などを含めこれまで多くの分析がなされてきた。本発表では，英語教育ではあまり多く取り上げられないこの構文の統語的・談話的特性を改めて概観することで，実際に教える際に留意すべき点・学生が疑問に思う点を示唆し，それに回答することを試みる。同時に，場所句倒置構文に現れることができる動詞についての主たる研究を取り上げ，それらの動詞の解釈の仕方についても言及する。

「英語を苦手とする学生に仮定法を理解させるための一方法」

日本大学非常勤講師　　奥　井　　　裕

　「「法」とは何か？」ということを解説し，直説法現在と直説法過去を再確認させた上で仮定法過去を導入すると，いわゆる中堅以下の大学の学生でも，さほど混乱することなくこれを理解する。そして仮定法過去が理解できれば仮定法過去完了の理解も容易であり，仮定法現在の理解にも繋がる。さらに仮定法現在と命令法の間にあるいくつかの類似点を認識させることも可能である。本発表では，英語を苦手とする学生に（少なくとも当初は文法用語を極力排して）仮定法を理解させるための方法を授業報告の形で提示したい。

☆〈連続シンポジウム〉学問的知見を英語教育に活かす

日本獣医生命科学大学　　鵜﨑　敏　彦

　学会の存在意義の一つに社会貢献があることは論を俟たない。そして，当学会が守備範囲としている諸分野の研究活動を社会に還元する有効な手段の一つに，その研究成果の英語教育への応用が挙げられることも，多くが認めるところだろう。そこで，最近の英語教育の動向に目を向けてみると，コミュニケーション能力が重要視されており，とにかく「慣れる」ことで英語力を育成しようとする傾向にあるように感じられる。もちろん，「慣れる」ことは大切であるし，英語をツールとして使えるようにならなければ，学習する意味がないのも当然である。
　しかし，限られた時間の中で効率よく英語力を身に付けるためには，「慣れる」だけではなく，きちんと「理解」することも重要であることは間違いない。その「理解」を促す過程で，最新の研究成果はもちろんのこと，概論レベルの知識であっても，授業者の工夫次第で，学問的知見を活かすことは十分に可能であると考えている。本シンポジウムでは，「学問的知見を英語教育に活かす」というテーマのもと，各発表者が，各々の専門分野における英語教育に活かすことのできる学問的

知見や，その知見を活かした教授法について取り上げる。

第6回年次大会（2014年9月7日，於：日本大学芸術学部江古田校舎）
〈連続シンポジウム〉「学問的知見を英語教育に活かす」
発題者1　「英語の指示表現の機能」

　　　　　　　　　　　　　　　　　日本女子体育大学助教　　山　田　七　恵

　中学校および高等学校で文法事項を教授する際に使用される例文は，文法事項の習得に重きが置かれているため，当然ながらそれがどのような状況で使われているのか，前後関係や談話者の知識にまで注意が払われることは殆どない。しかし，There is a pen on the desk. The girl standing at the door is my sister. I met a boy whose father is a famous writer. など，定／不定冠詞をはじめ指示形容詞・代名詞を含む指示表現の用法を正しく学ぶ（教える）ためには，談話内で話し手と聞き手がどのようにその対象を認知しているのか，語用論的な要因を考えることが不可欠である。本発表では，英語指示表現の用法を再確認するとともに，それが談話内でどのように認知され，どのような前提のもとで使用可能なのかに着目し，例文を検討していく。談話者が指示表現をどのような直感で使用しているのか光を当てることで，英語の指示表現の機能を再考したい。

発題者2　「English as a Lingua Franca (ELF) に基づいた英語教育」

　　　　　　　　　　　　　　　　　　　　明星大学助教　　藤　原　　愛

　国際理解や異文化理解が叫ばれる今日，コミュニケーションを重視した日本の英語教育において，「発音」についてもELFの視点からのさらなる研究，またそれに基づいた指導法が求められている。いわゆる「ネイティブの発音」にとどまらず，英語の発音はどうなっているか，またどうあるべきかを学生とともに考える授業を行っている。世界に広がる英語話者の現状を理解することにより，新しい英語の形を学習者に提示することで，日本人がコンプレックスを抱きやすい「発音」を，もっと楽しんで学習して欲しいと願っている。また，日本語母語話者にとってなぜ英語を習得することが難しいのかを，日本語と英語，必要であればその他の言語の発音を比較し考えていくことにより，自らの母語についての理解も深められると考えている。今回の発表では，発音をcorrect（正しい）という考え方ではなく，intelligible（理解できる）という側面から捉え直し，今後の英語教育への示唆を与えていきたい。

発題者3　「英語史の知見を英語教育に活かす～習熟度の別を問わない効果的な発問を探る～」

　　　　　　　　　　　　　　　　日本獣医生命科学大学専任講師　　鴇　﨑　敏　彦

これまで発表者は，中学校，高等学校，専門学校，大学と，様々な教育機関で英語の授業を担当してきたが，どの教育機関の授業においても，学生（生徒）の興味・関心を引いたり，より深く理解させたりする上で，英語史の知識は非常に有用であると感じてきた。もちろん，英語史の知見を授業者が説明の中で披露するだけでも，学生（生徒）の知的好奇心を喚起するという効果は生まれるだろう。しかし，それだけでは，学生（生徒）に自分の頭を使って「考える」ということをさせることができない。そこで，発表者は，「発問」を工夫することで，学生（生徒）に「考える」きっかけを与えることが重要であると考えている。本発表では，義務教育課程を修了している英語学習者を対象とし，彼らにそれまで考えたこともなかったようなことを考えさせ，本質的な理解へと導くために，英語史の知見を活かした「発問」が習熟度の別を問わず効果的であることを，実践報告の形で提示したい。

（シンポジウム司会：和光大学非常勤講師　　奥　井　　　裕）

第129回例会（2014年12月7日，於：日本大学文理学部）
〈連続シンポジウム〉「学問的知見を英語教育に活かす」
発題者4　「*Summing Up*を教室で読む」

東洋大学非常勤講師　　岡　部　佑　人

　本発表では，William Somerset Maughamの *Summing Up* を取り扱い，英語学習者が，英語で英語の書き方を理解することの重要性を指摘する。現在の英語教育の現場に目を向けると，日本語で書かれた文法テキストを解き，単一の答えが決まっているという授業が多いように思う。答えは本当に決まっているのだろうか。曖昧性を喚起することで，考えるきっかけになり，理解させることもあるのではないだろうか。このような問いを踏まえ，教室現場に一石を投じてみたい。

　同書の第8章は，英語で英語の書き方を理解させるのに適した内容となっている。Maughamが若い臨時の秘書に校正を頼んだ際の話，後半部分ではとある大学教員に校正を頼んだ時の話がそれぞれ紹介される。秘書に対しては批判的に，大学の教員に対しては好意的に捉えている。それぞれの例を具体的に示しつつ，第8章が喚起している問題点を指摘し，それを教室現場に還元するような問いかけを発することを目標とする。

発題者5　「混乱の多い英文法の専門用語について」

北海道教育大学旭川校准教授　　野　村　忠　央

　発題者はこれまで，統語論，英語語法文法研究などの，英語学，言語学の理論的及び実証的研究に従事してきたが，その研究成果を分野内の世界だけに留めておくのではなく，一般の英語教育，英語学教育，英文法教育全体に対して還元することが必要だと，従来より強く考えていた。

本発表は，本連続シンポジウムの趣旨を踏まえ，特に，日本の英語教育（及び，英語学，英文法の分野）で氾濫・混乱している専門用語について，その氾濫・混乱の原因，そして整理・解決の方法を，歴史的（英語教育史及び英語学史的観点），英語学・言語学的，両方の立場から探っていくことを目的とする。

具体的には，不定代名詞，不定冠詞，不定詞などのそれぞれの「不定」の意味，subjunctive mood の訳語（仮定法，接続法，叙想法）の問題，一般的には基本的な用語と考えられる目的語，補語という用語の問題などについて広く議論したい。

（司会：和光大学非常勤講師　　奥　井　　　裕）

第7回年次大会（2015年9月6日，於：日本大学芸術学部江古田校舎）
〈連続シンポジウム〉「学問的知見を英語教育に活かす」
発題者6　「大学の英語教育におけるアウトプット力向上方法」
デジタルハリウッド大学准教授　　江　幡　真貴子

アウトプットに重点を置く1年生の Production の SA（最上級）の授業と，4年生のゼミ補助科目（英語ゼミ）の授業を紹介する。アウトプット，特にスピーキング力向上のために必要な要素とは何かを考え，また，いかに授業内外でそれらの要素を使用し，学生の英語アウトプット力向上につなげているのかを発表したいと思う。

（司会：デジタルハリウッド大学教授　　大　石　健太郎）

発題者7　「動詞と後続する名詞句の"秘密の関係"を授業で暴く」
日本赤十字看護大学准教授　　川　﨑　修　一

理論言語学の知見の一つとして，動詞と後続する名詞句（便宜上，目的語と言う代わりにあえてそう言っておくが）には目に見えにくい"ある関係"が存在すると数十年前から指摘されてきた。そして，この関係は少なくとも英語においては一般的な性質であり，様々な「構文」の意味や使用上の制約に深く関わっていることを示唆する研究結果も多く存在している。その一方で，これについて語ることは教育上不適切（あるいは無意味）であると考えられたかどうかは定かではないが，学生の眼前で暴露し教育上の効果の有無を検証するといった試みは，少なくとも管見の限りにおいてはほとんど存在せず，専門外の教員や学生に対しては，いわば"秘密の関係"となっている感は否めない。そこで本発表では，このアヤシイ関係について様々な「構文」の実例を挙げながら実証的に検討した上で，教育上の有益性（と同時に課題）について議論したい。

（司会：日本女子体育大学准教授　　加　賀　岳　彦）

第133回例会（2016年12月4日，於：日本大学芸術学部江古田校舎）
〈連続シンポジウム〉学問的知見を英語教育に活かす

発題者8 「外国語教育としての英語教育」

明星大学准教授　藤原　愛

　日本における外国語教育は時代ごとに，世界のそして社会の情勢を反映しながら変化し続けている。国際共通語としての英語の必要性が叫ばれて久しく，日本でも小学校における外国語活動という名の早期英語教育が全面的に実施され，子どもも学生も，社会人もそして日本という国自体が英語習得に躍起になっている。その一方で，数多ある言語の中で英語だけが大写しされた結果，「日本の外国語教育＝英語教育」という構図に陥ることに疑問を呈する研究者も少なくない。今一度「外国語教育」という枠組みで「英語教育」を捉え直し，日本では英語教育が「異文化理解」への，そして「その他の外国語」への入り口となる存在であることを認識する必要がある。英語教育を通じて「ことば」以上のものを学び，学習者がその次のステップへと歩みを進めることができるかどうかは，英語教育にかかっている。本発表では，文部科学省の学習指導要領に基づき「外国語教育」について概説し，英語以外の外国語教員へのアンケート調査により得た「英語教育がすべきことは何か」という問いの答えから，今後の英語教育のあるべき姿について考えていく。

（司会：日本大学非常勤講師　奥井　裕）

発題者9 「were to が現れた条件文の帰結節は仮定法だけなのか」

桐生大学教授　女鹿喜治

　英文を読んでいると，文法書などに記述がなかったり，少し違っているのではないかと思われるような例に出会うことがあります。また，実際の英文の中で実例に出会い，ようやく説明の意味が理解できることもあります。結局，スポーツと同じように，体で実感するしかないのかもしれません。

　ここでは，「were to が現れた条件文の帰結節は仮定法だけなのか」という題で，次のような were to が前提節（if 節）に現れる仮定法過去の条件文について考えてみたいと思います。

What **would** happen to your family **if** you **were to** die in an accident?　(*LDCE*, *if* 1)

　言い換えると，「条件文の前提節が were to を伴う場合，その意味内容は本当に実現する可能性が低かったり，実質的にあり得ないことのみを表すのか」ということです。

　この例のように，「前提節が were to を伴っていると，未来の出来事を仮定したものとなる。そして，その出来事は実現する可能性が低いか，あり得ないことを表し，帰結節（主節）は would のような仮定法過去の法助動詞が付加される」と私たちは習っているのではないでしょうか。実際に，多くの受験参考書や文法書にそう書かれていますし，目にする例の多くがそのようになっています。しかし，時には，帰結節が直説法，つまり，この例で言うと，法助動詞の would が will となっ

たり，あるいは，happens のようになり，法助動詞さえも付かない形になることがあります。その場合，その条件文はどんな意味合いで表されているのでしょうか。そのような実例をここでは検討したいと思います。

　最初に，未来の出来事を表す条件文に関してこれまでにわかっていることをまとめ，仮定法に関わる私たちの基礎知識を再確認します。次いで，were to が現れる条件文の帰結節が仮定法ではなく，直説法となっている例をなるべく多く検討したいと思います。

（司会：明海大学講師　　野　村　忠　央）

第 135 回例会（2017 年 12 月 3 日，於：日本大学芸術学部江古田校舎）
発題者 10　「主語と補語との数の（不）一致について」

日本赤十字看護大学教授　　川　﨑　修　一

　以下の (1) は，ライティングの課題の中で実際に学生が書いた英文である。一瞬ひるんだ後，その場で文法的適格性に関して確信を持って判断することができず，本発表のきっかけになった苦い思い出のある文でもある。

(1) It is important to be exposed to various arts when they are a baby.

この場合，複数形の babies が一般的であるように思われるが，(2) と同様の扱いができるかどうかに関しては今一度検討の余地があるように思われる。

(2) Sacrifice bunts are a dying art in baseball.

本発表では，(1), (2) に加え (3) に挙げるような主語と補語との間に単数・複数のミスマッチが生じる言語現象を取り上げ，教育上有効な記述・説明について考察したい。

(3) a. Canine fans are a common sight in Texas.
　　b. Our principal crop is potatoes.
　　c. Eight years is a long time.
　　d. Where's that ten dollars?

（司会：日本獣医生命科学大学准教授　　鴇　崎　敏　彦）

発題者 11　「言語の古い形が残っているのは中心の地あるいは周辺の地？」

明海大学講師　　野　村　忠　央

　中学，高校，大学を問わず，英語教育の現場で英語を教授する際，歴史変化に基づく説明は必ず用いられる教授方法の一つであり，かつ大変有益なものである。

　本発表では，本連続シンポジウムの趣旨を踏まえ，古い言語の形が一般の予測に反し，中心の地（= 古い村）よりも周辺（辺境）の地（= 新しい村）に残りやすい

という点について，日英語を中心に論ずる。また，そのような理解が英語を教授する際に有用であることを併せて論ずる。

具体的には，まず言語変化の仮説として，1872 年に青年文法学派の Johannes Schmidt によって提案された比較歴史言語学の「波紋説」と，日本の民俗学者柳田國男 (1875–1962) によって提唱された「方言周圏論」の 2 つを紹介する。次に，頷きやすい前者の波紋説に対して，後者の方言周圏論には当然，賛否が存在するが，言語変化にそのような傾向があることは否定できない事実であることを日英語それぞれの言語事象から示していく。

（本発表は連続シンポジウムの内容ということで，高見・行田・大野編 (2017) 所収の筆者の同名論文（野村 (2017)）に基づく発表であることを予めご了承頂ければと存じます。）

（司会：桐生大学教授　　女 鹿 喜 治）

第 10 回年次大会（2018 年 9 月 2 日，於：日本大学芸術学部江古田校舎）
〈連続シンポジウム〉学問的知見を英語教育に活かす
発題者 12　「作品タイトルに見る日英語の相違」

北里大学非常勤講師　　森 景 真 紀

　英語教育の場において，英文和訳や英作文の正答率が低くなるのは両言語間の直訳が不可能なときである。つまり，異言語間で異なる語彙や文法を対応するものに単純に置き換える作業をしただけでは，訳出した表現が不自然な表現になってしまう場合である。では，自然な表現，つまり，その言語らしい表現を産み出すために鍵となるのは何か。この疑問が本研究の発端となっている。日本で公開される外国語映画を見るとき，邦題のつけ方は大変興味深い。元の言語からの直訳の場合もあるが，原題からは想像もつかないほどかけ離れている場合もある。一方で，両言語の日常の言語表現方法を考察すると，英語は非明示的で「不親切」であるのに対して，日本語が「親切」に解説をする明示的な言語であるという特徴を見出すことができる。この言語的特徴が映画等の作品タイトルに期待されるものにおける差異にも影響を及ぼしていると筆者は考える。本発表では，日常の表現方法の比較と，映画，テレビドラマ，演劇等の作品タイトルの分析を通して，日英語それぞれのタイトルに期待されるものについて考え，そのことが，英語学習者にとって役立つ知識となることを示したい。

（司会：日本獣医生命科学大学准教授　　鴇﨑 敏 彦）

発題者 13　「ヴァージニア・ウルフの"Legacy"を教室で読む——自由間接話法を体験する意義」

明治大学非常勤講師　　吉 田 えりか

　英語学習者は通常，直接話法・間接話法については学ぶが，そのほかの話法につ

いて学ぶ機会は少ない。特に，自由間接話法あるいは描出話法については，文学で使われる特殊な話法であるとだけ教えられることが多い。本発表では，Virginia Woolfの短編小説 "Legacy" を使用して，自由間接話法を理解することを目標の一つとした英語講読の授業を紹介する。

"Legacy" は，さまざまな話法の巧妙な配置により，「全知の語り手」による客観的な記述と，作中登場人物の意識を通じた語りが分けがたく混在する。そのため読者は事実をすぐには把握できず，謎解きのスリルを味わうことになる。この小説を読む体験を通じて，英語学習者は，自由間接話法が作品に与える効果を感じ取ることができるだろう。

一方で，"Legacy" 読解は，話法の難しさだけではなく，長く複雑な構文が多いことなど，英語文学読解に慣れていない学生には困難な面もある。そこで授業では，文法事項や構文を説明し，内容についてのディスカッションにつながる問題を取り入れた補助プリントを用意することで，読解を助け，かつ学生の自由な発想を引き出すきっかけづくりをしている。

日常の英語で使用頻度の少ない自由間接話法を，文学専攻以外の英語学習者が学ぶ意義については議論が分かれるだろうと思う。しかしながら，学習者がこの作品の読解を通じて語り手の存在を意識することは，情報社会において，語り手の立ち位置を考慮して判断できる目の必要性を認識し，批判的思考力を鍛えようと考えるよいモティベーションになるだろうと考える。

(司会：日本赤十字看護大学教授　　川﨑修一)

発題者14　「語学（英語）の授業での文学作品をどう扱うか」

　　　　　　　　　　　　　　　日本大学非常勤講師　　奥井　裕

　語学（英語）の授業で文学作品（主に小説）を講読する意義と有用性について考える。まず始めにどのような点で文学作品（小説）の講読は有益なのかについて述べる。そして今日，小説の講読を困難にしている様々な要因とそれらに対する打開策について触れた上で，小説の講読方法を実践的に示したい。

　今回取り上げるのは，サマセット・モームの「物知り屋さん」と「約束」の2作品である。時間の関係から話題の数は限られるが，「物知り屋さん」では①「ただ訳すだけでは意味がない――受動態について」②「訳は同じでも意味は違う――"went into" と "made my way into"」③「学生の質問への対応――"of" をどう教えるか？」ということについて，「約束」では①「1文が長い場合の処理」②「カギとなる単語の理解」③「精読の重要性」④「"shall" と "should" をどう理解させるか」ということについて，授業でどのように教えているのかということを報告する。

(司会：桐生大学教授　　女鹿喜治)

〈付記〉今回のシンポジウムでは，語学（英語）の授業で文学作品を講読する意義と有用性を示すという目的で，シンポジウム出版企画編集委員会から，吉田氏と奥

井氏のお二人に連続シンポジウム出版企画への投稿原稿（2018年3月31日受理）に基づく発表を依頼したことをお断りしておきます。

第138回例会（2019年3月3日，於：日本大学文理学部）
〈連続シンポジウム〉学問的知見を英語教育に活かす
発題者15　「接続詞thatの現れる位置と省略可能性について」
　　　　　　　　　　　　　　　東北大学大学院生　　田　村　　惇

　学校文法において接続詞thatは一般的に省略可能であるとされている。例えば，I think that Tom likes Mary. のような文はthatを省略し，I think Tom likes Mary. とすることが可能である。しかしながら，このthatは常に省略可能というわけではない。thatは動詞の補部 (I think that ….)，形容詞の補部 (I am sure that ….)，主語の位置 (That he's awake is ….) などに現れ，同格節 (the proof that ….) を導く場合にも用いられるが，これらの現れる位置に応じて省略できるかどうかが決まっており，一貫した規則性を示す。この事実は学校文法ではほとんど言及されず，thatであれば所かまわず省略できるような印象を与えてしまいかねない。本発表では理論言語学で補文標識と呼ばれるthatが現れる位置を確認し，その省略可能性について理論言語学の知見を紹介する。

　　　　　　　　　　　（司会：文教大学准教授　　野　村　忠　央）

発題者16　「洋楽 (Can't Take My Eyes off You) の歌詞を使った授業報告」
　　　　　　　　　　　　　　日本大学非常勤講師　　奥　井　　裕

　学生が殆ど知っている，少なくとも聞いたことはある Can't Take My Eyes off You を用いて，この単純なラブソングから，学ぶべき英語の諸要素をどこまで引き出せるかを授業報告の形で示してみたい。歌詞を順を追って読みながら，以下のように進めていく予定である。

  1. 直訳では意味がよくわからない。(You're just too good to be true.)
  2. 同じ文でも状況次第で意味が変わる。(That's too good to be true.)
  3. Off と of (I can't take my eyes off of you.)
  4. 英語と日本語の単語は意味的に1対1で対応するものではない。
  5. 言葉のロマンス。語源の話。(At long last love has arrived.)
  6. 文脈の重要性。(I thank God I'm alive.)
  7. 和訳よりも英語で言い換えをさせたい例。(There is nothing else to compare.)
  8. 学生が苦手とする構文。(The thought of you leaves me weak.)
  9. 類語の問題。(Trust in me when I say.)
  10. 音声の問題。(詩は楽しいもの。気持ちの良いもの。)

　　　　　　　　　（司会：北里大学非常勤講師　　森　景　真　紀）

本書のルーツ
——故山田七恵さんを偲ぶ

奥 井 　 裕

　些か私的な話から始めることをお赦し下さい。私が非常勤の出講先（和光大学）でご一緒していた阿部明子さんの紹介により，初めて山田七恵さんとお会いしたのは2010年のことでした。ちなみにその阿部明子さんを紹介してくれたのは当時和光大学の専任だった野村忠央氏で，専任教員の教授会がある金曜日に阿部さんと私も非常勤として出講していたのが縁でした。野村氏は阿部さんと私は話が合うだろう，と思ったのだそうです。野村氏は本書に特別寄稿して頂いた千葉修司先生の依頼で2006年に津田塾大学言語文化研究所プロジェクト「英語の通時的及び共時的研究」第39回研究会講師として講演をしたのですが，その研究会で研究発表をしていたのが当時津出塾大学の大学院生だった山田さん，そして，講師の野村氏と言文研側の事務連絡をしていたのが同じく大学院生だった阿部さんだったそうです。そして今度はその阿部さんが，山田さんと私は話が合うだろうと思ってお互いを引き合わせたのでした。ちなみに，阿部さんは野村氏が異動した後の，次の次の英語学教員公募に応募され，現在，私の学部の母校である和光大学に専任教員として勤務されています。純然たる公募ですが，世の中は本当に狭いと感じられます。こうして4人のちょっと変わった勉強仲間ができました。
　山田さんは大変英語のできる方で，クラシックの輸出用CDの解説文をいくつも英訳されましたし，逆に国内盤の楽曲解説文の邦訳もしました。『若林暢 ブラームス：ヴァイオリン・ソナタ全集』(Sony Music Direct (Japan) Inc. MHCC30004) の楽曲解説の名翻訳は彼女の手によるものです。もっともこれが彼女の最後の仕事になってしまいましたが……。またN響のゲスト・コンサート・マスター（ヴェスコ・エシュケナージ氏）と2度会食した時は，彼女のあまりの英語のうまさに私は目を瞠りました。同時通訳もほとんどプロ並みだったのではないかと思います。加えて教育への情熱も非常に強い上に，話が面白く，教えるのもうまい，さらに学生には明るく親切，というわけで教師としても一級でした。現在，若手の女優として活躍されている土屋太鳳さんも学

科で英語を教えた学生さんのお一人だということです。けれどもあまりにも英語ができるがゆえに，そしてあまりにも英語が好きであるがゆえに，彼女には大きな悩みがありました。

　山田さんは英語学（統語論）の研究をしていましたが，次第にそれに強い疑問を抱くようになっていました。もしかすると，初めて出会った頃がそのピークだったかもしれません。要するに彼女は，英語を教える上でさして役立つとは思われない「研究論文」に嫌気がさしていたのです。「研究とは別の世界で生きることを考えている」とまで言っていました。彼女の悩みは英文学（英語圏の文学の意）を専攻としている私にとっても他人事ではありませんでした。というのは，自分も常に彼女と同じ悩みを抱えてきたからです。

　論文であれ口頭発表であれ，研究成果は新発見でないと普通「業績」にはなりません。しかし「英語の授業でそのまま使える」という意味に限って言えば，英語学で重要な知見はほぼ言い尽くされています。これは英文学の世界においても言えることで，著名な作家や作品を取り上げると，書きたいことは既に定説になっている場合がほとんどです。そのためにまだ誰も言っていない事柄を探して書くわけですが，どうしても些末で重箱の隅をつつくようなものにならざるを得なくなる。しかもそれを重要な「新発見」に見せなければならないので，内容を分かりやすく書くわけにはいきません。こうしてわけの分からない，また作家・作品の本質とは無縁の「研究業績」が大量生産されるようになります。その結果，「英文学研究」は普通の読者からどんどん乖離していき，大学でも風前の灯火になっています。ここ十数年，自分がいわゆる「学術研究」よりも「英文学を英語の授業に活かす研究」に力を入れている理由もそこにあるわけですが，彼女は英語学の世界でこれとやや似た問題に直面していたのでした。

　山田さんは研究自体に嫌気がさしているわけではなかったので，私は彼女に「英語学の知見を教室でどう活かすか」ということを今後の研究主題にしたらどうか，と提案しました。彼女が同意してくれたのは言うまでもありません。そして間もなく彼女はその線で研究発表をすることになるのですが，これに研究・教育とも熱心な阿部さんが加わり（残念ながら諸事情により本書への執筆は叶いませんでした），次いで私も参加することになりました。さらに総合司会者として野村氏も加わり，山田さんの研究発表は「教室で生かす英語学」というシンポジウムに発展することになります（欧米言語文化学会第3回年次

大会，2011年9月4日開催）。このシンポジウムは活況を呈し，特に山田さんの発表では非常に多くの質疑応答が交されました。シンポの趣旨「私たちは英語学・英文学の有用性をこれまで以上に外に向けて発信し，教室で生かしていく必要がある」に多くの支持が集まったのは望外の幸せでしたが，さらに嬉しいことに「今後もこのような企画を続けていこう」という気運が次第に高まっていき，3年後の2014年9月には鴇﨑敏彦氏が発起人となって連続シンポジウム「学問的知見を英語教育に活かす」という形で引き継がれることになります。この連続シンポジウムは今も定期的に行われているのでもう5年目に入りますが，そのトップ・バッター（発題者1）になったのはもちろん山田さんでした。

　ところで，これら2つのシンポジウムが行われる前の「欧米言語文化学会」は英文学を専攻とする会員が大半を占めており，事実上英文学研究の会でした。ところが「連続シンポジウム」が定期的に行われるようになると，野村氏の尽力もあって英語学・英語教育学を専攻される先生方が多数入会されるようになり，最近ではこれら3分野の教員が集まって共に学び合うことも多くなりました。英語学であれ英語教育学，英文学であれ，研究成果を教室で活かすことができなければ研究の意味が半減してしまう，存在意義も危うくなる──そういった各自の共通の思いがそれぞれの専門の垣根を乗り越えさせ，今日の活況を会全体にもたらしたのでしょう。要するに，それまではあまり目立ってはいなかったものの，山田さんと同じような思いを持っている人たちが大勢いたのです。従って本書の発刊の経緯につきましては川﨑氏と鴇﨑氏が詳しく述べている通りですが，付言すればもし山田さんがいなかったとするならば少なくとも「教室で生かす英語学」というシンポジウムはなかったですし，ひょっとすると本書を世に問うこともなかったかもしれません。従ってその意味では，本書のルーツは山田さんであると思います。

　その山田さんが急逝されたのは2017年8月10日のことでした。大学の専任となられた日本女子体育大学で助教から専任講師に昇格され，研究・教育活動とも順風満帆で，本書にも執筆されることになっており，結婚もされて，まさにこれからという時にご出産後の経過が悪く，突然亡くなられたのです。それもまだ35歳の若さでした。私たちが大変なショックを受けたのは言うまでもありません。まさに痛恨の極みとしか言いようがありませんでした。生まれてきた女の子が元気で健康であったことは唯一の光明でしたが，山田さんの無

念さ,さぞかし心残りであったであろうことを思うと,最高の友人,最高の勉強仲間を失ったことと相俟って涙が止まりませんでした。もうあの笑顔を見ることも心置きなく話し合うこともできないのです。

　その気持ちは彼女の葬儀の前日にごく私的な偲ぶ会を 3 人で催した野村氏,彼女の上司だった加賀岳彦氏（日本女子体育大学）も同じであろうと思われます。野村氏が言われていたことですが,葬儀に参列していた数多くの学生さんを目にすると,また,日本女子体育大学学長,彼女の長年の親友,同じく津田塾大学院の親友森景真紀氏（本書執筆者）の胸を打たれる弔辞を耳にすると,彼女がいかにみんなに愛されていたか,また,人生でいかに努力していたかが偲ばれました。

　そのような中でせめてもの救いは,本書を世に問うことができたことです。山田さんはもうこの世にはいませんが,彼女の研究と授業への思い「学問的知見を英語教育に活かす」は本書の中でもずっと生き続けることでしょう。山田さんのご冥福を心よりお祈り申し上げます。

　　2019 年 3 月　山田さんの三回忌を八月に控えて
　　　　編集委員・連続シンポジウムコーディネーター　　奥　井　　　裕

追記　山田七恵氏（1981–2017,元日本女子体育大学体育学部運動科学科舞踊学専攻専任講師）の「学問的知見を英語教育に活かす」業績

山田七恵 (2012)「英語場所句倒置構文をめぐる疑問」*Fortuna* 23: 3–18. 欧米言語文化学会.

山田七恵 (2015)「There 構文再考・その機能と意味上の主語に関する留意点」『日本女子体育大学紀要』第 45 巻,71–77.

山田七恵 (2015)「時制の一致の教授に関する一考察」渋谷和郎・野村忠央・土居峻（編）『英語と文学,教育の視座』169–179. DTP 出版.

Yamada, Nanae (2017) "Notes on the Accented Operator as an Emphatic Device."『津田塾大学 言語文化研究所報』第 32 号,46–58.

あとがき

　私はある出来事がきっかけで小学校4年生の時に教員になることを決意したのですが，その後しばらくは専門の教科を何にしようか迷っていました。そんな私が英語の教員になることを決めたのは中学校1年生の時，当時通っていた学習塾でいわゆる頻度の副詞を教わったことがきっかけでした。「always, usually, often, sometimes, seldom, never などを頻度の副詞と呼び，原則として一般動詞の前，be 動詞・助動詞の後ろに置きます」という説明を受けた時に，もちろん例外的な規則として暗記するだけでもよかったのですが，「なぜ頻度の副詞だけ文中での位置が変わるのだろう」という疑問が浮かんだのです。そして，「頻度の副詞は他の動詞にかかる副詞と何が違うのだろう」ということを考えているうちに，「頻度の副詞は100%の肯定文から0%の否定文までを段階別に表現している語だから，否定文を作る時に使う not と同じように動詞の近くに置くのではないか」ということに気がつきました。更に，not の品詞が副詞であることを知った時の感激は，今でも忘れることができません。このことがきっかけで，「言葉は人間が作り上げてきたものだから，言葉の規則には必ず何か理由があるはずだ」と考えるようになり，言葉の奥深さに魅了されていきました。その頃より，ただ「とにかく覚えなさい」と言うのではなく，学習者が言葉の成り立ちをきちんと理解した上で英語が使えるように指導できる教員になりたいと思うようになったのです。
　その目標を達成すべく私は，学部と大学院で英語学（英語史）を専攻し，中学校，高等学校，専門学校，大学の英語の授業の中で，自らの専門性を活かし，生徒・学生の知的好奇心を喚起するような授業展開を研究テーマに掲げて，実践してきました。そして，その実践を通じて，英語に関するどの研究分野にも英語教育に活かすことができる学問的知見があるのではないかと考えるようになりました。そこで，自ら発起人となり，「学問的知見を英語教育に活かす」というシンポジウムを企画し，それがきっかけで本書が刊行されることになったのです。もちろん，先に開催されていたシンポジウム「教室で生かす英語学」が刺激になったことは言うまでもありません（両シンポジウムの詳細については，本書の「(参考資料) 本シンポジウムの歩み」を参照）。
　私がシンポジウムを企画する際にこだわったのは「学問的知見」という部分

です。それは，定説となっているような概論レベルの知識であっても，授業者の工夫次第で，学問的知見を英語教育に活かすことは十分に可能であると考えていたからです。2014年9月に欧米言語文化学会第6回年次大会で開催されたこのシンポジウムは，その後連続シンポジウムとして継続することになり，2019年3月の同学会第138回例会で7回目を迎えました。発題者も累計で16名に上ります。正直なところ，このシンポジウムを企画した時には，ここまで長く続くとは思っていませんでした。大変多くの方々が企画の趣旨に賛同し，発表して下さり，その成果を書籍という形で残すことができたことは望外の喜びです。

　本書には，特別寄稿も含めて，英語学・英語教育学・英米文学といった様々な研究分野からの投稿があり，数多くの理論や実践報告が掲載されています。日頃ほとんど料理をしない私がこのような言い方をしても説得力に欠けますが，授業を料理に例えるとすると，学問的知見は調味料・香辛料のような存在になり得るのではないかと考えています。もちろん，主な食材になることもありますが，どちらかと言えば，加えなかったり加える量が足りなかったりすると，味気なかったり物足りない料理になってしまい，また，加えることで料理全体の味の決め手にもなるような役割を持つものなのではないでしょうか。本書を手に取って下さった方々がお気に入りの調味料・香辛料を見つけ，授業という料理を作る際に活用することで，多くの英語学習者の知的好奇心が喚起されましたら，当シンポジウムの発起人として，そして本書の編集委員の1人として，これ以上嬉しいことはありません。

　最後になりましたが，本書を刊行するにあたり，お力添え下さった全ての方々に心より感謝申し上げます。

2019年3月吉日
　　　　　　　　編集委員・連続シンポジウム発起人　鴇﨑　敏彦

索　引

用語索引

ア行
あいまい (ambiguous) 4
曖昧性 (ambiguity) の除去 188
アウトプット・スキル (output skill) 289
アドホック属性付与構文 (ad hoc attribute assignment construction) 101
アドホックな属性の付与 (ad hoc attribute assignment) 101
あり方 164
イージー・ストーリー・ハウス (Easy Story House) 384
意識の流れ (Stream of Consciousness) 394
移動 (movement) 59, 80
異文化間コミュニケーション (cross-cultural communication) 270
異文化理解 (cross-cultural understanding) 270
意味 (meaning) 179
依頼 (request) 172
インフォ・トレイル (Info Trail) 387
インプット・スキル (input skill) 289
引用句辞典の活用 253
埋め込み節 (embedded clause) 162
英語音声学 (English Phonetics) 151
英語教育 (English education) 2
英語史 (History of English) 132, 151
英語の5文型 (five sentence patterns) 322
円唇化 372
置き換え (substitution) の原理 74, 152
オックスフォード・ブックワームズ (Oxford Bookworms) 378
オックスフォード・リーディング・ツリー (Oxford Reading Tree) 385
音節 (syllable) 232
音節拍リズム (syllable-timed rhythm) 233
音素 (phoneme) 230

カ行
開音節 (open syllable) 232

外国語（英語）366
外国語活動 362
外国語指導助手 (ALT) 368
外国語副作用 (foreign language side effect) 90
介在効果 (intervention effect) 88
外発的動機づけ (extrinsic motivation) 246
外部否定 (external negation) 199
開放条件 (open condition) 176
会話 (speaking) 力 290
隠された疑問文 (concealed question) 43
学習指導要領 362
学習文法 13
学術的なディベート (academic debate) 292
隠れた主節 45
仮想的過去 (hypothetical past) 180
仮想的過去完了 (hypothetical past perfect) 180
形が異なれば，意味も異なる ("one form for one meaning, and one meaning for one form") 161, 189, 338
学校文法 (school grammar) 9, 57, 146
活用 (conjugation) 146
仮定法 (subjunctive mood) 10, 172
仮定法過去 (subjunctive past) 212
仮定法原形 175
仮定法現在 (subjunctive present) 175
仮定法現在節 (subjunctive present clause) 185, 197
仮定法の衰退 168
仮定法未来 (subjunctive future) 177
可能性 (possibility) 167
関係代名詞 (relative pronoun) 11, 135
関係代名詞の省略 37
間接疑問文 (indirect question) 42, 137
間接目的語 IO (indirect object) 70
感嘆文 (exclamatory sentence) 43
気音 (aspiration) 374
気軽なディベート (casual debate) 292

祈願文 (optative sentence) 173
帰結節 (apodosis) 167, 212
機能 (function) 155
機能語 (function word) 239
機能的構文論 (functional syntax) 190
義務 141
義務の仮定法 (mandative subjunctive) 174
疑問詞 (interrogative) 135
却下条件 (rejected condition) 176
客観的 (objective) 143, 172
旧情報 (old information) 18, 190
強弱アクセント, 強勢アクセント (stress accent) 234, 374
強勢拍リズム (stressed-timed rhythm) 233
強調構文 (emphatic construction) 122
教養英語 (English for Liberal Arts) 271, 320
曲用 (declension) 149
禁止 144
近代英語 (Modern English) 147
句 (phrase) 5, 158
空所 (gap) 80
屈折 (＝語尾変化) (inflection) 146
屈折の磨耗 147, 168
繰り上げ (raising) 60, 76, 209
繰り上げ述語 (raising predicate) 128
グループ・ディスカッション (group discussion) 288
グループ・プレゼンテーション (group presentation) 288
グループ・ワーク (group work) 288
グレイディッド・コミック・リーダーズ (Graded Comic Readers) 392
グレイディッド・リーダー (graded readers) 377
グローブ座 (The Globe Theatre) 311
形式, 形態 (form) 155, 179
形態論 (morphology) 328
決定詞, 限定詞 (determiner) 151
原義（語源的な意味）(original meaning/etymology) 336
原形の命令の用法 181
原形不定詞 (root infinitive) 184
言語運用（使用）の創造性 (creative aspect of language use) 6
言語学 (linguistics) 2

言語機能 (Faculty of Language) 3
言語教育 (language education) 2
現在完了 (present perfect) 138
原則として英語 363
現代英語 (Present-Day English) 147
ケンブリッジ・イングリッシュ・リーダーズ (Cambridge English Readers) 390
語 (word) 158
語アクセント (word accent) 234
語彙的に限定された (lexically restricted) 89
項 (argument) 78
構成素 (constituent) 81
構成素否定 (constituent negation) 19, 199
構造的距離仮説 (Structural Distance Hypothesis) 80
交替 (flip) 117
高低アクセント (pitch accent) 234, 374
古英語 (Old English) 147
語学辞書を駆使 259
語学的解説 259
国際理解教育 365
語順 (word order) 4
5文型, 英語の5文型 (five sentence patterns) 57, 64, 149, 322
個別性 (distinctness) 105
個別文法 (particular grammar) 3
語用論的逸脱 (pragmatic deviant) 203
コリンズ・アガサ・クリスティELTリーダーズ (Collins Agatha Christie ELT Readers) 379
根源的用法 (root use) 169
コントロール（制御）(control) 209
コンパス・クラシック・リーダーズ (Compass Classic Readers) 383

サ行

作文 (writing) 力 290
作用域 (scope) 60
歯茎破裂音 (alveolar plosive) 373
自己統御可能な (self-controllable) 述語 208
自己評価 (self esteem) 283
指示詞 (demonstrative pronoun) 44
指示代名詞 (demonstrative pronoun) 135
事実 (fact) 134, 167, 172

実用英語 (practical English) 316
弱強五歩格 (iambic pentameter) 310
自由間接話法 (free indirect speech) 397
修飾関係 78
修飾語 (modifier) 157
修飾ターゲット 21
従属節 (subordinate clause) 161
自由直接話法 (free direct speech) 397
重文 (compound sentence) 161
主格 (nominative case) 136, 189
主格補語 (subject complement) 68, 156
主観的 (subjective) 143, 172
主語 (subject) 155
主語繰り上げ (subject raising) 34
主語・助動詞倒置 (Subject-Aux Inversion, subject-auxiliary inversion) 53, 126
主語の関係代名詞の省略 39
主述関係（叙述）(predication) 73, 78, 160
主節 (main clause) 161
述語 (predicate) 155
述語動詞 (predicate verb) 155
述部名詞 (predicate nominal) 92
受動化 (passivization) 59
主文 (main sentence) 161
主要部 (head) 159
手話 (sign language) 7
準助動詞 (semi-auxiliary) 154
準動詞 (verbal) 74, 149, 184
準備した上でのスピーチ (prepared speech) 292
準備なしでのスピーチ (unprepared speech) 292
叙意法 (will-mood) 174
条件節 (protasis) 167
条件文 (conditonal sentence) 212
条件法 (conditional mood) 167
小節 (small clause) 58, 77, 160
状態 (stative) 189, 200
焦点情報 (focus information) 18
叙実法 (fact-mood) 174
叙想法 (thought-mood) 174
助動詞 (auxiliary verb) 141
叙法 164
唇歯摩擦音 (labiodental fricative) 373

新情報 (new information) 190
心的態度 143, 166
信頼できない語り手 (Unreliable Narrator) 395
遂行分析 (performative analysis) 45
数量詞 (quantifier) 109
数量詞遊離 (quantifier floating) 110
制作課題 (project work) 296
生成文法 (generative grammar) 2, 57, 152
精読 (intensive reading) 339
節 (clause) 159, 161
接続詞 (conjunction) 10
接続法 173
線形的距離仮説 (Linear Distance Hypothesis) 80
全称性 (universality) 112
漸増的処理 (incremental processing) 83
全知の語り手 (Omniscient Narrator) 395
前提節 (protasis) 212
相互評価 (peer evaluation) 291
総称的解釈 (generic reading) 115
総称的叙実条件文 (generic factual conditionals) 220
相助動詞 (aspectual auxiliary) 154
想念 (thought, idea) 167, 172
束縛 (binding) 現象 15
存在文 (existential construction) 11

タ行

対格 (accusative case) 136, 189
対人関係のコミュニケーション能力 (communicative competence of personal relationships) 316
第二言語学習動機づけ (L2 motivation) 244
第2言語としての英語 (English as a Second Language) 290
代入 152
多義語 (polysemous word) 328
たたき音化 (flapping) 237
脱落 (elision) 237
短期記憶 (short-term memory) 85
単語の中心となる意味（中心義）(core meaning) 328
単数中性 136

単文 (simple sentence) 161
置換 152
中英語 (Middle English) 147
中心義（本義・中核的意味）(core meaning) 342
中動態 (middle voice) 67
調音点 (place of articulation) 374
直説法 (indicative mood) 172, 199
直説法及び法助動詞の拡大 168
直説法現在 (indicative present) 212
直接目的語 DO (direct object) 70
（直接目的）補語 155
直読直解 (direct reading and direct solution) 326, 346
定冠詞 (definite article) 146
定形（動詞），定動詞 (finite form) 146, 177, 186
定形性 (finiteness) 160
定形節 (finite clause) 58, 160
定形文 (finite sentence) 160
ディベート (debate) 288
定名詞句 (definite noun phrase) 114
手がかり (cue) 84
手がかりに基づく文解析 (cue-based parsing) 84
出来事 (event) 212
デフォールト (default) 189, 206
転位 (displacement) 80
転義 (transferred meaning) 354
伝統文法 (traditional grammar) 152
等位接続 (coordination) 122
同一性関係 (identity relation) 88
同化 (assimilation) 237
道具的動機づけ (instrumental orientation/motivation) 245
統合的動機づけ (integrative orientation/motivation) 245
統語範疇 (syntactic category) 152
統語論 (syntax)（= 狭い意味の文法 (grammar)）198
動作 (dynamic) 189, 200
動詞 (verb) 155
動詞句削除 (VP-Deletion) 17
等時性 (isochrony) 239

動名詞 (gerund) 134, 148, 184
読解 (reading) 力 290

ナ行
内発的動機づけ (intrinsic motivation) 246
内容語 (content word) 239
『夏の夜の夢』(*A Midsummer Night's Dream*) 311
二重目的語構文 (double object construction) 190
日本語教育 (teaching Japanese as a foreign language) 8
任意性 (arbitrariness) 113
認識的用法 (epistemic use) 169
人称代名詞 (personal pronoun) 145
認知 (cognition) 106
ネクサス（対結）(nexus) 161
ネクサス目的語 (nexus-object) 73
ノート・テーキング (note taking) 291

ハ行
裸不定詞 (bare infinitive) 184
発音記号 370
発問 132
発話行為 (speech act) 45
歯摩擦音 (dental fricative) 372
『ハムレット』(*Hamlet*) 306
破裂音 (plosive) 374
ピアソン・アクティブ・リーディング (Pearson Active Reading) 379
ピアソン・イングリッシュ・リーダーズ (Pearson English Readers) 378
鼻音 (nasal) 373
非事実 (irrealis) 167
非焦点性 19
非対格仮説 (unaccusative hypothesis) 52
非対格動詞 (unaccusative verb) 51
否定 (negation) 10
非定形 (non-finite form) 148, 186
非定形文 (non-finite sentence) 160
否定倒置 (negative inversion) 128
否定の作用域 144
非特定的解釈 (nonspecific reading) 115
拼音（ピンイン）370

賓語 155
品詞 (parts of speech) 152
ファンデーションズ・リーディング・ライブラリー (Foundations Reading Library) 389
フィラー (filler) 80
フィラーと空所の依存関係 (filler-gap dependency) 80
フォニックス (phonics) 370
不可視の (= 音形のない) 主語 160
付加部 (adjunct) 157
複文 (complex sentence) 161
袋小路効果 (garden-path effect) 84
不定詞 (infinitive) 148, 184
不定詞 (infinitive) 構文 31
不定詞節 (infinitival clause) 58, 121, 160
不定名詞句 (indefinite noun phrase) 114
不必要 144
普遍文法 (Universal Grammar) 3
プレゼンの練習 (show and tell) 296
プロトタイプ (典型例) (prototype) 192
文 (sentence) 161
文学 (literature) 270
文化的知識 (cultural knowledge) 271
分詞 (participle) 148, 184
文の要素 155
分配性 (distributivity) 104
分配複数 (distributive plural) 104
文否定 (sentence negation) 19, 200
文法 (grammar) 4
文法機能 (grammatical function) 155
分離不定詞 (split infinitive) 188
閉音節 (closed syllable) 232
ヘルブリング・ヤング・リーダーズ (Helbling Young Readers) 388
ペンギン・アクティブ・リーディング (Penguin Active Reading) 379
ペンギン・リーダーズ (Penguin Readers) 377
変形／変換 (transformation) 3
『ヘンリー四世・第 2 部』(King Henry IV, Part 2) 311
法 (mood) 163
包含関係 (inclusion relation) 89
方向 134
法助動詞 (modal auxiliary) 143, 154, 165, 212
法性 (modality) 166, 214
法的過去 (modal past) 180
方略 (strategy) 83
補完関係 73, 78
補完部 (complement) 67
母型節 (matrix clause) 162
補語, 補語 C (complement) 68, 155
母語の転移 (language transfer) 47
ホスト (host) 114
補足部 156
ポップコーン ELT リーダーズ (Popcorn ELT Readers) 384
補部 (complement) 67, 156, 201
補部節 (complement clause) 161
補文 (complement sentence) 161
補文標識 (complementizer) 58
本動詞 (一般動詞) (main verb) 154, 198
本来的・定義的な属性 (inherent/defining attribute) 99

マ行
マクミラン・リーダーズ (Macmillan Readers) 381
まとまり (constituent) 4
未実現 134
無気音 374
無声 (voiceless) 373
無標 (unmarked) 186
名詞句からの外置 (extraposition from NP) 38
名詞性 (nouniness) 122
名詞用法 (nominal use) 121
命題 (proposition) 167
命令 (command) 167, 172
命令的仮定法 (mandative subjunctive) 174, 197
命令文 (imperative sentence) 181
命令法 (imperative mood) 172, 181
目的格補語 (object complement) 71, 156
目的語 O (object) 68, 155
目的語位置 122
モダリティ 165

ヤ行

有気音 374
有声 (voiced) 373
有標 (marked) 186
遊離数量詞 (floating quantifier) 112
様相 164, 170
与格構文 (dative construction) 190

ラ行

ラテン文字 370
リスニング (listening) 力 290
リズム (rhythm) 233
離接関係 (disjunction relation) 88
了解済みの主語 (understood subject) 75, 160
臨界期仮説 (critical period hypothesis) 283
類似性に基づく干渉 (similarity-based interference) 85
例外的格付与 (ECM; Exceptional Case Marking) 210
歴史的背景 (historical background) 272
連結 (linking) 236
ロイヤル・シェイクスピア・シアター (The Royal Shakespeare Theatre) 311
『ロミオとジュリエット』(*Romeo and Juliet*) 303

用語索引（アルファベット）

be 動詞 (*be*-verb) 198
can't seem to の構文 35
Classics 380, 381
Crime & Mystery 380
DP 分析 (DP Analysis) 159
English as a Lingua Franca (ELF) 373
Factfiles 381
Fantasy & Horror 380
have 動詞 (*have*-verb) 198
have・be 繰り上げ (*have/be*-raising) 200
have to 141
Human Interest 380
JET プログラム 368
L2 モチベーショナル・セルフシステム (L2 motivational self system) 247
Lingua Franca Core (LFC) 373
modality 165
modal(s) 164
must 141
Playscripts 381
PRO 160
tense（時制）166
there 構文 (*there*-construction) 11
Thriller & Adventure 380
time（時）166
tough 構文 (*tough*-construction) 32
to 不定詞 (*to*-infinitive) 132, 184
True Stories 381
Vendler (1967) の 4 分類 207
wh 疑問文 (*wh*-question) 6
why による疑問文 53
World Stories 381

人名索引（外国語文献、言及されている外国人）

A

Abney, Steven Paul 159, 181
Abbot, E. A. 169, 181
Aesop（イソップ）388
Almereyda, Michael（マイケル・アルメレイダ）306
Andersen, Hans（ハンス・アンデルセン）385
Arnold, Matthew（マシュー・アーノルド）278
Austen, Jane（ジェーン・オースティン）254, 399
Austen, Michael（マイケル・オースティン）391

B

Bach, Johann Sebastian（ヨハン・セバスチャン・バッハ）256
Baltin, Mark R. 110, 120
Battersby, Alan（アラン・バターズビー）390
Beckett, H. Gulbahar 293, 298
Beethoven, Ludwig van（ルートヴィヒ・ヴァン・ベートーヴェン）256
Belletti, Adriana 89, 93
Beukema, Frits 199, 210
Boas, Hans C. 411
Bolinger, Dwight（D. ボリンジャー）161, 181, 189, 210, 338, 361
Bošković, Željko 116, 120
Bradley, A. C.（A. C. ブラッドリー）307
Brennan, Frank（フランク・ブレナン）390
Brontë, Charlotte（シャーロット・ブロンテ）302
Bruegel de Oude, Pieter（ピーテル・ブリューゲル）256
Brinton, Donna M. 242
Brychta, Alex（アレックス・ブリクタ）386

C

Carolyn, O'Mera 94
Castellani, Renato（レナート・カステラーニ）305
Celce-Murcia, Marianne 221, 227, 239, 242
Chiba, Shuji（千葉修司）iii, 48, 56, 201, 210
Chaucer, Geoffrey（ジェフリー・チョーサー）262
Chomsky, Noam（ノーム・チョムスキー）ii, 2, 51, 167, 203, 210
Christiansen, Morten H. 91, 94
Christie, Agatha（アガサ・クリスティ）218, 219, 254, 379, 381
Cleary, Maria（マリア・クリアリー）389
Clément, Richard 246, 252
Coopmans, Peter 199, 210
Cromwell, Oliver（オリバー・クロムウェル）278
Cruttendon, Alan 372, 376
Cukor, George（ジョージ・キューカー）305
Culicover, Peter 198–200, 210
Curme, G. O.（G. O. カーム）179

D

Declerck, Renaat（レナート・デクラーク）98, 108, 187, 210, 214, 215, 227
Defoe, Daniel 168
Deci, Edward L. 246, 252
Dickens, Charles（チャールズ・ディケンズ）254, 265, 302, 380
Dörnyei, Zoltan（ゾルタン・ドルニエイ）246, 247, 252
Doyle, Sir Arthur Conan（アーサー・コナン・ドイル）254

E

Eliot, George（ジョージ・エリオット）302
Elizabeth I, Queen（エリザベス女王）302
Emonds, Joseph 123–125, 127, 128, 131, 200, 204, 210
Escott, John（ジョン・エスコット）382
Evans, Bergen 96, 99, 108
Evans, Cornelia 96, 99, 108

F

Faulkner, William（ウィリアム・フォークナー）257
Ferris, Dana 289–291, 298
Fitzmaurice, Susan 187–189, 192, 210
Flaubert, Gustave（ギュスターヴ・フロベール）399
Fleming, Ian（イアン・フレミング）382
Friedmann, Naama 88, 89, 93
Fujiwara, Ai（藤原愛）369, 376

G

Gallico, Paul（ポール・ギャリコ）379
Gardner, Robert（ロバート・ガードナー）245, 246, 248, 252
Gaskell, Elizabeth（エリザベス・ギャスケル）302
Gibson, Edward 83, 94
Goldberg, Adele 411
Goodwin, Janet M. 242
Greenbaum, Sidney 78, 108, 183, 211, 410
Grimm, Jacob & Wilhelm（グリム兄弟）385

H

Hancock, Penny（ペニー・ハンコック）391
Hearn, Lafcadio（小泉八雲）379
Heffernan, Neil 291, 298
Hemingway, Ernest（アーネスト・ヘミングウェイ）254
Henry, O.（オー・ヘンリー）326, 380, 381
Hepburn, Audrey（オードリー・ヘプバーン）266
Hippocrates（ヒポクラテス）262, 263
Hitchcock, Alfred（アルフレッド・ヒッチコック）379
Huddleston, Rodney 98, 99, 105, 108, 180, 182, 398, 409
Hunt, Roderick（ロデリック・ハント）386

I

Imai, Kunihino（今井邦彦）78
Iwamoto, Noriko（岩本典子）249, 250, 252

J

Jackendoff, Ray 411
James, Henry（ヘンリー・ジェイムズ）399
James I, King（ジェイムズ1世）302
Jennings, Paul（ポール・ジェニングス）388
Jenkins, Jennifer 373, 376
Jespersen, Otto（オットー・イェスペルセン）48, 73, 78, 160, 161, 170, 179, 180, 182
Johnson, Margaret（マーガレット・ジョンソン）390
Joyce, James（ジェームズ・ジョイス）254, 399

K

Kajita, Masaru（梶田優）35, 56
Kim, Casey（ケイシー・キム）392
Kotzwinkle, William（ウィリアム・コツウィンクル）379
Krusinga, Etsko（エツコ・クルイシンハ）179, 180

L

Langacker, Ronald 171
Larsen-Freeman, Diane 221, 227
Lau, L. C. M.（L. C. M. ラウ）303, 314
Leather, Sue（スー・レザー）390, 391
Leech, Geoffrey 78, 108, 183, 211, 410
Levin, Beth 411
Loader, Mandy（マンディ・ローダー）391
Long, Ralph B. 96, 108
Longfellow, Henry Wadsworth（ヘンリー・ワーズワース・ロングフェロー）262, 265
Luhrmann, Baz（バズ・ラーマン）306

M

MacAndrew, Richard（リチャード・マクアンドリュー）390
Maling, Joan 110, 117, 120
Malone, Edmond（エドモンド・マローン）307
Martinez, Enrique（エンリケ・マルティネス）389
Maugham, William Somerset（ウィリアム・サマセット・モーム）254, 320, 326, 335, 336, 347, 359–361, 414, 419
Mauner, Gail 94
Maurier, Daphne du（ダフネ・デュ・モーリエ）379
Methold, Ken（ケン・メソルド）383
Michelangelo di Lodovico Buonarroti Simoni（ミケランジェロ・ブオナローティ）256
Milton, John（ジョン・ミルトン）254, 265
Mitchell, Bruce 176, 182
Miller, Chamues Paul 293, 298
Milsark, Gary L. 115, 120
Mone, Claude（クロード・モネ）256
Mori, Sadashi（森貞）188, 189, 211
Morton, Thomas 341
Moses, Antoinette（アントワネット・モーゼス）390
Mozart, Wolfgang Amadeus（ヴォルフガング・アマデウス・モーツァルト）256

N

Nakajima, Heizo（中島平三）78
Nakamura, Masaru（中村捷）112, 115, 120
Naylor, Helen（ヘレン・ネイラー）391
Noda, Akiko 90, 94
Noels, Kimberly A.（キンバリー・A・ノエルズ）246, 252

Nomura, Tadao（野村忠央）165, 167, 175, 177, 182, 201, 211

O
Olivier, Laurence（ローレンス・オリヴィエ）306
Onions, Charles T.（C. T. アニアンズ）64, 78, 156, 179, 182
Orwell, George（ジョージ・オーウェル）254, 322
Otoshi, Junko（大年順子）291, 298

P
Peck, Gregory（グレゴリー・ペック）379
Pelletier, Luc G. 246, 252
Picasso, Pablo（パブロ・ピカソ）256
Poe, Edgar Allan（エドガー・アラン・ポー）254
Potsdam, Eric 199, 200, 202, 211
Poutsma, Hendrik（ヘンドリック・ポウツマ）179
Pullum, Geoffrey K. 98, 99, 105, 108, 180, 182, 398, 409

Q
Quirk, Randolph 67, 78, 98, 104, 108, 157, 180, 181, 183, 188, 197, 204, 211, 397, 398, 410

R
Radford, Andrew 193, 211
Rappaport Hovav, Malka 411
Reali, Florencia 91, 94
Renoir, Pierre-Auguste（ピエール=オーギュスト・ルノアール）256
Reynolds, Saeko Noda（野田小枝子）48, 56
Rizzi, Luigi 89, 93, 94
Roland, Douglas 91, 94
Rosenthal, Daniel 314
Ross, John R. 121, 131
Ryan, Richard M. 246, 252

S
Sabbatini, Lorenzo（ロレンゾ・サバティーニ）388

Sag, Ivan 116, 120
Said, Edward Wadie（エドワード・サイード）278
Sampedro, Rick（リック・サンペドロ）389
Schachter, Jacuelyn 79, 94
Scheurweghs, Gustav（グスタフ・スカーヴェクス）179
朱熹 262
Schmidt, Johannes（ヨハネス・シュミット）418
Schulman, Michael 248, 249, 252
Seeger, Pete（ピート・シーガー）353
Shakespeare, William（ウィリアム・シェイクスピア）147, 168, 195, 254, 258, 259, 265, 267, 300–307, 309–314, 317, 356, 380, 381, 384
Sonnenschein, E. A.（E. A. ゾンネンシャイン）179
Sportiche, Dominique 110, 120
Stoker, Bram（ブラム・ストーカー）272, 273, 275, 276, 279, 280, 282
Svartvik, Jan 78, 108, 183, 211, 410
Swan, Michael（マイケル・スワン）187, 211, 215, 227
Sweet, Henry 174, 179, 180, 183
Sweetnam, Polly（ポリー・スウィートナム）388

T
Tagg, Tracy 289–291, 298
Takami, Ken-ichi（高見健一）110, 120
Takano, Yohtaro（高野陽太郎）90, 94
Tancredi, Christopher D. 78
Thompson, Geoff 398, 410
Tonoike, Shigeo（外池滋生）78
Trump, Donald（ドナルド・トランプ）224, 257
Tso, Wing Bo Anna（W. B. A. ツォ）303, 314

U
Ushioda, Ema 247, 252

V
Vendler, Zeno 207, 211

W
Warren, Tessa 83, 94

Waley, Arthur（アーサー・ウェイリー）379
Wilburn, Jason（ジェイソン・ウィルバーン）392
Wilde, Oscar（オスカー・ワイルド）381
Wilkinson, Hugh 394, 409
Wilson, Dover（ドーヴァー・ウィルソン）307
Wilson, Judith（ジュディス・ウィルソン）391
Wirgman, Charles（チャールズ・ワーグマン）306
Wolff, Michael（マイケル・ウォルフ）257
Woodward, Bob（ボブ・ウッドワード）257

Woolf, Virginia（ヴァージニア・ウルフ）254, 256, 394, 399, 403, 410, 418, 419

Y
Yoshida, Hiroyo（吉田宏予）248, 249, 252
Yun, Hongoak 94

Z
Zandvoort, R. W.（R. W. ザンドボルト）179, 180
Zeffirelli, Franco（フランコ・ゼフィレッリ）305

人名索引（日本語文献、言及されている日本人）

ア行
赤羽研三 397, 409
朝尾幸次郎 351–354, 356, 360
浅川照夫 217, 227
阿部明子 411, 421, 422
安藤貞雄 9, 15, 78, 96, 97, 103, 108, 137, 139, 144, 157, 165, 167, 174, 181, 182, 218, 219, 221, 227, 342, 360
荒木一雄 40, 56, 123, 131
飯田隆 170, 182
池上嘉彦 156, 182
石塚倫子 307, 314
石渡隆司 263
市河三喜 178, 195, 306, 314
今井邦彦 151, 182
岩崎民平 409
岩崎良三 335, 361
岩本典子 iii, **244**, 439
植月惠一郎 iii, **253**, 439
埋橋勇三 338, 361
宇佐美文雄 iv
梅崎修 248, 252
江川泰一郎 9, 10, 15, 165, 181, 307, 314, 342, 344, 361
エシュケナージ、ヴェスコ 421
江藤あさじ **269**, 439
江幡（山田）真貴子 **283**, 415, 439
江利川春雄 331, 333
遠藤幸子 151, 181
遠藤花子 iv, **300**, 439

大石健太郎 415
大木充 375, 376
大山敏子 310, 314
太田朗 9, 16
大津由紀雄 i, ii, iii, **2**, 8, 15, 16, 439
大塚高信 169, 183, 361, 409
大槻真一郎 263, 267
大野英樹 361, 418
大森夕夏 iv
岡田伸夫 39, 56
岡部佑人 414
岡本靖正 398, 409
小川修平 283, 295, 298
奥井裕 ii, **315**, 334, **335**, 360, 361, 412, 414–416, 419–**421**, 424, 439, 440
奥津文夫 253, 266, 267
奥村直史 144, 182
小澤伊久美 285, 299
織田稔 96, 108
小田島雄志 195, 306, 314
小津次郎 195, 306, 307, 314
尾上圭介 171, 183

カ行
加賀岳彦 415, 424
垣田直巳 217, 227
梶田優 9, 11, 16, 38, 40
柏野健次 211, 215, 217, 219, 227
金子智香 298
鎌田精三郎 217, 227

神山孝夫 242
カミンズ、アントニー・ジョン 267
河合祥一郎 195
河上道生 218, 227
川口喬一 398, 409
川﨑修一 ii, **96**, 415, 417, 419, 423, 439, 440
川越いつえ 234, 242
川本静子 400, 410
菅野悟 78, 182, 211
岸田緑渓 142, 144, 151, 182
北岡千夏 294, 298
木下卓 399, 409
木原研三 398, 409
君塚淳一 298
金淳鎬（キム・スンホ）267
行田勇 361, 418
九頭見一士 394, 409
久野暲 12, 16, 22, 25, 30, 208, 211, 339, 361
窪薗晴夫 233, 239, 242
窪田憲子 409
久保野雅史 330, 331, 334
黒澤純子 284, 298
黒滝真理子 172, 182
小泉聡子 298
向後朋美 108
小堂俊孝 **109**, 439
小松千明 108

サ行
斎藤秀三郎 178
斎藤弘子 151, 183
定藤規弘 94
佐藤亮輔 **121**, 439
澤田治美 170, 172, 182, 183
階戸陽太 298
渋谷和郎 iv, 424
水光雅則 45
末岡敏明 iii, **2**, 439
須貝猛敏 108, 144, 228, 361
鈴木聡 178, 183
Smith, Donald L.（ドナルド・L・スミス）196, 211

辻子美保子 210
関田誠 iv

タ行
田澤実 248, 252
高田賢一 409
高橋康也 195
高原龍二 286, 287, 299
高松尚弘 108, 144, 228, 361
高見健一 iii, 12, 16, **17**, 22, 30, 191, 208, 211, 339, 361, 418, 439
竹中肇子 290, 298
竹林滋 151, 183, 231, 233, 242
瀧口直太郎 335, 339, 361
田中茂範 217, 228
玉置千歳 286, 287, 299
田村惇 420
千葉修司 iii, **31**, 34, 45, 55, 56, 175, 181, 201, 210, 421, 439
鄭讃容（チョン・チャンヨン）267
土屋俊 170, 183
土屋太鳳 421
筒井康隆 320, 334
坪内逍遥 195, 306, 314
坪根由香里 285, 299
寺村秀夫 171
土居峻 424
鴇﨑敏彦 ii, **132**, 412, 413, 417, 418, 423, 426, 439, 440
外池滋生 iii, **57**, 62, 63, **64**, 78, 151, 182, 211, 439
外山滋比古 261, 267
外山正一 195
鳥飼玖美子 267

ナ行
中右実 171, 181, 182, 210, 361
中島文雄 170, 182, 183, 361, 409
中野清治 351, 352, 361
中原敦 248, 252
中村捷 9, 16, 112, 120
中邑光男 185, 211
長崎玄弥 10, 16
行方昭夫 350, 360

ナロック、ハイコ（Heiko Narrog）164, 169, 170, 171, 182
西垣知佳子 334
西山教行 375, 376
仁田義雄 171
野口朋香 287, 298
野田研一 409
野中久武 360
野村剛史 171
野村忠央 ii, 64–67, 78, **145**, 151, 156, 157, 160, 162, **163**, 175, 177, 178, 182, **184**, 196, **197**, 203, 211, 355–357, 361, 411, 414, 417, 418, 420–424, 439, 440
野村美由紀 78, 182, 211

ハ行
橋本健一 79, 94
長谷川欣佑 157, 159, 182
長谷川修治 330, 334
八田直美 285, 299
早坂信 144, 182
林弘美 108
林龍次郎 108
原田範行 300, 314
東信行 187, 188, 210
久森和子 409
平塚徹 397, 398, 409
ピーターセン、マーク（Mark Petersen）79, 94, 96, 97, 108
深澤俊昭 151, 182
福井直樹 94, 210
福地肇 44, 56
福田恆存（福田恒存）195, 306, 314
福原麟太郎 310, 314
藤田玲子 290, 298
藤原愛 iv, **362**, 365, 366, 369, 373, 376, 413, 416, 439
ベアコ、ジャン=クロード（Jean-Claude Beacco）375
ホーン、ハリー 267
保坂道雄 151, 182
細江逸記 164, 174, 182
堀田隆一 151, 182

本多顕彰 306, 314

マ行
桝井迪夫 351, 352, 361
益岡隆志 171
松浦嘉一 195, 306, 314
松岡和子 306, 314
溝上真一 248, 252
光延明洋 267
宮川幸久 96, 105, 108, 144, 228, 361
村杉恵子 45, 56
村田年 330, 334
村田勇三郎 224, 228
女鹿喜治 ii, **212**, 416, 418, 419, 439, 440
森貞 188, 189, 192, 211
森景真紀 **229**, 418, 420, 424, 439
森脇真由 298

ヤ行
矢川澄子 379
八木克正 219, 228
八島智子 246, 250, 252
安井泉 188, 192, 211
安井稔 9, 16, 96, 97, 108, 165, 183, 210, 227
安田利典 iv
谷内田浩正 281, 282
柳田國男 418
柳瀬喜代志 265, 267
山岡憲史 211
山形亜子 290, 298
山口俊治 358, 361
山田七恵 412, 413, 421–424
遊佐典昭 iii, **79**, 83, 85, 94, 439
横川博 79, 94
横山孝一 iv, **377**, 382, 393, 439
吉田えりか **394**, 418, 419, 439
吉田晴世 94
米山三明 411

ワ行
若林俊輔 353, 361
綿貫陽 96, 97, 108, 138, 143, 144, 217, 228, 361

執筆者一覧
(五十音順)

岩本　典子　東洋大学理工学部生体医工学科・教授
植月恵一郎　日本大学芸術学部芸術教養課程・教授
江藤あさじ　京都大学・非常勤講師
江幡(山田)真貴子　デジタルハリウッド大学デジタルコミュニケーション学部デジタルコミュニケーション学科・准教授
遠藤　花子　日本赤十字看護大学看護学部看護学科・講師
大津由紀雄　明海大学外国語学部・教授，慶應義塾大学・名誉教授
奥井　裕　和光大学・非常勤講師
川﨑　修一　日本赤十字看護大学看護学部看護学科・教授
小堂　俊孝　日本大学生物資源科学部一般教養・教授
佐藤　亮輔　高知大学教育研究部人文社会科学系教育学部門・助教
末岡　敏明　東京学芸大学附属小金井中学校・教諭
髙見　健一　学習院大学文学部英語英米文化学科・教授
千葉　修司　津田塾大学・名誉教授
鴇﨑　敏彦　日本獣医生命科学大学応用生命科学部動物科学科・准教授
外池　滋生　Visiting Colleague, Department of Linguistics, University of Hawai'i at Mānoa，青山学院大学・元教授
野村　忠央　文教大学文学部英米語英米文学科・准教授
藤原　愛　明星大学教育学部教育学科・准教授
女鹿　喜治　桐生大学医療保健学部看護学科・教授
森景　真紀　北里大学・非常勤講師
遊佐　典昭　宮城学院女子大学学芸学部英文学科・教授
横山　孝一　群馬工業高等専門学校一般教科（人文科学）・教授
吉田えりか　東京理科大学・非常勤講師

編者紹介

野村　忠央（編集委員長）
1972年北海道生まれ。学習院大学文学部英米文学科卒業，青山学院大学大学院文学研究科英米文学専攻博士後期課程修了。和光大学表現学部，北海道教育大学旭川校，明海大学複言語・複文化教育センターなどを経て，現在，文教大学文学部英米語英米文学科准教授。主要著作：*ModalP and Subjunctive Present* (Hituzi Syobo),「本当に2種類のtoが存在するのか？──制御タイプのtoと繰り上げタイプのto」『英語と文学，教育の視座』（DTP出版，共編著），「bewareの用法及び活用体系に基づく定形性の概念について」『より良き代案を絶えず求めて』（開拓社，共編著）など。主要翻訳：『［新版］入門 ミニマリスト統語論』（研究社，共訳），『統語論キーターム事典』（開拓社，共訳）。

女鹿　喜治（編集委員）
1955年岩手県生まれ。東洋大学文学部英米文学科卒業，東洋大学大学院文学研究科博士後期課程満期退学。日本赤十字広島看護大学看護学部などを経て，現在，桐生大学医療保健学部看護学科教授。主要著作："Preposing an Adverb from a Complement" (*English Linguistics* 8),「主節と関係詞節の断定について」（『英語語法文法研究』第9号），「断定的な関係詞節を含む文の特性と主題・題述関係」（『日本赤十字広島看護大学紀要』第8巻），「談話から見た主節と関係詞節の情報伝達の特徴」（『日本赤十字広島看護大学紀要』第9巻），「文末焦点と文末重点から見た背景型・連続型の関係詞節」『英語と英語教育の眺望』（DTP出版，共著）など。

鴇﨑　敏彦（編集委員，連続シンポジウム発起人）
1965年埼玉県生まれ。学習院大学文学部英米文学科卒業，学習院大学大学院人文科学研究科イギリス文学専攻博士前期課程修了。跡見学園中学校高等学校などを経て，現在，日本獣医生命科学大学応用生命科学部動物科学科英語学教室准教授。主要著作：『2019年度版 英検1級過去6回全問題集』（旺文社，分担執筆），『DAILY25日間 英検準1級集中ゼミ』［新試験対応版］（旺文社，分担執筆），『英検準1級 でる準パス単』（旺文社，分担執筆），『2018–2019年度対応 短期完成 英検準1級3回過去問集』（旺文社，分担執筆）など。主要翻訳：『オックスフォード 英単語由来大辞典』（柊風舎，共訳），『世界言語百科──現用・危機・絶滅言語1000──』（柊風舎，共訳）。

川﨑　修一（編集委員）
1967年島根県生まれ。東海大学文学部英文学科卒業，東海大学大学院文学研究科博士後期課程満期退学，ロンドン大学(University College London)大学院言語学修士課程修了。東海大学非常勤講師などを経て，現在，日本赤十字看護大学看護学部看護学科教授。主要著作：「結果構文」『ことばの意味と使用──日英語のダイナミズム』（鳳書房，共著），"Graded Acceptability and the Semantic Constraint on the Idiomatic Construction: The Case of TIME-*away*"（『日本赤十字看護大学紀要』第24号），「構文の意味と言語内外の要因との相互作用 : 言語理論と教育の接点」(*Fortuna* 27)。主要翻訳：『形容詞と副詞』（「英文法大事典」シリーズ4）（開拓社，共訳）など。

奥井　裕（編集委員，連続シンポジウムコーディネーター）
1960年東京都生まれ。和光大学人文学部文学科卒業，早稲田大学大学院文学研究科修士課程修了。国士舘大学非常勤講師，早稲田大学高等学院非常勤講師を経て，現在，大東文化大学，日本大学，明治大学，和光大学非常勤講師。主要著作：「孤独と無常の悲しみ──マンスフィールドのカナリアについて──」『実像への挑戦：英米文学研究』（音羽書房鶴見書店，共編著），「サマセット・モーム「アリとキリギリス」試論」『英語と文学，教育の視座』（DTP出版，共著），「オーウェルと宗教」『オーウェル──20世紀を超えて』（音羽書房鶴見書店，共著）など。主要翻訳：ジョージ・オーウェル『気の向くままに : 同時代批評 1943–1947』（彩流社，共編訳）など。

学問的知見を英語教育に活かす
―― 理論と実践

2019年（令和元年）9月30日　初版発行

編著者	野村　忠央
	女鹿　喜治
	鴇﨑　敏彦
	川﨑　修一
	奥井　　裕
発行者	福岡　正人

発行所　株式会社　金星堂

（〒101-0051）東京都千代田区神田神保町 3-21
Tel. (03)3263-3828（営業部）
　　 (03)3263-3997（編集部）
Fax (03)3263-0716
http://www.kinsei-do.co.jp

組版／ほんのしろ　　　　　　　　Printed in Japan
装丁デザイン／岡田知正
印刷所／モリモト印刷　製本所／牧製本
落丁・乱丁本はお取り替えいたします
本書の内容を無断で複写・複製することを禁じます

ISBN978-4-7647-1190-7 C3082